■ 张新平 等/著

教育管理实践个案研究：

实地研究方式

CASE STUDIES IN
EDUCATIONAL
ADMINISTRATION:

A FIELD RESEARCH APPROACH

上海教育出版社
SHANGHAI EDUCATIONAL PUBLISHING HOUSE

目 录
Contents

1

Ⅳ **名师的制度化及其影响：**
　　对 H 县中小学名师的实地研究

Ⅴ **教育局长的领导有效性：**
　　对深圳市 NS 区教育局局长工作的实地研究

I　前言
实地研究：教育管理研究的第三条道路

若从方法论和方式方法上考察,我国传统的教育管理研究基本上落入两条发展很不均衡的道路,即居于支配地位的思辨研究和具有陪衬意味的实证研究。前者可视为教育管理研究的第一条道路,后者可视为教育管理研究的第二条道路,它们构成我国教育管理研究者面对问题、提出问题、思考问题、诊断问题和解决问题的基本方式。尽管这两条道路具有相应的价值和合理性,但无疑也存在不少缺失。实地研究正是在试图消解和克服这些缺失的过程中发展起来的一种重要的教育管理研究方式。与思辨研究和实证研究不同,实地研究的生命在于"脚踏实地",它所高度关注和力求回答的不是所谓的纯理论问题和科学性问题,而是力图对现实中的管理行为和实践问题予以理性的反思和阐释。作为一种面向实践、来自实践和为了实践的新的理论生成和建构形式,我们完全有理由宣称,实地研究是明显有别于传统研究或主流研究的新的研究方式,可以将其视为教育管理研究的第三条道路。

本书前言部分在简要剖析传统教育管理研究的两条道路,即思辨研究和实证研究的优劣的基础上,试图较深入地研讨实地研究的内涵、特点,阐述其与民族志研究、行动研究及叙事研究的联系和区别,并就实地研究中某些尚存争议的认识论问题和方法操作问题,阐述我们的看法。

一、传统教育管理研究的两条道路及其优劣

思辨研究和实证研究是传统教育管理研究的两条常见道路,二者具有

1

一定的合理性,但同时也存在自身难以克服的弊端。

在教育管理学中,思辨研究的运用最为广泛,它是一种主流的研究取向和方式方法。作为一种典型的人文学科研究形式,思辨研究也常常被视为哲学性研究和理论性研究。之所以如此,是因为思辨研究强调通过概念操作、抽象推理和逻辑演绎来获得结论、认识事物和揭示本质,具有沉思、重思和否思等引人注目的特征。沉思意味着研究者对研究对象进行自由、自主和自觉的深思,意味着研究者面对繁杂的现实问题和难题时具有很强的"脱身意识",意味着研究者更多地依赖诸如效率、人本、平等、正义等抽象概念进行思考,从而表现出一种从"概念到概念"的苦思冥想和深思熟虑。重思是指研究者针对研究对象进行的一种常规反思,这种反思是在坚持原有信念、思想框架的合法性和合理性的前提下开展的一种修补、改进和完善的认识活动,相当于科学史学家库恩(Thomas Kuhn)所说的在常规科学中进行的大量解谜活动。否思是指研究者对研究对象进行的一种创新反思,这种反思是指跳出或打破原有信念、思想框架的束缚而展开的一种观念、认识、思想、理论的重建、重构活动,相当于库恩所说的研究者在常规科学遭遇大量反常现象和危机时所进行的一种范式转变和信念改宗的行为。[1]

思辨研究的优势在于它能有效地抵及现象的背后,能深刻地把握事物的本质;在于它所要求的科研条件不高,只要具备必要的研究文献资料、一定的可自主支配的时间及相应的学术活动场所,就可以顺利开展和实施。

思辨研究的劣势在于研究者稍不留神就可能陷入自我思辨和"独白"的泥潭,就可能孤芳自赏于自身经验而成为"井底之蛙"。思辨研究强调从个体的成长史、体验和知识基础的角度展开理性反思和探索,这原本是一个长处,但强调过头或处置不当,就可能变成缺点,就可能束缚研究者的思维,使之目光短浅、视野狭隘。更严重的是,如果教育管理研究者只从自身的处境和个人所隶属的社会阶层来思考教育管理问题,而不能推己及人,不能理解舒茨(Alfred Schutz)所说的"多重实在"的重要性,[2]不能正视他人的观察、体验、理解、利益和生存状态,就难以担当起为教育利益相关者说话的社会公共责任。这正如《论语》中所说的,"不患人之不己知,患不知人也"。教育管

1　参见托马斯·库恩:《科学革命的结构》,金吾伦、胡新和译,北京大学出版社 2003 年版,第 32—39 页,第 85—122 页。关于常规反思与创新反思的概念,可参阅张新平:《批判反思:教育管理学的当务之急》,载《高等教育研究》,2001 年第 4 期。

2　参见汪丁丁:《何谓"直面现象"的经济学?》,载《读书》,2004 年第 2 期,第 119—120 页。

理研究者如果只从个人的需要、历史或者个人所处的情境孤立地去"己知"、"自省"、"沉思"，而不能从更为广阔的教育利益相关者的角度来言说，那他们就忘却抑或推卸了作为研究者应尽的责任和道德义务，其观点就容易走极端，其研究就难以祛除空洞无物的痼疾。

教育管理研究的另一条道路是实证研究方式。从国外来看，该研究方式在教育管理学中受到认可和推崇，大致始于 20 世纪 50 年代兴起的"教育管理理论运动"，而我国教育管理研究基本上是在 20 世纪 80 年代以后才意识到实证研究的重要性，并赋予其合法性。较之思辨研究，尽管我国教育管理学对实证研究的接纳较晚，且应用的广度和深度均不够，但它在教育管理研究者心目中的地位却异常崇高，有人甚至宣称，惟有实证研究才能使教育管理学走上真正的科学之路。在教育管理学中，"实证研究"渐渐成为调查性研究、实验性研究甚至科学性研究的代名词。从教育管理现象是客观的、可分析的，以及教育管理行为是理性的、有规律的这一假定出发，基于实证主义和逻辑实证主义的科学信念的实证研究强调从问题开始，提出理论假设，尔后用实验或调查等方法加以验证。它采用的基本研究程序是问题→假设→命题→验证→结论。实证研究的基本信念是：教育管理现象是既定的和客观存在的，教育管理学是研究这种现象的科学。作为一门科学，教育管理学与自然科学并无本质区别，教育管理学应与实证科学所确认的真理规范（主要是分析、还原、隔离、理想化、简单化、数量化及因果决定论等）保持一致。教育管理研究应是一种与价值无涉的研究，而那些影响教育管理活动的"价值"、"道德"因素，应被毫不犹豫地删除。这正如西蒙（H. A. Simmon）所言："管理学像任何一门科学一样，仅仅关心事实叙述。科学体系中没有伦理断言的立锥之地。"[1]实证研究深信，"自然世界和社会世界中的各种事务和'事实'是'外在于那儿'（out there）的，它客观地、外在地存在着并独立于人的意识"[2]，秉持"真理"是确定无疑的和固定不变的，个人只要们出努力，真理就能被发现。这种研究还重视运用明确的数据、具体的事实和可观察的行为来说明问题。实证研究甚至斥责其他研究方式是不科学的，在教育管理研究中无甚价值，应该淡化甚至摈弃。

1　西蒙：《管理行为》，杨砾等译，北京经济学院出版社 1988 年版，第 244 页。

2　Judith D. Chapman, Larry E. Sackney, & David N. Aspin, Internationalization in Educational Administration: Policy and Practice, Theory and Research. In Joseph Murphy, Karen Seashore Louis (ed.), *Handbook of Research on Educational Administration* (Second Edition). Jossey-Bass Publishers, 1999, p.90.

实证研究的优势在于：能快速、有效地提供研究对象总体的详细且精准的资料信息，能客观地分析、解释不同变量之间的因果关系，能从审慎缜密的观察出发，以具体事实为依据，发现事物的变化规律，从而在理论的构成及呈现上表现出很强的理性和逻辑魅力。一般而言，实证研究总是把理论严格地定义为一套旨在解释或预测教育管理现象的彼此关联的概念和假设体系，理论是由一串命题或陈述组成的，这些命题或陈述能被验证，彼此间具有很强的逻辑关系，具有相应的解释力和预测力。

实证研究的劣势在于：忽视了个体具有自身的意义和价值，个体如果有什么作用，那也只是作为说明总体和全貌的样本而存在；机械地、僵化地分离了事实与价值的关系，且片面地凸显事实和研究事实，将人们的注意力从一些更为紧要的问题上转移开去；过分渲染和突出通用性知识的重要性，否认著名管理学家巴纳德(Chester Barnard)所极力强调的个体性知识与组织性知识在教育管理活动中的独特地位和作用；[1]只是有限地研究那些能够科学地予以研究的问题，而一些必须从道德伦理、公平正义的角度予以审视和洞察，难以量化和科学处理的问题，则被粗暴地拒之门外。这恰如有学者所言："一个问题能否科学地进行探讨，首先依赖于这一问题是不是一个可以由科学来回答的问题。社会研究中所探讨的问题必须是可以由科学来回答的。也就是说，社会研究者不应该去探讨某一现象'是否应该如此'的问题，而只应该去探讨某一现象'状况究竟如何'或者'为什么如此'的问题。"[2]

二、作为教育管理研究另类选择的实地研究

从某种意义上说，在教育管理学中，实地研究最初是作为与思辨研究和实证研究相对抗的研究方式逐步确立起来的。实地研究在推动教育管理学理论转向的过程中，其作用无疑是至关重要的，"教育管理学研究中实地研究的转变极其类似于教育管理学领域自身的变革"，"对实地研究的呼唤，听起来就像是对日渐增长的理论运动的控诉"，它起到了如美国教育社会学家埃弗哈特(R. B. Everhart)所说的削弱作为社会科学研究标准范式之实证研

1　张新平：《教育组织范式论》，江苏教育出版社 2001 年版，第 68—69 页。
2　风笑天：《社会学研究方法》，中国人民大学出版社 2001 年版，第 4 页。

究的作用。[1]

　　实地研究在欧美已成为颇具影响力的教育管理研究方式。20世纪40—50年代，实地研究尚处于相对边缘的阶段，散见于跨文化中的教育问题研究以及学校与社区关系的若干研究中。到20世纪80年代，实地研究获得长足发展，得到教育管理学界的普遍认可，并被广泛运用于管理工作结构、组织变革以及组织管理与社会关系的诸多研究中，以致有学者认为，这一时期出现了一场"实地研究运动"。著名组织理论家斯格特（W. R. Scott）也认为，"今天我们所获得的有关组织及其成员行为的知识，绝大部分都是通过实地研究得来的"。[2]　在我国，直到20世纪90年代中期，实地研究才引起教育管理研究者的关注和重视，实地研究尚处在吸收、消化和探索阶段。1997年，研究者到湖北省嘉鱼县教育委员会，对其工作环境、组织、计划与人事管理等工作进行了为期近百天的实地研究，并就教委工作的未来走向展开了分析和讨论。[3]　该研究从一个侧面说明，实地研究开始真正进入我国教育管理学研究领域，并将对我国新世纪教育管理学的发展产生影响。

　　大致可以这样说，实地研究是指教育管理研究者离开自己熟悉、习惯和珍视的教学科研场域，较长时段地"沉入"到相对陌生的研究对象的生活环境中去，采用参与观察和非结构访谈等获取资料的方法，系统详尽地描述、理解乃至批判和反思研究对象的物理及精神特征、思想信念与行动逻辑的相对松散的研究方式体系。实地研究并不是一种高度契合的单一研究方式，而是指深入到"实地"开展研究的种种方式的系统，它既包括不受研究者自身价值观念影响，如实地描述和解释研究对象的观察性实地研究（observational field research），也包括研究者将自身的价值追求贯穿于研究过程，试图影响和改变研究对象的建构性实地研究（constructive field research），还包括研究者以揭示研究对象所受的种种欺骗、不公正对待以及质疑、反思种种理所当然的假设为己任的批判性实地研究（critical field research）。[4]　尽管不同的实地研究方式在研究重点和研究使命上各有侧重，

　　1　Robert B. Everhart, Fieldwork Methodology in Educational Administration. In Norman J. Boyan（ed.），*Handbook of Research on Educational Administration*. Longman Inc. , 1988, p.709, p.711, p.712.

　　2　W. R. Scott, Field Methods on the Study of Organizations. Quoted from Norman J. Boyan ed. , *Handbook of Research on Educational Administration*. Longman Inc. , 1988, p.711.

　　3　参见张新平：《教育行政组织的发展与创新——对基层教育行政的个案研究》，南京师范大学出版社2003年版。

　　4　同上，第262—263页。

但在具体实施过程中却遵循一个大致相似的程序,主要是:(1) 在某一地区,联系和确定一个单位作为实地研究的对象;(2) 通过各种相关渠道直接或间接地了解、掌握研究对象的面上情况,形成一个初步印象;(3) 明确所要观察、研究的主要问题,最好是拿出一个大致的设想和计划;(4) 与研究对象协商,落实实地研究的时间,安排其他一些相关事务;(5) 围绕重点有目的地进行观察和调查,做好各种观察记录;(6) 研究工作初步结束,整理、分析资料并撰写论文初稿;(7) 将论文初稿反馈给研究对象,并听取研究对象的意见,在修改的基础上最后定稿。[1]

现在,人们在研究过程中常常将实地研究与民族志研究、行动研究、叙事研究等质化研究方式串联在一起,以为它们在根本性质上是相同的,这种看法应予以细致地辨析。首先,必须实事求是地看到,在对抗主流的社会科学研究方式的过程中,这些方式方法确实发挥了同盟军的作用。但是,如果由此认为它们无甚区别,那就可能会犯同质性错误。实际上,实地研究与上述方式方法既有相通之处,也有不同点,主要体现在以下几方面。

第一,教育管理学中的民族志研究是在突破传统教育管理研究的应然叙事、精致的量化分析和铺天盖地的问卷调查的过程中逐渐发展起来的一种社会研究方式,旨在如实描述和分析现实生活中发生的教育管理现象,并试图从相关的社会文化背景角度对这些现象做出整体性的解释。著名教育人类学家沃卡特(H. F. Wolcott)是在教育管理学中倡导运用民族志的重要学者,他在名著《校长办公室里的那个人:一种民族志》中,运用民族志的研究方式,就一所小学校长的管理行为,从学校概况、社区分布、一天的工作、相关会议以及校长不在学校等多个视角,展开具体而微的描写和分析,并在深入访谈与校长有过密切接触的各类人员的基础上,进一步阐释了作为校长必不可少的两种品质——"耐心"与"谨慎"。[2] 在沃卡特看来,"任何民族志的目的,都在于提供有关人类社会行为的描述与分析","我之所以采用民族志取向的理由,是因为以往有关学校行政的文献,几乎很少把焦点摆在小学校长的实际行为上"。[3] 沃卡特对民族志的这种阐释,与著名文化人类学家马凌诺斯基(B. Malinowski)对民族志的理解如出一辙。马凌诺斯基曾如

1　张新平:《思辨研究·实证研究·实地研究》,载《教育探索》,2000 年第 11 期。
2　沃卡特:《校长办公室里的那个人:一种民族志》,白亦方主译,台湾师大书苑有限公司 2001 年版。
3　同上,第 9—10 页。

此讲道："民族志者在田野工作中面临的任务,是理出部落生活的所有原则和规律,理出那些恒久而确定的东西,剖析他们的文化,描述他们的社会结构。"[1] 不难看出,与实证研究一样,民族志亦是一种确信规律是客观的、能够被发现的,并以探寻规律为旨归的研究方式,尽管它极其厌恶实证研究中的量化数据,强调通过参与观察而非量化分析来获取认识研究对象行动规律的广泛的定性资料,因而表现出自身的特点和个性。相比而言,实地研究是一种更具包容性、内涵亦更为丰富的研究类型,尽管实地研究也将认识和描述研究对象的物质实在性和精神实在性[2] 作为自身的一项重要任务——正是因为这个原因,民族志与实地研究总是被捆绑在一起讨论和使用,几乎成为可以互换的两个术语。[3] 但实地研究并未就此止步,而是在此基础上试图对研究对象的行为意义予以多向度的诠释和理解,如果可能,它甚至追求从社会公正的或价值伦理的角度进一步审视和反思研究对象,从而最终实现激发或者推动研究对象变革和发展的目的。正是在这种意义上,实地研究与民族志又被彼此区别开来。

第二,教育管理学中的行动研究是在试图化解教育管理理论与教育管理实践的二元分离症结,并承认教育管理实际工作者是合法的研究者和反思的管理者的过程中逐渐发展起来的一种社会研究方式。刘良华认为,"行动研究就是教育实践者(主要是教师群体)系统而公开地解决教育实践问题",具有"参与"、"改进"、"系统"及"公开"四个关键性特征。[4] 陈桂生先生认为,"行动研究是通过实践者自身的实践进行的一种研究方式","教育行动研究旨在提高教育行动的自觉程度,使行为者从被动地应付工作,或单凭热情与善意工作,到自主、自觉地工作,直到获得教育行动的自由。"[5] 黄向阳认为,由教师实施的行动研究与理论工作者进行的教育研究迥然有别,这主要体现在,前者是一种直接指向实践、重在改进教育的研究,而后者主要是一种以理论为取向、重在描述和解释教育的研究;前者是一种置身"教育之

1　马凌诺斯基:《西太平洋的航海者》,李绍明译,华夏出版社 2002 年版,第 8 页。

2　关于教育管理现象的物质实在性与精神实在性,请参阅研究者撰写的《反思与建构:教育管理现象及相关问题研究》一文,载《华东师范大学学报》(教育科学版),2002 年第 2 期。

3　美国的赫克(Ronald H. Heck)教授和海林杰(Philip Hallinger)教授在《有关领导与学校改进之研究的新方法》一文中,就将民族志与实地研究捆绑在一起予以介绍和讨论。See Ronald H. Heck, Philip Hallinger, Next Generation Methods for the Study of Leadership and School Improvement. In Joseph Murphy, Karen Seashore Louis (ed.), *Handbook of Research on Educational Administration* (Second Edition). Jossey-Bass Publishers, 1999, pp.153—154.

4　刘良华:《校本行动研究》,四川教育出版社 2002 年版,第 162 页,第 147—159 页。

5　陈桂生主编:《到中小学去研究教育》,华东师范大学出版社 2000 年版,第 3、5 页。

中"的研究,而后者则是一种置身"教育之外"的研究;前者旨在改进教育工作,是"为了教育的研究",而后者旨在促进教育知识的增长,是"关于教育的研究"。[1] 英国学者埃利奥特(J. Elliott)认为,"行动研究与其他研究形式的区别在于它变革性的目的及因此而产生的方法论(而不是方法)。教育行动研究的方法论可以概括如下:其指向是实现教育目标或其他形式的教育理想;要求改变现实的实践活动,使之更加符合理想;找到现实与理想相符或不相符的部分,并通过研究影响因素,对不相符的地方加以解释;对传统的构成实践基础的约定俗成的规范展开质疑;使一线工作者参与到影响教育变化的'假设—验证'的过程中来"。[2] 从上述形形色色的界定和解释不难看出,行动研究主要是指实际工作者对自身实践所做的研究,是对自己遇到的问题所做的研究。行动研究强调实际工作者是一个反思性的从业者,而非被动的执行者,行政管理部门要改变传统的领导和管理观念,重视向实际工作者授权,将行动研究看作实际工作者进行自主的反思实践的有效途径,以及实际工作者摆脱理论工作者钳制的有效方式。实地研究与行动研究的一个引人注目的不同就是,操纵它们的人员显然有别。一般来说,开展实地研究的研究者是受过系统训练的专业研究人员,而从事行动研究的主体基本上是履行具体教职的实际工作者。

第三,教育管理学中的叙事研究是在后现代的话语理论中生长起来的一种社会研究方式,它尤其偏爱以故事讲述、口述、书信、日记、访谈、自传和传记等形式来贴近和理解有关领导与管理方面的经验和实践。丁钢在《教育经验的理论方式》一文中认为,教育叙事探究与以往科学化研究的不同表现在于,它更加重视与人类经验的联系,并以叙事来描述人们的经验、行为以及群体和个体的生活方式。叙事研究关注的是教育实践经验的复杂性、丰富性与多样性,进而引导出教育理论视域的复杂性、丰富性与多样性。叙事研究对于教育的重要性在于,它把有关生活性质的理论思想引入到活生生的教育经验之中,并通过生活经验的叙述来促进人们理解教育及其意义。教育叙事研究不只是研究样式的简单改变,更是教育经验呈现方式与思维方式的重大转变。[3] 在教育管理研究中,卡珀和赫克(J. Cooper & R. Heck)

---

1 陈桂生主编:《到中小学去研究教育》,华东师范大学出版社 2000 年版,第 15—16 页。

2 霍林斯沃恩主编:《国际视野中的行动研究——不同的教育变革实例》,黄宇等译,中国轻工业出版社 2002 年版,第 27 页。

3 丁钢:《教育经验的理论方式》,载《教育研究》,2003 年第 2 期。

是采用叙事方式开展教育管理研究的先行者,他们在运用叙事法和在检视这种分析方法的过程中,探索性地研讨了四位学校管理人员的问题解决实践。另外,本哈(M. Benham)和迪莱德(C. Dillard)等研究人员运用叙事法和生活史,充分展现了少数民族领导者和学校女性领导者的价值观、性别、种族及文化经历等背景是如何形塑其职业实践的。[1] 赫克(Ronald H. Heck)和海林杰(Philip Hallinger)认为,叙事研究的优势在于:能详尽地描述有关学校的人际关系与领导者的个人背景,允许领导者表达自身的体验,挑战了传统的科学中立观念;能增进人们对学校领导者的决策制定或问题解决活动的理解,深刻领会那些难以为调查技术所测量的内部过程;师生在共享叙事的过程中能够有效地促进校长的成长。[2] 叙事研究与实地研究有很密切的关系,不少实地研究都要借用叙事的方法来充实和丰富自身的研究。尽管如此,上述两种研究方式仍存在差别。从哲学上看,叙事研究更少地与经验哲学、批判理论及人类学具有渊源关系,而实地研究更多地是与社会建构论、社会学联系在一起。实地研究尽管也可以采用故事、口述、日记、书信甚至小说式的叙述方式,但所不同的是,在实地研究中,所有这些故事和材料都来自研究者的亲身体验和提炼,对研究者而言,它们皆属第一手材料。而在叙事研究中,无论是材料的获取、组织还是表达,都更偏向于采用第二手材料,更热衷于对文本进行话语分析。

通过初步比较实地研究与其他相关研究方式的异同,我们可以概述实地研究的主要优势也是其重要特点如下。

一是实地研究重视研究者亲临"实地"、"考古",重视通过与研究对象的交往对话来获取研究资料。从某种意义上讲,实地研究者是在用"脚"做研究,坚持知乃"志行,为也"(《墨子·经上》),而不只是一味地冥思苦想;实地研究者能倾听研究对象的心声,能与研究对象融洽地相处和相互交谈,秉持知识乃来自"闻、说、亲"(《墨子·经上》)。

二是实地研究十分重视研究者在整个研究过程中的作用,强调研究者具有高度的主动性和能动性,实地研究者应将个人的风格与个性浸染于实地研究之中。实证研究由于主张价值中立,追求普适性和客观性,因而在

1　See Ronald H. Heck, Philip Hallinger, Next Generation Methods for the Study of Leadership and School Improvement. In Joseph Murphy, Karen Seashore Louis (ed.), *Handbook of Research on Educational Administration* (Second Edition). Jossey-Bass Publishers, 1999, pp. 154—155.

2　Ibid., p. 155.

研究过程中总是试图减少或者控制研究者对研究结果的影响。与实证研究不同,实地研究非常重视研究者在研究的阐述、资料的收集及结果的解释中的重要性。埃弗哈特指出:"实地研究的最佳标准,归根到底乃是他本人。实地研究因而并非是一种方法,而是一种角色,它允许研究者采用多维度的技术去见证、体验所发生的种种现象,并进一步收集这些现象的信息。"[1]

三是实地研究重视从整体的和历史的角度来认识和理解研究者与被研究者的关系。所谓整体,是说实地研究者强调从事件、行为所依存、发生的背景的角度考察研究对象,"实地研究者假定,全部事件及其意义都是多维的而非一维的,因而它们只能被作为一种复杂的结构予以审视,这种社会结构结合在一起就构成一个更大的整体"。[2] 所谓历史,是说实地研究非常重视从个人史的角度来认识研究对象,实地研究者不仅重视被研究者的生活史,更重视从自身的成长史去理解被研究者,实地研究者的个人成长经历和社会体验将对实地研究产生重要的影响。这恰如米尔斯(C. W. Mills)所言:"在回归到个人生活历程、历史以及二者在生活中的交织等问题之前,没有哪个社会研究能完成其学术探索的过程。"[3]而埃弗哈特说得更直接,他宣称:"对社会科学家(包括那些重点关注教育管理与政策问题的学者)而言,对他者的研究在很大程度上就是在研究他自己。"[4]

四是实地研究强调从过程的和建构的视角来观照和阐释事件及其意义。所谓过程,是说实地研究重视全程透视事件及其所呈现的意义,并试图理解和把握种种影响事件变化发展的可能性。实地研究尽管对单个的有代表性的典型"快照"感兴趣,但更重视将它们按照一定的规则有机地串联起来,以便系统地展示事件发生发展的历史过程。所谓建构,是说实地研究十分重视从人是一个有思想、有情感的存在的角度去捕捉和理解教育管理现象及其意义。埃弗哈特强调:"在所有现象中,尤其是在那些具有教育属性的特定现象中,参与者是'具有知性的人'(knowing beings),他们所拥有的和创造的知识,对于理解教育环境中的任何行为都是一个至关

---

1 Robert B. Everhart, Fieldwork Methodology in Educational Administration. In Norman J. Boyan (Ed.), *Handbook of Research on Educational Administration*. Longman Inc. , 1988, p. 704.

2 Ibid. , pp. 703—704.

3 米尔斯:《社会学的想像力》,陈强等译,三联书店 2001 年版,第 4 页。

4 Robert B. Everhart, Fieldwork Methodology in Educational Administration. In Norman J. Boyan (Ed.), *Handbook of Research on Educational Administration*. Longman Inc. , 1988, p. 723.

教育管理实践个案研究:实地研究方式

重要的向度。"[1]

五是实地研究有利于将研究的重点从注重构建理论体系和形成严密科学，转移到注重探究那些与人们日常生活有密切关系的重大现实问题上来。实地研究明显有别于思辨研究和实证研究，它不仅在帮助人们理解和把握教育管理现象的复杂性和动态性方面表现出明显的优势，而且能以不同于传统研究的方式提出问题和讨论问题。譬如，对于学校布局调整以及合并问题，传统的研究套路大多是从内涵、意义、必要性、相关措施等角度展开讨论，且讨论也常常泛化和抽象。而实地研究更常见地是从某一地区选取某个将要合并或正在合并或已合并的学校予以具体详尽的研究，它所强调的问题和观点通常是为以往研究所忽视的或者未曾注意的，或者早已被圈定为不能登堂入室的。在传统的教育管理学研究中，像学校文件、乡村学校布局调整这样一些问题，是很少成为关注焦点的。而实地研究者对这样一些问题往往情有独钟，充满热情。本书第二和第三部分就是这方面生动的例子。

三、对几个争议性问题的基本看法

尽管实地研究方式具有上述提及的一些优势，但正如良药苦口一样，它也存在一些明显的局限性。譬如，较之其他研究方式，实地研究通常需要耗费更长的时间和更大的成本，实地研究的成功与否不仅取决于研究者的思想境界和理论素养，也受制于被研究者的配合与支持。实地研究就像一把"双刃剑"，它既可以帮助我们看清某些曾被忽略或被歪曲的事实和行为，也可能遮蔽我们的心智，使某些事实与行为永远不能进入我们的视野。埃里克森（F. Erickson）指出，实地研究者在收集和加工材料的过程中总是表现出一种明显的"漫画式处理倾向"（caricature-producing trend），[2]因为实地研究者并不报告他所见到的全部事情，而是有选择地报告某些信息而同时遗漏其他信息。正因为如此，实地研究的合理性、代表性等问题

---

[1]　See Robert B. Everhart, Fieldwork Methodology in Educational Administration. In Norman J. Boyan (Ed.), *Handbook of Research on Educational Administration.* Longman Inc., 1988, p.703.

[2]　Ibid., p.711.

就值得深究。一般说来,目前有关实地研究的争议大体上来自两个方面:一是认识论层面的问题,二是方法操作层面的问题。就认识论而言,实地研究必须反思自身所持假设的合法性,并对不少教科书中经常提及的研究代表性、价值中立等广受争议的问题加以澄清。就方法操作而言,什么样的研究可以算是实地研究? 开展实地研究要注意什么问题? 富有价值和意义的实地研究应符合什么标准? 诸如此类的问题也须进一步探讨。这里拟撷取实地研究的代表性、价值中立及理论提升等几个关键性问题予以简要讨论。

关于实地研究的代表性。实地研究经常面临的一个质疑和难题就是其研究结论具有多大的代表性。有人认为,采用这种研究方式获得的结论常常难以推广到更大的范围,因而其价值不大。事实上,这种提问本身就表明,提问者信守一种实证研究的内隐观念。在提问者看来,具有意义和价值的知识和理论只能是那些具有规律性、普适性的结论,微观的个案以及从个案出发获取的地方性知识和个体性知识则无甚价值。事实上,这种看法是偏颇的和错误的。

韦伯认为,社会学研究的要旨不在于揭示社会发展的规律,而在于理解社会中人们复杂的行为意义。与自然科学的研究对象不同,社会学是对社会现象进行研究,而社会现象又是人的活动的结果,只有当行动者以一种主观的意向与社会行动关联时才能存在,正因如此,对社会现象的研究不是要去发现什么规律性的东西,而是要对社会现象予以理解和解释。[1] 不过,这种理解和解释虽然具有很浓的个人意味,但并不意味着研究过程是随意的和无规则的,也不意味着研究结果是一种纯粹的个人意见,相反,它具有一定的代表性。这种代表性正如文化人类学家格尔茨(C. Geertz)在讨论民族志的特点时所说的,民族志虽是解释的和微观的,但"这并不是说没有对整个的社会、文明、世界性事件等等所作的大规模的人类学解释。恰恰相反,正是因为我们把分析以及这些分析的理论含义扩展到更大的情景中,才使它们受到普遍的注意,从而证明了我们对它们的建构"。"典型的人类学家的方法是从以极其扩展的方式摸透极端细小的事情这样一种角度出发,最后达到那种更为广泛的解释和更为抽象的分析。"[2] 我国著名社会学家费孝通先生在长期的实地研究活动中,创造性地提出了"类型比较法"概念,倡导

---

1 陈静:《简评韦伯的社会科学方法论》,载《江淮论坛》,2001 年第 3 期。
2 克利福德·格尔茨:《文化的解释》,韩莉译,译林出版社 1999 年版,第 27 页。

社会研究应"由一点到多点,由多点概括更大的面,由局部接近全体"。他如此说道:"应用类型比较法,我们可以逐步地扩大实地观察的范围,按着已有类型去寻找条件不同的具体社区,进行比较分析……"[1]实地研究的魅力也许就在于从微观的个案出发并在个案中进行概括。而实地研究者在整个研究过程中,若有一个长期而全面的构想,能考虑到研究的后续性,而不只是满足于一两次的具体研究,真正做到由点到线,由线到面,逐步推进,最后再到整体,那就既能突出实地研究的独特性,又能有效解决实地研究的代表性问题。

　　关于实地研究中的"价值中立"。价值中立问题也是一个令实地研究者长期困惑不已的问题。很多研究文献都强调,实地研究者在观察时要客观,要实事求是,不能夹杂丝毫偏见,似乎只有确保价值中立才能获得对社会行动的正确理解。问题是,实地研究者在研究过程中总是要受到以普兰(A. Kaplan)所说的"行动逻辑"(logic-in-use)[2]的影响,行动逻辑决定了实地研究者怎样将资料转换成结论,决定了实地研究者在解决种种不确定性问题时的认知风格。事实上,在实地研究过程中,实地研究者势必受到相应的意识形态、思想范式的制约,企盼研究者完全祛除情感和价值,那几乎是幻想。研究者对于方式方法的选择和运用,很多时候都传达了研究者个人的某种价值倾向和信息,这正如弗莱雷(Paulo Freire)所言:"方法是意识在行动中体现出来的外在形式,它表现了意识的基本特征——目的性。"[3]那么,到底应怎样对待很多教科书中所说的价值中立呢? 研究者的意见是,价值中立只能是相对的,价值中立并不意味着实地研究者没有价值预设,什么价值取向都没有只会使资料变得零散、琐碎,甚至使整个研究变成一堆缺乏内在意义的杂物。价值预设并不可怕,可怕的是对实地研究过程中的价值预设予以遮掩,让反思缺席。而通常所说的价值中立,依据韦伯的观点,就是在研究过程中坚持"理性方法",按照系统的概念对经验材料进行分类,运用恰当的论证规则进行逻辑推理。具体而言,主要包含如下要点:在研究过程中,在处理所得的各种资料以及在处理与被研究者的关系时,都应保持价值中立。[4]

1　转引自曾永泉、黎民:《刍论实地研究中的理论建构》,载《华中科技大学学报》,2001 年第 2 期。

2　See Robert B. Everhart, Fieldwork Methodology in Educational Administration. In Norman J. Boyan (Ed.), *Handbook of Research on Educational Administration*. Longman Inc., 1988, p.705.

3　保罗·弗莱雷:《被压迫者教育学》,顾建新等译,华东师范大学出版社 2001 年版,第 22 页。

4　见金一鸣先生为《教育行政组织的发展与创新——对基层教育行政的个案研究》一书所写的序,张新平:《教育行政组织的发展与创新——对基层教育行政的个案研究》,南京师范大学出版社 2003 年版,第 3 页。

关于实地研究中的理论提升。实地研究者经常面临的另一个指责和尴尬是,实地研究缺少"理论",实地研究者没有水平。实际上,实地研究不是没有理论,更不是没有水平,根本的问题在于如何理解"理论",如何改变传统的单一逻辑实证论视野下的"科学理论观"。理论之所以不可或缺,关键在于理解和改善生活离不开理论。正如费孝通先生所强调的,理论的作用即是"改善人民的生活","并不是为了解而了解,为提出一些理论而去研究,我们是为了实际的目的,为少数民族进行社会改革提供科学的事实根据和符合少数民族利益的意见"。他明确指出,"为知识而知识是游戏,这种智力活动提供有趣的娱乐,但是它们不能影响世界。不过,在当前世界环境下,作为世界的公民,我们真的应该用我们的精力和才智做些建设性的事情"。[1]费孝通先生的话语恰如一帖醒世良药,让我们意识到,是到了重新定义理论和定位理论功能的时候了。

另外,实地研究要想拓展自身的影响力和学术魅力,本身确实也面临着一个如何进行理论提升的问题。实地研究是一种新型的理论建构与生成方式,这种研究强调理论是来自实践、为了实践和面向实践的。在传统的或主流的研究中,理论常常是脱离实践建立起来的,然后教授给实际工作者,而实际工作者则以任何看来可行的方式加以运用。实际工作者并不是理论建构过程中的一部分,而理论研究者也不是现实的教育管理世界的一部分,如此一来,理论与实践的结合也是不完美的,最糟糕的则是完全脱节。这个问题并不意味着理论的失败和无效,而是理论建构和生成方式的失败和无效。实地研究作为一种扎根于现实的教育管理世界的理论建构型的研究方式,[2]"与其他观察方法的不同之处在于它不仅仅是资料收集,也是典型的理论生成的活动"。[3] 当然,要强调的是,这里所说的理论生成或者理论提升,并非纯粹的沉思、抽象,也不是实证研究中的演绎推论,而是指一种从个案进行概括的活动,正如格尔茨所言:"理论建设的根本任务不是整理抽象的规律,而是使深描成为可能;不是越过个体进行概括,而是在个案中进行概括。"[4]具体言之,所谓理论提升,就是要在实地研究的基础上和实地研究的过程中形成新概念、新理论,同时又将这些新概念和

1　费孝通:《费孝通学术文化随笔》,中国青年出版社 1996 版,第 309 页,第 32 页,第 310—311 页。
2　风笑天:《社会学研究方法》,中国人民大学出版社 2001 年版,第 239 页。
3　艾尔·巴比:《社会研究方法基础》,邱泽奇译,华夏出版社 2002 年版,第 240 页。
4　克利福德·格尔茨:《文化的解释》,韩莉译,译林出版社 1999 年版,第 33 页。

新理论用来指导后续的实地研究。实地研究的理论源自实地研究的实践，并在实地研究过程中不断予以修正、完善和深化。在实地研究过程中不断生成的新概念、新思想，有力地牵引着研究行为，从而确保了实地研究不是瞎撞乱碰，不是肤浅描述，而是对教育管理行为的一种透彻理解，是对事物运行规则的一种深刻领会。

Ⅱ　笔墨下的学校管理：
对教师眼中学校文件的实地研究

一、导　　论

1. 研究的缘起

20 世纪的西方管理界形成了"管理理论丛林"[1]，可这些理论对教育管理实践究竟有多少帮助？有人对目前理论与实践的关系打了一个形象的比方：理论和实践就像是火车头和车厢，只不过现在的理论是脱了钩的火车头，自顾自地往前跑，把实践这节车厢丢在后面了。在学校管理实践中，校长的一些做法显然有悖于教育管理理论，可他们仍视若法宝，乐此不疲。是校长们的管理学专业素养不够，理论水平太低，管理方法落后？还是教育管理理论脱离了实际，难以与实践相结合呢？

究竟何为理论？阿基里斯(C. Argyris)指出，支配人们行为的理论通常有两种不同的形态，一是外显理论(explict theory)，这是人们所信奉的理论，它可以与个人的行动保持距离或者脱节；二是内隐理论(tacit theory)，它是人们在行动过程中加以运用的、习而不察的理论。[2] 显然，人们信奉的外显理论，譬如管理文献中的理论，未必表现为管理行为；而人们的管理行为势必体现人们的内隐理论。因此，真正对学校管理产生影响的理论，应该是学校成员的内隐理论，从本质上看，它就是日常生活中每个个体赖以观察、理

1　Harold Koontz, Management Theory of Jungle, *Academy of Management Journal*, 3 (4), 1961, pp,174—188. 转引自罗珉：《构建管理学学科体系的研究范式和经验法评析》，载《经济管理·新管理》，2003 年第 2 期。

2　张新平：《教育组织范式论》，江苏教育出版社 2001 年版，第 7 页。

解、分析、解决问题的方式、方法和假设，就是支配、引导人之所以如此思、如此想、如此行的内在力量和信念。[1] 从这一点出发，我们可以认为，管理理论与管理实践这两者是一体两面而不可分割的。因此，理论联系实践就不应是教育管理研究应该深究的主要问题，教育管理研究的核心和重点应该是每个人思想深处的支配其思想和行为的内隐理论。

那么，如何促使相关人员（理论工作者和实际工作者）认识这种内隐的、有时甚至连当事人自己都不察觉的理论，并且对其进行反思呢？由于教育管理理论与实践的一体两面性，我们应当"回到事物本身"，[2] 尽可能地接近教育管理的现实世界本身，以局内人的身份与观点，用局内人的语言与意义体系来解释一切。[3] 因此，通过个体（一所学校的工作）的一个切入点（如，学校文件的管理）来显示教育管理的真实世界，应该是一种值得一试的方法。

选择学校文件作为研究的切入点，是出于文件在学校工作中的重要性、权威性和神秘性。在学校工作的 10 年经历中，研究者在工作的方方面面都能感受到文件的存在：有的是案头的文件原文；有的是学校成员在各种场合的发言；有的张贴在学校的墙上或橱窗里；有的未见文字，但就在日常工作的具体执行中……学校成员对文件的处理也各不相同，有的文件被大张旗鼓地宣传，雷厉风行地执行；有的文件在不同的情境下被奉为"圣旨"，引为权威；有的文件则被弃置一旁，不予理睬；有的文件被神秘地控制在校长手中，难见"庐山真面目"……学校文件在学校管理工作中究竟充当了什么角色？学校不同成员对不同文件的态度如何？不同的文件是如何贯彻落实的？如果文件是学校内部制定的，那么哪些人有权制定文件？为何要制定？如何制定？……这些问题引起了研究者的兴趣，本研究试图加以解答。

2. 研究的现状与意义

研究者细致地查找了有关学校文件管理的文献，但无论是在网上还是在图书馆或其他地方，都很难见到关于学校文件管理的具体论述。在教育

1　张新平：《教育组织范式论》，江苏教育出版社 2001 年版，第 6—7 页。

2　维克多·维拉德-梅欧：《胡塞尔》，杨富斌译，中华书局 2002 年版，第 16 页。

3　Peter Woods, *Inside Schools Ethnography in Education Research.* reprinted 1991 by Routledge, p. 4.

管理理论工作者的视野中,作为学校工作重要信息载体的学校文件似乎消失了,这是为什么? 研究者认为,一方面,这与我国目前教育管理理论工作者的研究方式有关。从已有的出版物来看,管理学者的研究方式仍以思辨研究和实证研究为主,而学校文件的制定、传达、执行、反馈是学校管理实践中的动态问题,只有深入到学校管理的具体情境中,才能进行具体研究;另一方面,文件通常代表一定的法定权威,是管理部门的喉舌,记载着校方的管理指挥信息,具有严肃性和不同程度的保密性。有相当一部分的学校文件,被以校长为代表的学校管理层视为学校的秘密,不希望校外甚至是校内其他人知晓,因而他们会以各种冠冕堂皇的理由来拒绝或避免对此进行深入研究。[1] 因此,对学校文件的实地研究具有一定的创新性。

然而,通过个体(一所学校的工作)的一个切入点(学校文件的管理)来显示教育管理真实世界的实地研究有价值吗? 这个问题可以从以下两方面来回答。

一方面,这种立足于教育管理实践的实地研究,对于当前教育管理研究中盛行的思辨研究与实证研究,是一种必要的补充。

管理学自诞生起,基本上是传承结构主义和实证主义发展的。这两种范式以自然科学为楷模,试图发现组织构成和变迁的某种普遍规律性,力求对社会组织达到客观性和真理性的认识,其最终的目标是使管理研究成为一门科学。[2] 教育管理研究基本上沿袭了这样的发展历程,由此奠定了教育管理理论的基础,促进了教育管理学科的形成和发展,也在一定程度上推动了教育管理实践的变革。但这种研究也产生了一些问题,如,实证研究所采用的研究方式在某些时候会"损害社会科学研究的整体性、意义性与动态性"。[3] 再如,实证主义研究要求理论具有可重复性,但教育管理现实复杂多变,存在许多不确定因素,同样的研究方法却因地、因时、因人而产生不同的结论,这也许就是目前教育管理理论与实践脱节的缘由之一。结构主义范式力求构建一种规范的理论体系和概念构架,但这种研究却被教育管理实践者在实际工作中忽视。对实际工作者来讲,这种研究追求就像是海市蜃楼,看上去很美,可是无法达到,他们对这些理论的支持只限于口头和书面,

---

[1]　研究者作为校内的一名正式成员进行文件的实地研究,也遭到了"守门员"的几次拦截,校长甚至提议研究者更改研究方向,最后是以研究者诉诸导师的权威和私人交情才得以继续。当然,研究者相信,更重要的原因是该校长因年龄原因要退居二线,这也许使他少了许多顾虑。

[2]　罗珉:《构建管理学学科体系的研究范式和经验法评析》,载《经济管理·新管理》,2003 年第 2 期。

[3]　凌建勋、凌文辁、方俐洛:《深入理解质性研究》,载《社会科学研究》,2003 年第 1 期。

他们更关心的是现实问题的解决与处理。实践者抱怨教育管理理论的空洞与无用，其中一个重要原因就是因为已有的理论对解决现实问题帮助不大。这些问题的存在使新的教育管理研究方式的产生势在必行。

实地研究是通过研究者深入研究对象的实际生活，采用参与观察和非结构访谈等获取资料的方法，系统详尽地描述、理解乃至批判反思研究对象的物理及精神特征、思想信念与行动逻辑的相对松散的研究方式体系。[1] 这种研究强调"回到事物本身"，深入到具体的教育管理情境中，努力不造成干扰和破坏，使研究对象真实自然地展现。这种研究方式关注的是教育管理者遭遇到的实际问题，关心的是他们的真实生活，因而缩短了理论与实际的距离，它是对已有教育管理研究方式必要和有益的补充，必然受到教育管理者的欢迎。

另一方面，从学校众多工作中截取一个工作面来反映学校工作的全貌，从一所学校文件管理的个案研究来反映教育管理的真实世界，最后达到"由一点到多点，由多点概括更大的面，由局部接近全体"，[2] 能对以下三类人产生一定的影响，从而推动教育管理现状的改善。

首先是教育管理理论工作者。通过对一所学校文件管理的实地调查，将真实的活生生的教育管理世界呈现在理论工作者面前，使之感受组织中人的所思、所想、所为，满足他们了解真实的教育管理情境的需要，促使他们发现教育管理实践中存在的问题和困惑，并发挥专业优势进行研究，找出解决问题和提升管理效果的方法和途径。

其次是教育管理实践中的管理者。学校文件涉及学校管理的方方面面，是学校管理的重要内容和基本形式。对学校管理者而言，通过本研究，一方面可以全面审视和总结本校教育管理的实况，对自己习而不察的管理中体现的价值取向作一个归纳和反思，以改进今后的工作；另一方面，也有助于他人理解教育管理者的所作所为，而这种理解对管理工作的顺利开展将起到积极作用。对其他教育管理者而言，本研究能促使他们在比较的基础上，对自己的教育管理实践有所思、有所惑，进而反思或修正自己的内隐理论，从而对教育管理实践产生一定的影响。

1　张新平：《教育行政组织的发展与创新——对基层教育行政的个案研究》，南京师范大学出版社2003年版，第262页。

2　费孝通：《费孝通学术文化随笔》，中国青年出版社1996年版，第32页。转引自曾永泉、黎民：《刍论实地研究中的理论建构》，载《华中科技大学学报》，2001年第2期。

最后是教育管理实践中的被管理者。本研究可以使被管理者对学校文件的产生、传递和在学校工作中所起的作用等有一个清晰的认识，增进他们与管理者之间的相互理解，促使他们在实际工作、生活、学习中正确对待学校文件，充分发挥主观能动性，积极参与到学校文件的制定、学习、遵守和执行中，从而推动学校管理的民主化和科学化进程。

3. 研究的过程和方法

(1) 进入现场

本研究采用实地研究方式。这种方式要求研究者必须参与研究对象的实际生活，设身处地地体会研究对象的所思所想、所作所为。

要进行实地研究，即使是作为组织中的一员，也存在一个进入现场的问题。由于学校领导的更替，研究者遭遇了两次拦阻。第一次是在 2002 年秋，研究者确定研究方向后，与当时的 H1 校长进行了沟通，简单介绍了本研究的研究方向、意义以及所采用的实地研究法，希望能得到支持。当时，虽然 H1 校长对实地研究并不理解，但他爽快地答应了，说："你是我们学校培养的第一批硕士，我们应该支持你。"并向校长办公室主任 B1 表明了他的态度："胡老师做论文，需要看学校的有关材料，你配合一下。"在研究者向 B1 介绍了研究内容和方法后，她并不掩饰对研究者选择这样一个研究方向的不理解，但还是执行了校长的嘱咐。当研究者提出要看学校去年一年的档案资料和上级下发的文件时，她把一套职代会制定的文件给了研究者（多余的，未存档），然后将档案目录给研究者，说："档案，你可以看目录，但不能查看，这是档案管理规定的，[1] 至于上级下发的各级各类文件，有的归入档案了，有的在相关职能处室，有的则是保密的。"言语中没有任何商量的余地。

为了研究的顺利开展，当然也是从研究的伦理道德出发，2002 年 11 月，研究者在开始访谈之前，又与 H1 校长进行了第二次接触，向他汇报研究者将就学校文件方面的问题对学校教职工进行访谈，希望取得他的支持，并且能向学校其他领导打个招呼，也取得他们的支持。H1 校长当时给研究者的印象是，他直到此时才开始对实地研究有了具体认识，对研究者

1　事后，研究者查看了《档案管理规定》，上面并没有条款规定教师不能查看档案，只是规定查看档案要履行一定的手续。

的这一进一步要求,他勉强同意了,[1]并履行了承诺,在以后的相关研究中给予了支持,如同意研究者以研究者身份参加职工代表大会,同意研究者进行访谈等。

第二次的再进入出乎研究者的意料。2003 年 9 月初,H1 校长转为专职教研员,学校工作暂由一名副校长主持,办公室主任 B1 也退休了。而研究者在看了档案目录后,觉得非常有必要查看档案资料,便与负责学校工作的副校长进行交流,他非常诚恳地让研究者等待新校长的到来,因为他没有许可权。

新任校长 H2[2] 于 2003 年 10 月到任。在他到任后的第二周,研究者就自己的研究课题向他做了汇报,希望取得他的支持。由于彼此之间不了解,研究者对这次的再进入做了精心准备,H2 校长立刻答应:"行,做研究,写论文,我们当然支持。"他甚至都不关心研究者究竟要怎么做,就来到校长办公室,要求新上任的办公室主任 B2 提供研究者相关的资料。在研究者以后进行相关研究时(如利用全校集中的机会进行问卷访谈等),他都采取支持的态度,使研究得以顺利开展。而新上任的办公室主任 B2 对研究者的研究显然是不支持的,认为普通教师没有权利查看学校档案。在研究者解释研究的意义和文件的定义后,一直在旁边听我们对话的 H2 校长下了结论:"她要看的资料应该是可以查看的。"这时,办公室主任 B2 才同意研究者查看学校档案,但是会议记录不能看,因为里面记录的是一些没有最后确定的事,研究者同意了。

在这两次进入中,显然,学校办公室主任才是真正的"守门员"。研究者的研究增加了他们的工作量只是原因之一,更重要的是他们出于办公室主任的一种职业本能,担心因此会引起不必要的麻烦。在以后的访谈中,他们流露出对一些学校领导控制知情权的文件是否会因研究者的研究而被扩散从而引起纷争的担心。因此,此时研究者的"局内人"[3]身份反而是一种限制因素,这使研究者再次警觉到遵守实地研究伦理道德规范的重要性。

在两任校长的支持下,研究者于 2002 年 9 月开始了研究工作,历时两年之久。在研究期间,恰逢校长更替,这对研究产生了以下影响:首先,校长的更

1　就在那时,H1 校长建议研究者将研究方向改为学校人事管理。

2　H2 原是与 S 校合并学校的校长,合并后被调往区内另一所普通中学任校长。

3　陈向明:《质的研究方法与社会科学研究》,教育科学出版社 2000 年版,第 134 页。"局内人"指的是那些与研究对象同处于某一文化群体的人,他们享有共同的(或者比较类似的)价值观念、生活习惯、行为方式或生活经历,对事物往往有比较一致的看法。

替使学校管理者在充当"守门员"角色时不再尽职。在研究中,研究者曾主动表示在论文完成后,先请 H2 校长过目把关,但 H2 校长做出如下表态:"你研究的文件都不是我制定执行的,你如何做是你的自由,不需要我来把关。"也许正是因为这个原因,H2 校长上任后,研究者的研究能顺利开展,没有再遇到真正意义上的"守门员"。其次,H1 校长的调离打消了学校成员的很多顾虑,他们能够坦然讲述参与文件管理的经历,使研究者可以获得比较全面的信息,但同时也存在"墙倒众人推"的可能。因此,在研究中,研究者对此保持足够的警惕。最后,校长的更替使学校部分文件的执行发生了巨大变化,在进行访谈时,校内成员也总是下意识地对两位校长的行为进行比较。因此,研究者在分析和描述相关文件的实施时,对两位校长的行为进行了如实的描述和分析,力求反映学校文件真实、动态的管理过程。

(2) 实地研究中所采用的具体方法

① 观察法

这是研究者所采用的主要研究方法之一,主要运用了直接观察与间接观察相结合的方法。由于参与性观察"能从扎根在人类日常生活的有关事实中,发掘实践性真理和理论性真理",[1]在能参与的文件运转过程中,研究者采用参与性的直接观察,在自然情境下,通过感官直接获取有关学校文件的事实资料,尽可能地亲身感受和观察一切。对学校文件运转中不能参与的部分,研究者采用非参与性观察和间接观察法,以观察者(研究者)的身份进行观察,或者通过对某些特定对象的观察来获取相关资料。如,以研究者的身份参加了学校 2003 年的职工代表大会。对于观察活动的记录,在研究初期,只要是与文件相关的任何活动,研究者都进行详细记录,并以实地研究日记的方式记录自己在观察中的感悟;在研究的中后期,研究者开始确定观察目标,记录时围绕确定的目标进行,但仍然力求详尽、具体。

② 访谈法

访谈法因其灵活性和互动性,成为本研究所采用的最重要的研究方法。访谈从 2003 年起陆续进行,在选择访谈对象时,研究者注意到了访谈对象年龄、岗位、个性的差异。由于自己是一名普通教师,对学校某些行政部门的工作不是很熟悉,因此在访谈中重视对学校各职能部门中层领导的访谈,了

---

[1] D. L. Jorgensen, *Participant Observation: A Methodoloby for Human Studies*. Newbury Park: Sage. 转引自陈向明:《质的研究方法与社会科学研究》,教育科学出版社 2000 年版,第 232 页。

解他们的所思所想。由于研究者是真正的"局内人"，因此与访谈对象建立了友好的访谈关系，但也因此更注重研究的伦理道德性，如保密原则等。访谈一般都采取个别的半结构型的访谈方式，只有一次采取集体访谈的方式。教职员工都能认真地对待访谈，有的在研究者预约访谈时，甚至要求事先告知访谈提纲，以便做好准备，但对于录音，则难以接受，个别教师再三叮嘱要保密，担心引起不必要的麻烦。在这种情况下，研究者的访谈大多采用笔录的方法，事后尽快整理访谈记录，力求真实再现，并对内容进行初步分析。在整理过程中，若发现某个地方不清楚，第二天上班时会再进行询问，而对方也总是耐心回答。

③ 实物收集法

任何实物都是一定文化的产物，都是在一定情境下某些人对一定事物看法的体现，[1]因此在研究中，研究者进行了大量与研究有关的实物收集工作。收集途径如下：经校长办公室主任的同意，复印学校档案室里的相关资料；深入各职能处室，找资料保管员索要或复制有关的资料；对文印室和校长室配置电脑内（学校文件主要由这两台电脑打印）储存的文档资料进行复制；同事们对研究者的研究非常好奇，也很支持，他们热心地把自己拥有的相关资料提供给研究者；研究者作为学校成员拥有的与文件研究相关的资料。

④ 问卷法

实施问卷法是在研究的最后阶段决定的。在研究初期，研究者担心这种预定选项的问卷方法会忽略研究对象的真实想法，因此并未采取这种方法。但随着访谈的进一步展开，组织内成员的各种观点开始清晰，在这种情况下，研究者认为，采取问卷调查的方式可以显示各种观点的代表性，因此，在取得 H2 校长的同意后，研究者于 2004 年 7 月在学校教师的一次集中会议上，对学校 110 名（学校在职教职工人数为 158 名）教师进行了问卷调查。

4. 学校文件概念的界定

界定学校文件的内涵与外延是本研究的基础。随着研究的开展，研究

1　陈向明：《质的研究方法与社会科学研究》，教育科学出版社 2000 年版，第 257 页。

者发现这同时又是一个难点,因为现有的文献资料并未对此做出明确的规定,而实践中也没有达成共识,即便是同一组织里的成员,由于各人视野不同,对学校文件也存在不同的认识。

《辞海》中给"文件"下的定义是:组织或个人为履行法定职责或处理事务而制作的记录有信息的一切材料,是人们记录、固定、传递和贮存信息的一种工具。[1] 研究者在网络上查找到的文件概念有两种,[2] 一种认为,文件是指公务文书,又称"公务文件"、"文书材料",简称"公文",古代也称"官书"。它是指机关团体、企事业单位在处理日常事务(即公务)活动中,按照特定的体式,经过一定的处理程序形成和使用的内容系统、种类较多的书面文字材料。另一种认为,文件是人类社会活动中为处理事务的需要而直接形成并使用的具有规范体式和法定效用的信息记录。

校长和校长办公室主任对学校文件的第一反应就是"上级主管部门下发的文件",当研究者提醒是否存在学校自己制定的文件时,他们认为就是学校教职工代表大会制定和通过的规定、条例和制度等。

政教处主任则认为,学校文件就是存档的一切文字材料,他很热心地指点研究者,要看学校文件,可以到校长办公室主任那里申请查阅。研究者查看了 S 校 2000—2002 年的档案,档案共分"党群类案卷"、"行政类案卷"和"教育教学类案卷"三类(总务类和工会的案卷由于某种原因未存入校档案室),就目录来看,分别有 68 份、84 份、340 份,用"文山"来形容并不过分,其内容包括:各项工作计划和总结,各种名册、证明和登记表,通知、合同、申请和报告,规定、条例、办法和决定,等等。

普通教师对学校文件的理解又是如何的呢? 研究者随机地与几位教师进行了交谈,他们首先都表示对学校文件不了解,不知道有哪些学校文件,但在随后的谈话中,他们又下意识地把学校文件等同于学校的规章制度。

那么,学校文件究竟应该是什么呢? 在以上这些观点的基础上,研究者结合自己在实地研究中的感悟,综合了学校内不同群体的观点,将学校文件定义为:学校文件是学校在进行人、财、物、事等的管理中,为上传下达、联系各方、解决问题、指导工作而形成并使用的具有规范体式和法定效用的信息记录,具体表现为各种法规、条例、决定、规定、规则、办法、制度、通知、请示、报告等。

---

1 《辞海》(1999 年缩印本),上海辞书出版社 2000 年版,第 1858 页。

2 http://office.ncnu.edu.cn。

根据成文的形式和传递范围,学校文件可分为外部文件和内部文件。外部文件是指学校作为行政单位、法人组织与上级行政部门和其他社会组织或团体之间往来的文件。按照行文方向可分为：① 上行文件,是指学校在日常工作中,根据需要或要求,向上级机关、部门汇报工作,反映情况,答复询问,提出建议,请求指示或批准的文件;② 下行文件,是指上级机关向学校下发的文件,是各级行政主管部门发布法规和规章,传达贯彻方针、政策和有关指令,沟通学校之间的横向联系的文件,内容涉及学校人、财、物、事等方方面面;③ 平行文件,是指学校和其他平行机关或不相隶属的社会团体、组织之间的文件,一般是由当事双方(或两方以上)为共同达到一定目的,明确相互责任、权利、利益关系而签订的书面契约。内部文件是指学校成员通过各种方式制定的并在学校内部使用的各类文件。按其产生方式,可分为职工代表大会制定的文件、行政办公会制定的文件、各职能处室制定的文件,主要表现为学校的各项规章制度。

根据古尔德纳(Alvin Goulder)的观点,规章制度大致分为虚假型规章制度(mock rules)、代表型规章制度(representative rules)与惩罚中心型规章制度(punishment-centered rules)三种类型,其中虚假型规章制度是由外部强加给学校的规章制度,或者是学校为了讨好上级、取悦于外部社会而制定的制度,对这类规章,没有人会把它作为真正的规章制度加以实践、贯彻;代表型规章制度是为管理者所秉持和遵守的规章制度;惩罚中心型规章制度通常是迫于管理者或被管理者中某一方的压力而提出的,具有强制性和惩罚性。[1]

根据文件的有效期,文件可分为相对稳定的长期文件和用过即作废的短期文件。

研究者开展研究的时间主要从 2002 年 9 月至 2004 年 9 月,为期两年,按照以上内涵和外延来收集学校中的文件,文件数多达 200 余份。由于时间、精力、身份所限,在实际研究中,研究者对文件的外延做了如下处理：考虑到平行文件大多以合同为主,涉及更多的是经济利益,因此这类文件被排除在外;由于学校教职工对虚假型规章制度根本不关心,所以研究者对此类文件也未予以过多的关注;而行政办公会议制定的文件,由于研究者教师身份的限制和学校管理者对此不愿多谈的态度,也不得不被排除在外,所幸的

1　详见张新平：《校规的反功能》,载《上海教育科研》,2002 年第 3 期。

25

是,由于校长对制定文件兴趣不大,这类文件数目并不多,主要是处理学校突发事件和严格教职工考勤两份文件;由于学校的文件管理并不规范,所以,对于一些学校管理者严格控制的文件,因为无法查找去向,在研究中,研究者只能从教师的视角来发现其在学校的蛛丝马迹,而这本身也是学校文件管理过程中真实的一面,因此在成文时做了如实描述。

二、一所省重点职业学校：研究对象概况

1. 学校发展历程

S 职校是某市首批四所省级重点职业学校之一,是一所独立设置、颇具规模、以五年制大专为龙头,以联系高新技术企业为亮点,以培养"技术蓝领"为目标的中等专业学校。[1]

关于学校的历史,在学校的各种资料中都用"红红火火,风光无限"来形容,据老教师介绍,20 世纪 80 年代末至 90 年代初期,S 校的录取分数线很高,与该市省重点普通中学的录取分数不相上下。

教师 T1 回忆道:"我记得当时还有人托我向校长打招呼,照顾录取他家的孩子。"

研究者:"开后门?!"

教师 T1 :"是呀,那时学校对毕业生几乎是包分配,而且工资不低。"

S 校始建于 1958 年,原是一所民办中学,1974 年易地到现址,成为一所完中。[2] 1982 年,S 校与市港务局联合开办高中职业班。1985 年被省教委定为全省 38 所重点办好的职业学校之一。1988 年 3 月被定为省级重点职业学校,并改名为 S 校。1994 年经省教委检查验收并上报国家教委,被批准为国家标准省级重点职校,是该市首批四所国家标准省重点职业学校之一。这一阶段是 S 校迅猛发展期。

20 世纪 90 年代中期,随着经济改革的深入和普通高中的逐步发展,职业教育事业步入调整、回落阶段,毕业生只能推荐就业,生源质量开始下降。

1　引自 S 校 2003 年的招生简章。
2　完中是对具有初中部和高中部的学校的统称。

面临新的挑战,S校抓住机遇,顺应市场需求,调整专业设置,稳步发展。1998年,在市、区教育主管部门的领导与支持下,在区教育布局调整中,S校与区内另一所职校合并,开本地区职校合并的先河,扩大了规模,拓展了专业,当时被同行戏称为"航空母舰"。从此,S校开始一校两址,也就在此阶段,学校定下了创立国家级职业学校的奋斗目标。

到20世纪90年代末,学校开始实行免试注册入学。有生源,才有生存的空间,在与其他职校争夺本市生源的同时,S校另辟蹊径,开始招收农村学生。校方的自我评价是"稳住了阵地",而教职工们的评价尖锐,认为是"丧失了优势"。

"学校在1988年就是省重点学校,到现在还是省重点,和我们同期评上省重点的学校,现在都是国家级重点了。"教职工们抱怨。

21世纪初,中高职教育的衔接成为职业教育发展的新特点。在这种形势下,在市、区教育主管部门的大力支持下,S校作为省电视大学的办学点,先后开设了3个五年制高职专业,校方认为这有效地提高了职校的生源素质(有一定的分数线),能有效地改善和完善学校的教育教学常规管理(在电视大学指导下进行管理)。对教师们而言,是鼓舞了士气,增强了信心。

2001—2003年,该校有教学班32~48个,在校生1200~2000人。2004年,学校共开设专业17个,其中五年制大专3个,中专14个。

2. 学校的硬件设施

这里的"硬件"是指学校的占地面积、建筑面积、教学设备与器材等基础设施。

根据2001年S校上报主管部门的办学条件统计:"S校校园占地面积27366平方米,校舍面积18905平方米。其中,教学及辅助用房8929平方米,行政办公用房5587平方米,生活及其他用房4350平方米。"

学校器材的配置情况不容乐观:体育运动场地面积、体育器械、美术器材、理科实验仪器都未达到国家规定的配置标准,惟一达标的是音乐器材的配置。[1]最让S校领导头疼的是学校没有充足的运动场地。

"学生的青春活力在学校没有释放的场所,(学生)容易走上社会,受不良习气影响。"S校政教处主任说。"学生到你的学校来一看,连个操场都没

1　S校曾经办过一届管弦乐班,为此添置了一套管弦乐器,后因无生源而停办。

有,就不愿来。"S校招生办主任在一次招生情况分析动员会上说。

学校的占地面积被认为是学校发展的最大阻碍,学校要发展,要争创国家级重点,却没有发展的空间。[1] 学校领导为此四处活动,通过各种途径向区里、市里反映,请区"四套班子"到学校来现场办公,等等。在10年里,H1校长不时地向教职工们传达上级的决策:"市里规划已经把学校左边的居民区划归我校了。""为了保证市重点工程项目,我校不能向西扩展,区里准备对学校进行整体搬迁,到某地新建校园。"最近的消息是,"上级已经同意我们向后扩展,填湖建操场,已经立项,只等资金到位了"。但事实上,这一决策又发生了变化。[2] 学校前景的不确定对S校的发展产生了相当大的影响。

"学校当然不会加大投资力度,谁知道以后会怎样,弄不好是替别人做嫁衣呢?!"这是相当一部分教职工的心态。

学校财政收入的主要来源是:教职工工资部分的财政拨款、自费生的培养费、场地出租费。学校财政的主要支出是:教学设备的添置、教职工的二次分配、公费医疗的学校补贴部分、基建维修费、办公费、教工福利、外聘教师课时津贴等。H1校长在2001年职代会上对学校的财政状况做了如此总结:"学校的负担是较沉重的,只有增源节流,才可以保证教职工收入的稳定不变。"

在这样的背景下,学校一般是在迫不得已的情况下才会在硬件上进行投资,如2001年与2002年的投资情况见下表。

表2.1　S校2001年、2002年职教经费使用情况

年　　份	2001年	2002年
经费(元)	25万	25.5万
购置设备	新建机房(分部)学生机46台,网络,空调	新建机房(本部)学生机46台,网络,手提电脑1台

机房的投资建设是属于迫在眉睫的项目,学校计算机专业的学生每届就有2～3个班,同时,其他专业也都开设计算机操作课程,计算机的升级换代又特别快,学校原有一个机房的286计算机难以满足要求,连排课也难以进行。在这种情况下,学校才有投资举措。而这种投资态度的必然后果是

1　《国家级重点中等职业学校条件》,教育部职业教育与成人教育司2003年印发,其中规定:国家级重点职业学校"校园占地面积,最低不能少于40000平方米,建筑面积最低不少于30000平方米"。

2　2003年底,区教育布局大调整,S校与区里的另一所职校合并,成立了区职教中心,原校址改为小学。

学校硬件上的相对落后，这对学校的影响是巨大的。

"你们学校的语音室、物理和化学实验室、机械实习室，还是80年代的设备。"来校检查的专家们点评。

"其他学校都有校园网，都有联网的电子备课室，我们却连电脑都摸不着。怎么改进教学手段呀？"教师们着急。

"老师，我们在学校里学的，社会上都不用了。"学生们抱怨。

"你们教师的上课比较朴实。"这是其他学校校长来S校听课时，面对教师传统的一本书、一支粉笔的上课方式的评价。

3. 学校中的人

"职业学校的师资不是普通学校的师资。我们这儿叫'双师型'，这个'双师型'的师资是最需要质量和生命的。没有'双师型'教师，让普通学校教数理化的教师去上职业课，把职业课都上变味了。所以学生出来没有本事。理论水平下降了，真本事也没有了。"[1]

S校在师资方面的首要问题就是缺乏"双师型"教师。学校的前身是一所完全中学，在20世纪90年代合并的学校又是带有初中部的职校，因此，相当一部分初中教师成为S校的成员，造成了文化课教师比较多。学校的专业随着市场需求的变化而变化，又造成部分原有专业课教师剩余，而部分新设专业课无人能上的困境。

由于校长目前没有真正的人事任免权，多余的教师请不走，想要的教师求不来，在这种情况下，学校采取了将就的办法。

首先是校内消化。学校公布无人上的课程，让无课上的教师选择自己认为能上的课，安排该教师来上，于是学校里出现了教师"现学现卖"的现象；学校对此又没有进行把关，如进行试讲、听课或某种形式的考核。因此，这些课的教学质量难以保证，用学校教师自己的话来说，这是在"糊弄"学生，"糊弄"家长。

其次是外聘教师来上课。学校教师严重缺编（后文有专门叙述），因而学校每年都会有外聘教师，主要是已退休的老教师、他校的在任教师和学校联办单位的职工。学校没有针对他们的专门管理措施，对他们来讲，来S校

---

1 袁振国：《教育政策分析与当前教育政策热点问题》，http://www.edu.com。

上课就是来打工赚钱的,一节课就是一份钱,多余的付出则是无偿的,因此,他们基本是有课来,下课走,对学生的教育管理不到位,学生意见很大。由于他们上课时纪律一般比较差,给班级管理增加了难度,班主任的抱怨也比较多。

学校如此解决"双师型"问题的直接后果是教学质量下降,从而使学生本来就不高的学习兴趣更为降低,学生的管理难度进一步增大,尤其是课堂秩序的维护,成为教师头疼的问题。

学校师资存在的第二个明显问题是教师的学历达标率问题。一方面,由于学校前身是一所完中,在20世纪90年代合并的学校又是带有初中部的职校,因此,相当一部分初中部的教师成为S校的成员;另一方面,在20世纪90年代初期,一些紧俏的专业,如计算机、英语等,本科学历的教师不愿来,学校在无奈之下,引进了大专学历的教师。学历不达标,评职称就会受影响,因此,对这批教师来讲,他们的首要问题就是参加各种形式的进修,达到规定学历,这对学校的教学秩序、教学质量也都产生了一定的负面影响。

学校的生源以本区初中生为主,外区和附近郊县为辅,学校能提供部分学生住宿。对于生源,教师们用"素质低,行为习惯差"来形容。一份关于S校本部2001年332名新生情况问卷调查的统计结果,[1]初步显示了学生的基本情况。

大部分学生没有完成义务教育,80%的学生没有参加中考,其中,有7%的学生在初二或初三时被学校劝退;法制意识差,少数学生在初中时就有违法犯罪经历。初中阶段被送往派出所或被派出所罚款、警告、拘留过的学生有21人,占学生总数的6.3%,被法院判过罚金的有6人,占学生总数的1.8%;学生有各种不良习惯,如有64名男生会抽烟,占男生总数的33%;学生有暴力倾向,有24名学生在与同学发生矛盾时,通常采用武力解决,占学生总数的7.2%;学生家庭经济情况差,有111名学生的家庭人均月收入在400元以下,占学生总数的33%;家庭不完整,有48名学生来自离异家庭,占学生总数的14.4%。

"普通高中上不了,才上职校",这是绝大部分学生进入S校的原因。更有一部分学生是因为"家里看不住,所以送到学校来"。学习基础差只是问题的一个方面,行为习惯差更为棘手。

然而,学生正处于成长发展中,是具有无限潜能的。来到S校,没有了

---

1 该材料来自S校政教处2001年9月对本部一年级新生进行的问卷调查,该调查在本章第五部分有详细描述。

升学压力,没有了教师的歧视和忽视,彼此间竞争的是综合素质,这对学生来讲是一个新的开始,是一次新的机会,学生发生了分化:一部分学生的积极性被激发,成为学校各项活动的积极分子;一部分学生对学习恢复了信心,成为冲刺"单招"[1]的候选人;一部分学生成了实干家,勤练技能,热衷于参与社会上的各种考证活动;也有一部分学生不思进取,只求 60 分,按期拿到毕业证书即可;问题最大的是一部分沉迷于网络、逞凶斗狠、无心学习的学生,学校成了他们的"游乐场",这部分学生在每班可能只有两三个,但影响极坏,学校教师对此的形象描述是"一粒老鼠屎,坏了一锅粥"。

4. 学校的组织制度

"组织制度、工作制度方面的问题更重要。这些方面的制度好可以使坏人无法任意横行,制度不好可以使好人无法充分做好事,甚至会走向反面……不是说个人没有责任,而是说领导制度、组织制度问题更带有根本性、全局性、稳定性和长期性。"[2]因此,组织制度的完善与否,对一个组织的发展有很大的影响。

(1)校长负责制

S 校的《学校章程》中写道:"学校实行校长负责制,校长为学校的法人代表,学校校长对外代表学校,对内负责全面行政工作。"

校长负责制是学校在上级宏观领导下,以校长全面负责为核心,同党组织保证监督、教工民主管理有机结合,为实现学校工作目标,充分发挥行政管理功能的学校领导关系的结构体系。[3] S 校的《学校章程》第十条还明确规定:"党总支是学校的政治核心,要教育好全体党员,充分发挥战斗堡垒作用;要保证监督党的方针、政策在学校的贯彻,支持行政负责人按规定充分行使职权,研究学校重大原则问题,体现党的组织作用;要领导和关心工会、共青团工作,做好宣传和群众思想工作;要关心民主党派工作和离退休教职工工作。"S 校的前后两任校长 H1、H2 同时也是党总支书记,党政不分家,从积极方面来说,可以使大家"扭成一股绳",把学校的事情办好,但这也使党组织的保证、监督功能大为削弱,使校长负责制变成"空中楼阁"。事实

1　"单招"是指高一级学府针对职业中学的对口提前招生。

2　邓小平:《党和国家领导制度的改革》,载《邓小平文选》,人民出版社 1983 年版,第 293 页。

3　张济正:《学校管理学》,华东师范大学出版社 1990 年版,第 277 页。

上,在学校内部事务的处理中,校长大权在握,而学校对校长的监督与制衡机制并没有发挥应有的作用。"校长说了算",这是 S 校成员的一个基本共识。

(2) 行政组织结构

《S 校校内管理体制建设方案》中写道:"由于职业学校办学有其不同于普通中学的规律和特点,因此,职业学校的内部管理体制也要依据其专业的建设情况进行设立,体现出职校特色。"

组织结构提供了学校垂直控制和水平协调的框架。H1 校长在 1996 年从南方一所职校考察回来后,决定进行组织结构的改革,尝试建立扁平化的组织结构,从而提高管理实效。他采取的措施是对学校各职能部门进行人员精简,同时以专业分类为基础,增设三个部,试图建立起以块为主,条、块结合的学校管理体制。图 2.1 是从学校档案中查到的该校行政组织结构图。

当时,教职员工感受到的最大变化是新增了三位中层领导(三位部长),行政职能部门的人数大幅精简,有的职能部门就由主任和一名办事员组成,教师办公室开始按部(原来是按学科)设置。但是运行一年后,问题出现了,由于学校的各项权力并没有下放到部里,部长只是充当了"联络人"的角色。因为没有任何"实权",部长的职位在实际运行中是低于各职能处室的,这导致了学校管理的垂直控制层不是在减少,而在某种程度上是增加了;各职能处室的工作内容并没有减少,已经精简的行政人员在半年后又开始补充回来,各职能处室又恢复原样。追求扁平化结构的尝试由于仅有形式,没有实际性的内容,使 S 校的学校管理并没有发生实质性的改变,而因此增加的三位中层领导(部长)却就此保留下来。

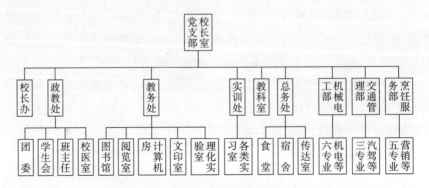

图 2.1　S 校行政组织结构图

三、政府"襁褓"下的学校：学校的外部文件

1. 全民学法

教育政策法规类文件，是指立法机关和行政部门制定的法律、条例、规范、标准、意见、办法等，其规范的确立与实现具有强制约束力；文件生效程序规范，特别是在审批手续和正式公布程序方面，非常严格；文件的有效期比较长；在效用方面一般均实行"不溯既往"和"后法推翻前法"的原则。

在提倡依法治校的今天，学校工作的方方面面都存在这类文件，数量庞大。根据内容，可分为以下六类。

一是综合性的教育政策法规，如《中华人民共和国教育法》、《中华人民共和国职业教育法》、《国家级重点职业中学评比条件》、《关于全面推进素质教育，进一步深化职业教育教学改革的意见》等。

二是关于学校管理的教育政策法规，如《中共江苏省中小学校基层组织工作暂行条例》、《关于中小学校集体研究决定重大问题的意见》、《区党风、廉政建设责任制实施办法》、《关于加强依法治校制定学校章程工作的意见》等。

三是有关教育者的政策法规，如《中华人民共和国教师法》、《教师资格条例》、《中小学教师职业道德规范》、《中小学教师继续教育工程方案》等。

四是有关受教育者的政策法规，如《中华人民共和国未成年人保护法》、《江苏省实施〈中华人民共和国未成年人保护法〉办法》、《中华人民共和国预防未成年人犯罪法》、《学生伤害事故处理办法》等。

五是关于教育教学的政策法规，如《中华人民共和国国旗法》、《家长教育行为规范》、《学校体育工作条例》、《学校卫生工作条例》、《关于制定中等职业学校学生学籍管理规定的原则意见》、《江苏省职业学校试行学分制的原则意见》、《关于适应新形式进一步改进和加强中小学德育工作的意见》等。

六是关于学校财务类的政策文件，它又可以分为两类，一类是市教育收费文件；另一类是行政政法财务标准制度，包括：职工福利补助，专门部门津

贴,差旅费、会议费、交通费的规定,因公出国用汇管理,探亲、假期规定,生病护理待遇,子女入托入园入学费用报销规定,离退休待遇,遗属补助、抚恤金和其他。

- 法规进入学校管理

在 S 校,教职员工公认,教育政策法规对学校和自己的工作而言十分重要,作为一名"学校中人",对此应该很清楚。而校长的主要职责之一,就是全面贯彻和执行党和国家的教育方针、政策、法规,自觉抵制各种违反教育方针、政策、法规的倾向。[1] 但与之形成极大反差的是,学校行政领导方面对政策法规的例行反应是"无为",也就是说,学校领导一般不会主动组织全体教师去学习、贯彻某项政策法规。

学校管理者如此对待教育政策法规主要有以下四方面原因。

首先,这些文件的内容或精神通过一些校内文件,如各类规章制度等,已基本具体化了,因此,学校管理者认为了解和执行这些校内文件本身就是在贯彻重要的法律法规。

其次,这些文件都是大政方针,法律地位高,社会大众对此比较关注,媒体对此的宣传也比较多,校方认为教师应该也有能力自己去了解。

再次,学校领导曾经在非正式场合抱怨,这些法规政策能否落实,关键在于地方政府,学校在很多方面是无能为力的。

最后,上级主管部门没有针对这些教育政策法规的检查活动,是学校管理者无为的直接原因。

正因为这样,教职员工一般通过以下途径来了解教育政策法规。

一方面,通过求学和培训来学习教育政策法规。在学校 110 名(学校在职教职工人数为 158 名[2])接受问卷调查的教师中,当问到"您通过何种途径学习过相关的教育政策法规"时,回答"在大学求学阶段学习过"的有 34 人,占总数的 31% ;"参加进修"的有 7 人,占总数的 6% 。可见,在学校有机会参加有关教育政策法规学习的教职工并不多,只有教育行政干部或者作为行政干部培养对象的教职工,以及某些专职行政人员(如主管会计)才有这样的机会。大多数教师并没有机会学习这些重要的教育政策法规,即使是从各级各类师范院校毕业的教师,其求学生涯中对这类文件的接触,也只不

---

1 《全国中小学校长任职条件和岗位要求(试行)》,教人[1991]38 号,第 1 条,南京市普教系统教育行政干部培训中心编:《教育政策法规选编》,第 93 页。

2 由于问卷是在 2004 年 7 月初进行的,所以全体教职工的人数资料采用了 2003 年 12 月的统计数字。

过是一些大学教师在授课过程中提及过相关内容或名称而已。至于从非师范类学校毕业的教师,他们接触这些教育政策法规的机会就更少。再加上这些重要的教育政策法规的颁布基本上都在近十年之内,如《中华人民共和国教师法》于 1993 年颁布,《中华人民共和国教育法》于 1995 年颁布,《中华人民共和国职业教育法》于 1996 年颁布,而从 S 校教师的年龄构成来看,教师们在求学阶段还未接触到这类法律法规(参见下表)。

表 2.2 S 校教师的年龄结构

年　　　龄	男（人）	女（人）
55 岁以上(含 55 岁)	14	0
50 ~ 54 岁	16	13
45 ~ 49 岁	17	15
40 ~ 44 岁	7	12
35 ~ 39 岁	2	7
30 ~ 34 岁	11	7
25 ~ 29 岁	6	22
24 岁以下(含 24 岁)	2	7

另一方面,通过自学来学习教育政策法规。这又分为三种情况。

首先,与教职工个人的旨趣有关。有的教师比较注重加强自身的法律修养,自觉学习相关的政策法规。当与教育相关的法律、法规和政策颁布时,社会上的传播媒体会进行宣传,这些教师就会有意识地关注相关的报告、专题、法律条文的登载,而且乐于充当"布道者",[1]向自己的同事宣传,讨论和评价相关条文,充当了教育法规义务宣传员的角色。

其次是以实用为目的。学校行政领导在起草相关文件时,常常会引用相应的政策法规,以表明文件内容的合法性与有效性。类似这样的话语经常出现在校内文件中:"根据……规定","根据……精神"。教师们在撰写论文、教育计划、各种教育活动方案时,为了诉诸权威或展示自己的理论水平,会主动查阅并引用相关的政策法规。通过这种途径了解文件内容的教

1　伦恩伯格、奥恩斯坦:《教育管理学:理论与实践》,孙志军等译,中国轻工业出版社 2003 年版,第 55 页。"布道者"是为组织担忧的人和组织文化价值观的卫士,他们经常花时间去倾听,并提出各种解决问题的办法。

职工,一般以学校的"笔杆子"为主,因为要引为己用,所以他们对自己用到的重要法律、法规和政策相对比较熟悉。这类教师在学校里还是占有一定比例的,在接受问卷调查的110名教师中,有34名教师选择通过自学来了解相关的教育法规,占总数的31%。

最后是因为要参加有关的选拔考试。这类考试有为获得各种荣誉称号的书面考试,如申报优秀青年教师的书面考试;有参加各种竞赛选拔类的书面考试,如青年教师教学能力竞赛的书面考试;有选拔校级干部的书面考试,等等。这类考试会要求应试者掌握相关的教育法律、法规,这时,相关教师会非常认真地收集和学习这些重要的教育法律、法规和教育政策。这类教师在全校教师中占的比例不多,在接受问卷调查的110名教师中,只有5名教师(占总数的4.5%)表示这也是他们了解教育法规的途径之一。但由于要参加考试,他们一般都会认真学习,所以对重要的教育法律、法规和政策比较熟悉。

正因为以上原因,教职工对教育法规的熟悉程度是因人而异、参差不齐的。在接受问卷调查的教师中,在问到"对国家基本的教育法规(如《教育法》、《职业教育法》、《预防未成年人犯罪法》等)的熟悉程度"时,在收到的108份有效问卷中,有13名教师表示"十分清楚",占总数的12%;有79名教师表示"基本清楚",占总数的73%;有13名教职工表示"不太清楚",占总数的12%。根据研究者访谈的情况,普通教职工对综合性的教育法规大多处于"知其名不知其内容"的阶段,对于直接规范自己工作的法规,如教师对有关学生的法规、会计对财务类的法规还是比较熟悉的,但对于其他更多的法规,他们主观上并不关心,客观上也不知道。

在2002年,学校管理者主动组织全体教职工学习了《学生伤害事故处理办法》,这在S校近十年中,是惟一一部不等上级安排就组织全体教职工学习的法规。

• 主动学法的背景

2001年6月,S校一名班主任组织学生外出参观,一名学生不慎落水,经抢救无效,溺水死亡,学校为此赔偿家长人民币8万元,丧葬费1万元。学校引以为诫,2001年9月,新学期开学后,仿照区内另一所学校的做法,校长与中层干部签署安全责任书,政教处主任与班主任签署安全责任书,任课教师与班主任签署安全责任书,层层把关,确保不再发生类似事故。一时间,学校教职工谨小慎微,在教育、教学上固守成规,不敢有创新或探索。

2002 年初，S 校所在区的一所学校因学生在楼梯口哄闹，导致楼梯倒塌，多名学生受伤。区教育局专门召开了紧急会议，要求学校进行安全大检查，加强管理，杜绝学生伤害事故的再发生。在这种情况下，学校按区教育局的要求，把所有教学区栏杆加高到 1.3 米，"这是上级要求的！否则出了事怎么办？!"负责此项工程的总务处主任的回答，使教师们从美观角度对此提出的所有批评消失殆尽。各种关于安全的提示被贴在墙上；晨会课上加强了安全自救知识的教育；课间，每班专设安全、纪律、卫生监督岗，组织学生干部监督、管理本班学生的课间行为；安全教育被提高到前所未有的高度。

政教处主任向校长的提议是全民学法的直接起因。政教处是直接负责学生思想道德教育的工作部门，其主要职责之一就是处理学生中发生的各种意外事件，[1] 而相当　部分学生家长不管学校有无过错，都会指责学校，以各种方式向学校提各种各样的要求，因此，政教处主任一直在密切关注新闻媒体的类似报道。2002 年 6 月，《学生伤害事故处理办法》由教育部正式颁布，并于当年 9 月 1 日起实行，《中国教育报》等相关媒体于 2002 年 8 月 21 日刊登了全文，这对政教处来讲，就有了"主心骨"，是明确教师管理职责，与家长有效沟通的良方，因此，在新学期开学初，政教处就向校长提议，全民学法，用法律来规范教师的教育行为，预防因教师的疏忽而使学校陷入纠纷之中。

- 一次法规学习的经过

在这种情况下，学校于 9 月中旬的某个星期三下午，由校长办公室发出口头通知：今天的政治学习时间，[2] 全校教师分部和职能处室学习讨论教育部颁布的《学生伤害事故处理办法》，每部下发了一份从报纸上复印的法律原文。

当时，研究者所在机械电工部的 23 位教师集中在部长办公室，大家各自落座，部长清点了人数，安排了专门的记录人员，开始讲话："今天，学校安排我们学习《学生伤害事故处理办法》，主要是让我们明确在教育教学中遇到相关问题时怎样处理，避免犯错误。学校就给了我们部一份，现在就请 Z

1　学生打架斗殴的结果往往导致一方或双方人身伤害，政教处除了对学生进行必要的教育外，常常担当调解员、仲裁者的角色。

2　2002 年，学校的政治学习时间固定在每星期三下午 3：30 分开始，时间一般为 1 小时。从 2003 年下半年开始，政治学习时间改为星期五下午。

教师把它读一下。"

　　Z 教师开始朗读，教师们安静下来，研究者注意到，大部分教师都在认真听。Z 教师从头开始读，读了约 2 分钟，部长提议："你就挑重要的读吧。"这一提议得到了教师们的响应，[1]Z 教师开始读《学生伤害事故处理办法》的第二章和第三章"事故处理程序"的部分内容，但读法有了变化，某些地方语速极快，根本听不清她读了什么，有些地方甚至进行了缩减（在场者从她的停顿、语意的连贯和表达方式可以听出），而有的地方语速缓慢，语音清晰。事后，研究者与 Z 教师进行了如下的对话。

　　研究者："你读的时候时快时慢，你是根据什么来决定的？"

　　Z 教师："这部法律刚公布的时候，我就在网上看过了，快速读的部分是大家都知道的，或者与我们关系不大。慢读的是大家容易忽视的，所以是要注意的。"

　　Z 教师用了十多分钟结束了宣读，把《学生伤害事故处理办法》的复印件递给了部长。

　　部长说："基本内容就是这样，大家议一议吧。"

　　研究者注意到，与此同时，有一位中年男教师从部长手里拿过文件来看。

　　下面是教师讨论的部分记录。

　　"这下我们在教学中有些地方就要注意了，不给学生（进课堂）上课时，一定要把学生安顿好，否则学生出了什么事，我们可要倒霉了。"

　　"怎么安顿？你又没有分身术！"

　　"往政教处送就行了。"

　　"那样不行，学生会有抵触情绪，以后更不好管理了，再说政教处也不经常有人。"

　　"这部法要是早出来就好了，那时我班某学生出事，[2]就不用那么紧张了。"

　　"是的，至少现在学生自行离校，我们不用再过多担心了。"

　　"但是，你发现（学生自行离校）后，必须及时通知家长，否则，万一有事，学校就没有履行应尽的职责，也得承担责任。"

　　1　在以部和职能处室为单位进行政治学习时，结束时间由各部和处室自定，所以大家都比较有时间观念，注意活动效率。

　　2　2001 年，该学生在学校计算机房上机操作时，突发心脏病，学校急送医院抢救，几天后死亡。

"那你们说,学生犯了错误,我把他留下来进行教育,回家途中发生交通事故,我是否应该承担事故责任呢?"[1]

"这是正常的教育活动,只要这名学生离开时没有异常表现,就应该没事。"

"什么叫异常?又没有标准,我看保险的做法是,我们留学生之前,事先让学生通知家长,或者,自己打电话联系家长,最好是征得家长同意。"

"那也太麻烦了,我觉得没这必要,家长也会嫌烦的。"

"以后是不是只要进行了安全教育,就可以组织学生外出活动了?"

"安全教育是一定要进行的,最重要的是要留下记录,否则,谁能证明你给学生进行了安全教育呢?"

"难道进行安全教育时,还得安排学生做专门的记录吗?"

"我看,好多事情都说不清,最好还是安分一点,不要带学生出去。"

"就是,虽然有法(《学生伤害事故处理办法》)了,到时家长不讲理,你有理也说不清。"

"对,若家长带人天天到你学校来闹,学校还不是没辙。你们看,去年暑假那事,[2]若发生在上学期间,学校会更被动。"

"我认为,在组织任何活动时,一定要征得校方的同意,这才是关键。"

"我看,如果要组织学生外出活动,最好让每位家长写一份协议书,表明家长同意学生参加活动,若发生意外事件,责任自负。"

"那家长能写吗?"

"不写,他的孩子就别参加活动,如果写的家长特别少,那么这次活动就可以取消,学生也就不能再抱怨什么了!"

……

讨论大约延续了30分钟,学习活动结束。

• 法规的贯彻落实

不久后,区教育局下发通知,要求学校组织教职员工学习《学生伤害事故处理办法》,学校响应的措施是给每位教职员工下发了《学生伤害事故处理办法》的原文。

区教育局的第二个举措是与校长签订了安全责任书,强化校长的安全责任意识,杜绝本校责任事故的发生。校长再次在全校会议上强调了学校

1　6年前,学校的一位学生在放学回家途中,因发生交通事故而死亡。事发后,学校连夜调查教师有无按时下课,在教师中产生了很大反响。

2　即前述学生溺水身亡事件。

原有的事故责任承包制度:"我与区里签责任书,对区里负责;副校长与我签责任书,对我负责;中层干部与分管校长签责任书,对分管校长负责;班主任与政教处签责任书,对政教处负责;任课教师与班主任签责任书,对班主任负责,确保不出事故,谁出事故,谁负责!"事实上,除了任课教师没有与班主任签责任书外,其他的责任书都签了。下面是一位班主任在签了安全责任书后与其他教师的一段对话:

"让我们签责任书,学生那么多,谁能保证绝对不出事?"

"那你签了吗?"

"签了,大家都签了,我哪能不签呀?"

"那以后班上学生出事,还真要你负责呀?"

"怎么可能呢,我该做的都做了,万一学生自己不听话,出了事,要我负什么责任?!"

"哎呀,你们不要急,这是应付检查而已,你们看着吧,这种做法坚持不了多久的。"

果然,不论是2002年上半年学生的安全、卫生文明监督岗,还是班主任签署的安全责任书,到2003年就不再执行了。

区教育局的第三个举措是实行安全预案制。学校举行各项走出校园的活动,都需要制定安全预案,上报区教育局备案。这项制度一直坚持至今,到目前为止,"只要我们上报就可以,区里不会否决。"

【资料】

S校校运会安全预案

区教育局中教科:

我校定于10月28、29日两天在E体校召开第二十五届校运会。特报安全预案如下:

学校由校长负责,布置安排本次运动会的工作。运动会比赛项目由体育组具体负责,政教处负责运动会期间的安全保卫,团委负责宣传,各班班主任具体负责本班学生运动会的组织与纪律教育,各任课老师由体育组负责安排做裁判,做到全校教师齐上阵,开好本次运动会。

为了开好本次校运会,学校由H3校长牵头召开了各部门会议。政教处负责召开了各班班主任会议,具体提出了大会期间的安全注意事项,印发了需家长配合教育的《告家长书》。对于大会期间的安全纪律,组织了一支由校长负责的教育队伍，专门负责管理。

体育组、总务处、政教处还实地考察了大会的会场。

大会的准备工作就序，特报教育局。

S校
2002 年 10 月

"开展活动前的安全工作，我们平时也都在做的，但是实行安全预案后，这项工作做得更精细了，尤其是能得到校长更多的支持。"政教处主任对安全预案的实施显然持欢迎的态度。实行安全预案制能够证实学校确实进行了安全教育，尽到了自己的管理职责。按照《学生伤害事故处理办法》的规定："学校组织学生参加教育教学活动或者校外活动，未对学生进行相应的安全教育，并未在可预见的范围内采取必要的安全措施的，学校应当依法承担相应的责任。"现在，万一活动中出现意外事件，上级主管部门通过预案就可以知道和证明学校已经履行了应尽的职责，这样就可以帮助学校避免一些麻烦。政教处主任在谈到这一点时深有感触，与研究者进行了以下对话。

政教处主任："安全教育的文字保留非常重要，记得有次学生出事，上级主管部门马上就到学校来检查我们的安全教育情况，幸亏我们材料保留得比较完整，他们没找到问题，否则我们学校就更倒霉了。"

研究者："只要我们确实把该做的工作都做了，没有保留材料又有什么关系呢？"

政教处主任："上级主管部门可不是这样认为的，你做了工作，那就必须留下材料，否则就认为你没做，就要你承担教育不到位的责任。"

研究者："可是，材料可能是假的呀？"

政教处主任："这个他们不管。"

- 主动学法的反馈

教师们对《学生伤害事故处理办法》的欢迎是显而易见的。对教师来说，这是解决切肤之痛下的困惑的需求。学校为了防止学生发生意外事件，减少了课外活动，禁止学生在非上课时间在校园逗留，对于教师组织学生走出校门的各项活动，尽管没有明令禁止，但事实上是"封杀"了，甚至连毕业班的毕业联欢活动也被"建议"取消。[1] 对教师们来讲，他们处于矛

1　学生在三年级下半年都到相关单位去实习了，因此，S校毕业班的联欢活动一般都在校外进行。

盾之中,面对学生的请求,基于自己的专业素养,他们知道组织学生进行各项活动的重要性和必要性,但同时,他们也理解学校的苦衷,谁能保证意外事件绝对不会发生呢?他们举步维艰,结果是教师自愿或被迫放弃了组织学生活动的权利和机会。因此,从工作实践出发,需要有这样一部法律为教师们指点迷津,帮助学校明确责任的归属,从而能开展正常的教育教学活动。

教师们都很务实,他们关注的是在教育教学实践中该怎么做的问题,他们在探索如何落实此法,他们有自己的建议和担心,比如此法的效力问题;他们也有自己的困惑,如一些抽象规定的具体化问题。然而事后,学校领导并没有及时通过某种形式(事实上是一直没有)对教师进行此次活动的总结和反馈,这给教师们留下了这样的印象:学校已经组织全体教职工学习了,并留下了活动材料(讨论稿),这就足够了;而教师们的困惑、教师们的理解正确与否、教师们的担心,领导似乎根本不在乎,个别教师讽刺道:"领导忙,可能根本就没时间看讨论记录!"

不管怎样,这次的学习对教师们的教育教学实践还是产生了一定的影响:把违纪学生赶出课堂的现象少了,批评学生时更重视方式方法了,尤其注意学生的心理承受力和情绪的波动;与家长的联系更密切了,在与学生或家长的谈话过程中,责任的区分比较明确;开始注重保存对学生进行相关教育的材料。但在实践中,令教师们困惑的是,《学生伤害事故处理办法》规定,学校在保证学生安全方面的职责是教育、管理和保护,但在教学实践中如何细化呢?法律规定了教师的告知义务,但操作起来仍存在困难。如:过了多长时间没有告知可视为没有履行告知义务?对一些不爱学习、表现差、经常旷课的学生,是否每次都要告知?每次打电话给家长,可家长一看是学校电话就不接,这是否已算告知?学校、老师已经做出了某种告知行为,但因种种原因无法留下有关证据怎么办?上课时,个别学生的行为严重影响了正常的授课,教师予以正常的批评,可是学生冲出课堂,教师该怎么处理?

教师们在处理相关问题时都按自己的良心[1]办事,有的通过制定班规来细化和明确学生、家长、教师的责任,要求学生遵守,家长接受;有的直接与家长约法三章,如发现学生"异常"时,由家长带回家教育,等"正常"后再来;

---

[1] 在学校教师群体中,相当一部分教师说到"良心"时,是指自己的人格、责任心和师德修养的综合。

有的开始降低要求,姑息学生的不良行为,做"好好先生",但求天下太平。这一切都需要学校领导来规范和引导,但显然,没有一位教师通过正式途径去向学校领导反映。

首先,在学校里,经常找领导反映问题的教职工会被同事们标上特殊标签,他们在群体中会受到不同程度的疏远,教师们认为他们有"打小报告"的嫌疑。

其次,如果学校制定《学生伤害事故处理办法》的实施细则,固然明确了教师的责任,解除了教师的担忧,但同时也是对自己的约束和限制,使自己的教育行为失去了个性和创造性。当然,对部分教师来讲,也可能失去了偷懒的空间。

最后,学校也没有鼓励教职工们这么做,学校领导并没有为教职工提意见安排专门的时间和空间;学校领导一般都很忙,贸然打断校领导的工作反映学校中的问题,"给领导添麻烦",对教学工作同样繁忙的教师来说,是要有一定勇气的。

学校中的部分领导并不是不知道教师们有这样的困惑和要求,事实上,不少领导(主要是中层干部)通过非正式途径与教师们的接触和交往非常多,对教师们的担心和问题是比较清楚的,也会与教师们一起抱怨,但他们显然不愿对此采取任何措施。一方面,教师们的困惑并没有通过正式渠道提出来,"多一事不如少一事",学生教育中出现的问题是仁者见仁、智者见智的事情,即使抓了,效果未必就能即刻显现,属于"吃力不讨好"。另一方面,结果好就是一切。校长要的是结果,不是过程。不管教师们采取的方法对学生的成长是否有利,只要对规避学生伤害事故的发生起作用,就是好的,至于其他问题,不是靠学校的三年教育就能改变的。

在区教育局和学校的共同重视下,在教师们的期盼中,《学生伤害事故处理办法》成为 S 校管理工作的重要组成部分。

2."稀缺资源"的分配

上级主管部门下达的关于开展各种评比、申报奖励和参加进修等活动的文件属于学校的"稀缺资源",根据学校的档案材料和学校公示内容,研究者将它们按内容和学校处理方式的不同进行了以下分类。

首先,由上级主管部门下达,要求学校组织教职工报名,但要参加各类考试才能获得进修机会的文件,学校领导一般会在全校范围内进行传达。通常的做法是,H1校长(有时是分管教学的副校长)在全校教职工会上讲一下文件精神,主要是报名条件,请有意向的教师提出申请。至于学校是否同意,要视报名人数和考试难度、学校在此间承担的责任(主要是费用和占用的工作时间)和其对学校的价值而定。如通知教师参加"专升本"考试,事关学校教师学历的达标率问题,而这直接影响学校参与各种评审活动,因此学校会鼓励教职工参与,予以无条件支持。但是对于参加教育硕士的考试,学校就会是另外一种态度。首先是名额的限制,一次人数不能太多,否则"教务处排课有困难"。其次,报考者必须与学校签订毕业后为学校服务五年的契约。"你们也应该理解学校,我们培养了你们,你们学成后就必须为学校提供服务。"这是H1校长的观点。参加教育硕士考试的教师戏称此为"卖身契",也曾试图集体与校长进行对话,可校长的答案很简单:不签,学校就不盖章。当然,不盖章就不能取得考试资格。

签这样的契约对教师是一种防范,也是一种情感上的伤害,背后隐藏的却是校长对学校本身吸引力的不自信。一张纸是留不住人的,教职工和校长都明白这个道理,一位副校长事后发表评论:"这样的协议在法律上是根本无效的。"但是领导"不得不"强迫教师签这样的协议。正如一位教师对报考者说的那样:到时,如果你们学成后都调离了,H1校长对教职工和他的接班者就有了交待,表明他是爱才的,曾经采取过措施要留你们的。也许,这就是校长的"苦衷"。

其次,对于各种只要报名就可参加,但要学校支付一定的培训费用,有名额限制(有的是文件规定的,有的是学校自己规定的)的短期培训机会,学校管理者会采取三种不同的做法:一是通知符合条件的所有教师自愿报名,但会采取"土政策",[1]培训经费由学校、个人各支付一半,如参加某学科的课件制作培训班。二是对教职员工封锁文件内容,由领导指定(一般是由分管主任、部长、副校长提名,校长批准)专人前去学习,学校按照文件规定承担相应的费用,普通教职员工一般是在事后才可能知道有这样的学习机会。三是校长封锁消息,不派人参加,这种情况一般是经费比较高,而校长认为与学校关系不大的机会,如美术教师外出写生活动的通知等,这种消息一般是在S校教师与别校教师交流时才可能知道。对不同的培训机会,学校具

体会采取哪一种方式来处理，并没有明确的规定，在实际操作中由领导随机决定。普通教职员工对此意见比较大，指责领导看人办事，一些对领导不利的传言由此而生。

再次，对于申报各种荣誉称号的文件，学校的处理态度因申报内容而有所不同。对于评审条件比较严格的，如学科带头人、优秀青年教师的申报，学校会通过各部门和职能处室的领导通知教职工进行申报，由于这类申报需要严格的"硬件"，如论文获奖、论著出版等，也意味着大量后续工作，如理论考试、开课等，因此，报名的教师并不是很多。在 2003 年前，凡报名的教师一般都能获得参评的机会，但 2004 年 H2 校长上任后，一方面可能与他在普通中学任校长的经历有关，另一方面学校要参评国家级重点职校，所以非常重视这种荣誉称号的评比，在教职员工大会上做了大量宣传工作，并允诺了一些潜在的奖励，因此，教师的参与积极性大大提高，在 2004 年申报学科带头人时，共有 10 人竞争 3 个名额，后来采取全体教职员工投票选举的方式决定上报名单。但是，由于不公开投票结果，教职员工认为自己的意见最多只是一个参考，校长的意志才是主要的。

对于无需考核，只要上报就能当选的荣誉称号，如各种模范、先进、优秀的评比，学校一般会采取以下做法：一是校长指定，二是由职能部门主任、副校长提名，校长批准，三是由校长会议讨论决定。从 2002 年开始，由于实行校务公开，对一些上级文件明确要求予以公示的荣誉称号，学校会根据要求在向上级主管部门上报之前的几天，或上级主管部门初步批准后，张贴在校内。但一般认为，一旦公示，事情基本就定了，提意见也没有用。到目前为止，确实未发现公示内容发生更改的事例。接受问卷调查的教师在回答"若你对学校公示的内容有意见，你的首选做法"时，选择"自己消化"的占 51%，"在同事间发表自己见解"的占 21%，"向校长反映"的占 9%，"向主管部门反映"的占 7%，"向副校长反映"的占 2%，"向中层领导"反映的占 5.5%，"不知道怎么做"的占 3.6%。

这些"稀缺资源"的分配，直接关系到教师的切身利益，是对教职员工工作能力和工作成绩的一种肯定，也是对教职员工的一种奖励和报酬，教师们对此的关注度非常高。但由于学校以上的处理方法，相当一部分教职员工对这些文件并不了解，如接受问卷调查的教师在回答"您对各种荣誉称号（如优秀青年教师、优秀班主任、学科带头人、市优秀教育工作者、"行知德育奖"、省职业教育先进个人、市劳动模范、全国优秀教师）评比条件的熟悉程度"时,选择"十分清楚"的占9%,"基本清楚"的占44%,"不太清楚"的占41%,"根本不了解"或"不知道"的占5.5%。对于相当一部分教职员工来讲,这是学校文件中的"黑匣",他们即使知道这些文件存在,也没有机会一睹"庐山真面目",即便当选者也是如此。由于不知情,教职员工对这些荣誉称号的评比意见相当大,对因此产生的各种优秀和模范并不认可,认为获得这些荣誉称号的未必是真正的优秀者,相当一部分教师对学校管理者的不满由此而生,认为这是学校管理者徇私舞弊,照顾"自己人"的行为。也有一部分工作出色的教师认为自己没有得到公平对待,公开指责学校管理者偏心,工作积极性降低。

而学校管理者如此处理荣誉称号的评比,有自己的理由。他们认为"僧多粥少",绝对的公平是做不到的,如果荣誉称号的评比公开进行,教职员工站在自己的立场,只会看到自己的优势和成绩,忽略他人的努力。因此若未评上,就会产生负面情绪,影响工作积极性,不利于维护正常的教学秩序。而学校管理者站在学校的角度,能较综合、全面地评价每个人,根据其综合表现给予相应的荣誉。当然,在实际操作中,会考虑到教职员工的实际情况,尽量做到公平、公正。学校管理者认为自己的做法无可指责。但是,评比的标准是由学校管理者确定的,这种选择标准能否经得起教职员工的检验呢?对于事后知情的教职员工来说,这样是否会挫伤他们的积极性呢?通过"稀缺资源"的分配,应该达到树立学校的"英雄人物",[1]激励教职员工向他们学习,从而构建健康的组织文化的目的,学校管理者如此处理,能达到应有的目的吗?这显然应该引起学校管理者的深思。

最后,一年一度的职称评定工作显然是个例外。一方面,文件规定要坚持做到"五公开":公开岗位职数,公开述职,公开展出申报材料,公开民主测评,公开推荐上报人员名单。另一方面,教师职称是教师任职资格与能力的凭证,职称的评定在S校被公认为是教师的头等大事,没有行政职位发展要求的普通教师把职称评定作为自己职业生涯发展的重要目标。教师们对此的关注可用"聚焦"来形容。"学校若在职称问题上明显不公平的话,教师们会造反的。"一位教师如是说。在S校的历史上,曾经有过因为职称问题向上级主管部门写信反映的事例,因此,学校管理者在这个问题的处理上相

---

[1] 伦恩伯格、奥恩斯坦:《教育管理学:理论与实践》,孙志军等译,中国轻工业出版社2003年版,第55页:"英雄使组织的基本价值观永存,对内提供了角色榜样,对外代表了组织的形象,并设定了刺激组织成员去努力达到的标准。"

对比较谨慎。

根据《关于 1996 年职称晋升的有关政策规定》，申报职称者，当年年度考核必须为优秀。从此，申报职称与年度考核便产生千丝万缕的关系。对于要参评职称的教职员工而言，参评需要的资历是可以积累的，材料是可以自己精心准备的，但是，考核优秀作为评职称的必备因素，有太多的不确定因素。

也许是上级主管部门知道了这种规定的不合理之处，在《1999 年的职务评聘工作意见》中，对这一规定进行了修改。

【资料】
关于 1999 年市中小学教师职务评聘工作意见(节选)

进一步做好考核工作：任期内年度考核工作两年以上为优，其他年度为良者，任期考核为优；近两年有一个年度为不合格，年度考核为不合格；其他为良好。

年度考核为优秀者优先晋升，破格晋升人员，任期考核必须为优秀。

因此，1999 年后，学校管理者在年度考核之前都会进行宣传：现在正常评职称与年度考核已经不挂钩了。可是毕竟两者之间还是有一定的关系，或者由于心理定势已经形成，参评职称的教师们对年度考核优秀的争夺仍然非常激烈，尤其是进行破格评审的教师，对"优秀"的争夺更是不遗余力。在这种情况下，评定职称问题体现在学校管理上，就演变为年终考核时优秀名额的分配上。2002 年开始，根据上级文件的精神，获得优秀的教师可以获得一笔相当于教师一个月工资的奖金，而且部分荣誉称号评选的前提必须是当年年度考核为"优"，这一切使年度考核优秀的评比又增加了难度。

学校管理者在年终考核优秀的评比上采取的做法是所有校务中最为"民主"的。他们按照职能处室和部门把教师分成五组，按照规定的比例（15%），每个小组会分配到 2~3 个名额，然后以小组为单位，由部长或主任主持，进行评选。

"学校领导很'聪明'，他们让教师按照分配的名额进行民主评选，这样，矛盾就下放到群众之中，与他们就没有关系了。"一位教师对学校管理者在年终评审优秀时的做法作如此评述。

研究者作为学校的一员,每年都参加学校评优,由于所在部门不同,分管领导不同,评优的具体方式、方法也不同。1996—1999 年,研究者在"商贸部"[1]参加评选,当时并没有如此高的奖金,教师们都把"优秀"让给那些需要评职称的人,小组集中时,不用讲自己的成绩,谁评职称谁就当选,只有在本组评职称的人数多于或少于"优"的名额时,才会有争议。这时就会进行无记名投票,当场唱票,按照唱票结果确定人选,选出来的一般是埋头苦干、不爱招惹是非的教师。一位年纪较大的男教师下过这样的结论:"群众[2]就喜欢老实人,你实实在在地干,少说话,在这样的场合,群众就会选你。"

　　后来,研究者调入政教处工作,年度考评时,政教处、校长室和校长办公室分为一组,评选程序发生了变化。首先是逐一读自己的年终小结,这是指普通行政人员,而中层以上的管理者只是简要地说几句。接着,并不是无记名投票,而是由校长直接说:某某干得比较辛苦,应该当选先进,大家没意见的话,就这样定了。至少,研究者参加的几次评选,不管那个人实际表现如何,是否有成绩,都没人提反对意见。

　　到 2003 年,学校校长开始分散到各小组内参与年度考核的评选,据教师们分析,这是学校领导试图用自己的权威来影响小组的评优。但是,深入群众的校长的影响力开始发生变化。由于工作的调动,那年研究者在机械电工部进行年度考核,而 H1 校长刚好也在此部参加评选活动。机电部共有教师 24 人,优秀名额有 3 人,当年正常申报中级职称的有 4 人,正常申报高级职称的有 1 人,需破格申报高级职称的 1 人。在部长主持下,首先是每个人进行一两分钟的自述,简要介绍自己的工作量和主要成绩,然后在 H1 校长的提议下,大家进行评议。老教师们开始说话了,他们各有所指地称赞某个人,还彼此呼应,两位当年需要评职称的教师借此机会,当面要求教师们给予照顾。最后,全体教师进行无记名投票,选出了 3 人,一位是要破格评高级职称的体育教师,平时工作不是很认真,但事先已到各办公室与教师们打过招呼;一位是实验室管理员,平时单独在实验室里,与其他教师交往比较少,但今年要评高级职称;另外一位是工作比较踏实的班主任,今年要评中级职称,选举之前也与相关教师打了招呼。值得一提的是,受到称赞和提名的另外两位教师在投票前表示放弃候选资格,当然,这是迫于某种压力而做出的策略性选择。当选者显然不是校长心目中的合格人选,这从校长的表情中

1　因两校合并,1998 年,"商贸部"改名为"烹饪服务部"。
2　在 S 校,指不担任行政职位的专任教师和不担任领导职务的行政人员。

就能看出来,但选票是当场公开唱票的,结果是当场宣布的,按照学校多年来的做法,这一切就生效了。

当选者是否是真正的优秀者,教职工心里都有一杆秤,接受问卷调查的教师,在回答"你认为年度考核为'优'的教师是否是学校成员中真正的优秀者"时,没有一人认为"全部是的",认为"大部分是的"占42%,认为"小部分是的"占46%,认为"都不是的"占2%,选择"不知道"的占10%。

这样的结果与学校教职员工对职称的重视程度有关,接受问卷调查的教师,在回答"您对年度考核中15%的优秀名额应该照顾评职称的人员,至于此人是否是真正优秀并不重要的看法"时,表示"非常同意"的占12%,"基本同意"的占27%,"不太同意"的占41%,"完全不同意"的占15%,"不知道"的占2.5%。但事实上,就像一位老教师所说的,普通教师辛苦一辈子,不就是能评上职称嘛,能帮的就尽量帮。因此,即使真有不同看法的教师,在这种群体规范下,也会理智地选择沉默,隐藏自己的观点,"随大流",以获得群体的认同。

要参评职称的教师都想成为年度考核优秀者,他们除了在工作上做出一定的努力外,会以各种方式进行拉票,据研究者观察,活动的方式因人而异。有的会直接到某个办公室打招呼,有的会打电话拉票,有的则会含蓄一点,到处说自己评职称需要"优",博取大家的注意和认可,有的会和非正式群体领导人打招呼,等等。据研究者观察,这些方式都是行之有效的,比实际工作中的努力和取得的成绩要有效得多。绝大部分教师认为,当事人与他们打招呼是对自己的尊重,他们在无记名投票中投当事人票,帮助他当选,当事人就会对他们心存感激,日后自己需要帮助的时候就会得到回报,这是互惠的事情。

因此,有时选举结果会让学校管理者很不满,但由于是民主投票选举产生的,反映的是民意,H1校长对此采取容忍的态度。但在校优基础上产生区优和给评职称的教师进行校内排名时,校长会留出自己操作的空间,让教师们集中民主投票,但不公开唱票,由校长室进行统计后公布排名。

随着H2校长的上任,2004年的选优方法发生了变化。首先,评选时,除了可选本组的3名优秀以外,还可选一名别组的人员;其次,H2校长对各组选出的优秀者进行干预,增添了3名校方认为工作出色的教师;最后,实行有差额的二次选举,在全校大会上,让教师在各组上报的和校长增添的优秀人员名单中,选举校优和区优,候选名单与实际指标之间的差额达6名之多。

当然,H2 校长同样留出操作空间,不进行当场唱票,而是事后由校长室进行统计和公示。

教职员工对 H2 校长的干预抱怎样的看法呢?在研究者事后进行访谈时,相当一部分教师对此持肯定态度,尽管校长这样做实际上是侵犯了教师们的民主权利。对评优中存在的不公平现象,教职员工作为当事人是最清楚的,它对学校工作的危害性,大家也是清楚的,但普通教师在群体压力和切身利益的驱动下,没有动机也没有能力去加以改变,校长却是应当履行这种职责的;况且,学校发展是大家利益所系,校长以学校利益为出发点,评选出真正的优秀者,发挥评优的激励功能,引导教职员工把精力放在工作上,而不是去"搞关系",教职员工是支持的。问卷调查的结果也证实了教职员工对校长干预的温和态度。接受问卷调查的教师在回答对"校领导干预年度考核优秀名额的产生是件好事"的看法时,表示"非常同意"的占 8%,"基本同意"的占 36%,"不太同意"的占 38%,"完全不同意"的占 9%,"不知道"的占 9%。

学校在公示当选"优秀"的人员名单的同时或稍后,一般会公示参评职称教师的校内排名。

"学校(评职称的)指标不够时,学校排名就有效。校长一般会向上级主管部门多争取几个指标,以解决矛盾。学校排名由职评小组进行专门评议,材料都进行公示。一般来讲,我们会优先照顾年龄大的、资历老的,政策会向班主任倾斜。"办公室主任 B3 向研究者介绍。

在评职称问题上,学校对教师提交的材料进行把关,根据个人的综合情况进行校内排名,并在申报材料上填写评语。尽管学校一般会站在教师立场为教师说话,但学校在申报材料上究竟写些什么,教职员工通常是不知道的。因此,参评职称教师的工作积极性极高,学校也因此解决了不少工作安排上的困难。

3. 夹缝中的张力

2002 年,国务院召开了全国职业教育工作会议,颁发了《国务院关于大力推进职业教育改革与发展的决定》,全面总结了改革开放以来,特别是实施《中华人民共和国职业教育法》以来职业教育工作的经验,分析了职业教育工作面临的新形势和新问题,深刻阐述了职业教育在社会主义现代化建设中的重要地位,明确了"十五"期间职业教育改革与发展的目标、任务和工作思路,对职业教育改革与发展中亟待解决的问题提出了具体的政策措施。

2003年4月,H1校长在对全校教职员工作招生宣传动员时,特意提到了这个法规:"前不久,国务院制定了《国务院关于大力推进职业教育改革与发展的决定》,说明国家还是重视职业教育的,职业教育是有希望的,我们大家一起好好干,前途还是光明的。"

根据《国务院关于大力推进职业教育改革与发展的决定》,职业教育是在国务院领导下,实行分级管理、地方为主、政府统筹、社会参与的管理体制,国务院教育行政部门负责职业教育工作的统筹规划、综合协调、宏观管理,发展职业教育的主要责任在地方。"我们学校在发展的过程中,特别需要上级主管部门在人事、财政、政策方面予以支持,否则,我们就难以有进一步的发展。"H1校长说。

- 人员缺编

一支高质量的教职员工队伍是学校办学的依靠,"能进能出"的用人机制则是教职员工队伍建设的必要条件。2000年7月,中共中央组织部、人事部印发了《关于加快推进事业单位人事制度改革的意见》,规定事业单位人事制度改革的指导思想和目标任务是:坚持以邓小平理论为指导,认真贯彻党管干部原则、干部队伍"四化"方针和德才兼备的用人标准,适应事业单位体制改革的要求,建立政事职责分开、单位自主用人、人员自主择业、政府依法管理、配套措施完善的分类管理体制;建立一套适合科、教、文、卫等各类事业单位特点,符合专业技术人员、管理人员和工勤人员各自岗位要求的具体管理制度;形成一个人员能进能出、职务能上能下、待遇能升能降、优秀人才能够脱颖而出,充满生机与活力的用人机制,实现事业单位人事管理的法制化、科学化;提出建立以聘用制为基础的用人制度和解聘辞聘制度,疏通事业单位人员出口渠道,增加用人制度的灵活性,解决人员能进能出的问题等。

以下是S校向上级部门提交的要求增加中、高级专业技术职务岗位的报告。

【资料】
关于增加高、中级专业技术职务岗位设置数的报告

我校系国标省级重点职校,由于长期以来严重缺编,自实现事业单位专

业技术职务"结构管理"后,出现矛盾大、困难多的局面。随着聘任工作的推进,矛盾日益尖锐,目前已陷于困境,日后将举步维艰,现再次向你们反映,希望问题得到根本解决。

S校 1999—2000 年编制数及岗位设置情况

年度	应有编制数	实有编制数	实际缺编数	岗位设置数		实际聘任数		过渡岗		岗位空缺数	
				高	中	高	中	高	中	高	中
1999	347	189	158	63	54	36	88	4	5	27	34
2000	287	176	111	59	50	33	72	0	4	16	22

注:2000 年应有编制数 287 人系区教委核定,未含附加编制数

几点说明:

首先,根据上表可以看出,我校编制数严重不足,缺口在百人以上,此情况不但在我区,即便在全市也属罕见。因为客观因素,我们虽积极努力引进教师,但仍不能满足需要,只好自己出资外聘教师担任相当一部分教学工作,为此,我们每年需要支付 20 余万元。

其次,鉴于此情况,去年设置岗位时,我们曾力陈我们的特殊情况,希望按我校应有的编制数,适当增加我校的岗位设置数,但结果给我们的岗位数比实际聘任数少 5 人,去年工资正常晋级时,区人事局为我们争取了 9 个过渡岗,才解了燃眉之急。

再次,由于不能及时补充青年教师,导致教师年龄老化,高、中、初级教师结构不合理。

最后,因首聘没能考虑到我校严重缺编及教师年龄老化的现状,设置的中、高级岗位数过低,造成以下尖锐矛盾:

A. 引进人才编制数的计划得不到落实(明年原计划引进中、高级教师 20 人)。

B. 2001 年部分符合条件的教师不能申报高一级职称。

C. 严重影响学校创全国重点职业学校的进程。

职称办[1999]2 号文《市职称办关于设岗工作中若干具体问题的说明》第十条规定,"个别矛盾大的单位,报市里统一研究、分类处理",鉴于以上实际情况,我校当属"个别矛盾大的单位"。恳请区人事局、区教委向市里反映

教育管理实践个案研究:实地研究方式

我们的情况,以求问题得到根本解决。

此呈

区人事局　区教委

S 校
2000 年 12 月 1 日

S 校的编制数缺口在百人以上,这种情况在全市确实少见。形成这种现状有一个阶段性的发展过程。

S 校的师资紧张从 20 世纪 90 年代中期就出现了,学校每年都要自己付钱,外聘教师来校上课,学校为什么不引进新教师呢? 职教的不景气显然是首要原因。当时的人事秘书是这样解释的:"学校不敢要人,现在招生情况那么困难,万一没有生源了,这么多教职工,学校怎么养呀?"

区教育局主管部门也有这种顾虑。2004 年 5 月学校上报计划引进教师的名单时,分管校长 H3 说:"今年,我们需要引进英语教师 2 名,计算机教师 2 名。在上报引进计划时,我们报了 6 个教师名额上去,教育局是不会全批的,最后能批准的说不定总共就两三位。"学校缺编情况如此严重,学校通过考核已经有了合适的人选,可是区教育局为什么不批准呢?

"主要还是怕增加负担。"H3 校长一语点破原因。尽管学校开始实行聘任制,但这只是形式而已,如果教职员工没有犯严重错误,学校根本不能解雇他。至于校长聘任权中所包含的待岗或转岗,不到万不得已,校长是不会轻易使用的。兄弟学校曾有教师因为对工作安排不满意,就频频向上级主管部门反映,最后在上级主管部门的干预下,校长不得不重新安排那位教师的工作。"矛盾尽量自己解决,不要上交",上级行政主管部门的这一要求使校长们基本不会做出让教师待岗的决定。

从 20 世纪 90 年代中后期开始,职业学校的发展进入调整阶段,在激烈的生源争夺战中,S 校的学生数时多时少。目前,S 校人员严重缺编,学生多的时候,学校就增加外聘教师,学生少的时候,就减少外聘教师,不存在下岗分流的人员安置问题。在 S 校生源最少的 1999 年,一位在本校无课可上的教师就由区教育局统筹安排到兄弟学校去上课,一年后返回本校。但 S 校教师对这一惟一的转岗工作事件并不紧张,因为这位教师给校长留下了教学工作不认真的印象,学校安排他参加区里的统筹分配工作,更多地是作为

53

一种惩罚或告诫。

"终身制"的用人制度,不断变化的学生数,不可预料的职教前景,使学校领导处于一种尴尬境地。一方面,学校作为财政全额拨款的事业单位,教师工资是由财政拨款的,学校只需承担部分公费医疗费、结构奖金、职工的福利费用等,如果引入编制需要的人员,一旦生源减少,部分教师肯定无岗可聘,只能分流,这时,教师的安置将成为校长和行政主管部门头疼的问题,因为分流的渠道是狭窄而有限的。另一方面,如果不引进需要的教师,那么学校每年要支付给外聘教师大笔的课时费,每节课的费用要比本校教师的课时费高出 4 倍以上,这对学校来讲是一个额外的负担,而上级主管部门对此是不提供任何财政支持的。

对上级主管部门不完全批准 S 校的人才引进计划,S 校教师认为,区里是为即将出现大量剩余的小学教师的分流作准备。

人员缺编,有些在编教师(4 名教师)又长期被借调到区教育局从事行政工作,教师工作量大、负担重,这只是众多问题中的一个;更多的问题还在后面:人员老化,年龄结构分布不合理,专业技术职务实行"结构管理"后,岗位设置不能满足教职员工正常申报职称的要求,导致教师们的不满和矛盾。目前校长的对策,一方面是根据需要,积极引进人才,向上级主管部门"要人";另一方面,根据上级主管部门的文件精神,据理力争,争取上级主管部门能给予政策,从而缓解和解决矛盾。

在校长的一再要求下,针对评职称人数多于学校现有岗位数的情况,区教育局予以了照顾,给予过渡岗,暂时缓解了 S 校的燃眉之急。

• 资金和规划

S 校在 20 世纪 90 年代就定下了要创建国家级重点职业学校的目标,2002 年 9 月,江苏省政府下发《省政府关于加快推进职业教育改革与发展的意见》,提出坚持职业教育以政府举办为主,各级政府要集中力量办好起骨干和示范作用的职业学校和职业培训机构,其中市办好 1 所高等职业学校,县(市、区)办好 1~2 所中等职业学校。S 校是区内规模最大的一所职业学校,因此,把 S 校建成国家级重点职业学校也是区政府及区教育局的工作目标之一。S 校要创建国家级重点职业学校,最大的问题是校园面积及相关硬件设施不达标,这是需要政府进行统筹规划和给予财政支持才能解决的问题。以下是 S 校就此问题向区教育局提交的一份申请报告。

【资料】

申 请 报 告

区教育局：

我校为市首批国标省重点职校之一，创建国家级重点职校是区人民政府多年来的奋斗目标，为实现此目标，已立项三年的运动场及教学楼建设项目今年年底再不实施就即将作废，整个建设（含运动场及教学楼）共需资金650万元，根据《国务院关于大力推进职业教育改革与发展的决定》中关于资金投入的相关规定，采用拼盘方法，我校自筹三分之一，请区政府、区教育局和市教育局各投入三分之一，以此解决建设资金的问题，在短时间内完成运动场及教学楼的建设，将我校建成国家级重点职校。

呈区人民政府。

S 校

2003 年 6 月 24 日

S 校要创建国家级重点职校，校园面积达到规定标准是基础中的基础，但这个问题几经周折，一直未能彻底解决。H1 校长在 S 校 2001 年 12 月召开的教代会上表述了这样的计划："坚持以分部为现代办学窗口，以本部为国家级创建基地，建成国家级重点职业学校。"但是，区教育局关于本区的教育规划一直处于变动之中，涉及到 S 校的发展问题，区政府和区教育局始终没有一个明确的规划。同意 S 校在本部向西征地，拓展校园面积是第一个决策，但由于市政工程要用此块土地而被否决；提议 S 校整体搬迁，另行规划土地，建设新校园，是区里的第二个规划，但对于所需的巨额资金却没有具体的筹措方案，随着预定中的地块建成住宅区，第二个方案也化为泡影；最后获准的第三个方案是向学校本部北面拓展，可是，资金问题如何解决呢？

"区里是不会给我们钱的，市里倒是会按文件规定拨钱给我们。"校长办公室主任 B1 说。根据江苏省《省政府关于加快推进职业教育改革与发展的意见》，市、区、学校应该各出一部分资金，但是 S 校对区里资金的到位显然不抱希望。H1 校长曾在学校五届二次教代会上说："我们只能尽力要求上级主管部门的财政支持，但是要做好自己承担绝大部分资金的准备。"H1 校长在职代会上对学校困境做了如此介绍："现在，职校之间的竞争非常激烈，我们再不建成国家级重点职校，生存都会出现问题。区里教育经费比较紧张,我们不能坐等政策,只能自己过一阵'紧日子',自己筹措资金兴建操场和教学楼。"

据学校老教师介绍,在 20 世纪 90 年代初期,S 校兴建容纳 20 个教室的教学楼时,上级行政主管部门只批准建四层楼 16 个教室,是学校自己独立出资,加盖了一层楼。

【资料】

S 校对区教育局某副局长关于调用
我校分部教育用地的指示的反馈信息

2003 年 4 月 14 日下午,区教育局某副局长 A 向 H1 校长传达了调用 S 校分部约 1333 平方米的指示,并要求 S 校领导班子研究后向区教育局汇报。4 月 15 日下午,S 校召开了校长办公会,经过认真研究,达成以下共识:认为在目前情势下,此举不利于区职教事业的发展,理由如次。

首先,近期召开的全国及省职业教育工作会议明确指出,大力发展职业技术教育,迫切需要各级政府对本地区的职教事业给予大力支持。S 校在区委、区政府的有力支持下,多年来团结拼搏,争创国家级重点职校也到了紧要关头,而国家级重点职校的评比验收工作也将在近一两年结束,今后不再搞评比验收。在 S 校争创重点职业学校的关键时刻,应予全力支持,任何影响 S 校创国家级重点职校之举都是不妥当的。

其次,根据国家教委办公厅文件教职厅〔1995〕1 号《关于开展国家级重点职业高级中学评估认建工作的通知》第三条第四款规定:国家级重点职业学校"校园占地面积,城市学校一般不少于 3.3 万平方米"(即 50 亩)。而 S 校目前的现状是一校两址,共约 2.53 万平方米,现正在征地 6667 平方米建运动场,争取达 33335 平方米,以达到参评的下线。况且,目前这方面的资金尚不到位。若此时此刻再被调用千余平方米,则意味着 S 校的办学规格上不了台阶。这是区政府、区教育局和 S 校师生所不愿意看到的。

再次,20 世纪 80 年代初以来,职业技术教育在区教育布局中占有不容忽视的地位。本区的职业技术教育在区委、区政府、区教委的大力支持下,曾红红火火、一片风光,在全市有很大的影响。从目前的区情来看,职教必须大力发展而不是削弱。如果 S 校上不了国家级重点,如果区里不能成立职教中心,将对区职教的发展产生极大的负面影响。

最后,我们认为,某小学等教育用地被拆迁而应获得的补偿应当用非教育用地来补偿,不应该用教育用地来补偿。

此上报告当否,请予批复。此致

区教育局

S 校
2003 年 4 月 17 日

显然,S 校校领导对区教育局的安排表示不满,目的是维护学校的既得利益不受侵犯。这个举动受到 S 校教职员工的支持。

最后的结果是分部的土地保住了,至少在 H1 校长在任时,教育局一直没有动这块地,但操场和教学楼计划也作废了。2003 年 9 月,H1 校长退居二线,10 月中旬,H2 校长上任。在区教育局的领导下,12 月,S 校实现了与区里另一所职校的合并,计划在两年之内,以新合并的学校为中心,按国家级重点职业学校的要求进行扩建,形成区内的职教中心。S 校本部将成为区内小学的校址。最新的消息是,新成立的职教中心已经通过国家级重点职业学校的初审。但是,S 校教职员工对此反应平淡。2004 年 7 月,研究者对已经成为职教中心成员的原 S 校教职员工进行调查问卷,在回答"您对学校前景的看法"时,回答"非常光明"的占 4% ,认为"机遇和挑战并存,在竞争中求生存"的占 74% ,认为"困难重重,前途不光明"的占 16% ,认为"没有希望"的占 7% 。总的来说,教职员工对学校的前景并不乐观,而这种不乐观与上级主管部门对学校的政策显然是有直接关系的。

"区里没有进行多大投入,都是以置换方式进行的。"

"用施工图纸参评上国家重点,能说明什么呢? 别的区可都是已经投入实际使用的设施。"

"这下教育局如愿以偿了,分部的地他们可以随意处置了。"教职员工们议论纷纷。

看来,校务、政务确实到了该透明的时候了。

- 招生政策

韦伯认为,权力是"在社会交往之中一个行为者把自己的意志强加在其他行为者之上的可能性"。[1] 校长行使权力不可能脱离作为权力主体的"人",由于人在知识、能力以及行为方式上的千差万别,相同的权力赋予在

1　鲍传友:《3 个标准:衡量校长权力大小》,载《中国教育报》,2004 年 6 月 22 日 第 9 版。

实践中发挥的支配力和控制力的差异十分悬殊。在 2001 年的招生中,H1 校长经过努力,以自己的意志影响了上级主管部门,并且取得了成功。

H1 校长在 2001 年 12 月 S 校五届一次教代会上作《学校工作报告》,提出,"认真学习教育部、省教育厅的有关文件,顶住各方面的压力,抓紧抓好抓早招生工作,全校上下齐出动,全力组织生源,在全市率先办好职业教育先修班,使今年秋季招生 498 名,在全市名列前茅"。2001 年是 S 校近十年招生史上最辉煌的一年,原因就在于 H1 校长利用教育部和省教育厅的文件,顶住了来自市、区上级主管部门的压力,进行提前招生,开办了职业教育先修班。

2001 年 3 月,教育部下发《教育部关于做好 2001 年中等职业学校招生工作的通知》,其中第三条规定:

从 2001 年起,各省(区、市)教育行政部门和招生部门应不再单独组织中等职业学校的招生考试。中等职业学校招生按照初中毕业生统一升学考试成绩录取学生。部分中等职业学校可实行免试入学。省级以上重点学校可试行提前招生。有条件的省(区、市)可以试行由中等职业学校自主招生,一年多次招生,其招生办法由各地教育行政部门和招生部门制定。

S 校是省级以上重点学校,按照教育部文件可试行提前招生、自主招生、多次招生。H1 校长根据文件精神,果断决定进行提前招生。事后证明这是一个聪明的决策,因为这时禁止提前招生的市教育局和区教育局的招生文件尚未出台。2001 年 4 月,在区教育局要求不影响初中学校正常教学秩序的前提下,S 校的先修班在本区两所初中部开设,初中的教室,初中的学生,S 校教师无偿地进行授课和管理。S 校教师对学生的严格管理、新颖的授课内容和保证录取的承诺,使那些在原初中班级被冷落的学生,行为习惯上出现了可喜的进步,学生和家长感到满意;初中学校减轻了负担,可以集中精力抓中考。

2001 年 4 月,江苏省高校招生委员会和江苏省教育厅联合下发《关于进一步加强和规范高中阶段教育招生管理工作的意见》,其中第五条规定:

切实加强对招生工作的领导。各市教育行政部门和招生部门要在市政府的领导下,加强管理,精心组织,根据本文件精神和本市实际情况,制定高中阶段教育招生的政策和办法,报市政府批准并向社会公布后实施。

各类学校不得以虚假宣传和承诺骗取生源,不得以经济手段强拉生源,不得以招生为名干扰普通中学的正常教学秩序,不得擅自招生或违规招生。

普通中学不得以任何理由阻挠初三学生参加复习和升学考试，要教育教师不得私自向高一级学校提供初中毕业生名单和住址，更不得以此谋取非法利益。

各市教育行政监察部门要及时查处高中阶段教育招生中的各类违纪违规现象，一经查实，坚决予以纠正。

根据这一文件精神，市、区相应制定了招生政策，S校开始承受巨大的压力。省、市、区的文件精神与教育部的文件精神相比比较传统，并未提出可以进行提前招生和自主招生，区教育局认为S校的行为属于需纠正的"违规现象"。

电话、会议、个别谈话、文件成了施压的各种方式。H1校长认真学习了教育部和省教育厅的两个文件，认为S校是省级以上重点学校，按照教育部文件，可试行提前招生，可以进行自主招生、多次招生。省教育厅文件的第三条规定，"要统筹协调教育的优质资源与一般资源，优先利用教育优质资源安排招生计划"，S校作为国标省重点职业学校，属于教育优质资源，可以优先招生。再者，在初中学校举办先修班，并没有影响普通中学的正常教学秩序，相反是帮助他们减轻了负担；S校是无偿进行授课，没收家长一分钱，不能算是招生；S校的学生都是与家长共同商量决定，自愿报名的，学生来去自由，并未阻挠任何人参加中考。因此，S校的行为不是违规或违纪，而是一种创新行为，这是H1校长学习文件后得出的结论。

H1校长这么做主要是为学校生存所迫。2000年的学校招生数是历年来最少的，如果2001年再招不到足够多的学生，教师们就没课上了。H1校长常挂在嘴边的一句话是：没有学生，就没有一切。学校与邻区职校相比，地理位置、硬件设施等都逊色，若不采取有力举措，生存就会是个大问题。"我们与初中进行了接触，他们是求之不得，我们与学生和家长进行交流，他们也愿意提前到我们学校来，这是三方都愿意、三方都获利的事情，为什么不能做呢？再者，国家和省里又有相关文件精神，我认为我们做的是对的，上级若追究起来，我来承担责任。"在决定开设先修班时，H1校长在全校教职工大会上说。

事关学校生存大计，H1校长的行为得到S校教职员工的支持。已在初中学校开设的两个先修班显然起到了良好的宣传效果，区里其他初中学校的部分学生也要求参加S校开办的先修班，H1校长在斡旋中继续实施着先修班的计划，力图争取区教育局的默许。但区教育局在这一问题上显然持反对态度,先修班的计划一直处于变动之中。

先修班计划最后得以顺利实施,是由于市教育局对 S 校的行为保持沉默,其他区的职校开始仿效 S 校的做法,区教育局因此默许了 S 校的行为。4月底,S 校在本校内开办了 8 个先修班。最后,由于抓紧、抓好、抓早招生工作,招生数在全市名列前茅。

因此,在目前的教育管理体制下,校长权力的大小与校长本人的能力密切相关。目前,学校办学自主权还有待继续加强,H1 校长的行为是一种有益的尝试或开拓。在江苏省 2002 年下发的招生文件中,已明文规定允许省级以上重点职业学校提前招生,自主招生。

四、学校的民主管理:
教职工代表大会制定的文件

1. 民主管理的依据——《S 校教职工代表大会条例》

1993 年,中共中央、国务院印发的《中国教育改革和发展纲要》指出:"中等及中等以下各类学校实行校长负责制。校长要全面贯彻国家的教育方针和政策,依靠教职员工办好学校。""要建立和健全以教师为主体的教职工代表大会制度,加强民主管理和民主监督。"根据这一精神,教职工代表大会制度成为学校教职员工参与学校管理,对学校领导进行民主监督的法定渠道。

2001 年 10 月,全国人大常委会第二十四次会议通过了《关于修改〈中华人民共和国工会法〉的决定》。根据这两个文件的精神,2001 年 12 月,S 校制定了《S 校教职工代表大会条例》。这是学校教师参与学校民主管理的重要依据和保障。关于制定该条例的原因,H1 校长在第五届教工代表大会工作报告中说:"为了保证教代会更好地履行职责和权利,保证教职工的合法权益,我们修订了《教职工代表大会条例》。"

根据文件起草者介绍,当时制定这个条例是根据上级要求,并不是学校自发的行为。"因为上级有要求,所以校长就让我来起草《S 校教职工代表大会条例》。就是根据上级文件精神和兄弟学校制定的相应文件,然后联系学校教代会运行的实际情况,就行了。"学校工会主席 H3 介绍说。

当时因为要制定《教职工代表大会条例》,工会副主席 D 专门到同区的另一所学校复印了一份他们的《教职工代表大会条例》,然后由工会主席 H3 进行简单修改,据介绍,改动很少,就形成了《S 校教职工代表大会条例》。学校管理者对此是认可的,"兄弟学校与我们的情况差不多,同处于一区,上级有一样的要求,把他们的(文件)借鉴过来,也就是在贯彻上级文件精神"。教职员工的参与权与知情权则被放到了教代会上。

"我们一般是把文件下发到教代会上,请代表们讨论,充分发表自己的意见,然后主席团(主要由工会主席和党政领导组成)听取各组意见,汇总后,学校要拿出一个意见来,大家没意见就鼓掌通过。因为时间比较紧,学校一时拿不出意见来,学校就对文件进行修改,等到下次再请代表们讨论。"党总支副书记介绍说。

2004 年 5 月,研究者随机找了五位教代会代表,询问当时教代会通过《S 校教职工代表大会条例》的情况,但他们对此几乎没有印象,有一位甚至还反问研究者:"有这样一个条例吗?"研究者向她证实:"这就是你们通过的条例。"她是这么解释她的"健忘"的:"当时,教代会通过的文件很多,又相隔一段时间,所以没有印象了。"

据研究者事后观察,学校管理者和教代会代表对待《S 校教职工代表大会条例》的这种态度,其内在的原因是双方都明白,文件的制定与执行完全是两回事。

【资料】

S 校教职工代表大会条例

根据全国总工会文件精神以及各级工会提出的要求,结合我校实际情况,特制定《S 校教职工代表大会条例》。

第一章　教代会的性质及其在学校管理中的地位(略)

第二章　教代会的职能

第一条　教代会必须充分发挥党、政联系群众的桥梁、纽带作用,做好教职工思想政治工作,注重教职工的师德培养,积极反映教职工群众的意愿和呼声,团结和带领教职工贯彻党的路线、方针、政策,完成党交给的各项任务。

第二条　必须不断提高教职工的政治、业务素质,努力加强教职工队伍的建设。

第三条　组织和代表教职工参与学校的管理工作。

第四条　在维护总体利益的同时,维护教职工的合法权益。

第三章　教代会的职权

第五条　听取校长的工作报告,讨论学校的办学方针、发展规划、年度工作计划、改革方案、财务预决算、教职工队伍建设和教育教学等重大问题,并提出意见和建议。

第六条　讨论和通过校长的任期目标,以及由校长提出的教师聘任制、岗位责任制、教职工考核奖惩办法和其他与教职工有关的基本规章制度。

第七条　讨论和审议学校福利费和其他有关教职工生活福利的重大项目。

第八条　评议监督学校各级领导干部,建立每学年一次评议干部制,根据其业绩进行表扬或者批评,必要时可向上级主管部门提出奖惩和任免的建议。

第九条　教代会对校长在其职权范围内决定的问题有不同意见时,可以向校长提出建议。校长对教代会在其职权范围内决定的问题有不同意见时,可提交教代会复议,复议后仍有不同意见,由学校党总支或上级主管部门及上级工会协调。

第四章　教职工代表

第十条　代表的条件。享有政治权利的教职工,均可当选为教职工代表。具体条件为:能坚持党的四项基本原则,有一定的政治觉悟和政策水平;有一定的教学业务和参政议政的能力;师德良好,有较强的责任心、事业心;本职工作业绩好;能关心集体,联系群众,遵纪守法,办事公道,在群众中有一定威信。

第十一条　代表的结构。代表的构成以教师为主体,同时照顾到学校各类工作人员。教师代表不少于代表总数的70%,领导干部代表(含中层)不少于代表总数的10%,其他代表(含职员、工人)不多于代表总数的20%。代表中的老、中、青比例要适宜(青年教师不少于1/3),党内外(含民主党派)要照顾,男女教师都要有符合校情的适当比例。

第十二条　代表的产生。代表以各处、室、组为基本选举单位,由教职工选举产生。

代表人数一般占教职工总数的30%,也可以根据学校具体情况民主商定。

各处、室、组的工会小组长，必须经民主选举产生，并作为教代会的正式代表。

第十三条 代表的任期。教职工代表任期三年，可连选连任。教职工代表对本单位的全体教职工负责，代表选举单位有权监督或撤换本单位的教工代表。

第十四条 教职工代表的权利和义务。

（一）权利：

a）在教代会上有选举权、被选举权和表决权。

b）在教代会上有权自主地充分发表自己的意见；有权参加学校决策的讨论；有权参加对学校行政领导人的质询；有权参加教代会及其工作机构对学校执行教代会决议和提案落实情况的检查；有权参加对学校行政领导人的质询；有权评议学校干部。

c）教职工代表行使民主权利，任何组织和个人不得压制、阻挠和打击报复。

d）参加教代会活动的工作时间，应享受正常出勤待遇。

（二）义务：

a）坚持党的四项基本原则，努力学习，不断提高政治觉悟、业务水平和管理能力，执行党和国家的方针、政策、法规，认真做好本职工作。

b）密切联系群众，代表教职工的合法权益，如实反映教职工的意见和要求。积极宣传，认真贯彻执行教代会决议，积极参加教代会各项活动，做好教代会交给的各项工作。

c）模范地遵守职业道德和社会公德，模范地遵守学校的各项规章制度，在精神文明建设中起表率作用。

第十五条 教代会根据需要，邀请有关领导干部、在职或退（离）休教职工、学生及其他人员作为列席代表或特邀代表参加会议。

第五章 教代会的组织制度

第十六条 教代会选举主席团主持会议。主席团成员应由学校各方面人员组成，其中包括教职工代表和党、政、工、团主要领导干部。教师应超过半数。

第十七条 教代会每一届为 3 年，每年召开一到两次会议。

如因特殊情况不能如期召开，应向代表说明情况。遇有重大事项，经学校党总支、校长、工会或三分之一以上教职工代表提议,可召开临时会议。大会进行选举和做出决议,必须由全体代表过半数通过方为有效。

第十八条 教代会应当围绕教育教学改革、发展教育事业、教师队伍建设、提高教育教学质量、发展教育经济、提高职工待遇、加强社会主义精神文明建设和教职工生活等方面的重大问题确定议题。

第十九条 教代会在其职权范围内决定的事项,未经教代会同意不得修改。

第二十条 教代会可根据需要设立精干的专门工作小组,其主要任务是审议大会有关议案;在大会闭会期间,根据大会的授权,审定需要临时决定的问题,检查和督促有关部门贯彻执行教代会的决议和提案;办理大会交办的其他事项。专门小组的人选一般在代表中提名,非教职工代表必须经教代会大会通过。

第六章 教代会和工会

第二十一条 基层工会是教代会的日常工作机构。主要工作是:

a) 会同有关部门做好教代会的筹备工作。组织教职工选举代表,提出教代会中心议题的建议,征集整理教职工的提案,协商产生大会主席团人选建议名单和大会召开方案等。

b) 协助主席团做好会议期间的会务组织工作,召集代表组长和专门小组的会议。征集和整理提案,起草大会决议,组织代表活动等。

c) 会议闭会期间,组织代表组及专门工作小组开展活动,传达贯彻大会精神,监督和检查有关部门执行大会的决议和提案的落实。

d) 整理教职工代表和教师的建议和申诉,支持他们行使正当的民主权利,代表团行使职权受到打击或报复,教代会代表行使职权受到漠视和压制,工会给予支持和维护。

e) 处理教代会交办的其他事宜。

第二十二条 搞好民主管理,充分发挥教代会作用,是学校党总支和学校行政的共同任务。

(一) 坚持党总支的统一领导。

a) 从全局出发,调动各方面的力量,协调教代会与各方面的关系。

b) 教育代表认识和接受党的路线、方针、政策,并按照党的路线、方针、政策去行使职权。

c) 教育代表和教职工正确处理好民主与集中、自由与纪律、集体与个人的关系,提高代表参加民主管理的意识。

d）消除妨碍教职工积极性发挥和教代会行使民主管理权利的障碍,保证教代会各项职权的落实。

（二）学校行政要树立全心全意依靠教职工办好学校的观念。

a）校长要定期向教代会报告工作,重大事项和决策都要提交教代会讨论,认真听取代表的意见和建议。

b）学校行政要认真贯彻实施教代会的决议,处理好提案,并支持教代会代表的监督和检查。

c）学校行政领导要积极支持代表开展民主评议干部的工作,带头接受评议和监督。

d）学校行政领导要从时间、人力、物力、财力等各方面给予教代会全力支持。

S 校

2001 年 12 月 12 日

教育部和中国教育工会全国委员会于 1985 年 1 月联合下文《高等学校教职工代表大会暂行条例》,其中第十九条规定:本条例适用于全日制普通高等学校,其基本精神也适用于其他各种形式的高等学校和中等专业学校。研究者将《S 校教职工代表大会条例》与此进行了比较,发现学校的条例除了必要的具体化以外,在教代会的职权方面进行了变动。《高等学校教职工代表大会暂行条例》规定:监督学校各级领导干部,可以进行表扬、批评、评议、推荐,必要时可以建议上级机关予以嘉奖、晋升或予以处分、免职。而《S 校教职工代表大会条例》"省略"了职代会关于领导干部的推荐权;《高等学校教职工代表大会暂行条例》规定:讨论决定教职工的住房分配、福利费管理使用的原则和办法,以及其他有关教职工的集体福利事项。而《S 校教职工代表大会条例》对这一条规定进行模糊化处理,规定要"讨论、审议",但没有"决定",没有具体内容。

对于这两方面内容的变化,一位年长的教师是这样评价的:"这两点涉及到学校的人权和财权,校长怎么可能放手呢?"

给教代会以民主推荐干部的职权,能威胁到校长的用人权吗? 客观地说是不可能的,因为教代会只是推荐人选而已,决定权还在校长手中。但如果教代会真正具有推荐领导的职权,而且代表们真这么做了,对校长来说,是一件非常棘手的事情。首先,这意味着教职员工对校长任命人选的不满意,至少是对校长"知人善任"能力的怀疑和对校长权威的挑战。其次,在如何处理推荐人选的问题上,校长面临两难处境。在校长负责制下,校长拥有人事任免权,可以否决教代会推荐的人选,但这种否决是以"独裁"和丧失民心为代价的,会影响到校长的群众基础;同时,现任的学校管理者会遭受更多的责难和各种形式的对立,影响工作的正常开展。校长是不愿冒这个风险的,所以必须接受推荐,但这就使校长在人事任免上处于被动地位。因此,校长是不会让教代会有自主推荐领导干部的职权的,但这并不意味着校长喜欢专制,校长需要能干而又有群众基础的人才,也不反对群众的推荐,只是主动权必须掌握在自己手里。"群众推选人才,我是很欢迎的,你们可以随时来找我谈;或者在我觉得需要的时候,由我来组织进行。"这是校长的心态。所以,教代会可以评议现任经过校长任命的领导干部,甚至可以免除个别不合格的领导干部,然后再由校长通过某种方式委任新的领导,但不可以有推荐权。

在 S 校,有关教职工集体福利事项的讨论、决定,实际上就是对工会资金的支配权问题,但只是规定要进行讨论和审议,没有规定讨论、审议的具体内容,这似乎给教代会代表行使权利留下了相当大的空间。但从教代会运行的现状来看,这个空间是留给校长的,校长可以根据需要,请教代会审议指定的内容,但对讨论、审议结果的决定权则保留在校长手中,这就给校长支配工会基金留下了空间。以下一段对话显示了其中的缘由。

2004 年 5 月,研究者与工会副主席兼总务处主任 R 进行访谈,在场的一位教师 T4(平时与 R 相交甚好)也参加进来。

T4:"去年,你不该让 H1 校长把那笔钱拿走。"

研究者:"什么钱?"

"那是工会的一笔钱,被 H1 校长用作行政开支了。"R 向研究者解释,回头对 T4 说,"我怎么拒绝? 你若说不同意,他马上会说,上次学校组织教师旅游的费用本该由工会出的,结果由学校财政出了。校长借口多着呢,你还有什么话说?"

T4:"那这样就搞不清了。"

2003 年初,区里成立预决算中心,学校的开支都要经过预决算中心的批准,就像办公室主任 B1 向研究者介绍的:"我们自己的钱,他们帮我们管。"这"管"的内涵就是学校每笔支出都必须有充分的理由能让上级批准。这样,校长的财权就受到相当的制约,而工会基金的管理权还是在学校,因此就成了调度的"秘方":以为教师谋福利为由,容易通过预决算中心的审核;而学校行政一些难以通过预决算中心的开支,就用工会经费来抵消。这样,既不影响教师的福利,校长也有了一定的财政自由权。

《S校教职工代表大会条例》的其他内容基本与《高等学校教职工代表大会暂行条例》相同,但问题存在于学校领导体制中实行的党政合一。它影响了校长负责制下原有的校长全面负责、党委保证监督、教代会民主管理的格局。尽管党委内部的议事和决策机制实行"集体领导,民主集中,个别酝酿,会议决定"[1]的十六字方针,但 H1 校长同时又是校党总支书记,对于"坚持党总支统一领导"的教代会民主管理工作,势必产生一定的影响。

然而,《S校教职工代表大会条例》的制定,为学校教师参与民主管理提供了依据和保障,使学校的民主管理"有法可依",这是可喜的一步。

2. 教职工代表的产生和构成

文件制定之后,只有通过执行才能真正发挥其价值和对现实的指导作用。因此,文件的执行是文件运行过程中的重要环节,而执行者的观念、立场、责任心、能力等会直接影响文件执行的效果。

(1) 组织选举者的产生

《S校教职工代表大会条例》对此已经有明确的规定,基层工会是教代会的日常工作机构,其主要工作之一就是会同有关部门做好教代会的筹备工作,组织教职工选举代表。

工会委员会委员承担着组织教职工选举代表的工作,这些委员又是如何产生的呢? 研究者在与工会副主席 D 的访谈中提到了这个问题。

D:"在新一届教代会召开前,由我们已有的工会委员提名,上报党支部批准,就可以了。"

研究者:"那党支部会不会对你们的提名进行改动?"

D:"一般不会,我们提名的都是一些比较热心的愿意为大家做事的人,学校一般都会批准。"

研究者:"可是,我发现工会委员一般都没有变化,是吧?"

---

1 《中共中央关于加强和改进党的作风建设的决定》,2001 年 9 月 26 日中国共产党第十五届中央委员会第六次全体会议通过。

D:"一般不变,大家干得都挺好的。除非有人要退休,才会增添人。"

工会委员应该是在工会提名的基础上再由教代会选举产生,但在工会副主席D的观念里却成了由工会委员和党委决定的事情,这也许与她的特殊经历有关。1997年,S校第四届工会召开前夕,H1校长兼党总支部书记让全体教职员工对除工会主席以外的工会委员候选人进行差额投票选举,并在全校教职员工大会上公开唱票,现场公布结果。结果,工会副主席D以微弱劣势未能当选。但在事后,H1校长还是让她继续担任工会副主席。在全体教职员工会议上,H1校长是这么向大家解释的:"D是工会委员中的积极分子,工作积极性很高,工会的一些事务性工作基本都由她来操作,大家对此有目共睹。也许她工作中存在一些问题,但我们相信她在以后的工作中会注意的。我们应该注意保护教师的积极性。"

校长为了保护D的积极性,增添了一名工会副主席。但教师们对此有自己的看法,认为是校长担心D落选后会在背后说长道短。事实上,D的工作积极性确实是让她继续任职的缘由之一,但她在选举落败之后的哭闹可能是一个更直接的原因。

此后,学校没有组织过由全体教师参与的公开投票选举,第五届工会委员就是如D描述的那样,先产生候选人,然后在教代会上公布,大家没意见就鼓掌通过。显然,要成为工会委员会委员,获得原有工会委员的提名,并有工会名额空缺是比较重要的。

以下是学校五届教代会工会委员的构成:

工会主席1名——由分管教学的副校长兼任,这是学校指定的。

工会副主席3名——由总务处主任R、校医D和实训处副主任(分部)兼任。

工会委员5名——由体育教师1名、图书馆管理员1名、会计1名、校医(分部)1名,专业课教师(分部)1名组成。

(2)教职工代表的产生

要使教代会发挥应有的作用,就需要选出真正能代表全体教职员工,并能切实履行代表职责的代表。《S校教职工代表大会条例》规定了代表产生的程序:"代表以各处、室、组为基本选举单位,由教职工选举产生。代表人数一般占教职工总数的30%,也可以根据学校具体情况民主商定。各处、室、组的工会小组长,必须经民主选举产生,并作为教代会的正式代表。"

实际操作情况又如何呢?研究者参加的两次教代会换届选举的经历也

许能说明一些问题。

1997年12月,S校筹备召开第四届教代会。当时研究者是"商贸部"的一名教师,刚参加工作2年,办公室连部长在内共7人。

(星期三的政治学习时间)

部长通知:"马上要召开教代会了,我们办公室有一个名额,你们看谁去合适?"

一阵冷场后,一位中年女教师T0说:"我看T1教师挺合适的。"T1是一名中年语文教师,埋头干活,不招惹是非,有很好的人际关系。

"我看T1不合适,参加教代会,需要敢于提意见,他不会提,也不敢提。"同是语文教师的T2接茬道。

"你不是挺会讲的吗,你去不是挺合适的吗?"T3教师对T2说,其他教师附和。

"我可不想去,那会占用我的时间。"T2转头对部长说道,"你千万别写我的名字。"

"如果大家没有别的意见,我就写T1了。"部长说。

"行行,谁去还都一样。"T2急忙表态。

"就是,还能指望有什么权利,走走形式罢了。"T0呼应着。

选举结束,T1成为办公室的代表。在整个过程中,有一位教师一直在与学生谈话,其他教师或在改作业,或在备课。

但事情还未结束,在教代会召开前约一星期,部长通知研究者,说部里又多了一个职代会名额,工会让研究者参加。过了三天,部长又告知研究者:"名额够了,你不用参加教代会了。"见研究者诧异,她解释说:"我也搞不清怎么回事,工会副主席D就是这样对我说的,我只是传达而已。"

对照工会代表产生的办法,按照30%的比例,7名教师组成的办公室里应有2个代表名额,可结果只选了1名。事后了解到,由于学校刚刚设置了部,工会一开始在对部长是否应占代表名额问题上有反复,但最后还是把部长作为占教师名额的正式代表。因此,这次选举中,T1是选举产生的,而部长成为代表则是指定的。至于中层干部是否占正式代表名额,工会显然没有明确规定。

2001年12月,S校筹备召开第五届教代会。当时,研究者是政教处的一名成员,办公室共有5名成员,其中主任2名。研究者是通过主任忙着准备要在教代会上通过的班主任津贴方案,才知道要召开教代会,办公室没有进行某种形式的选举代表活动。在本人以研究者身份参加五届二次职代会后才知道，主任 Y 是办公室的正式代表，主任 W 是教代会的特约代表。

以下的问卷调查结果验证了研究者的个人经历并非特例。2004 年 7 月，接受问卷调查的教师在"校教代会代表是如何产生的"问题上，回答"民主选举产生"的占 25%，"工会指定"的占 17%，"他人推荐"的占 10%，"延续上届"的占 11%，"不知道"的占 35%。

从理论上讲，教师们当然知道教代会代表应该由选举产生，但是学校在实际操作中，代表的产生方法确实无法简单地以"选举"来概括。就目前来看，学校产生教代会代表不会像年终考评优秀一样进行比较正式的无记名投票选举。一方面，工会作为主持选举工作的组织，并没有强调要进行正式意义上的选举。就研究者经历的两次教代会代表的选举来看，工会委员在组织教代会代表选举时运用的是行政组织体系，而不是工会小组体系。正如一位工会成员对研究者讲的："每个处、室、办公室选谁上来，怎样选出来的，是他们自己的事，我们不管。"工会只关心在规定时间内把代表名单报上来，这中间的过程不在他们关心的范围。另一方面，教师们对选举教代会代表并不是很重视。相当一部分教职员工认为这只是"走走形式，改变不了什么"，因此"谁去都一样"。接受问卷调查的教师在回答"您是否同意这种观点：'教代会在学校文件的起草中只是一枚橡皮图章而已'"时，表示"非常同意"的占 23%，"基本同意"的占 51%，"不太同意"的占 16%，"完全不同意"的占 3.6%。基于以上观点，教代会代表的选举过程没有人去监督，即使被剥夺了选举资格，教师也觉得"没有什么"。

（3）教代会代表的结构

在这样的选举方式下，谁成为教代会的投票者呢？下面的统计数字是对 S 校第五届教代会正式代表成员的分析。

正式代表 50 人，占全体教职工总数的 30%。其中，中层以上行政领导12 人，占代表总数的 24%；其他代表（含职员、工人）10 人，占代表总数的 20%；专职教师 25 人，占代表总数的 50%；教师兼行政人员 3 人，占代表总数的 6%。

而《S 校教职工代表大会条例》对代表的结构是这样规定的：代表的构成以教师为主体，同时照顾到学校各类工作人员。教师代表不少于代表总数的 70%，领导干部代表（含中层）占代表总数不少于 10%，其他代表（含职员、工人）占代表总数不多于 20%，代表中的老、中、青比例要适宜（青年教师不少于1/3），党内外（含民主党派）要照顾，男女教师都要有符合校情的适当比例。

两者相对比，就发现了问题：教师代表的实际比例低于《S校教职工代表大会条例》的规定。因为专职教师实际只有25人，而按照《S校教职工代表大会条例》的规定，教师应占70%，必须达到35人。即便把教师兼行政人员的3名代表作为教师名额，也还少7人（如下表）：

表2.3　S校第五届教职工代表大会代表构成（一）

	规定人数	规定比例	实际人数	实际比例	差额人数
教师代表	≥35	≥70%	28	50%	少7人
领导干部	≥5	≥10%	12	24%	多7人
其他代表	≤10	≤20%	10	20%	

是谁占了教师的名额呢？结果很清楚。以下是研究者与工会副主席D的一段谈话。

研究者："教师与行政人员的教代会代表名额好像是有一定比例规定的，是吗？"

D："有，行政人员的比例少，他们意见比较大，觉得吃亏了。"

研究者："那行政领导算不算行政人员代表呢？"

D（停顿了一下）："也算是，但他们不是正式代表，按理是没有表决权的。"

研究者："在实际开会时，这些非正式代表有表决权吗？"

D："现在教代会开得不规范，非正式代表与正式代表是一样的。"

从研究者参加的教代会来看，非正式代表确实与正式代表有着同等的权利，他们同样参与所有的活动，同等地拥有表决权。而且，由于他们是学校的行政领导，在讨论和发言中往往占有更大的优势。在S校，大部分教职员工根本不知道还有非正式代表存在，在他们的观念里，只有参加与否的区别。

既然如此，就应把非正式代表一起并入代表结构予以分析。S校第五届教代会非正式代表共17人，分为特约代表和列席代表两类。其中，特约代表3人，均已退休，在职时都曾是中层以上行政领导；列席代表14人，由未能成为正式代表的中层以上行政领导组成，其中副校长3人，正副主任8人，团委书记2人，部长1人。

据此分析教代会人员结构，如下表：

表 2.4　S 校第五届教职工代表大会代表构成(二)

	规定人数	规定比例	实际人数	实际比例	差额人数
教师代表	≥47	≥70%	28	42%	少 19 人
领导干部	≥7	≥10%	29	43%	多 19 人
其他代表	≤13	≤20%	10	15%	

　　教代会代表增加到 67 人,其中教师比例不到 50%,这与教师的主体地位相去甚远,可是,教师、工会委员会和学校党支部都没有意见。这一方面与选举方式有关,当选代表在会前不进行公布,不到教代会召开,教师们是不知道教代会代表的构成情况的,即使知道了名单,相当一部分教师也不知道教代会对代表结构是有一定规定的。另一方面,这也是可以解释的。首先,其中 17 位非正式代表要排除在外,教代会文件上写得很清楚,正式代表只有 50 人。其次,在《S 校教职工代表大会条例》中,没有对教师进行明确界定,中层以上领导干部中也有兼课的,[1]其他代表中也有给学生上课的,[2]他们就应该算是教师,不完全是行政领导或职员。

　　按照这样的教师内涵来界定教师,那么在统计教师名额时,就得加上 2 名部长、3 名副主任和曾经上过课的 2 名职员,如此再来看统计数字,就完全符合《S 校教职工代表大会条例》的要求了。

表 2.5　S 校第五届教职工代表大会代表构成(三)

	规定人数	规定比例	实际人数	实际比例	差额人数
教师代表	≥35	≥70%	35	70%	0
领导干部	≥5	≥10%	7	14%	0
其他代表	≤10	≤20%	8	16%	

　　至于这些代表能否真正站在教师立场,代表教师来维护教师的切身利益,又是另一回事了。

3.“当家作主”——教职工代表大会通过的相关文件

　　经过充分准备,学校第五届教代会如期召开。据 D 副主席介绍,这次教

　　1　根据 S 校《教职工结构奖金发放办法》的规定,行政干部一般要承担适量课时,但事实上,S 校主任以上的领导干部基本不兼课,副主任一般每周兼 4～6 节课,部长、团委书记兼 6～8 节。
　　2　在学校行政职员中,有一部分人把获得教师资格作为努力目标,在考评当年,他们会先向学校提出上课要求。学校一般会安排他们上一个班的课,每周 4 节课左右。但一旦获得教师资格,他们就停止上课了。

代会是历年来"通过文件最多的一次"。

【资料】

S 校第五届教职工代表大会日程安排

（一）22 日上午 8:30　大会预备会,全体代表参加

A. 通过大会主席团名单

B. 宣布大会筹备情况、分组情况

C. 通过选举工作小组名单

（二）22 日上午 9:00　第五届代表大会全体会议

A. 宣布大会开始,奏国歌

B. 区领导讲话

C. 工会副主席 R 宣读《教职工代表条例》

D. 工会主席、副校长 H3 作《工会工作报告》

E. H1 校长作《学校工作报告》

　党委副书记宣读《校务公开有关实施意见》

F. 工会主席副校长 H3 宣布《教代会工会委员会选举办法》

G. 党委副书记宣读候选人名单

H. 选举第五届工会委员

（三）22 日下午 1:30　全体会议

A. 宣布工会委员会选举结果

B. 副校长 H4 作《关于结构奖金发放修改意见》的报告

C. 分组会议,审议报告、文件

（四）22 日下午 3:00　主席团听取小组审议情况汇报

（五）22 日下午 3:30　主席团宣布情况汇报

A. 工会副主席(分部)作《审议情况暨答复情况汇报》

B. 表决通过工作报告及有关文件

C. 通过关于工作报告及有关文件的决议

D. 闭幕

S 校第五届教代会筹备组

2001 年 12 月

从大会议程和研究者事后收集到的此次教代会的文字材料来看,此次

教代会的文件主要包括三类：

第一类是工作报告，包括《工会工作报告》和《学校工作报告》。

第二类是关于校务公开的系列文件，分别是《S 校关于校务公开的实施意见》及相应的四个子文件：《校长书记联席会议议事规则》、《领导班子成员廉洁自律八条规定》、《教职工代表大会条例》和《工程招、投标管理制度》。

第三类是关于学校结构奖金的系列文件，包括《教职工结构奖金发放办法》及五个附件：《关于教学事故的界定及其处理的有关规定》、《班主任考核奖发放办法》、《关于发放全勤奖的有关规定》、《教学人员工作考核办法》和《行政人员工作考核办法》。

(1)《学校工作报告》——教代会的例行文件

《学校工作报告》是教代会必有的文件，因为听取校长的工作报告，讨论学校的办学方针、发展规划、年度工作计划、改革方案、财务预决算、教职工队伍建设和教育教学等重大问题，并提出意见和建议，是教代会的首要任务。以往的教代会往往就只有这样一个文件，但本次会议上还下发了《工会工作报告》。这主要有两个原因：一是教代会与工会代表大会是"两会合一"，这次教代会是换届之后的第一次会议，也是工会换届后的第一次会议，有必要向新代表汇报上一届工会委员会在五年任期内的工作情况；二是2001 年，工会工作日益受重视，区工会领导专程来校参加会议，这可能是更直接的原因。

此类报告一般以汇报成绩为主，附带汇报新学年的工作计划。如《第五届教代会的工作报告》共六页，五页汇报成绩，半页是关于新学年的工作任务。成绩具体实在，新学年工作任务则是一些方向性和原则性的内容，如"继续完善学校的各项规章制度，加强考核力度，提高工作效益"等，教代会代表对此并不感兴趣。这类报告从起草、下发、宣读、讨论到通过，水到渠成，不会有任何悬念。教代会代表对这类报告的评价是"走走形式，起不了作用"。但以校长为首的行政领导对起草这类报告相当重视，他们认为通过报告可以达到以下目的。

一方面，争取获得教职员工对学校行政工作的理解、肯定与支持。"领导者能否实现领导，实际上取决于被领导者。"作为任职多年的校长，H1 校长在多年的领导管理工作中，切实体会到了教职员工对学校行政领导的服从与支持程度对学校管理工作的重要性。因此，教代会被校长视为与教职工进行正式沟通的一种重要方式，利用教代会汇报工作，详细陈述一年来学校各方面的工作，引导教师从学校全局来看待学校各方面的发展，理解学校工作的复杂性、艰巨性以及作为行政领导要处理的千头万绪，从而对校长及其领导下的行政工作多一份支持，少一份批评。

另一方面，传达学校的核心价值观，为自己的施政方针做宣传，引导学校的舆论导向。校长在工作报告中，通过详细描述自己重点抓的工作，表扬和认可与学校核心价值观一致的工作，树立学校的模范人物，阐述学校近期工作目标等方式，引导教职员工以学校核心价值观规范自己的行为，与学校所期望的行为保持一致。

基于以上考虑，这类报告是在各职能部门汇报的基础上，由校长亲自执笔起草的，到目前为止，还没有被教代会否决或修改的经历。

实际上，校长与教师们在教代会上讨论的问题与文件的内容会有相当大的出入。如研究者参加旁听的五届二次教代会上，下发给教职员工进行讨论的文件只有一份工作报告，校长在做报告之前说了这样一番话："今天我做报告，就不再读工作报告了，工作报告上的都是常规的东西，大家自己也能看。我想抛开文件，与同志们说说心里话。"接着，他介绍了学校的生存困境以及面临的重大选择：是花巨资进行拆迁，征地建操场，还是等待区里的安排，另迁校址，建新校。请代表们进行讨论，发表意见。

但是，教职员工在会上会直接讨论自己在实际工作中产生的疑问，提出建议。研究者旁听的是第二小组的分组讨论（代表共 67 人，分 4 个小组讨论），小组成员共 17 人，缺席 3 人（其中 1 名副校长，1 名专职教师，1 名行政人员）。在场的小组代表有：1 名副校长，1 名校长办公室主任，3 名部长（其中 1 名是副部长），1 名退休教师，1 名司机，7 名专职教师（其中 1 名专职教师是工会委员会委员）。讨论时间 90 分钟，由一位副部长任组长，主持讨论，工会委员负责记录。会场气氛热烈，共 6 人正式发言，主要是 3 位专职教师发言。尽管校长布置了讨论话题，可教师们还是围绕教学管理和工会工作中的问题发表自己的意见，部分教师言辞尖锐。只是到最后，在记录员的提醒下，用一句话简短表明自己对校长提的问题的态度而已。

事后，一位积极发言的教师 T 对研究者说："这次发言比较痛快，这与在场的领导有关，若是 H1 校长在场，情形就会是另一个样子。"

研究者："你的意思是你就可能不发言？"

T："那倒不一定，不过就是想发言也不会有那么长的时间留给你。"

研究者："为什么？"

T："那些人在校长面前就会积极表现自己,有多少机会留给你呀?"

从教师的角度出发,能通过正式渠道发表意见、维护自己利益的机会不多,教代会90分钟的分组讨论时间几乎是一年中能对学校管理"评头论足"的惟一机会。但在会上,由于时间原因和一些中层管理者的积极表现,并不是每个人都能畅所欲言。"官本位"表现在学校里就是行政治校,普通教师只熟悉与自己直接相关的管理内容,关注的是自己在日常工作中遇到的问题,关心的是与自己切身利益相关的问题,所提的建议、方案基本直接与此有关,至于学校的前途和发展问题,是需要根据不断变化的因素,如职教政策、生源的数量和质量、就业市场的需求、学校资金状况、主管部门的行政导向等进行综合把握的,而这些信息对忙于教学第一线的教师来讲似乎有点"距离",难以有全面的认识。教师们愿意提一些美好的期望和要求,但具体的决策,他们认为应该由校长来定,人们只能对自己了解和熟悉的事情做出决策,教职员工对民主管理的态度和行为是有其制度和管理上的根源的。

全体教代会成员分组讨论过后,就由小组组长向大会主席团汇报。

最后,在工会主席主持下,H1校长会再做一个简短的发言。

"对代表们的意见,能解释的就解释,不能解释清楚的也就不了了之了。"工会副主席D说。

"对教职员工提的意见我们是比较重视的,如教师认为要加强考勤工作,我们在实际中就落实了。"校长H1说。

客观地说,对教职员工提的所有意见,校长都是比较关注的。从这些意见中,校长可以了解到教职员工对学校管理工作的评价和满意度,各项工作中存在的问题及教职员工的关注点等有用的信息,并在以后的决策中予以考虑。但就实际举措来看,校长往往采取"为我所用"的态度,对一些符合施政方针的意见,如加强对教师的考勤管理,会进行宣传、贯彻和落实,从而避免一些矛盾和对立;而对一些与己相左的意见,则会采取封锁消息的态度,绝口不提,甚至让提意见的教师怀疑校长未曾看到自己的意见。曾经提出过尖锐意见的T6教师曾这样表达感受:"我的话,记录员不知道有没有记下来,校长怎么对此没有任何反应?他的'涵养'也太好了。"得不到反馈信息,使教职员工提意见的积极性受到挫伤,部分教师在教代会上三缄其口。

(2)校务公开——上级要求制定的文件

把《校长书记联席会议议事规则》、《领导班子成员廉洁自律八条规定》、

教育管理实践个案研究:实地研究方式

《教职工代表大会条例》、《工程招、投标管理制度》作为《S 校关于校务公开的实施意见》的子文件，是因为在查看档案资料时，这些子文件是以"校务公开材料"为题，作为一个整体进行归档的。根据《S 校关于校务公开的实施意见》，上述子文件是校务公开的配套制度。

对于在 2001 年制定一系列校务公开文件的原因，研究者与一位中层干部曾有以下对话：

研究者："我觉得挺奇怪的，《教育部、中华全国总工会关于全面推进校务公开工作的意见》是在 2002 年 2 月 6 日开始颁布和实施的，我们学校在 2001 年 12 月就已经制定了相关文件，挺超前的。校长怎么会想到制定这一系列文件的？"

主任："这哪是校长自己想起来的，当时是上级主管部门要求制定的。"

研究者："你看到了相关的上级文件吗？"

主任："没有，但当时在行政办公会上，H1 校长说了这事。你想，校长怎么可能主动去制定这一类文件呢？这不是给自己找麻烦事吗？"

研究者："这一系列文件是谁起草的呢？"

主任："这个不是很清楚，好像是校长和书记起草的。"

而学校党总支专职副书记对校务公开文件的制定是这么说的。

书记："这一系列文件不是一下子就形成的，学校本来就有相关的文件。"

研究者："您的意思是我们学校在这之前就有这方面的文件？"

书记："对，就有上级下达的相关文件。这次，我们只是把上级的文件精神和学校的实际结合起来，再参考一下兄弟学校的文件，就形成我们学校自己的文件。"

研究者："那您还记得这些文件的起草者吗？"

书记："一般是涉及到哪一块工作就由谁来起草，如《工程招、投标管理制度》就是由总务处主任起草的。"

研究者："那这一次怎么想到要在教代会上通过这一系列文件呢？"

书记："因为学校的重大事项必须通过教代会，另外，这也是让教职工了解一下这些文件的存在，有知情权。"

研究者："上级有没有提出制定这些文件的要求呢？"

书记："上级下文要求这么做的。"

以上对话可以肯定两点：其一，有关校务公开文件是按照上级要求制定的，而且在此之前，上级对校务公开就有相关的规定，但这些下行文件的知情者被控制在极小的范围内。在研究者的研究过程中,一直没有看到过类似文件,这些文件至今仍由校长或相关领导个人保存。这意味着以校长为首的学校领导是不愿意有更多教职员工知道这些文件的存在的。既然这些早已存在的校务公开文件本身就是一个"秘密",那么它们的贯彻执行情况更是无从知晓,更别说教职员工的监督和审议了。

其二,校务公开类文件的制定与前述《教职工代表大会条例》的制定如出一辙。在校长要求制定的情况下,根据上级相应文件的精神,借鉴兄弟学校已有的文件,联系学校实际,由负责相关工作的学校行政干部起草,在文件提交教代会之前,学校中的其他人基本处于不知情状态。这样,文件的拟稿者对校务公开的态度和认识就会直接影响到文件的内容。但在访谈中,文件草拟者并不这么认为,"各校情况都差不多,所以,基本上就是照搬兄弟学校的,没什么改动"。几乎所有草拟者都这么说。如果情况真是如此,那就意味着这些文件起草者并没有加以认真对待,只是作为一项工作内容应付了事。这种态度是否预示着这些文件今后的命运呢?

《教育部、中华全国总工会关于全面推进校务公开工作的意见》指出:"在党的十五大精神指引下,在各级党委的领导下,全国各级各类学校的校务公开工作普遍展开,有力地推动了教育的改革和发展。"这表明校务公开自 1997 年就开始实行,而从 S 校借鉴兄弟学校的文件来看,S 校在校务公开方面并不积极。对此,学校的一位教师这么评价:"我们学校与区里别的学校不同,是一块'肥肉',校长当然不愿意公开校务。"S 校是区里规模最大的职业学校,所有学生都要缴纳自费生培养费,因此,与普通中小学比,学校拥有更大的财政支配权。

全面推进校务公开,是贯彻落实"三个代表"重要思想和党的十五届六中全会精神,推进依法治国和社会主义民主政治建设的必然要求;是在学校工作中依靠教职员工办好学校,实现决策民主化、科学化的重要举措;是调动教职员工积极性,维护教职员工合法权益,深化教育改革,确保稳定和发展的有效途径;是加强学校党风廉政建设和行风建设,进一步密切学校党群、干群关系的客观需要。[1] 然而,校长在这方面的积极性显然不高。直到上级主管部门把校务公开实施状况作为党风廉政建设责任制和干部年度工作目标责任考核的重要内容,《S 校关于校务公开的实施意见》及其配套文件

---

1 《教育部、中华全国总工会关于全面推进校务公开工作的意见》,教监[2002]1 号。

才终于出台。

【资料】

S 校关于校务公开的实施意见

（一）校务公开的组织机构

校务公开活动由学校党总支统一领导,党总支书记负全责,党、政、工齐抓共管,业务部门具体承办,教职工参加,工会监督。

A. 校务公开领导小组

组长：H1 校长兼书记

副组长：H3 副校长兼工会主席、党总支副书记

成员：H1 校长兼书记、H3 副校长兼工会主席、党总支副书记与另外三位副校长

B. 校务公开工作小组

组长：H1 校长兼书记

副组长：H3 副校长兼工会主席、H4 副校长

成员：H1 校长兼书记、H3 副校长兼工会主席、H4 副校长与另两位校长和所有职能部门的主任

C. 校务公开监督小组

组长：H3 副校长兼工会主席

成员：工会委员会所有委员(7 名)

D. 校务公开工作秘书：工会副主席 D

（二）校务公开的主要内容

A. 学校的办学方向、发展规划

B. 学校重大工程的投资、招标和重大庆典活动的决策及收支情况

C. 学校全员聘用合同制方案、工资奖金分配方案、住房分配方案以及职称评聘、保险福利、劳动保护等涉及教职工切身利益的重大事项

D. 财政收支情况、校园建设情况、设备改造情况

E. 师资引进情况、招生情况

F. 教育教学情况

G. 考核、评先(进)评优情况

H. 学校的活动安排

I. 其他教职工关心的并通过正常渠道要求公开的有关事项

J. 校园经济的经营情况

（三）校务公开的主要渠道

A. 教职工大会

B. 教职工代表大会

C. 工会小组长会议

D. 工会委员会议

E. 党员大会

F. 党政工联席会议

G. 各种类型的座谈会（包括党、政、工、团、民主党派等）

H. 各种专业性会议

I. 工作日程表和公示栏

J. 校长信箱

（四）校务公开的配套制度

为使校务公开工作落到实处,要建立一系列相应的配套制度。根据我校的情况,目前要建立和完善以下五项制度:

A. 校长书记联席会议议事规则

B. 领导班子成员廉洁自律八条规定

C. 重大事项公示制度

D. 教职工代表大会条例

E. 工程招、投标制度

S 校党总支委员会

S 校校长室

S 校工会

2001 年 12 月

系统内的管理只有构成封闭回路,才能形成有效的管理程序,组织有效的管理活动。校务公开也是这样,只有决策、执行、监督与反馈诸环节完备,形成有效的管理系统,校务公开工作的质量和效果才能得以保障。《S 校关于校务公开的实施意见》作为校务公开的核心文件,就其可行性来讲,是有缺陷的。

推行校务公开,要根据各级各类学校的特点,确定校务公开工作的领导体制和工作机制,形成党委领导,行政主抓,纪检监察,工会、团委协调监督,业务部门各司其职,师生员工积极参与的工作格局。[1]可是由于学校领导的党政合一,校务公开的领导体制和工作体制形成这样一种格局:领导小组由所有正副校长和党总支副书记组成,工作小组就是领导小组成员加上各职能处室的正职领导,监督小组是工会委员会委员。H1作为党总支书记,是校务公开领导小组组长,作为校长,又是校务公开工作小组组长。从表面上看,H1作为党政一把手,很重视校务公开工作,亲自挂帅,但问题出在校务公开没有有效的运行监督机制。文件中规定由工会委员组成监督小组,但未规定工会委员的监督职责、监督方法和程序等。如果学校行政不公开教职员工认为应该公开的内容,工会委员是无从了解的,而不了解又如何能履行监督职责呢?诚然,作为工会主席和副校长的H3应该知道学校的基本情况,但作为监督小组的领导,他同时又是校务公开的重要领导者和执行者,他怎样处理监督校务公开与在校长负责制下接受校长统一领导的矛盾呢?如果仅根据其个人的价值取向,是否又违背了依法治校的原则,回到"人治"的老路呢?

校务公开的途径有十条之多,这一方面说明校务公开途径的多样性,但另一方面,对什么样的内容应该通过何种途径进行公示,却没有明文规定。值得注意的是,校务公开的配套制度共有五项,可学校仅制定了四个相应的制度,"忽略"了《重大事项公示制度》。对此,校长的解释是:时机未成熟,校务公开是一个逐步推广的过程。

要制定《重大事项公示制度》,势必要规定公示什么,如何公示,何时公示,如何对待公示的评议,如何根据评议进行整改,如何给予相应的反馈意见,等等。这会对学校的民主管理形成巨大的推动力,但同时也"剥夺"了学校行政领导作为校务公开决定者的地位,这是校长不愿意的。校长认为,有些学校的重大事项,如关于稀缺资源的分配等问题,涉及学校方方面面的关系,若公示,会给工作带来难度,引起学校的不稳定,不利于学校发展,因此不愿公开或采取事后公开。再如,某些内容如财务数据,有的是不宜公开的,属于学校的机密。况且,对于一些关系到教职员工切身利益的事项,上级都有明文规定,要求进行公示,学校也已经实行了。

因此,文件内容本身就为校长根据自己需要随意开展校务公开工作埋下了伏笔。而监督的缺陷,又导致反馈信息的匮乏或失真,使领导小组、工

1　《关于深入推进校务公开工作的意见》,苏委教统[2004]7号。

作小组无法根据反馈来进行调整,从而影响到校务公开的质量和效果。

校务公开是广大教职员工参与民主管理和监督的前提,是广大教职员工行使当家作主权利的基础和保证。这一系列关于校务公开文件的起草,在S校民主管理生活中应该占有重要地位,学校的教职员工对此如何看待呢?

"这只是应付上级检查而已,没人当真。"一位中层领导如此评价。

"当时文件比较多,大家的注意力都在《教职工结构奖金发放办法》上,对这些文件没有印象。"一位与会专职教师说。

在S校五届一次会议上,下发的文件有10个,代表们是在签到时拿到的,"没时间看完"是普遍现象,更何况与教职员工的切身利益休戚相关的《结构奖金分配方案》抓住了大家的眼球,大家对校务公开类文件未及仔细研究,就鼓掌通过了。

当然,在学校实际生活中,学校是在进行校务公开,但公开的形式、时间、内容表现出一定的随意性,以"一把手"的意志为转移。

接受问卷调查的教师在回答"您对我校的各项规章制度(如《教职工职务岗位聘任办法》、《教职工结构奖金发放办法》、《学校常规管理制度》)等内容的了解程度"时,回答"十分清楚"的占8.6%,"清楚"的占42.8%,"不太清楚"的占43.8%,"根本不了解"的占1%,"不知道"的占3.8%。因此,在校务公开问题上,我们只能说"有法可依",即对与会代表来讲,起码知道了教职员工的知情权是有法律依据的,是自己应有的权利。

(3)学校的基本规章制度之一——《教职工结构奖金发放办法》

① 提案的产生

《S校教代会条例》规定,教代会的第二职权是:讨论和通过校长的任期目标,以及由校长提出的教师聘任制、岗位责任制、教职工考核奖惩办法和其他与教职工有关的基本规章制度。

在S校第五届教代会上,《教职工结构奖金发放办法》是代表们密切关注的文件。该办法共有五个附件,但随同《教职工结构奖金发放办法》一起下发的只有三个附件:《关于教学事故的界定及其处理的有关规定》、《班主任考核奖发放办法》和《关于发放全勤奖的有关规定》。未下发的附件分别是《教学人员工作考核办法》和《行政人员工作考核办法》,其中的原因是什么呢?

"当时觉得制定这两个文件难度比较大,时间又比较紧,所以就没有来得及制定。"一位中层领导干部如此解释。

那么，已有的提案是如何产生的呢？

"学校原有的结构奖金方案已经执行了八年，执行过程中出现了一些问题，已经有些不适应形势发展的需求了，所以有必要进行调整。"

S校《教职工结构奖金发放办法》是由H4副校长基于原有的结构奖金方案起草的，它的三个附件《关于教学事故的界定及其处理的有关规定》、《班主任考核奖发放办法》和《关于发放全勤奖的有关规定》分别由教务处副主任、政教处主任和校长办公室主任起草。作为文件起草者，他们认为自己的作用是提出制定相应文件的要求。

"关于班主任待遇偏低的问题，我们一直在向校长反应，要求对班主任津贴进行修改。别的学校班主任津贴都比我校高，我们再不提高，班主任工作都没人愿意干了。"政教处主任说。

"教学事故的界定及其规定是学校管理规范化的需要，当时学校中出现了一些教学事故，有的还比较严重，所以我提出要制定这样一个规定。"教务处副主任说。

至于文件的内容，"我们只能根据别校的'行情'提提意见而已，校长的决策更重要。"

"结构奖金方案关系到学校教职工的经济利益，在起草文件时，我们是比较慎重的。校长会提一些原则和精神，由负责此项工作者起草，然后在行政办公会上进行讨论、修改，最后由校长审核决定。"H4副校长说。

这些文件在起草阶段的一个共同特点是都没有正式征求普通教职员工的意见，对教职员工处于保密状态。

"因为方案还没有定下来，教职员工知道了也没有用，反而会引起一些不必要的麻烦。"一位文件起草者这么说。至于这麻烦究竟是什么，他说："每个教职工都有自己的立场，都希望争取对自己有利的结果。制定方案时如果让教职工参与的话，会引起相互间的矛盾和纷争，影响正常的教学秩序。"

当然，如果教职员工以一定形式参加文件的起草过程，事情是否会像想象的那样，我们无从考证，因为到目前为止，S校没有尝试过。但这并不意味着文件起草者不关注教职员工的需求，"至于教职工的意见，方方面面的利益都要兼顾到，尽量不挫伤教职工的积极性；但是，具体内容还是要以上级文件的精神为主。"负责起草《教职工结构奖金发放办法》的H4副校长如是说。

文件起草者往往会通过非正式渠道"秘密"地获得教职员工的意见,通常是通过与特定教师[1]闲聊的方式了解教职员工的看法。当然,学校的"消息灵通"人士会通过非正式渠道知道学校正在做的事,会到文件起草者办公室来闲聊,旁敲侧击地了解文件起草的最新动态,试图用自己的观点影响文件起草者。不可否认,文件起草者对这种行为并不反感,因为他们确实需要了解组织成员对相关问题的看法。因此,从这个角度来说,他们也在一定程度上"参与"了学校文件的制定。

但最后的决定者还是 H1 校长。

"《关于教学事故的界定及其处理的有关规定》没有通过。"教务处副主任遗憾地说。

"被教代会否决了?"研究者很惊讶,因为据研究者了解,教代会并没有否决提案的历史。

"不是,被校长否决了,校长认为规定太严太细,教师的意见会比较大,所以在目前阶段不适合推行。"教务处副主任解释道。

"那这个文件怎么还是在教代会上发了呢?"研究者诧异。

"那是让代表们看看的,最多也只能算是讨论稿,在教代会上根本就没有提。"教务处副主任说。

在与一位年长的专任教师提起这个被校长否决的提案时,他是这么认为的:"H1 校长当然不会对教师提那么严格的要求,他们自己也做得不怎么样,怎么敢这么管理老师呢?"

但在另一位老教师眼里,这显然是教务处正副主任争权的结果。他是这么分析的:"教务处副主任是 H1 校长刚提拔的年轻人,而教务处主任是任职多年的老主任,又是学校的'笔杆子',在学校决策中对校长的影响非常大。教务处副主任刚上任就提议要制定教学管理方面的条例,这不是在批评教务处主任吗? 他当然不高兴。"

"可是,当教务处副主任提议制定这一规范时,主任并没有反对呀?"研究者有异议。

"当然不能反对,否则不是明摆着压制人吗?! 凭主任的阅历和能力,他早就知道这样一个规定肯定无法实施,所以就放手让副主任去做。你想,在我们学校里,学校的文件哪有副职提议和起草的? 即使真有,也是以主任的

---

1 一般是指在群众中比较有威望的非正式组织的领导者。

名义,由主任提交校长室,可这个文件是个例外。"

至于文件被校长否决了但还是下发给教代会的代表,教师们认为这既是提出警告,同时也是示恩。通过下发此规定,可以让教师自觉约束自己的行为;较严厉的处罚规定显示了校方的行政权力,但不予执行又显示了校长的"仁政"以及对教师的理解和宽容,这是赢取民心的行为。

在这种情况下,提交教代会,要求教职工进行讨论的文件就是《教职工结构奖金发放暂行办法》及两个附件:《班主任考核奖发放办法》和《关于发放全勤奖的有关规定》。

② 提案的通过

"总的来说,结构奖金方案提高了所有人的收入,且比原来的文件更能体现多劳多得的分配原则。"H4 副校长如此评说。《教职工结构奖金发放办法》整体上调了课时奖金和班主任津贴,增加了午餐补贴,与原来的实施方法相比,有三处明显的变化:首先,改变了原来除实习课以外所有学科都实行相同课时奖的规定,将学科分成四类,实行不同的课时单价;其次,提高了所有学科的满工作课时数,四类学科采取不同标准的下限和上限;再次,改变了原来不管班级人数多少,实行统一课时奖的规定,课时奖与班级人数挂钩。

【资料】
《教职工结构奖金发放办法》(节选)

◇ 教师课时奖

(一)教师课时奖由学校安排的课表课时奖和附加课时奖两部分合成。发放对象是担任教学工作的任课教师。

(二)根据按劳分配原则,多上多得,少上少得,下不保底,上不封顶。

(三)教师满课时得月奖金为 180 元。

(四)参照上级有关规定,并兼顾学校实际情况,逐步到位,暂时将我校各科分为四类,每类科目规定周课时量及课时奖金单价如下:

类别	科　　目	周课时	单　　价
A	语文、数学	9～11 课时	5 元
B	文化专业课、专业理论课	10～12 课时	4.5 元
C	专业技能课、音、体、美	12～14 课时	3.75 元
D	教学实习指导	14～16 课时	3.20 元

（五）课时单价按满工作量课时的下限计算，达到周课时下限标准即算满工作量，下限与上限之间仍按原课时标准。

（六）任教班级学生数为36~40人的，课时单价系数为1;31~35人的，系数为0.95;少于31人的，系数一律为0.9;41~45人的，系数为1.05;超过45人，系数一律按1.1标准计算。

……

◇ 行政干部和行政人员岗位责任奖

（一）岗位责任奖金系数1为160元。

（二）根据各岗位责任轻重、风险大小、工作多少，确定行政岗位责任系数如下：

正职校级干部1.5

副职校级干部1.4

正职中层干部1.3

副职中层干部1.2

教务员0.9~1

……

S校

2001年12月

"教代会只是提提意见而已，不会改变什么的。但那天，大家都比较关心《教职工结构奖金发放办法》，提的意见比较多。最后，学校在教师课时奖中的班级人数上进行了细微修改。"与会代表教师说。

据与会代表介绍，当天的讨论时间只有90分钟，大家的意见大都集中在教师课时奖和行政人员的岗位责任奖上，意见非常多。

按照"按劳分配，多劳多得"的分配原则，以劳动来定报酬符合教职工的公平观，但这份关系到教职工切身利益的文件，起草时却没有征求教职工的意见。"我们是一线教师，哪些学科上课费劲，哪些学科相对轻松，我们最清楚，为什么不征求我们的意见呢?"教职员工忿忿不平。

这种意见并不单纯出于教师与行政领导之间那种几乎是本能的对立关系，文件本身的内容确实存在让教师指责的缺陷。把学科分成四等的依据是上级的有关规定，可这个规定是针对普通中学的，[1] S校是职业学校，怎么

---

1 研究者在研究时发现，凡是涉及个人经济利益的文件(如涨工资、补助标准等)，学校里的部分教师总能通过自己的渠道知道得非常清楚。

能照搬照抄呢？教职员工想不明白。

"普通中学要参加高考，语、数、外占的分数比重大，教师的责任、压力和付出的努力就多，因此提高了这三门的课时费。我们学校是以培养一技之长的应用型人才为目标，专业课教师的责任相对要大，应该提高专业课教师的课时费才对呀！"专业课教师这么认为。

"按劳分配，也得既看数量又看质量。现在倒好，一出生就分个三六九等，后天再努力也没用了。"只有学科的区别，不问教学质量的差别，这令很多教师难以接受。

"教师还有多劳多得，我们却干多干少一个样，以前 10 个班时，我们的系数是这样，现在 20 个班，我们的系数还是照旧，多劳不多得。"行政人员也满腹委屈。

……

教师们的意见通过正规途径送到大会主席团，大会认真讨论了代表们的意见，对绝大部分意见进行了解释，但只对教师课时奖中的第六条进行了修改，调整为："任教班级学生数为 30～40 人的，课时单价系数为 1；少于 30 人的，系数一律为 0.95；41～45 人的，系数为 1.05；超过 45 人，系数一律按 1.1 标准计算。"最后，方案通过，于 2002 年 2 月生效执行。

显然，由于教师们的积极参与，事情发生了对教师有利的变化，尽管这个变化可能非常小，但在 S 校的历史上，这是教师们第一次通过教代会积极维权取得了满意的结果。

③ 提案的执行

"我们制定了新的结构奖金方案，提高了大家的经济收入，调动了教职工的积极性。"H1 校长在一次全校会议上如此评述了这个结构奖金方案。

也许校长关于调动教职员工积极性的说法是他决定要改革《教职工结构奖金发放办法》的初衷，但事情并不像校长说的那么乐观。

正如起草者为自己开脱所言，一个办法要让人人都满意是不可能的，但起码要让组织中的每个人都觉得自己是被公平对待的。教师们都习惯于拿一样的课时津贴，现在有了区分，可是不同学科教师的付出真有不同吗？不教语文、数学的教师开始拿自己的付出与语、数教师进行比较，问题出现了：领导们说语文教师批作文辛苦，可这些教师一年才布置几篇作文？批改情况又如何呢？作文课上教师的悠闲又怎么解释呢？领导认为数学作业多，可作业是教师布置的,次数和数量又有谁监督?数学课上教师还能不讲课,让学生做练习,有些学科却每节课都得从头讲到尾,其他任课教师看到学生替老师批改数学作业,不平衡感顿生。尽管大家的课时津贴都提高了,但一些教师因为种种原因采取了相应对策,减少工作时间和精力的投入,"我是低报酬者",他们时时提醒自己;也有的教师开始通过各种行为对语文、数学教师施加压力,要求他们在工作上付出更多的时间和精力。而作为既得利益者的语文、数学教师,感觉自己的行为似乎处于被监督之中,"这也不是我们想要的",他们向其他教师解释说。

"行政人员的收入与教师相比偏低,他们意见很大,心理不平衡,自己每天从早到晚都在学校,可教师有课就来,没课人都找不到,有的教师课又上不好,可钱拿得比行政人员多。"

教师的结构奖金是由行政人员按照课时计算的,于是行政人员开始寻找自己的心理平衡了。2003 年,教务处负责计算教师课时津贴的教务员向校长提出,应该取消寒假结构奖金中教师的超课时费,因为放假大家都不上课了,校长认为有理,便取消了教师二月份的超课时费。教师们知道后很生气,但也无可奈何,因为《教职工结构奖金发放办法》并没有规定寒假的课时津贴。2003 年 10 月,H2 校长上任后,为了鼓励教师多上课,减少外聘教师的费用,宣布从 2004 年 2 月起,超课时费一律提高到一节课 15 元,《教职工结构奖金发放办法》关于超课时规定的内容作废。尽管《S 校教职工代表大会条例》第五章第十九条规定:"教代会在其职权范围内决定的事项,未经教代会同意不得修改。"但事实上,S 校校长是可以通过决策来随时修改教代会通过的决议的。

五、先成人,后成才:德育类文件

"学校狠抓了'三项常规,两项治理',效果比较明显。"H1 校长在2002—2003 学年第一学期的全体教职工期末总结大会上说。

"今年,我们将继续以'三项常规,两项治理'为工作重点,杜绝犯罪现象的发生。"S 校政教处 2003 年工作计划中指出。

1. 激励学生，保护上进心——《文明个人十条》

"我们提出'三项常规，两项治理'经过了一个'阵痛'的过程。"政教处主任 Y 说道，"按理讲，政教处的工作主要按照上级的两个文件《中学生行为守则》和《职校生学籍管理规定》来进行，可是你也知道学校的实际情况，因此，我们制定了自己的文件。"

政教处主任 Y 认为，1993 年制定的《文明个人十条》是"三项常规，两项治理"的第一步。

"制定《文明个人十条》是因为 20 世纪 90 年代中期，上级对奖励卡得很紧，比例少，而且还来校抽查。我们有一部分学生日常行为表现非常好，可是学习成绩达不到优秀，按照《职校生学籍管理规定》就得不到任何奖励。为了鼓励学生的上进心，保护他们的积极性，我们制定了《文明个人十条》，只要做到这十条，就可以被评为文明个人，发奖状。"政教处主任 Y 介绍。

【资料】

文明个人十条

（一）热爱党，热爱社会主义，升国旗奏国歌能脱帽肃立，行注目礼。

（二）穿戴整洁，朴素大方。头发干净整齐，男生不留长发，女生不烫发，不化妆，不佩戴首饰，不穿高跟鞋。

（三）礼貌待人，举止文明，尊重别人，乐于助人，不打架骂人，不说脏话。

（四）学习认真，上课专心听讲，按时独立完成作业，考试不作弊，成绩良好或有所提高。

（五）不迟到（一学期不得超过 5 次），不早退，不旷课。遵守课堂纪律，课间不起哄。不在校内骑自行车，自行车不乱摆。

（六）不随地吐痰，不乱抛纸屑，不随地倒垃圾，不在黑板、墙壁、课桌、布告栏等处乱画乱写。

（七）自觉认真做值日生，热爱劳动、爱护公物、关心集体。

（八）尊敬师长，尊重师长的意见和教导，给师长提意见态度诚恳。

（九）不抽烟，身上不带烟，不赌博，自觉抵制（不传不看）黄色书刊和黄色录像。

（十）遵守社会公德，做文明旅客、文明观众，遵守交通规则。

注：凡能做到以上各条，均可被评为文明个人。有多少评多少，不受名额限制。每学期一月小结一次，期中初评一次，评上者予以口头表扬；期末总评一次，评上者发给奖状。"三好"学生、优秀学生干部、合格团员和操行等第得"甲"者必须是文明个人。

1993 年 10 月

1993 年，普通高中逐渐升温，职校开始推荐就业，职校生源质量开始进入下滑期，在这种情况下，当时的政教处主任 W 起草了《文明个人十条》，经校长同意，于 1993 年 10 月公布实施。

与国家教委于 1981 年 8 月颁发的《中学生守则》相比，《文明个人十条》有以下几个特点。

首先，增添了升国旗、奏国歌时学生相应行为规范的内容。1990 年 6 月第七届全国人民代表大会常务委员会通过了《中华人民共和国国旗法》，同年 8 月，国家教委发布《关于施行〈中华人民共和国国旗法〉严格中小学升降国旗的通知》。1993 年，S 校将这些规定落实到实践中，运用于评价学生的表现。

其次，重视学生的仪容仪表。《文明个人十条》中的第二条规定引自1994 年 3 月国家教委颁发的《中学生日常行为规范》。这是政教处一直紧抓不放的，也是能直接看到成效的。在这个过程中，重点是学生的头发，附带穿戴和化妆。开学初，政教处主任会在校门口检查一段时间，发现有违反者便进行登记，第二天复查，如仍不改正，就通知班主任或者家长进行修整，经检查符合要求后，再进课堂上课。平时，政教处也会不定期地到班级进行抽查。"学生就得像个学生样"，这是学校教师经常教育学生的一句话。

再次，规范内容的具体化。这一方面是贯彻执行本身的需要，另一方面也是针对学生中存在的问题，比如卫生习惯、劳动观念、上课违纪、考试作弊等。但政教处在实际工作中更关注学校的卫生状况和学生的纪律问题。整洁的校园、有序的课堂是 S 校追求的目标之一。"到一个学校，只要看看它的卫生，看看上课秩序，就能知道这所学校怎么样了。"H1 校长曾在全校教职工会议上说。"纪律问题，不是我们抓就能解决的，有些教师自身就存在问题。"当时的政教处主任 S 私下抱怨道。也许因为这一点，政教处重点落实的是学校的卫生保洁工作，每个班级每天要进行"两小扫"（教室和走廊、包干区），一周"一大扫"（教室和走廊、包干区、包干室）。每逢有重要活动，如有来宾参观，就要进行全校大扫除，每次大扫除都要求班主任现场督促指挥，政教处进行检查、打分，并作为期末评选文明班集体的重要条件。

最后，评价学生不仅看结果，也注重过程。《文明个人十条》的第四条强调学生成长的变化发展性。学生是具有无限潜能的发展变化中的人，不能仅立足于学生的过去，更要看到学生的进步，S校教师自觉运用了这一教育理念，在一定程度上激励了学生。

以奖励为宗旨的《文明个人十条》的贯彻执行，收到了良好的效果。

"我们经常讲'跳一跳，摘果子'，我们的学生学习底子差，你要让他当三好生，难度太大，设定了《文明个人十条》，降低了难度，只要主观上努力，就能做到，这样吸引一部分学生以此为努力目标，促使学生发生转化。"制定《文明个人十条》的政教处主任 W 这样总结。

"班主任对我们讲，'评上文明个人会发奖状，会记录在档案和成绩单上，用人单位来挑选人时有用'。所以，我挺努力的，争取到时能评上。"一位学生说。

"我可真没想到，孩子还能拿奖状回家，我好好地奖励了他一番。"家长喜上眉梢。

由于《文明个人十条》符合学生的实际情况，并有配套的评价奖励系统，受到班主任的重视，每学期评选文明个人已经成为 S 校的一种制度，延续至今。

2. 规范学生行为，培养良好习惯——《S 校学生一日常规》

随着普通高中热的持续升温，到 2000 年前后，职校出现了生源危机。S校绝大部分学生是注册入学，学生情况不容乐观。

【资料】
校本部高一新生问卷调查分析（节选）

为了解我校新生整体综合素质，以便有针对性地开展学生思想教育工作，特对校本部 332 名新生（其中男生 193 名，女生 139 名）就家庭情况、家庭教育、学生行为习惯、学生初中表现等方面进行不记名问卷调查。现将调查结果分析如下：

（一）学生家庭情况很不理想

A. 家长的文化层次低。初中（含初中）以下文化占一半，甚至还有文盲、小学学历。其中相当一部分家长缺乏正确的教育方法,对孩子也无过高的期望,满足于孩子不闹事、混个文凭、找一份工作就行。还有一部分家长文化水平不高,又不注重自身修养,致使孩子从小耳濡目染,养成了一些不良习惯,为今后违法犯罪埋下了祸根。

B. 家庭经济情况差。人均月收入在 400 元以下的占三分之一,父母未下岗的仅有五分之一,家长在家待岗的占三分之一。许多家长为生活奔波,教育子女的时间相对很少,不少家长无暇顾及,只养不教。

C. 破碎型家庭多。离异破碎型家庭占 14.4% ,家庭破碎给孩子心灵留下伤痕,有的心理扭曲。这些家庭的家长往往不管孩子或将孩子交给其他亲属代管,极易导致孩子走上歧途。

D. 父母是党员及干部、职员的很少,大多数是一般群众和工人。

家庭是孩子的第一课堂,父母是孩子的第一任教师,倘若家庭教育功能严重错位或缺失,那么对孩子的影响将是巨大的。

(二) 学生素质低,行为习惯差

A. 大部分学生没有完成义务教育,少数还成了社会"混混"。五分之四的同学没有参加中考,这意味着他们学习很差,文化水平没有达到初中毕业,更主要的是他们厌学,缺乏良好的学习习惯;还有百分之七的人初二、初三就因学不下去,又影响别人学习而被撵出校园。他们不仅文化水平差,而且长期在社会上混迹,沾染了大量不良习气。

B. 不少学生初中时就有违法犯罪行为,被送派出所或被派出所罚款、警告、拘留过的有 21 人,占 6.3% ,被法院判过罚金的有 6 人,占 1.8% 。这些学生法制观念淡漠,随着年龄的增长,胆子更大,老师的教育对他们已不起多大作用。

C. 学生行为习惯差,从小就学抽烟。三分之一的男生在小学、初中就学会了抽烟,十分之一的男生每天抽烟达 6 支以上,而十分之一以上的家长对学生抽烟管不住或根本不管。

D. 学生中有暴力倾向。与同学发生矛盾,通常采用武力解决的有 24 人,占 7.2% ,通常采用找"哥儿们"帮忙的 36 人,占 10.8% 。说明学生中有暴力倾向,不懂得如何正确解决矛盾,容易引发暴力犯罪。

E. 学生心理需要引导。五分之二的学生遇到不愉快的事喜欢闷在心里,性格内向。如不加以引导,在特定条件下会引发不该发生的事件。

2001 年 10 月

主持这次问卷调查并进行分析的是在学校政教处主任岗位上干了二十余年的政教处主任 W，她的问卷调查分析既建立在调查数据的分析之上，同时也隐含了经验性的概括。通过此份问卷分析，我们对 S 校的生源状况有了大致了解。

生源情况确实不容乐观，政教处注意到了问题的严重性，也加强了常规管理。然而，调查问卷分析中指出的潜在问题还是变成了实际存在的难题，部分学生的恶习没有控制住，甚至出现了恶习相加的现象。就在 2002 年上半年，学校本部政教处就处分了 19 名学生，[1] 其中警告 3 名，严重警告 4 名，记过 5 名，试读 1 名，留校察看 6 名，勒令退学 1 名。而班主任还在抱怨学校处理学生时软弱无力："学生对处分根本不在乎，应该多开除几个，才能起到警示作用。"

教师们感慨，文明个人的荣誉对大部分学生失去了吸引力，一方面，对他们来讲，要做到这十条是相当困难的，"跳一跳"还是够不着；另一方面，就业已是双向选择，学校推荐只是提供机会而已，决定权在用人单位，好的表现与好的工作机会之间并没有必然的因果关系，这一点学生显然是清楚的。相当多的班主任为了激励学生上进，在评选"文明个人"时开始放松要求，有的班级降低到只要学生不打架、不旷课、不与教师发生冲突，就能评上"文明个人"。

"教师们在评选'文明个人'时流于形式，并不按要求来评选，学生的情况也发生了新的变化，所以有必要制定新的规定。"

鉴于这种情况，政教处在并未废除《文明个人十条》的情况下制定了由八条规范构成的《S 校学生一日常规》。政教处 Y 主任认为这是通向"三项常规，两项治理"的第二步。

【资料】

S 校学生一日常规

（一）热爱祖国，升国旗、奏国歌要肃立脱帽，行注目礼。

（二）尊敬师长，虚心接受师长教育，见面要主动问候。回答师长问话要起立，接受递送物品要起立并用双手，给老师提意见态度要诚恳。

（三）穿戴整洁，朴素大方。提倡穿校服，头发干净整齐，不抹油。男生不留长发，不理光头；女生不烫发，不理板寸头，不化妆，不佩戴首饰，不穿高

1　此组数据引自 S 校本部政教处的学生处分情况登记本。

跟鞋。

（四）举止文明。不打架、骂人，不说脏话，不乱窜教室，不在教室和楼道内吵闹、喧哗，未经允许不得随便进入老师办公室，不动用他人物品，不拆看他人信件，不看他人日记。服从班值周管理，自行车按指定地点停放。

（五）养成良好的卫生习惯。不随地吐痰，不乱扔纸屑果皮，认真做好值日生和卫生保洁。不吸烟，不喝酒，不吃零食。

（六）爱护校舍和各种公物，不在黑板、墙壁、课桌、布告栏等处乱涂乱画，借阅书刊要按时归还，损坏东西要赔偿。

（七）带好书包，按时到校。进校后不随便进出学校，上课后不随便进出课堂。不迟到，不旷课，上课专心听讲，认真记笔记，积极思考，勇于发言。校内实习时要上早自习，实习要认真，注意安全，刻苦学习专业技能，服从实习老师的教育管理。

（八）遵守宿舍和食堂的规章制度，爱惜粮食，节约水电，服从管理。

> S 校
>
> 政教处
>
> 2000 年 8 月

与《文明个人十条》相比，《S 校学生一日常规》有以下变化：

其一，第一条对学生品德的要求，由"爱党、爱社会主义"改成了"热爱祖国"。这反映了德育内容侧重点的变化。

其二，与教师相处的行为规范被提到第二条，意味着对师生关系的重视，但折射出的是职校师生关系的紧张，其背后的根源是教学秩序的恶化。尽管学生素质的下滑是逐渐发生的，但教师们并未很好地适应这种情况，政教处不仅要处理日趋频繁的学生间的冲突，还要处理频频出现的师生之间的冲突。教师们对上课的评价是组织难、传授难、管理难，"没有几个学生认真听的"，部分教师甚至用"受罪"来总结自己上课的感觉。相当一部分学生反映"老师讲的听不懂"，"上课内容没意思，听不进去"。这部分学生上课就开始睡觉，看小说，听音乐，说笑，打闹，玩游戏机，打手机……教师按常规进行管理，可违纪学生未必会听、会改，一些教师被激怒，师生之间就会引发对抗性的冲突。政教处对这类问题深感头疼，一边是怒气冲天的教师提出要严惩学生，另一边是拒不认错的学生，有的学生抓住教师盛怒之下某句不恰当的话或过激的行为据理力争。政教处只能一边做学生的工作，让其向老师道歉,一边再做教师的工作,允诺若学生再有下次一定严惩,但对于引起冲突的根源却无能为力。因此,学校只能加强对学生的教育,希望减少这类情况的发生。

其三,学生的仪容仪表仍然是学校德育工作的重点,但内容进一步细化。这是预防学生在逆反心理趋使下钻学校规则的空子,做出"极端"行为。这方面政教处已有过教训。一个班的四位男生因留长发被班主任、政教处主任轮流谈话,做工作,但他们拖了一个星期,就是不剪,政教处主任下了最后通牒:"你们是要头发还是要学籍,自己考虑,下午再来告诉我。"下午,四位学生来了,戴着帽子,进了政教处,态度很好地向政教处主任汇报:"我们把头发都剪短了。"摘下帽子,只见四个光头。教师对他们进行了批评和教育,但他们的叛逆行动显然使他们成了学生中的"英雄"。第二天上午,另一个班也出现了两个光头。政教处赶紧通知班主任加强教育,杜绝光头的蔓延,否则严惩,这才控制了事态的发展。女生的"板寸头"源于社会上开始流行的女性打扮中性化的趋势,将它归入禁止之列更多地是出于政教处主任个人的观念:"女生打扮成那样,男女都分不清了。""提倡穿校服"引自《中学生日常行为规范》,而 S 校之所以要求学生穿校服,有两方面的原因:一是学生喜爱奇装异服,政教处无法对学生着装进行统一规范;二是穿校服对学生是一种身份的标识,"穿着校服,做事就得有点约束"。

其四,第四条规则的细化内容同样源于学生中出现的违纪甚至是违法的新动向。在 2000 年上半年,S 校教师办公室发生三起失窃事件。其中一起被一名教师当场发现,学生当时返还了钱物;另一起教师发现得及时,根据排查认为某位学生有作案可能,马上告知政教处,在做了思想工作后,该学生承认了偷窃行为并返还了钱物。对学生的此类违法行为,学校一般会予以保密,同时通知家长注意教育,并与家长进行书面约定,如有再犯,就会请学生办理自动退学手续。政教处主任这样解释:"学生做了这种事,被别人知道了,会影响他一辈子,能给他机会就尽量给他,如果再犯,那我们也尽到职责了。""让他自动退学,这样不用写理由,也是对他的一种保护。当然,也避免了手续上的繁杂,开除学生是要上级批准的。再说,一个学生就是一笔钱,生源那么紧张,经常开除学生,校长会不高兴的。""我们与家长进行书面约定,就有了凭证,以免家长到时来理论。"

其五,卫生保洁仍是政教处的工作重点之一。经过前一阶段持之以恒的重点关注,"学校抓卫生已经成了习惯"。但又出现了一种破坏校园卫生的新现象,即学生中吃零食现象增多,瓜皮果壳影响了校园卫生。政教处提出"不吃零食",只是表明学校对此事的态度,具体的贯彻落实由班主任负责。教师们认为这是学生幼稚和经济宽裕的表现,他们知道学生的无聊和空虚,在不影响卫生的前提下,教师会容忍这种行为。

其六,第八条规范的出现,表明学校管理多了一项新内容,就是由于招生范围的扩大,学校出现了住校生。对于住校生的管理,学校是非常紧张的,"住校生在学校,学校就是监护人,对他们要负全部责任"。规范只是提供了管理学生的依据,住校生管理有更为详细的规范,但它的宣传力度和在学生心目中的地位显然不及由政教处直接制定的文件。住校生的具体事务管理主要以专职班主任(住校生的班主任)和值夜班的中层以上领导现场办公为主。

最后一点变化是,学校对学生德育的要求已全部聚焦于学生的校内表现,对家庭、社会的要求已完全退居"二线","我们抓校内的已经忙不过来了,校外的问题就由家长和社会去管吧!"政教处主任在非正式场合如此表白。

《S校学生一日常规》针对学生中出现的新问题制定了相应的规范,并通过班主任会、学生会、班会、学校广播的形式广为宣传,要求学生以此为准则,规范自己的行为,但是文件本身并没有规定具体的奖惩措施。尽管学校有相应的《学生惩处规定》,但当学生出现违反以上条例的行为时,具体的处理方法是以班主任的决定为主。因此,同样的错误,由于班主任的管理风格不同,可能会有截然不同的处理,政教处对此采取不干预态度,"班主任没把事情交到政教处,决定权就在班主任手里"。学生对此显然有抱怨,可是如果自己确实违反了学校的规定,不管处理公平与否,都只能接受。《S校学生一日常规》发挥了导向作用,对部分要求上进而行为存在偏差的学生起到了约束作用。不过政教处主任认为:"能进行自我约束的学生,一个班上没有几个。"

3. 大力整顿校风——《三项常规,两项治理》

2000年底,S校政教处遭受了严重打击,由于这一年学校有学生发生犯罪行为,[1]学校无缘当年德育工作的一切荣誉称号。

1　学校的2名学生参与了社会上一个盗窃团伙,被公安机关抓获归案。

根据 1999 年 11 月实施的《中华人民共和国预防未成年人犯罪法》第八条第二款,"教育行政部门应当将预防未成年人犯罪教育的工作效果列入考核学校工作的一项重要内容",S 校所在地的教育行政管理机关决定,把学校在校生的犯罪率与学校的晋级、评优、评先进挂钩,并且实行一票否决制。这使学校领导对政教处的工作给予了更多的关注和支持,而政教处的工作重心明显地向法制教育倾斜。

"对法制教育,我们是非常重视的。每一届新生入学,我们都会对学生和家长进行专门的教育,如在新生军训前召开的家长会上,我们会对新生家长进行《中华人民共和国预防未成年人犯罪法》的宣传和教育。新生入学时,我们会对他们分批进行法制教育;每学期我们都会请负责法制教育的副校长或专门的法律工作者来做专题讲座,或召开法制大会;学校利用橱窗、黑板报、广播进行宣传,班级每学期也会出一期法制宣传的黑板报。为了预防学生犯罪,我们还专门建立了问题学生的三级(行政领导或党员、政教处、班主任)教育网络,组织法纪观念淡薄的同学成立学法小组。另外,我们还组织部分学生参观少管所,效果很好。同时,我们也加大了惩罚力度。以前,学校领导不愿意开除学生,现在,我们只要发现学生有犯罪的'苗头',有一个开除一个,决不手软。"政教处主任介绍说。

2002 年初,H4 被任命为分管政教的副校长。在他领导政教处一段时间后,学校开始制定并实行班主任例会制度,定期召开班主任会。H4 副校长在不同场合多次表明自己对校风的认识:"一个学校若没有好的校风,就没有一切。"

在这种背景下,2002 年 9 月,政教处旗帜鲜明地提出了《三项常规,两项治理》,并且得到 H1 校长的支持,成为学校工作的重点之一,一直沿袭至今。

关于《三项常规,两项治理》的形成,政教处主任说:"根据学生的实际情况和学校中存在的主要问题,我写了一份总结,H4 副校长看了以后进行了提炼,就形成了《三项常规,两项治理》。上报给 H1 校长,得到了他的大力支持。该规定比较简练,方便学生记忆。"

【资料】

三项常规,两项治理

(一)主题

抓三项常规、两项治理,建设优良校风。

（二）内容

A. 三项常规：

仪容仪表必须符合中学生要求，男、女生不允许焗油，男生不允许留长发，女生不允许烫发，留披肩发，男、女生不允许佩戴任何首饰。要穿校服。

教室、包干区、包干室必须打扫得整洁、干净，注意保持卫生环境整洁，养成良好的卫生习惯。

参加升旗仪式等集体活动时，要注意遵守纪律，一律穿校服。

B. 两项治理：严禁学生在校内吸烟；严禁学生之间敲诈勒索。

（三）目的

建设优良校风，从我做起，从小事做起，从遵守三项常规和两项治理做起。

（四）措施

学校开展三项常规、两项治理的评比活动：

A. 对于评比中（一学期）获得前三名的，设三项常规优胜奖。

B. 对于评比中两项治理进步显著的班级，设进步显著奖。

S 校

2002 年 9 月

三项常规中的仪容仪表和学校卫生是该校一直紧抓不放的，而第三项"集体活动"则是 H4 副校长个人观点的体现。他在一次班主任会上曾经说过："集体活动最能体现一所学校学生的整体素质。"

两项治理针对的问题是近几年该校存在的痼疾，这两者又存在一定的联系。政教处主任这样解释："学生有烟瘾，他就要抽烟，抽烟就要花钱，父母不给或给的花完了，他就想歪点子去敲诈勒索，一旦尝到'甜头'，就会变本加厉，极容易走上违法犯罪的道路。"学校要确保零犯罪率，这当然是必须重点治理的。2003 年，根据学生现实情况，专项治理第二项内容中增加了严禁打架斗殴的内容。

与《文明个人十条》、《S 校学生一日常规》相比，《三项常规，两项治理》采取了两大策略：一方面采用口号传达策略，能够让学生了解学校希望你遵守的行为规范；另一方面采取开放策略。《文明个人十条》和《S 校学生一日常规》一旦制定，内容就不再变动了，但《三项常规，两项治理》能根据需要灵活调整,它提供了一个载体,能包含学校教育者想抓的所有问题。如 2003 年增加了严禁打架斗殴的内容,2004 年又把重点放在治理学生的旷课问题上。它不是以规范或制度的形式出现,而是一次有主题的活动,根据学校学生的实际情况,重拳出击,有的放矢,整治校风。另一个明显的不同是,这次活动取得了 H1 校长在经济和政策上的积极支持。

政教处首先召开了班主任会,在班主任中进行宣传、动员,要求班主任在班会课上对学生进行宣传;接着专门召开了一次全校学生大会,向全体学生表明学校开展此次活动的态度和决心;把《三项常规,两项治理》的提纲下发到每个班进行张贴,让人人都知道。

"这样做是希望引起教师和学生的高度重视,让学生自己教育自己,不能违纪。"政教处主任说。

学校在广泛宣传的基础上加大了检查力度。仪容仪表和卫生检查在原有基础上增加了不定期抽查,增加了流动卫生红旗的评比。在学校周一例行的集体活动——升旗仪式上,政教处安排专人给各班打分,并将分值记入文明班级的评比中,所有检查结果都会在班主任会上进行反馈。

对学生们震撼最大的是两项整治活动。以前对在学校抽烟的学生,最严重的惩罚是到政教处接受主任的教育,然后写一份检查,只要保证不再抽烟,就可以过关。但现在情况发生了变化:只要发现谁在学校抽烟,就进行校纪处分;对在班级内抽烟的给予从重处分;对那些敲诈勒索,经教育仍不悔改的学生,一律予以开除。H1 校长在学生大会后的第二天就发现了一名躲在厕所抽烟的学生,送到政教处,下午该学生的处分就公布了。

对于学校勒令学生退学(开除),政教处主任对研究者说:"其实,我们这样做与《中华人民共和国未成年人保护法》的有关规定是不一致的,但我们这也是无奈之举。职业教育不是义务制教育,《职业高级中学学生学籍管理暂行规定》给予了我们开除学生的权力。这之前,我们觉得要是把这类学生推上社会,他们极有可能成为危害社会的罪犯,能给机会就给机会吧,因此基本不开除学生。但这些学生是非不明,对其他学生的负面影响很大。我们也只能'断其一指,护其九指'了。""当然,上级行政机关对'犯罪率'实行的一票否决制,也使我们不敢再留这些有潜在犯罪可能的学生。"据研究者观察,后者显然才是更重要的因素。

在奖励优秀方面,与《文明个人十条》不同,《三项常规,两项治理》中的奖励分为针对班级和针对班主任两部分。每学期结束时进行评比,评出三项常规优胜奖若干名和两项治理进步奖若干名,并公布奖励班级名单。在进行学校文明班集体评比时,按奖项给予不同的加分,同时给予班主任一定的经济奖励。对此,H4副校长是这么解释的:"我们把评比项分开是为了让更多的班级能评上,像2003年,所有班级都榜上有名,这样也是为班主任谋一些'福利',我们的班主任工作很辛苦,报酬确实偏低。"

频繁的检查和反馈使班主任加大了对学生的管理力度,就像H4副校长在班主任会上总结的,"各方面都有了起色"。

但这也引起了部分教师的不满:"我好好地在上课,他们进来检查仪容仪表,真搞不清楚学校究竟是做什么的。"

"学校抓的三项常规都是表面的东西,实质的东西被放到了后面,这不是在暗示学生搞形式主义吗?!"

"两项治理有点像'严打',学校管理一会儿松一会儿紧,这对学生公平吗?"

"三项常规,两项治理"的效果是明显的,学生像学生样了,校园干净了,集体活动有样子了,专项治理使"问题学生"发生分化,开除了一部分,转变了一部分,隐藏了一部分,学校中的不良现象得到了遏制。

六、因材施教中的困惑与探索:学分制文件

1. 背景

"你们说学校教务处在干什么?这让我们班主任怎么管理学生呀?"一位班主任在办公室里抱怨。事情的起因是她班上的两名学生在高一时有六门功课不及格,经过补考,还是有五门不及格,按照《学籍管理规定》,这样的学生就应该留级。为教育全班学生,这名班主任拒绝了学生家长的请求,在班上宣布了对这两名学生的留级决定。可是教务处却没有让这两名学生留级,只是安排他们到同年级不同专业的班级就读。教师们议论纷纷:

"教务处在学期开学时就宣布对学生要从严管理,不及格者坚决予以留级,现在却出尔反尔。学生更得意了,不及格照样升级,还要学习干嘛?!"

"你这是自找麻烦,学校什么时候注重过学生的学习成绩,即便全部'红

灯'，只要不被开除，毕业证书都是照发的。"一位老班主任在旁边劝道。

"那上级主管部门不管呀？"

"怎么管？学籍卡上的'红灯'不都是要求用铅笔填的吗？毕业前，学生只要参加补考，就都改成及格以上的成绩了。"

"这些学生补考能及格吗？"

"走个形式而已，老师都会给及格的，你不给，领导也会找你谈的，老师们都学乖了，与其让领导做好人，不如自己来做。"

教务处显然也有自己的难处，从严治校确实是学校的追求，可学生的学习基础薄弱，学习动机弱，学习成绩差，这是普遍现象。一方面是法不责众，另一方面，让学生留级，学生和家长肯定不愿意，他们会退学或者转学。

可是，在这样的管理下，课怎么上呢？教师们意见很大。"这课真是没法上了，整个教室像战场，没几个学生真想听课的。"一名刚上完课的教师气乎乎地抱怨。"别生气了，好歹你与学生还有互动呢，要知道我刚才上的课才叫气人，全班一半人趴在桌上睡觉，剩下的也不知在干啥，一道简单的题目讲了两遍，硬是没一人回答，我整个儿是自问自答，自教自学。"另一名教师回应道。

一样的规章制度，一样的管理体制，一样的教师，可是这一切的中心——学生，却发生了巨大的变化。原先是初中的佼佼者才能上的中专校，现在只要是初中毕业的学生都能上，很多学生属于"教育弱势人群"，是"不合格的初中生"。

教育行政部门要求中职学校把学生培养成"与社会主义现代化建设要求相适应，德、智、体、美、劳等全面发展，具有综合职业能力，在生产、服务、技术和管理第一线工作的高素质劳动者和中初级专门人才"。[1] 然而学生的现实基础与培养目标之间差距很大，怎样激发学生的学习兴趣，减少教师们的抱怨，保证教学质量，使学生达到或接近教育行政部门制定的培养目标，这是 S 校必须解决的难题。

2. 制定

2000 年 5 月，江苏省教育委员会印发了《江苏省职业学校试行学分制的

1　《关于全面推进素质教育深化中等职业教育教学改革的意见》，教育部教职成［2000］1 号。

原则意见》，其中规定：

为贯彻落实第三次全国教育工作会议精神和中共中央、国务院《关于深化教育改革全面推进素质教育的意见》，贯彻落实我省《关于进一步深化职业教育教学改革全面推进素质教育的意见》，提高职业教育的教学质量和办学效益，从 2000 年新学年起，省级以上重点职业学校要改革教学管理制度，积极试行学分制和弹性学习制度。

在这种情况下，S 校于 2001 年开始实行《过渡学分制办法》。

"积极探索、努力实践过渡学分制。全面贯彻全国第三次教育工作会议精神及教育部、省教育厅的指示，继续深化改革，推进教育创新，积极探索符合素质教育要求的教学新模式，制定出适应职教特点，符合我校实际情况的'过渡学分制'，并在高一年级实施。"（摘自 H1 校长在 2001 年 12 月教代会上的工作汇报）

"当时制定学分制是因为上级有相关文件精神，教学中又存在急需解决的问题，教师们要求学校采取措施，而 X（教务处副主任）又有（制定学分制的）积极性，获得了 H1 校长的同意，在这样的基础上才形成学校学分制的讨论稿。"分管教学的 H3 副校长介绍了关于制定学分制的起因。

但在 S 校的教师看来，这个办法就是教务处副主任 X 制定的。的确，在 S 校过渡学分制的产生过程中，X 副主任发挥了重要作用。他作为一名新近提拔的年轻的教务处副主任，工作积极性很高，在与研究者的访谈中，他多次提到："总要做点事情的。"

在说到制定过渡学分制的缘由时，他是这么介绍的：

"因为学校○○级的学生比历年的都差，学生的上课状况很糟糕，我就想怎样才能调动学生的学习积极性。那时，有些班主任进行量化管理，对学生的上课表现进行打分，作为学生综合素质成绩的一个组成部分，并以此为依据来进行奖惩等。我受此启发，就有了一些想法，先在当时的 006 和 007 班上进行了试点，学生对此感觉不错。我又征求了部分教师的意见，他们也有这个需要，我就把这种做法向校长提出，得到了 H1 校长的支持。"

据研究者观察，X 副主任在制定过渡学分制中，并没有通过正式途径征求教职工的意见，对此，他的解释是："我与一部分教师聊过，他们都认为这么做是可行的。"

"2000 年 5 月，省教育委员会向市教委和省级以上重点职业学校下发了关于印发《江苏省职业学校试行学分制的原则意见》的通知,要求在2000年9月开始试行学分制,你是否看到?"研究者询问X副主任,因为X副主任介绍的文件制定的缘由与H1校长的说法有些差异。

"《江苏省职业学校试行学分制的原则意见》这个文件,我是在决定制定过渡学分制的时候在网上看到的,在学校里,这个文件发到哪里,我不清楚。"X副主任回答。

由于学校文件收发的混乱状态,[1]要查到省教委下发文件的具体下落似不大可能。研究者在与教务处主任进行访谈时,他也表示未收到此文。根据常规,此类文件若未直接发给教务处,一般会直接发到校长室,由H1校长或分管教学的H3副校长处理。但他们都没有对此进行宣传,就此控制了文件的知情范围,这可能意味着校领导贯彻落实文件的动机不强,或者说根本没有兴趣。

"当时,关于制定学分制文件,是在行政办公会上分配了一下任务,政教处负责学生思想品德素质评定的量化,实训处负责操作技能素质评定的量化,其余的由我负责。"X副主任介绍。

据相关当事人的介绍,在制定过渡学分制讨论稿时,当时主要集中在思想品德素质和文化知识成绩的评定上,行政办公会对此进行了简单的讨论,X副主任对此也是斟酌再三,与政教处商量,确定分数比重。而增加操作技能,只是因为S校是职校,必须要有这一块。

"我们的学分制只是过渡学分制,与真正实行学分制的学校相比有一定距离,但我们也有自己的特色。"X副主任如此评价自己制定的过渡学分制。

"当然,严格来讲,这并不是学分制,而是一种改革,有它的合理处和可行处。"H3副校长如此认为。

【资料】
S校过渡学分制实施办法(讨论稿)(节选)

(一)总体思路

全面推进素质教育,面向全体学生,面向学习全过程,把结果评价转化为过程评价,把分数评价转化为综合素质评价。

对学生的考核评价转化为综合评定成绩,具体分为三个方面:思想品德

---

[1] 学校收发文没有进行统一的登记管理,因此,文件是否收到,收到的文件是如何处置的,无从查实。

素质,文化知识成绩,操作技能水平。三项比例为4:4:2。

$$
综合评定成绩(100)\begin{cases}思想品德素质(40)\\文化知识成绩(40)\\操作技能水平(20)\end{cases}
$$

综合评定成绩每学期评定一次,学年综合评定成绩为学年内两学期综合评定成绩的平均值。

(二) 成绩评定

A. 思想品德素质

a) 尊敬师长,服从管理。(20)

b) 遵守校纪校规,举止文明。(10)

c) 穿戴、仪容整洁大方。(10)

d) 积极参加学校、班级各项活动。(10)

e) 不进"三室",不抽烟,不赌博,做到精神文明。(10)

f) 遵纪守法,做到遵法、知法、懂法、守法。(10)

g) 热爱劳动,爱护公物、绿化。(10)

h) 注意健康卫生,认真做好"两操"。(10)

i) 注意安全,遵守交通规则和公共秩序。(10)

B. 文化知识成绩

文化知识着重基础知识的掌握和基础知识的应用,结合大纲,结合教材,结合学生,结合专业需要,因材施教,因地制宜。强化学习过程的控制,加强学习习惯的养成,突出创新能力的培养。

a) 文化知识成绩=学科成绩总和/学科数。

b) 学科成绩分为:考试成绩和过程成绩。比例为6:4。

c) 考试成绩分为:单元测验成绩,期中成绩,期末成绩。比例为1:2:3。

d) 过程成绩分为:作业笔记成绩,课外活动成绩,课堂表现成绩。比例为1:1:2。

$$
学科成绩(100)\begin{cases}考试成绩(60)\begin{cases}单元测验(10)\\期中考试(20)\\期末考试(30)\end{cases}\\过程成绩(40)\begin{cases}作业笔记(10)\\课外活动(10)\\课堂表现(20)\end{cases}\end{cases}
$$

e）单元测验成绩＝单元测验成绩总和/单元测验次数。

f）期中考试成绩以百分制计算,其他计分折算成百分制计算。

g）期末考试成绩全部以百分制计算。

h）作业笔记成绩＝（作业成绩总和/作业总次数＋笔记成绩）/2

i）期中作业成绩、笔记成绩折算为百分制。

j）课外活动成绩：第二课堂活动,兴趣小组活动,参加校级以上各项学科比赛等。其中在校级以上各学科比赛中获奖的,将给予相应分数奖励。

k）课堂表现成绩：课堂纪律,回答问题,上课出勤。

C. 操作技能水平

操作技能是专业知识理论在实践中的应用,实践操作的过程能体现出学生应用知识的能力、专业技能水平和敬业爱岗的职业道德。操作技能水平的评价分为三方面：专业知识,操作技能,职业道德。比例为2∶4∶4。

a）专业知识

$$专业知识(20)\begin{cases} 完成实习(试验)预习内容(5) \\ 认真按时完成实习(试验)报告(15) \end{cases}$$

b）专业技能

$$专业技能(40)\begin{cases} 正确使用工具、仪器、仪表、设备(5) \\ 熟练掌握操作工艺规程(10) \\ 完成实习作业,掌握规定的技术要求(25) \end{cases}$$

c）职业道德

$$职业道德(40)\begin{cases} 熟悉实习(试验)室规章制度,服从管理(10) \\ 遵守实习(试验)课堂纪律,不迟到,不早退(10) \\ 文明操作,爱护公物,劳动卫生态度端正(10) \\ 安全操作(10) \end{cases}$$

（三）奖分与扣分

以下所有加分与扣分分别在思想品德素质、文化知识成绩、操作技能水平等三项中进行。

凡在校级以上各类学科竞赛、技能竞赛、文体活动等活动中获得奖项的学生,均可获得加分。具体加分值：省级一、二、三等奖分别加9、7、6分；市级一、二、三等奖分别加6、4、3分；区级和校级一、二、三等奖分别加3、2、1分。

凡代表学校参加市级以上各类比赛活动而未获奖的学生均可加1分。

凡代表市、区参加省级以上各类比赛活动而未获奖的学生均可加 3 分。

凡在学校受到警告、严重警告、记过、留校察看等处分的学生将分别扣除 20、30、40、50 分。

（四）升级与留级

升级：凡学生学年综合评定成绩达 60 分以上者均可升级。

留级：凡学生学年综合评定成绩在 60 分以下者将不得升级，第二学年将重修上一年度的课程。

与原来的教学管理相比，《S 校过渡学分制实施办法（讨论稿）》中的课程设置、教学安排等都没有变动，只是改变了评价、考核学生的办法，正如该办法在实施目的中所说的，贯彻以教学为中心、以德育为重点的指导思想，坚持教书育人，以人为本，以"做人"促"成才"，以德育促智育，进一步加强思想品德教育。这主要体现在三个方面：首先，规定以学生的综合评定成绩来考核评定学生，其中思想品德占 40%；其次，规定文化学科成绩中的课堂表现分占 20%；最后，技能水平中的职业道德分占 40%。

根据过渡学分制的评价方法，研究者统计了思想品德素质在评价体系中的比重，$40 + 20 \times 0.4 + 40 \times 0.2 = 56$，综合成绩评定中有 50 分以上是给学生的思想品德素质打分，S 校将德育的重要性提到前所未有的高度，而与此同时，智育的要求也被降低到前所未有的程度。一名班主任曾给学生这样分析："只要你在思想品德上没有问题，遵守校纪校规，服从教师统一管理，再坚持记课堂笔记，按时交作业，那么，即使你各科成绩只考二三十分，你也同样能升级、毕业。"

《S 校过渡学分制实施办法（讨论稿）》形成后，学校专门利用星期三的政治学习时间下发了讨论稿，人手一份，请全体教职工按职能处室和部门进行小组讨论。这是研究者进行研究期间，S 校惟一要求全体教职工参与讨论、发表意见的校内文件。

当时，研究者在政教处工作，政教处主任 Y 在分发讨论稿时说："学校让我们讨论一下，大家自己看看，然后提提意见。"

当时大家都在忙自己的事，便浏览了一下讨论稿，纷纷表示没意见。

主任提醒道："学生评定中增加了学生思想品德的内容。"

一位教师回应说："早该如此了，这样的学生，你能指望他学多少东西？好多教师在实践中早已这么做了。"

3. 实施

"我特别希望教师们能对这一办法提出各种反馈意见。"访谈中，教务处副主任 X 说，"但是，教师们没有提出建设性的修改意见，因此讨论稿的内容基本没变，就付诸实施了。"

教师们之所以对《S 校过渡学分制实施办法（讨论稿）》反响平静，可能有以下原因。

首先，推行过渡学分制是一项影响全体教职工工作的变革，让全体教职工参与到文件的制定和形成过程中，可以让教职工们了解变革的本质和结果，避免形成对变革不利的传言，减少教职工对变革的抵触情绪。

其次，过渡学分制主要改变了对学生成绩的评价体系，而这种变化并没有涉及教师的经济利益，没有损害教师的权利和地位，也没有使教师的知识和技能面临过时的危险。相反，由于思想品德量化评价的困难性，以及绝大部分 S 校教师习惯由教师来评价学生，过渡学分制的实施演变成由教师的主观意志决定或左右学生的成绩，增强了教师对学生的控制力。

再次，由于学生学习成绩普遍偏低，一部分教职工已经在实践中采取了类似的做法。这次过渡学分制的实施使教师们的个人行为变成了合法行为，从而对部分学生因此产生的不满有了转嫁的对象。

最后，大部分教师对校内文件的实行力度抱有成见，接受问卷调查的教师在回答"您对我校规章制度执行情况的满意程度"时，表示"非常满意"的占 3%，表示"基本满意"的占 48%，表示"不太满意"的占 43%，表示"基本不满意"的占 5%，表示"完全不满意"的占 1%。相当一部分教职员工认为，学校制定规章制度是一回事，执行又是另一回事，因此没有必要对尚未执行的文件较真。

"决定实施《S 校过渡学分制实施办法（讨论稿）》后，我们利用班主任会的时间，专门对班主任进行了宣传，当时一位班主任提意见说，这增加了班主任的工作量。"在被问及反馈意见时，X 副主任如此说，同时表达了他的不满，"我们这是为教师提供服务，可教师们还是这样，让我们感到很伤心。"

班主任抱怨，是因为《S 校过渡学分制实施办法（讨论稿）》规定了比较细化的量化评价分数，而且学生综合成绩的评定也完全由班主任来进行，这样班主任就得放弃已经熟悉而且相对比较简单的成绩填写方式，去学习和适应这种复杂而精细的评价方式。尤其在期末，学校的工作安排向来比较紧张,从考试结束到下发学生成绩报告单只有两三天时间,班主任要等所有任课教师改完试卷,才能填写学籍卡、成绩报告单和各种奖励、统计表,如果按照学校规定全部由班主任填写的话,时间根本来不及。S校班主任津贴与其他学校相比偏低,班级管理工作又很辛苦,而这无形中又增加了他们新的工作量,怨言由此而生。

显然,X副主任对班主任抱怨的真实缘由并不知情,他认为教师们纯粹是出于怕麻烦而抵制经他努力争取才获准制定实施的《S校过渡学分制实施办法(讨论稿)》。班主任作为班级学生成绩综合评定的具体实施者,他们对过渡学分制实施办法的负面情绪显然会直接影响到该文件的执行效果。

2001年9月,随着新学期的到来,《S校过渡学分制实施办法(讨论稿)》开始实施。

"我把学科成绩的构成写在黑板上,给学生看,告诉学生学习底子差没关系,只要学习态度端正,上课遵守纪律,该听的听了,该记的记了,学科成绩及格是没有问题的。"任课教师说。

"我也把学科成绩构成告诉学生了,我要求每位学生把它记在笔记本上,让他们清楚怎样才能获得合格的成绩;在开家长会时,我把学校的结构成绩告诉家长,让家长明白,只要学生努力,学习基础再差,成绩也能合格。"班主任说。

但学生的反映如何呢?

一位学生和研究者谈起这种评价方式时说:"怎么样评价还不都是教师说了算,不过现在开始这样计算,至少教师不能用考试成绩来卡我们了。"对基础比较差的学生来讲,这种评记分方法让他们找到了考试成绩不佳时要求教师加分的依据。

学习成绩好一点的学生对此持理解态度:"这样统计分数还是挺好的,否则上课时,有些学生教师怎么管都不听。"

但部分学生根本不在乎成绩,一位学生说:"教师愿意怎么打分都行,我不在乎,反正要我上课不讲话我受不了,实在不行我就退学。"对这样的学生,单纯改变评价分数结构效果并不明显。

学校对教师的执行情况又是如何看的呢?

"执行情况并不好,有的教师还是采取原来的统计方法。"X副主任说。

"你怎么知道的?是通过检查吗?"研究者问。

"我也在给学生上课,教师的情况我还是清楚的,有的教师交给班主任的成绩统计表我也看到了,他们没有按照实施办法来做。我也想通过检查来督促教师们执行，但是校长不支持，没法进行。"X 副主任说。

X 副主任的话再次证实了 H1 校长对过渡学分制的态度。在 X 副主任的积极倡议下，H1 校长显然同意制定和实施《S 校过渡学分制实施办法（讨论稿）》，但这种口头同意与实际的支持、重视还存在距离，影响了实施效果。

这样，《S 校过渡学分制实施办法（讨论稿）》的贯彻实施并没有进行任何形式的检查和反馈，X 副主任所做的努力是取消了传统的分数登记表和成绩报告单，设计印发了配套的《S 校学生综合评定成绩表》和《S 校学科成绩记录表》。这一举措使得班主任不管愿意与否，都必须按照《S 校过渡学分制实施办法（讨论稿）》来进行学生成绩登记和综合评定，但对任课教师是否按照实施办法给学生打分，班主任认为自己没有把关的职责和权力，"教师给我什么分数，我就如实登记，至于学校的要求，应该由学校来抓，我们班主任没有权力去管任课教师的份内事"。因此，《S 校过渡学分制实施办法（讨论稿）》的贯彻落实完全取决于教师的自觉性。

那么班主任的执行情况如何呢？

"我根本没看到《S 校过渡学分制实施办法（讨论稿）》，是向老班主任打听应该怎么填写学生成绩单的。"一位 2003 年才工作的年轻班主任说。

班主任的管理工作主要由政教处负责，班主任会每半月召开一次，但政教处的管理者只关注自己分管的工作，他们认为统计和填写学生成绩是教务处的事。而教务处在 2001 年《S 校过渡学分制实施办法（讨论稿）》实施之初，除了在班主任会上进行过一次宣传外，没有采取任何其他举措，这就造成新教师、新班主任不了解过渡学分制的内容，在统计和填写学生成绩时遇到困难，要由老教师和老班主任帮助解决。

"《S 校过渡学分制实施办法（讨论稿）》的内容本来就不现实，它的操作技能是指学生参加实习训练的成绩，学生又不是每学期都参加实习，如何打分？而且实习成绩是作为专业课成绩的一部分，在评定专业课成绩时已经进行了评定，若再次评定就是重复计算了。（综合评定分数的）每一部分都规定了如此复杂的比例，计算起来太复杂，也没有什么科学根据，还不如每部分按均分计算起来方便。还有，规定的学生思想品德成绩的评定和政教处要求进行的学生操行等第评定是一回事，没必要重新评定，直接转换就可以了。"一位老班主任解释她如此操作的缘由。

这些话可能是教务处副主任 X 在征求意见时想听到的。但是，"当时没想到学校真要实行，而且也没想到那么多"，班主任是这样解释的，后来学校又没有进行检查,也没有再征求过意见,大家就按照自己的理解执行了。

"后来考虑到这个实施办法毕竟只是一个过渡,别的学校已经实施了真正意义上的学分制,我们的实施办法没有宣传和推广的价值,所以,我现在拟定了《S校学分制实施细则(试行)》,准备在有条件的专业先进行试点,逐步推广。"X副主任介绍道。

X副主任打算在2004年下半学期挑选一个学生人数多的专业进行学分制试点,"要安排选修课,若学生人数太少,课就开不起来。"在2005年,最迟在2006年,学校将改变一校多址的现状,全部集中在一处,届时将全面推广学分制。事实上,X副主任起草的《S校学分制实施细则(试行)》已经作为创建国家级重点职校的材料接受了专家的审查,如果一切进展顺利,《S校过渡学分制实施办法(讨论稿)》到时就将自然失效。

七、结语：关于学校文件的功能、问题和建议

1. 学校文件的功能

学校文件是一所学校办学宗旨、办学理念、校园文化、价值观和奋斗目标的体现,涉及学校工作的各个方面,是学校开展各项工作的依据。学校文件有的以规章制度的形式在组织内扎下根;有的就像神秘的过客,时过境迁,过期作废;有的是引人注目的焦点,成为组织内利益分配、权责区分的权威;有的则如桌上的花瓶,只是一种装饰。它们出于各种缘由存在于学校中,受到不同群体不同程度的欢迎或抵制。在学校组织内,没有一个人会怀疑文件存在的必要性,文件在学校组织中的地位是非常重要、无可替代的。

其一,学校文件作为信息沟通的书面形式,是上级向下级发布命令、下级向上级请示汇报的常用载体,是领导者增强指挥能力的重要方式。一方面,领导经过反复斟酌,可以把自己的意图通过文件这种规范的文字表述,明确地传达给指定人员,这种方式具有准确性和可传阅性的特点,避免了传递过程中信息本身可能发生的失真。这些具有法定效用的文件,对学校方方面面的工作提出意见,做出指示,要求下级依照执行,使领导从繁忙的事务性管理中解放出来,从而有更多的时间和精力研究学校的未来发展,处理

突发事件及危机,提高管理能力。另一方面,当下级向上级请示汇报时,运用文件这种比较规范的形式,可以比较自主、完整地反映问题,表达自己的想法,在仍属于科层组织的学校中,通过其他沟通方式是很难达到这个效果的。同时,白纸黑字的保存方式和文件本身的正规性,可以增强领导对下属反映的问题或请示的事项的重视程度,从而促使领导在相关问题上做出决策,推动事情的解决。

其二,学校文件通过界定和规定下属的职能、权限,一定程度上减少了相互推诿、互相扯皮的现象,从而提高工作效率。学校本身是一个系统,它同时又存在于一个更大的系统之中,学校和上级主管部门之间、学校内部各职能部门之间、学校成员与各管理部门之间,都存在错综复杂、千丝万缕的关系,通过各种文件划分上下级之间和平行部门之间的权限,可使其明确各自的职责,规范学校各种常规和例行事务的处理,使组织内的每位成员都明白,一旦出现自己无法解决的问题,应当由哪个部门、哪个职位处理,如果需要做出某项决定,应当由谁来决断。这样可以避免组织之间、个人之间职责不清、互相推诿的现象,从而提高办事效率。

其三,学校文件是详细而具体的文字规定和记录,具有很强的操作性和延续性,使组织活动具有非人格化的特征,一定程度上保证了组织行为的公平性和稳定性。与其他沟通方式相比,文件最大的特点是文字记载的确定性和可传阅性,若文件本身内容严谨,行文规范,且能公布于众的话,那么文件的执行者就会在文件内容的规范下,在教职员工的监督之下来处理文件规定的相关问题,将个人因素对工作的影响减少在最小范围。而文件内容的确定性和部分文件的长期有效性,又能使组织行为具有稳定性和延续性,不会因某位领导或文件执行者的更替而发生骤变。

其四,学校文件尤其是具有法定效力的下行文件,成为学校领导控制舆论、奖惩下属、调解矛盾的管理工具。领导往往会通过控制文件的知情权,有选择地宣传自己的管理理念,从而营造对个人管理行为有利的组织舆论。同时,学校领导也会把自己控制的文件知情权授予部分员工,使员工产生被信任、被赏识、被重视的感觉。这时,文件的知情权就充当了精神奖励的工具。当管理过程中出现问题、产生矛盾和纷争时,管理者就会有选择地运用文件的相关内容作为解决问题、调解矛盾的依据,以公正的文件执行者的身份出现。这时,文件则成为管理者的盾牌,挡住了部分指向执行者的不满或指责,也避免或减少了下属对惩罚的抵触。

其五,在提倡依法治校的今天,学校文件成为学校领导应对上级主管部门检查,向上级证实自己的管理能力和工作实绩的实证。通过将学校文件存档,文件制定者可以让自己的努力在组织内留下难以抹去的痕迹,而一套齐全的符合上级要求的学校文件一般被认为是学校管理规范化、制度化、科学化的证明。上级领导在检查某项工作时,往往会要求查看已有的书面材料,至于工作的具体开展情况,可能没有时间和精力深入第一线,无法掌握真实情况。因此,领导一般会听取下属的口头或书面汇报。这时,下属为开展此项工作而制定的学校文件就成为最有说服力的工作成绩证据,并间接地成为下属个人能力的证明。

其六,学校文件在一定程度上成为下属维护自身权利,监督上级领导工作的武器。学校成员通过学习文件,能知道学校各方面工作的应然状态,这样,当自身的权利受到侵犯时,就可以运用文件据理力争;当学校工作违反了文件的相关规定时,具有责任感的下属就能运用文件要求上级改正错误或采取相应的弥补措施。从这个意义来讲,熟知文件的下属可以凭借文件的权威来维护自己处理学校相关问题的权利。

2. 学校文件中存在的问题

学校文件中存在的问题与学校文件的功能是一体两面的,同样引人注目。

（1）"向下制定"问题

学校文件的制定中存在一个普遍现象,那就是由上级来制定、规范下属的文件,这其中包含由上级决定是否应该制定文件、文件的制定方式和文件内容。一般情况是,上级主管部门制定并下达规范学校方方面面工作的文件,校长室制定规范学校各职能部门、教师和学生的文件,各职能部门制定规范教师和学生的文件,教师制定规范学生行为的文件(如图2.2)。

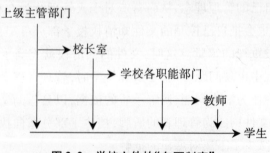

图2.2 学校文件的"向下制定"

首先,文件形成中存在的"向下制定"现象,会造成最熟悉情况的人被排除在文件起草者之外,导致文件内容本身的不切实际。对于具体从事此项工作的责任人来讲,他们最清楚真实情况,对于工作中存在哪些问题,引起这些问题的根源是什么,是否需要用文件来统一规范,文件的内容在实际工作中是否具有可行性等,他们是最有发言权的。而在"向下制定"过程中,有关管理者在制定文件时,可能会采取某种方式让下属参与到文件的制定中来,但在行政官僚组织的层级制下,根据经验,下属清楚上级意志对文件的最后决定性,知道自己的意见至多只是参考,因此对这种参与并不真正热心;下属知道对文件负责的人是上级,而自己将只是文件的执行者,因此,在参与文件制定的过程中,下属考虑的焦点往往是如何自我保护和争取更多的共有资源,而不是如何更好地开展工作,协同完成学校的育人目标;他们会隐瞒真实情况(鉴于不同的出发点,往往会掩盖或夸大工作中遇到的困难),保留自己对问题的真实看法或自己在实践中行之有效的经验。因此,下属的这种参与只是形式上的参与,其作为知情者参与文件制定的应有作用并没有发挥,更何况在学校生活中,有相当一部分文件的制定,下属连这种形式上的参与都没有。

上级管理者尽管具有熟知管理理论和教育政策等优势,也可能具有实际工作经验,但他们毕竟不是文件规范内容的实际从事者。站在管理者的立场,他们制定文件时考虑更多的是如何加强对下属行为的监督和控制,使下属按预期要求承担自身的责任,行使个人的职责,使预期问题能产生预期结果,从而实现对下属工作的掌控;作为官僚体制中的某一级领导,他们在制定文件时往往又会带有不同程度的功利性,追逐潮流,迎合上级的喜好,从而为自己的升迁打下基础;他们努力运用自己掌握的信息,把实际工作中发现的问题设计成可以加以规范解决的问题,但由于"向下制定"文件的形成方式,他们极有可能缺少有助于解决问题的重要信息。因此,这样制定的文件,其可操作性和有效性受到一定的影响。

其次,文件形成中存在的"向下制定"现象,抑制了学校成员基本需要的满足,往往导致下属各种形式的反抗。克莱顿·奥尔德弗(C. P. Alderfer)的生存关系发展理论指出,人确实是有需要的,需要可分为三大类:生存需要、关系需要与发展需要。[1] 学校是财政全额拨款事业单位,学校成员的生存需

1　参见伦恩伯格、奥恩斯坦:《教育管理学:理论与实践》,孙志军等译,中国轻工业出版社 2003 年版,第87 页。

要和关系需要都能在工作中基本获得满足,因此,学校成员在工作岗位上占主导地位的需要是其发展需要。教职员工希望最大限度地发挥潜能,创造性地发展新的技能来完成工作任务。参与制定与自己工作密切相关的文件,发表自己对工作中存在问题的真知灼见,为教育工作做出自己的贡献,是学校组织成员发展需要的基本表现。然而,文件的"向下制定"现象剥夺了教职员工此项需要的满足。

因此,由上级管理者制定文件来规范下属的工作行为,容易引起下属的不满情绪,影响文件执行的质量。上级管理者制定文件,对下属的工作进行具体规范,提出明确要求,设置固定程序等,下属会感到这是对自己权利和自由的侵犯,是对自己的一种防范和不信任,他们会本能地抗拒。抗拒的形式多种多样,他们中的一部分人可能会成为"文件专家",琢磨文件内容,钻文件的"空子",寻找对自己最有利或最便利的地方,有选择性地执行;也可能把文件作为拒绝在工作上投入更多时间和精力的依据,把自己的工作局限于文件规定的内容和要求;也可能阳奉阴违,表面上执行,实际上置之不理,使文件成为学校实际工作的"装饰品";也可能发现了文件内容的不合理之处,但对此保持沉默,等待出现预期的问题或混乱,作为指责上级的证据;还有可能成为熟练的文件执行者,对工作丧失积极性,把自己的聪明才智转移到工作以外的事情上。

最后,在文件"向下制定"现象中,文件制定者与执行者的分离造成信息在传递过程中的损失和权责的不明确,从而削弱了文件执行的效果。切斯特·巴纳德(Chester Z. Barnard)认为,组织是自觉协作活动的一个系统,这种系统能否长期存在和发展,取决于系统的效率和效果。成员间的协作固然可以通过命令和指挥形式来实现,但只有具备以下四个条件,个体才会承认这种命令的权威而接受命令:个体理解该命令;个体认为这个命令同组织的目标是一致的;个体认为该命令符合自己的个人利益;个体具有执行这个命令的能力。在"向下制定"现象中,尽管文件作为书面表达形式具有确定性和可反复传阅性,但这并不能使组织成员完全理解上司的"命令",由于制定者和执行者的身份、立场、观念以及在文件中所起的作用不同,他们对同样的文字表述会产生不同的理解。文件执行者在执行文件的过程中,会因个人的好恶或出于规避责任以及服从的需要而歪曲、限制或遮掩文件中的内容。面对这种现状,即使是作为上级领导的文件制定者也不得不承认,文件贯彻与否,决定权掌握在实施者手中。

文件制定者与执行者的分离还造成了执行者和实施者各自具有推脱责任的空间，一旦文件所指涉的问题未获解决，制定者可以责难执行者执行不力，执行者则可以挑剔文件内容本身的不切实际，这就使得当文件执行中出现问题时，双方的第一反应就是推卸责任，互相指责，彼此抱苛刻、批判的态度，而不是协同研究问题，灵活运用文件解决问题，从而导致文件管理的低效能。

（2）"权威性危机"问题

充当解决问题、指导工作的学校文件原本应该是权威的化身，而实际工作中却存在"权威性危机"问题。

文件一旦形成，内容就以白纸黑字确定下来，成为权威的代表，学校成员理应自觉、严格地遵守，但由于存在文件"向下制定"的问题，目前无法完全做到。由此产生另一方面的问题，即当学校成员出现违背文件规定的行为时，按理，学校各级管理人员必须对此做出反映，予以公平处理，以维护文件的权威性，使文件发挥其应有的作用，但在学校组织中，经常出现管理者"有文不依"、"执文不严"的现象，主要表现为：领导为了体现对下属的关心，主动向个别执行文件确有困难的下属提出，某些文件规定的条款可以灵活机动地执行；当部分"表现一贯比较好"的学校成员出现违背文件规定的行为时，可以不采取任何措施；当个别成员出现严重违反文件规定的行为时，则采取"怀柔"政策，不按文件规定进行处罚。

对此，学校文件管理者振振有辞：学校工作要靠人来做，而人是有个性差异的，在提倡个性化管理的今天，执行文件不能"铁板一块"，应该因人而异；理解教职工、尊重教职工、关心教职工、感化教职工，能起到一种亲和与凝聚的作用，从而保护和激发教职工的积极性；这样能打破科层体制下上下级之间的冷漠和敌对，改善管理关系，换来下属对管理者的真正服从。

但是实践证明，学校管理者的这种做法是失败的。

一方面，在学校组织中存在"泛家族主义"倾向的前提下，学校管理者的以上做法会被学校成员认为是"家长制"的独断表现，容易诱导学校成员把注意力放在与管理者的"公关"上，而不是工作上，从而影响育人工作的质量。

我国台湾学者杨国枢认为，在传统社会，家族中的生活经验与习惯是中国人惟一的一套团体或组织生活的经验与习惯，因而在参与家族以外的团体或组织活动时，人们自然而然地将家族中的结构形态、关系模式及处事方式推广、概化或带入这些非家族性的团体或组织中。"泛家族主义"作为中国文化的一大特征,在人们心里根深蒂固,人们在思考问题、处理事情时,会习惯性地将家族制度上升为社会制度,将家族伦理上升为社会伦理,并以血缘关系的思路来建立和处理人际关系。在这样的文化背景下,无论管理者是否信奉人本管理的理念,尊重、关心、理解下属,还是用人性化管理来遮盖自己想当"好好先生"的真相,或出于其他缘由,只要学校管理者不严格执行文件,允许例外的存在,学校成员就会习惯性地认为管理者是在实施"家长式"管理,事情的处理是以管理者的意志为转移,"领导说你行,你就行;说你不行,行也不行",文件成为一纸空文。

学校管理者对下属的人性化管理同样遵循我国著名社会学家费孝通在半个多世纪前提出的"差序格局论",即并不是对所有下属都一视同仁地"泛爱"。一个差序格局的社会是由无数私人关系构成的网络,这个网络就像一个蜘蛛网,有一个中心,那就是管理者自己,以"己"为中心,像石子一般投入水中,与别人联系成的社会关系像水的波纹一般,一圈圈推出去,愈推愈远,也愈推愈薄。[1] 学校成员离管理者越"近"(显然,这不仅指物理距离,更指心理距离),就越能受到更多的"人性化管理",反之,则越少。因此,一部分学校成员就开始去适应这种现状,走近管理者,争取成为管理者的"自己人",从而能获得管理者更多的"关爱"。这就不难理解学校中出现个别教职员工为接近领导而忙于各种公关活动的现象,以及为什么学校组织内会出现"能干的不如能说的"现象,而这一切无论是对教师的培养、学生的熏陶,还是对制度的规范、权责的对应、校风的建设、学校凝聚力的形成,都是有百害而无一利的,直接影响到学校教书育人工作的质量。

另一方面,学校管理者的以上做法会导致"负管理"现象的出现。管理之所以存在,是由于组织内的成员希望通过管理提高组织效率,协调成员关系,共同达成组织目标,如果某一具体管理行为不仅没有发挥以上作用,反而产生负面影响,则被称为"负管理"。学校管理者主动造成或允许存在违背文件规定的"例外"现象,在目前的学校组织中就是一种负管理。

根据管理定律中的"木桶理论",决定取水量的不是木桶上那块最长的木板,而是木桶上最短的那块木板。在文件管理中,我们可以发现类似的"木桶现象",那就是管理者在文件管理上无论有多少次是严格执行的(由于

1　参见费孝通:《乡土中国》之四:差序格局。http://www.chinaelections.org。

本应该如此,因而也容易被忽视),只要有一次例外,就会引起下属的高度关注,这个例外就是"木桶上的短板",那些不愿意遵守文件规定的学校成员就会闻风而动,把自己对文件的执行力度也降低到这一水平。

在学校文件的管理中,同样存在洛伦兹(Lorenz)所说的"蝴蝶效应":只要一只蝴蝶在巴西的热带雨林中扇动几下翅膀,几周后便会在美国的得克萨斯引发一场龙卷风。学校管理者在文件的执行上稍有松动,或偶有违反,就像是蝴蝶扇动了几下翅膀,也许管理者自认为是小事一桩,但对于被管理者来讲就可能是一场心理上的"龙卷风"。在科层体制下,文件传达的是学校领导的根本意志,它规定了学校工作的基本秩序或努力目标,是工作的指南。当一部分严格执行文件的学校成员(其中不乏通过自己的努力,克服种种困难来执行文件的学校成员)发现学校管理者视文件为儿戏时,他们会有被愚弄的感觉;他们可能改变自己对学校文件的态度,认为学校文件只是领导检查时才需要拿来"应景"的东西,平时该怎么做还是怎么做;他们会充分发挥自己的聪明才智,想出种种办法来应付领导的检查;同时,他们对领导失去信任,觉得白纸黑字写着的东西,领导说变就变,那组织内还有什么是可以信赖、可以依靠的呢? 他们开始疏远甚至有意孤立那些受到管理者"关爱"的同事,认为他们是学校成员中的"特权人物",与他们相比,自己并没有受到公平对待,各种有关学校管理者的负面传言也许会由此而生,从而加大了学校成员间的离心力。

因此,学校管理者在文件执行上采取的"怀柔政策",因为种种理由而存在的"例外"现象,会使学校文件的相关功能逐步丧失,使学校文件在学校组织中成为可有可无的装饰品。

(3)"泛滥化"倾向

学校文件在数量、规范的内容和文件信息传递上存在的"泛滥化"倾向,减弱了文件的管理功能。

首先,学校文件数量上的泛滥是指部分学校管理者热衷于制定文件,从而把自己变为单纯的文件制定者。

在学校文件的研究中,研究者发现了一个有趣的现象,就学校内部的管理者而言,校长、副校长在文件的制定上基本处于被动状态,他们主观上并不愿意制定过多的学校文件,甚至反感上级主管部门的文件进入学校生活。他们控制部分下行文件的知情权,否决一些中层管理人员关于制定相关文件的提议,在实际的学校管理中充当了文件制定或传达的把关者、过滤者角色。相对而言,学校的上级主管部门和学校中的中层管理者则是积极的文件制定者或倡议者。

上级主管部门制定下发的文件涉及学校工作的方方面面,透过这些文件,我们看到了上级主管部门对学校工作严格的控制、监督、指挥和评价,这在一定程度上限制了学校管理者的办学自主权,束缚了校长的手脚,容易使校长演变为文件规定的具体事务的执行者,因而受到校长公开或隐蔽的抵制。而上级主管部门发文过多,也使一些真正重要的文件被淹没在"文山"之中,影响了这些文件的贯彻和落实,同时也为校长的消极执行制造了借口。

学校中的中层管理者是校内文件制定的积极分子,他们把制定文件作为开展工作、解决问题、处理矛盾的有效方式。但是,他们热衷于文件制定往往出于三种动机。一是把制定文件作为自身能力的证明,尤其是那些上任不久急于表现的年轻领导,希望通过制定文件来展示自己的能力,获得组织成员的认可,进而形成权威;二是作为处理问题、承担责任的方式,文件是有案可查、可长期保留的材料,通过制定文件向组织内的成员尤其是上级领导证明自己的成绩,是一种有效的"表功"办法;三是通过制定文件向学校领导争取更多的资源。

校长对此显然心知肚明,对于中层管理者制定文件给予口头支持,对于要求学校分配更多资源的文件,校长会格外谨慎,亲自把关,即便中层管理人员据理力争,也未必会得到校长真正的支持。由此,学校中层在文件管理上出现了一种奇怪的现象:虽然积极要求制定文件,但文件一旦形成和公布,他们的努力几乎就停止了,似乎制定文件本身就是他们的最终目的,而执行与否,则是校长和有关教职工的事情。中层管理者在文件管理工作上仅限于制定和传达文件,实际上仅仅是一种"务虚"行为,日趋臆胀的文件档案袋制造了"繁忙"的工作景象,这些文件对应付检查绰绰有余,但对育人工作究竟发挥了多大作用,值得学校管理者深思。

其次,文件规范内容上的泛滥是指文件内容规定过于细致、死板,把一些无法明确细化的内容也具体化了,不给执行者留任何操作空间,从而难以适应情境的瞬息万变。文件一旦传达,内容就此确定,就意味着权威的形成,就应当被严格执行。然而,管理实践处于千变万化之中,不少管理内容有很多不确定因素,难以用文字加以具体规定。尤其对承担育人工作的学校而言,所有的工作都离不开人,而人又是千差万别、各有特点的,在提倡个性、创新的今天,如果学校文件对教职工方方面面的工作都加以刻板而具体的规定，就会扼杀教职工的创造性，甚至挫伤其积极性。

最后，文件信息传递上的泛滥是指文件制定者出于种种原因，对文件信息进行某种程度的夸张或歪曲，从而导致文件信息出现真实性危机。文件在学校中是由上而下传递的，下级为了争取更多的资源或获得更好的评价，往往会采取扬长避短的做法，甚至利用上级无法深入实际工作的弱点，在纸面上做文章，成绩可以制造或夸大，困难可以根据需要任意夸大、缩小，申请的资源则根据对上级态度的揣摩自由伸缩。至于上级下发的文件信息的真实性，由于学校管理者控制了文件的知情权，更是让学校成员起疑。正如 S 校一位资深中层管理人员所强调的，文件的解释很重要，同样一份文件，领导拥有的解释权能使其在执行中形成另外一番情景，以至于组织成员对文件本身的内容并不信任，认为只有领导怎么执行才是真实的。学校成员对文件内容的怀疑直接影响到文件的权威性，使文件的应有功能无法正常发挥。

3. 建议

（1）让文件执行者成为制定文件的主体

"应进一步吸收教师参与有关教育的各种决策……学校的行政管理、监察和教师评价系统从吸收教师参与决策过程中只能获得好处。"[1] 要使学校文件在管理中发挥其应有的功能，由执行者决定或选择自己喜爱的方式来解决问题，让执行者在制定规范自身工作的文件中起决定作用，将是一个有益的尝试。

首先，文件制定的要求可以由领导者提出，也可以是教职工自身的要求。在学校文件的制定上，学校管理者通常是问题的发现者。管理者拥有更多的信息，更善于发现影响实现组织目标的问题和提出制定文件的倡议。而根据麦格雷戈（Douglas M. McGregor）的 Y 理论，工作就像休息和娱乐一样自然，对成就给予奖励能使人们的目标达成一致，一般情况下，人们会承担责任和追求责任。[2] 因此，从事具体工作的教职工也都有主导自身工作的需要，当他们在工作中发现问题，通过个人努力又无法解决的时候，只要他

---

[1] 由雅克·德洛尔任主席的国际 21 世纪教育委员会向联合国教科文组织提交的报告：《教育——财富蕴藏其中》，联合国教科文组织总部中文科译，教育科学出版社 1996 年版，第 146 页。

[2] 参见伦恩伯格、奥恩斯坦：《教育管理学：理论与实践》，孙志军等译，中国轻工业出版社 2003 年版，第 28 页。

们认为有必要,就有权向学校领导者提出制定文件的提议。

其次,学校管理者在文件制定中应充当组织者的角色。这点是最重要的。当问题提出后,领导者应该组织与问题相关的有经验的教职工,建立起以小组为单位的合作型团队,并向他们授权。小组的主持者可以是自荐、他荐或是自然形成;小组的任务就是为解决实际工作中存在的问题,制定将由小组成员自己执行的文件,从而使他们的工作在组织目标的达成中发挥更大的作用;为了更好地协调开展工作,管理者可聘请相关专家对小组成员进行培训,使他们掌握相关的人际关系技术和小团体技术,更好地进行合作。

再次,文件执行者成为制定文件的主体。"如果我们不邀请实际从事工作的人来决定工作规则,我们就会失去本来可以从他们那里学到的东西……武断的指挥无视人性中的一个最基本事实,即人们主导自己生活的愿望……如果一个工人被要求以一种他认为并非最佳的方式工作,他通常将会对结果全然失去兴趣。"[1]作为从事实际工作的一线教职员工,他们是最熟悉情况的人,应由他们来决定是否需要制定文件,如何规范文件内容。这样制定的文件就能获得执行者的认可,增强文件的可信度和教职员工对文件的认同度,从而大大提高文件执行的质量。同时,授权给一线教职员工来决定文件内容,也能在一定程度上解决文件内容的歧义问题,参与制定文件的教职员工更能自觉地成为文件宣传者、解释者和身体力行者,他们能为文件的贯彻执行承担更多的责任和义务。

最后,学校管理者成为文件制定的咨询者、协调者和把关者。就像乐队指挥给乐队演奏定调一样,学校管理者可以从组织目标出发,对文件制定提一些原则性的要求与意见,还应该把自己掌握的相关信息提供给小组成员,例如上级对这方面工作的相关文件规定,兄弟学校在这方面的成功做法,学校目前所能提供的资源等。如果在文件制定过程中,小组成员遇到技术上的困难,学校管理者应聘请相关的专家参加小组工作;当文件制定的内容需要学校内有关部门的协作时,学校管理者应充当协调者的角色,建立团体内的联系,为文件的制定、执行创造条件,消除障碍;对于不具备实施条件的文件,学校管理者在向小组成员说明情况的基础上,可以实施"一票否决",从而防止某些小组制定的文件对学校目标的达成产生不良影响。

(2) 文件管理与人性化管理相交融

文件管理是指学校通过制定文件,建立完善、严密的规章制度,针对问

1　肯尼思·克洛克、琼·戈德史密斯:《管理的终结》,王宏伟译,中信出版社 2004 年版,第 26 页。

题的处理规定统一的程序,设置明确的标准,以文件规定为中心,运用文件内容约束、纪律监督、奖惩规则等手段对学校教职工进行刚性管理。人性化管理是指以人为中心,在研究人的心理和行为规律的基础上,以学校的共同价值观和文化、精神氛围为依据,通过培育情感、信念、价值标准、行为标准等"软"因素,在教职员工心目中形成一种潜在的说服力,从而把组织意志转变为个人自觉行动的柔性管理。要发挥文件的应有作用,就必须在严格执行文件的同时,开展人性化管理。

首先,文件一旦制定,就必须严格执行,不允许有任何"例外"的存在,我们需要有"为执行文件而执行文件"的信念,即使它会产生一定的消极作用。作为权威的象征,文件必须是刚性的,文件规定的程序、规范、标准、目标对学校成员来讲是必须无条件服从的,任何人违反时,都必须按照文件规定予以惩罚。要注意的是,学校处于动态的变化之中,如果在执行文件过程中发现文件内容本身存在问题,执行者首先仍应按照文件规定来严格实施,但同时必须提请文件制定单位针对新情况,通过合法的程序对文件内容进行修改或做出补充规定,待生效之后,才能相应地调整管理行为,从而保证文件的权威性,发挥文件的应有功能。

其次,刚性执行文件的前提是文件的制定必须是民主的,内容必须是科学的。而要制定出符合这些要求的文件,学校必须实行人性化管理。人既是发展的第一主角,也是发展的终极目标,充分尊重学校成员的主体性,让他们以各种方式,通过各种正常的渠道参与到文件的制定中来,一方面可以激发教职员工的主动精神和创造意识,满足教职员工自我实现、自我发展的需要,提高工作效率;另一方面,由于有熟悉情况的人参与文件的制定,可以在一定程度上保证文件的可行性和科学性。

再次,通过文件管理可以达到组织的最低要求,也就是解决"不能这样"的问题,但"怎样做得更好",则只有依靠人性化管理。因此,在学校管理中,文件管理和人性化管理应各司其职:通过文件管理,保证学校方方面面工作的有序开展;通过人性化管理,激发人的潜能,提升工作质量。因此,不能任意地以人性化管理为由来违反文件的规定,也不能对学校的一切管理工作都用文件予以明确而细致的规定,从而扼杀人的主动性和创造性。

最后,文件管理和人性化管理相互转化、相互依存,共同推动学校目标的达成。一方面,学校文件一经成文公布,就要求教职员工严格执行。教职员工在实际工作中按文办事,日积月累,就能形成一种良好的风气和学习、工作习惯,并在此基础上形成独特的校园文化,而这种校园文化正是培育情感、信念、价值标准、行为标准的沃土,它使文件规定的内容成为教职员工内心的要求,人们自觉遵守文件规定,不再需要监督、控制和奖惩,如此,文件管理就转化为人性化管理。另一方面,已有的人性化管理内容一旦成熟,同样可以用文件的形式规定下来,以巩固人性化管理的成果,使人性化管理的具体做法转化为学校的常规,让更多的教职员工受益。

(3) 构建文件立体沟通网络

要使文件发挥应有的功能,就必须给予教职员工充分的文件知情权,使文件管理置于教职员工的监督之下,建构文件传递的立体沟通网络,保证信息传递的及时性、有效性和真实性。

首先,要重视学校成员的权利,保证学校成员对文件的知情权。对文件的知情权是学校成员的基本权利,保证学校成员对文件的知情权是学校成员参与民主管理、自觉遵守文件规定的前提。孟德斯鸠(Charles de Montesquieu)指出:"一切有权力的人都容易滥用权力,这是万古不变的一条经验……从事物的性质来说,要防止滥用权力,就必须以权力约束权力。"[1] 文件是权威的代表,文件作为权威的化身,其制定、执行、反馈是学校管理的重要组成部分,也是学校管理者实施管理的重要手段。保证教职员工对文件的知情权,可以促使学校成员自觉遵守文件规定。

其次,所谓对文件的知情,是面向学校成员全体、覆盖文件全体、贯穿文件管理全程的全方位的知情。帕金森定律告诉我们,未能通过及时沟通而产生的真空,必将很快被谎言、流言、猜疑和毒药所充满。[2] 若学校文件的制定过程、具体内容规定、贯彻执行情况等信息在沟通上留下"死角",必然会产生各种流言蜚语,对文件功能的发挥产生负面影响。

所以,文件知情权的主体应该是学校全体成员,这意味着不仅与文件直接相关的人员(如文件的执行者)应该拥有文件的知情权,而且不与文件直接相关的人员(如文件并不需要他们执行或遵守)也应该拥有文件的知情权,这一方面可以起到监督作用,另一方面也可以增进组织成员对学校工作的理解和支持,促进学校不同群体间的相互了解。

对文件的知情,应该包括了解所有上级主管部门下发的文件和学校制定的文件。主管部门应该实行政务公开,在下发文本文件时,可以利用网络

1　孟德斯鸠:《论法的精神》(上),孙立坚等译,陕西人民出版社 2002 年版,第 154 页。
2　朱曙东:《沟通更能凝聚人心》,载《瑞尔特瞭望》,http://house.focus.cn。

技术,在网上发布文件电子版,从而方便教职员工查阅。对学校所有文件拥有知情权,是提高教职员工政策水平,维护教职员工的监督权,保证文件贯彻、执行的有效途径。

最后,应制定措施,规范程序,使知情权的落实制度化、规范化和程序化。可以通过制定文件的方式,确保教职员工拥有文件知情权。同时,应该规定学校管理者公示相关文件信息的时间、渠道和形式。在时间上,应明确规定在文件生效前、生效时和生效后,都必须让教职员工拥有知情权;其渠道和形式可以多种并举,既可以通过学校的各种信息传递通道予以公示,如公告栏、橱窗、墙报和报刊、广播、电视、校园网等,也可以通过召开各种形式的会议,如教职工大会、校务委员会、座谈会等,使教职员工了解文件的相关信息。通过以上努力,学校文件可以形成全方位、多渠道的立体沟通网络,保证文件信息传递的及时、有效和多向性,从而使文件的功能得到正常发挥。

附　　录

附录一　访谈提纲

● 对一般教师、行政人员的访谈提纲

1. 您认为学校文件是指什么? 您能列举一些学校文件吗?

2. 您是通过哪些渠道获知学校文件的?

3. 您参与制定过学校文件吗? 若是,参与制定过哪些文件? 是如何参与的? 若否,您知道学校文件是如何产生的吗? 您认为它们反映了您的意见吗?

4. 您关注学校文件吗? 若是,您关心哪些文件? 为什么? 若否,又是为什么?

5. 您在工作中是如何对待学校文件的? 为什么?

6. 学校文件对学校的工作有影响吗? 若有,有哪些影响? 若没有,原因是什么?

7. 您若被授权制定文件,会首先考虑制定什么文件? 如何制定?

8. 您认为学校文件管理中存在哪些问题,造成这些问题的原因是什么? 如何解决这些问题?

- 对正副校长、中层领导的访谈提纲

1. 您认为学校文件是指什么? 您能列举一些学校文件吗?

2. 您是通过哪些渠道获知学校文件的? 您认为在什么情况下需要制定学校文件? 一般会经过哪些步骤?

3. 您亲自参加学校文件的制定吗? 若是,如何参与? 若否,原因是什么? 您通常会授权哪些人来制定文件?

4. 您如何看待上级下发的文件?

5. 您在工作中如何处理不同的学校文件?

6. 学校文件是否都会向全体教职工宣布? 为什么?

7. 您一般会采取哪些方式来宣布学校文件?

8. 您如何监控学校文件的执行?

9. 您对文件的执行情况满意吗? 为什么?

10. 您通常用什么方式来了解教职工对文件的反应?

11. 您认为学校文件对您的工作开展有影响吗? 为什么?

12. 您在学校文件管理中遇到的最大难题是什么? 造成这些困难的原因何在? 您通常采取什么应对措施?

附录二　调查问卷

本调查是一些有关学校文件方面的问题,目的是从文件管理角度展示学校管理的真实世界,显然,该问卷中的答案只有真假之分,无对错之别。请您根据自己的实际情况,在有关项的"＿＿＿"内打"√"。

问卷采用无记名方式,请您一定耐心做完这一调查。谢谢您无私的支持和帮助!

一、您的性别:

　　1. 男＿＿＿＿　　2. 女＿＿＿＿

二、您的年龄:

　　1. 20 岁以下＿＿＿＿　　2. 21～25 岁＿＿＿＿　　3. 26～30 岁＿＿＿＿

　　4. 31～35 岁＿＿＿＿　　5. 36～40 岁＿＿＿＿　　6. 41～45 岁＿＿＿＿

7. 46 ~ 50 岁_____   8. 51 ~ 55 岁_____   9. 55 岁以上_____

三、您的文化程度：

    1. 高中或中专_____   2. 大专_____

    3. 大学或大学以上_____

四、您在现单位工作的时间：

    1. 1 年以下_____   2. 1 ~ 5 年_____   3. 6 ~ 10 年_____

    4. 11 ~ 15 年_____   5. 16 ~ 20 年_____   6. 21 ~ 25 年_____

    7. 26 年以上_____

五、您现在的职位：

    1. 普通教师_____   2. 专职行政人员_____

    3. 教师兼普通行政人员_____   4. 中层干部_____

    5. 副校长、书记或校长_____

六、您对自己在目前工作岗位上的评价：

    1. 大有作为_____   2. 有所作为_____   3. 一般作为_____

    4. 很难有所作为_____   5. 无所作为_____   6. 不知道_____

七、您对我国有关的教育法律法规(如《教育法》、《职业教育法》、《教师职业道德规范》、《预防未成年人犯罪法》、《江苏省中小学教师日常行为规范》等)的熟悉程度：

    1. 十分清楚_____   2. 基本清楚_____   3. 不太清楚_____

    4. 根本不了解_____   5. 不知道_____

八、您通过哪些途径学习过相关的教育法律法规：

    1. 求学时在大学里学习过_____   2. 参加进修_____

    3. 各种会议_____   4. 新闻媒体或网络_____

    5. 学校专门下发的文字资料_____   6. 参加各类考试_____

    7. 自己主动自学_____   8. 其他_____

九、您觉得教育法规对您的工作：

    1. 没有影响_____   2. 有点影响_____   3. 影响大_____

    4. 影响非常大_____

十、您对学校的各项计划(如学校学期工作计划)：

    1. 非常关心_____   2. 关心_____   3. 无所谓_____

    4. 不关心_____

十一、您是否同意这种观点："计划不如变化,我校的各种计划不过是应付各种检查的工具而已。"

    1. 非常同意_____   2. 基本同意_____   3. 不太同意_____

    4. 完全不同意_____   5. 不知道_____

十二、您觉得学校的各项计划对您的工作:

    1. 没有影响_____   2. 有一点影响_____   3. 影响大_____

    4. 影响非常大_____

十三、您觉得学校各项计划的实施情况是:

    1. 完全贯彻落实_____   2. 基本贯彻落实_____

    3. 部分贯彻落实_____   4. 完全不贯彻落实_____

    5. 不知道_____

十四、您对各种荣誉称号(如优秀青年教师、优秀班主任、教学带头人、市优秀教育工作者、"行知德育奖"、省职业教育先进个人、市劳动模范、全国优秀教师)的评比条件:

    1. 十分清楚_____   2. 基本清楚_____   3. 不太清楚_____

    4. 根本不了解_____   5. 不知道_____

十五、当自己具备相应条件时,您会参与各种荣誉称号的竞选吗?

    1. 积极参加_____   2. 参加_____   3. 可能会参加_____

    4. 不参加_____   5. 坚决不参加_____   6. 不知道_____

十六、您认为各种荣誉称号的公开评比对学校:

    1. 只有好处,没有坏处_____   2. 利大于弊_____

    3. 利弊相当_____   4. 利小于弊_____

    5. 只有坏处没有好处_____

十七、您最早是通过何种途径了解这些荣誉称号的?

    1. 学校公示_____   2. 开会时领导宣布_____

    3. 新闻媒体或网络_____   4. 校内同事告知_____

    5. 校外亲戚朋友告知_____   6. 校领导谈话时告知_____

    7. 其他_____

十八、您对申报初、中、高级职称的政策或条件的熟悉程度:

    1. 十分清楚_____   2. 清楚_____   3. 知道一点_____

    4. 完全不知道_____

十九、您主要是通过何种途径了解职称评聘条件的?

    1. 学校公示_____   2. 开会时领导宣布_____

3. 新闻媒体或网络_____   4. 向人事秘书打听_____

5. 校内同事告知_____   6. 校外亲戚朋友告知_____

7. 校领导谈话时告知_____   8. 其他_____

二十、您是否同意这种观点："学校职称的申报过程坚持做到了'五公开'(公开岗位职数,公开述职,公开展示个人业绩,公开民主测评,公开推荐上报人员名单)。"

　　　1. 非常同意_____   2. 基本同意_____   3. 不太同意_____

　　　4. 完全不同意_____   5. 不知道_____

二十一、若您对学校公示的内容有意见,您会如何行动?

　　　1. 自己消化_____   2. 在同事间发表自己的见解_____

　　　3. 向校长反映_____   4. 向上级主管部门反映_____

　　　5. 向副校长反映_____   6. 向中层领导反映_____

　　　7. 不知道怎么做_____

二十二、您是否同意这种观点："年度考核中 15% 的优秀名额就应该照顾评职称的,至于此人是否真正优秀并不重要。"

　　　1. 非常同意_____   2. 基本同意_____

　　　3. 不太同意_____   4. 完全不同意_____

　　　5. 不知道_____

二十三、您是否同意这种观点："年度考核中'优'的产生,充分体现了民意。"

　　　1. 非常同意_____   2. 基本同意_____   3. 不太同意_____

　　　4. 完全不同意_____   5. 不知道_____

二十四、您认为年度考核为"优"的教师真是学校中的优秀者吗?

　　　1. 全部是_____   2. 大多数是_____   3. 少数是_____

　　　4. 都不是_____   5. 不知道_____

二十五、您是否同意这种观点："校领导干预年度考核优秀名额的产生是件好事。"

　　　1. 非常同意_____   2. 基本同意_____   3. 不太同意_____

　　　4. 完全不同意_____   5. 不知道_____

二十六、您了解学校的各项规章制度吗?

　　　1. 十分清楚_____   2. 清楚_____   3. 不太清楚_____

　　　4. 根本不了解_____   5. 不知道_____

二十七、您认为学校的规章制度齐全吗?

    1. 齐全_____   2. 基本齐全_____   3. 不齐全_____

    4. 不知道_____

二十八、您通常是从哪些途径了解学校相关的规章制度的?

    1. 相关职能处室的张贴_____   2. 开会时领导宣布_____

    3. 学校下发的各种书面资料_____   4. 向有关人员打听_____

    5. 校内同事告知_____   6. 学校组织的专门学习_____

    7. 校领导谈话时告知_____   8. 其他_____

二十九、您是否同意这种观点:"规章制度一旦制定,就应该严格执行。"

    1. 非常同意_____   2. 基本同意_____   3. 不太同意_____

    4. 完全不同意_____

三十、您参与过学校相关规章制度的制定吗?

    1. 多次参与_____   2. 偶尔参与_____   3. 很少参与_____

    4. 从未参与_____

三十一、在工作中,您对规章制度总是:

    1. 严格执行_____   2. 基本执行_____   3. 部分执行_____

    4. 基本不执行_____   5. 完全不执行_____

三十二、您对学校规章制度的执行情况满意吗?

    1. 非常满意_____   2. 基本满意_____   3. 不太满意_____

    4. 基本不满意_____   5. 完全不满意_____

三十三、您是否同意这种观点:"检查和反馈对规章制度的执行至关重要。"

    1. 非常同意_____   2. 基本同意_____

    3. 不太同意_____   4. 完全不同意_____

三十四、若发现规章制度的内容或规章制度在执行中存在明显问题,您通常如何反应?

    1. 忽视_____   2. 阳奉阴违_____   3. 公开抵制_____

    4. 在同事间发表自己的见解_____   5. 向校长反映_____

    6. 向上级主管部门反映_____   7. 向副校长反映_____

    8. 向中层领导反映_____   9. 不知道怎么面对_____

三十五、您是否同意这种观点:"我校的各项规章制度符合学校的实际情况,是切实可行的。"

    1. 非常同意_____   2. 基本同意_____   3. 不太同意_____

    4. 完全不同意_____   5. 不知道_____

三十六、您参加过几次教代会?

    1. 零次_____   2. 一次_____   3. 二次_____

    4. 三次_____   5. 四次_____   6. 五次及以上_____

三十七、您认为教代会在学校重要文件制定中的作用:

    1. 非常大_____   2. 有一定的作用_____

    3. 基本没有作用_____   4. 没有任何作用_____

三十八、您是否同意这种观点:"教代会在学校文件的起草中只是一枚橡皮图章而已。"

    1. 非常同意_____   2. 基本同意_____

    3. 不太同意_____   4. 完全不同意_____

三十九、学校教代会代表是:

    1. 民主选举产生_____   2. 工会指定的_____

    3. 自荐的_____   4. 推荐的_____   5. 延续上届的_____

    6. 不知道如何产生_____

四十、要进一步发挥教代会的职能,最重要的是:

    1. 代表要强化权利意识,勇于维权_____

    2. 主管校领导要改变领导方式_____

    3. 工会应发挥其应有的职能_____

    4. 教师要有主人翁的责任感_____

四十一、您对教育系统提供的相关培训或继续学习的机会(如短期培训、教育硕士)感兴趣吗?

    1. 非常感兴趣_____   2. 兴趣一般_____   3. 无所谓_____

    4. 不感兴趣_____

四十二、您一般是通过什么方式了解这些学习或培训机会的?

    1. 学校公示_____   2. 开会时领导宣布_____

    3. 新闻媒体或网络_____   4. 向行政人员打听告知_____

    5. 教师间交谈时得知_____   6. 校外亲戚朋友告知_____

    7. 校领导谈话时告知_____   8. 其他_____

四十三、您认为学校在收到培训通知后向全体教师公开这一信息是:

1. 只有好处,没有坏处_____   2. 利大于弊_____

3. 利弊相当_____   4. 利小于弊_____

5. 只有坏处,没有好处_____

四十四、您认为学校的相关领导了解您工作中的困难吗?

1. 十分清楚_____   2. 清楚_____   3. 不太清楚_____

4. 根本不了解_____   5. 不知道他们是否了解_____

四十五、您有自己的职业规划吗?

1. 有_____   2. 没有_____   3. 不确定_____

若有职业规划的话,您认为在本校能实现吗?

1. 能实现_____   2. 有可能实现_____

3. 不能实现_____

四十六、您是否想过更换自己目前的这份工作?

1. 经常想_____   2. 偶尔想_____   3. 从未想过_____

四十七、您觉得自己胜任当前的工作吗?

1. 完全胜任_____   2. 称职_____   3. 基本称职_____

4. 不能胜任_____

四十八、您认为学校的发展前景:

1. 一片光明_____   2. 机遇和挑战并存,在竞争中生存_____

3. 困难重重,前途不光明_____   4. 没有希望_____

Ⅲ　振荡与平衡：
对 S 乡小学布局调整的实地研究

一、导　论

1. 研究缘起

自实行"九五"规划起,我国开始实施农村小学布局调整,"十五"期间达到高潮。其调整幅度之大、速度之快、涉及面之广,渗透到农村的每一个角落,一时成为广大农村乃至整个社会关注的焦点。

目前,经过"九五"、"十五",全国相当一部分农村小学的布局调整已基本进入收尾与平静期,一切似乎都标志着布局调整的高峰已过,将暂告一段落。在任何一种教育现象的高峰期过后,对其发生、发展的过程作一个理性的思考,是每一个从事教育理论与实践工作者应当做的。

每一个组织都有它确定的生命周期,有些组织会长久地生存下去,有些则只具有暂时性。无论如何,组织都必须使自身不断适应外在环境的变化,并能够生存下去,以便实现基本目标。换句话说,每一个组织都需要稳定性和连续性,同样也需要适应性和变革性。"组织必然要进行变革,因为组织是一个不断与外在环境发生相互作用的开放系统。组织变革是适应环境和自我调整的必然要求。"[1]根据组织社会学中组织变革的有关理论,研究者认为可以把"布局调整"看作是在整个农村小学的"大组织"或每所农村小学的"小组织"中进行的一场声势浩大的"组织

---

[1]　于显洋:《组织社会学》,中国人民大学出版社 2001 年版,第 331 页。

变革"。组织社会学理论认为,组织变革是对组织现有状态的修正和改变,目的是为了更好地适应内外环境的变化,以便能顺利地实现组织目标。农村小学布局调整作为一场组织变革,使农村基础教育产生了强烈的振荡,这场变革产生的内外动力是什么? 其要修正与改变的现有状态是什么? 振荡后的学校组织及各要素是如何寻求平衡发展的? 是否顺利实现了组织的预期目标?

从理论层面看,阿吉里斯(C. Argyris)指出,支配人的行为的通常有两种不同的理论形态,一是外显理论(explict theory),二是内隐理论(tacit theory)。[1] 人们信奉外显理论,但未必表现为管理行为,而人们的管理行为势必体现人们的内隐理论。因此,对组织管理真正产生影响的应该是组织成员的内隐理论。在农村小学布局调整的这场变革中,其组织管理者的外显理论与内隐理论是什么呢? 其变革本身是否具有科学性、合理性? 变革的依据是什么? 是源于农村基础教育发展的实际需要,还是来自"摇椅上的理论",[2] 抑或纯粹是一种"政府行为"? 如果布局调整在优化资源配置的同时也扩大了办学规模,那么这与西方发达国家及我国新课程改革中提倡的"小班化教学"、"缩小办学规模"的精神是否背道而驰呢?

从实践层面看,农村小学布局调整的实施在一定程度上确实节省了人力、物力、财力,似乎遵循了经济发展规律,但是否也遵循了教育发展规律呢? 应然与实然状态中的布局调整是否完全一致? 其过程是怎样的? 对农村的基础教育产生了怎样的影响?

上述种种问题促使研究者从理论与实践等层面对农村小学布局调整的实施加以反思。由于理论与实践的一体两面性,研究者选择了 H 市 T 县 S 乡小学布局调整作为研究的切入点,"回到事物本身",[3] 尽可能地接近教育的现实世界,以局内人的身份,用局内人的语言与意义体系来解释一切。[4] 通过对个案的实地研究来透视布局调整给农村小学的生存与发展带来的深刻影响,这些也许就是构成本章选题的重要缘由吧。

---

1 张新平:《教育组织范式论》,江苏教育出版社 2001 年版,第 7 页。

2 人类学者常把关起门来做学问的书斋型学者称为"摇椅上的人类学者"。参见张新平:《教育行政组织的发展与创新》,南京师范大学出版社 2003 年版,第 9 页。研究者在此姑且把那些书斋型学者研究出的理论称为"摇椅上的理论"。

3 维克多·维拉德-梅欧:《胡塞尔》,杨富斌译,中华书局 2002 年版,第 16 页。

4 Peter Woods, *Inside Schools Ethnography in Education Research*. Reprinted 1991 by Routledge, p. 4.

教育管理实践个案研究:实地研究方式

2. 研究现状与意义

（1）研究的现状

在确立了研究方向后,研究者开始寻找有关资料,结果发现,目前国内外的著作中尚未有关于农村小学布局调整的系统研究,因此本研究具有较大的探索性。

然而,翻阅诸多报章杂志,登陆中国期刊网、百度、Google 等各大站点,研究者发现与之相关的文章有很多,文章题目虽不尽相同,但细究其研究视角和触及的问题,却基本雷同,几乎都是从某个单一的视角对农村小学布局调整作出较为情绪化的主观评述,且大部分文章都属于经验总结,追逐"潮流",正面赞扬的更是占绝大部分。当然,研究者在此并无意也没有资格任意评说,因为比起那些对农村基础教育改革与发展熟视无睹的人,这些作者的倾情关注相当难能可贵,只不过他们难以做到像叶澜教授倡导的那样,"我们做研究的既要上得了天,还要入得了地"。[1] 因为"有限的研究经费、可怜的个人自由支配的时间,加之理论通向实际的渠道不畅等多方面原因,使得这种研究行为实在是难以避免"。[2]

研究者把现有的关于农村小学布局调整的文章大致分为两大类：一类是有关的政策、规划或成果简介。此类文章的作者多为教育行政管理人员,他们从行政领导的视角,用数据统计的方式,对农村小学布局调整大多给予正面的归纳总结。如：王海川的《统筹兼顾,优化配置,做好学校布局调整工作》,[3] 杨崇龙的《提高质量,提高效益,进一步做好学校布局调整工作》等。[4] 另一类是对布局调整的经验总结。这类文章所占比例较大,作者多为直接参与布局调整的一线管理人员或教师。他们亲眼目睹或亲自参与了布局调整,以当事人的身份,对调整的利弊给予了极大的关注。如袁显荣的《贫困山区学校布局调整的难点与对策》,[5] 杨平的《农村学校布局调整的有益探索》[6] 以及宋洲的《农村小学布局调整之痒》,[7] 等等。上述文章概括总结

---

[1] 2003 年 3 月 2 日,叶澜教授在南京师范大学教育科学学院做了《新世纪中国教育学科发展的若干问题》的学术讲演。该观点是叶澜教授倡导的一个重要理念。

[2] 张新平：《教育行政组织的发展与创新》,南京师范大学出版社 2003 年版,第 10 页。

[3] 王海川：《统筹兼顾,优化配置,做好学校布局调整工作》,载《天津教育》,1999 年第 1 期。

[4] 杨崇龙：《提高质量,提高效益,进一步做好学校布局调整工作》,载《云南教育》,2000 年第 12 期。

[5] 袁显荣：《贫困山区学校布局调整的难点与对策》,载《贵州教育》,2001 年第 1 期。

[6] 杨平：《农村学校布局调整的有益探索》,载《中小学管理》,1998 年第 12 期。

[7] 宋洲：《农村小学布局调整之痒》,载《时代潮》,2004 年第 5 期。

的内容对当前农村小学布局调整具有一定的现实指导意义,同时也为研究者的进一步研究提供了参考。

(2) 研究的意义

从全国农村小学布局调整的工作中截取一个乡作为个案进行实地研究,其意义究竟有多大? 在此,研究者并不奢望仅仅通过一个个案就对整个农村小学的布局调整工作作出一种"普适性"的、"共性"的推论,况且,这也并非实地研究之初衷。美国教育社会学学者埃弗哈特(R. B. Everhart)认为,"实地研究作为一种研究方法,非常重视研究者在研究的形成、资料的收集及结果的解释方面的重要性"。[1] 我国社会学家费孝通先生也认为,"实地调查、现场观察,用研究者本人的感受,去体会研究对象的行为和思想在其生活上的意义,则是和前一代依靠书本记载、别人的书信以及通过翻译间接取得的资料,来引申理论的研究方法在科学上是有质的差异的"。[2] 因此,本章通过实地研究方式,对一个乡的小学布局调整实施"麻雀解剖",从而进入研究对象的真实世界,虽不能"窥一斑而见全豹",却可以"由一点到多点,由局部接近全体"[3]来逐步反映教育管理工作的全貌。也许选择这种有别于传统的沿袭已久的思辨研究和实证研究的实地研究方式本身,就是本研究的一个重要意义之所在。

由于农村小学布局调整几乎涉及农村基础教育管理工作的方方面面,可以说是农村基础教育管理工作的一个缩影,因此,本研究的另一个意义还在于,通过对一个乡的小学实施布局调整的全程追踪与描述,把真实的活生生的教育管理世界呈现在所有从事教育管理理论研究与实践的工作者面前,使他们通过本研究倾听彼此的心声,反思自己习而不察的"内隐理论",并透过农村小学的布局调整,发现教育管理实践中存在的问题和困惑,找出解决的方法与途径。

3. 有关概念的界定

何谓布局调整? 何谓农村小学布局调整? 在研究初期,研究者对其涵义并不以为然,只是简单地把农村小学布局调整概括为:"为达到优化配

---

1 See R. B. Everhart, Fieldwork Methodology in Educational Administration. In Norman J. Boyan (Ed.), *Handbook of Research on Educational Administration*. Longman Inc. , 1988, p. 704.

2 费孝通:《费孝通学术文集:学术自述与反思》,生活·读书·新知三联书店 1996 年版,第 322 页。

3 费孝通:《费孝通学术文化随笔》,中国青年出版社 1996 年版,第 32 页。

教育管理实践个案研究:实地研究方式

置、资源共享的目标,将至少两所或两所以上的小学合并为一,扩大规模。"这可能与预研究阶段研究者对一些领导的初步访谈有关,当时不止一个领导提及,"由于现有的农村小学规模呈缩减趋势,教育开支增大,浪费了资源,所以要进行布局调整","调整后,学校规模扩大,易进行校本开发,便于开展教研活动",等等。直至有学者指出,合并学校并不能够完全反映农村小学布局调整的内涵时,研究者才开始重新思考其涵义,并将对布局调整、合并学校、规模办学等概念的理解与区分,运用于访谈提纲与开放式问卷的设计中。

然而,在正式研究阶段的访谈与问卷中,研究者依然听到、看到了许多与上述理解相似的观点。研究设计的问卷中有一个问题为:"您认为什么叫农村小学布局调整? 布局调整与合并学校、规模办学等的涵义是否相同?如有不同,如何区分?"结果,在 135 份有效问卷中,有 60 份明确回答"布局调整就是合并学校",占 44.44% ;有 10 份问卷明确认为,"布局调整就是规模办学",占 7.41% ;认为三者完全相同的有 15 份,占 11.11% ;另有 50 份认为三者"不太相同",占 37.04% 。回答三者不太相同的人认为,"布局调整是对原来不合理的布局结构进行规范化","合并学校考虑更多的是生源,而布局调整考虑更多的是学校分布"。但他们同时认为,三者虽不相同,却又有联系:"布局调整涵盖了合并学校、规模办学","布局调整与规模办学一定是连在一起的",等等,正所谓"仁者见仁,智者见智"。

为了进一步澄清和区别这几个概念的涵义,研究者查阅了多部词典,并结合实地研究中的切实感悟,认为可以作以下理解与区分。

所谓"布局",是对事物的全面规划和安排;"调整"是重新调配整顿,以适应新的情况和要求。"布局调整"可以理解为,"为适应新的情况,对事物进行全面的重新规划、调整。"因此,农村小学布局调整可以理解为,"为适应农村教育新的发展形势,对农村小学进行重新规划、调整。"这种规划、调整可能有多种形式,"合并学校"、"规模办学"只是其中的某种形式而已,但"布局调整"的形式和本质决不应该仅仅是"合并学校"和"规模办学",像"新建学校","新设某个教学点",或根据调整需要,将原有小学"迁校移址"等,都应在小学布局调整的范畴之中。因此,根据上述概念的阐释,研究者认为,农村小学布局调整至少应包含下列几种形式。

(1) 撤并学校。根据布局调整的相关要求,将一所或一所以上未达到标准的小学完全撤并入相对符合标准的小学。此类调整后的若干所学校在合并的同时也扩大了规模。根据调查,目前农村小学布局调整以此形式居多。

(2) 合并迁校。根据布局调整的要求,将两所或两所以上未达到标准的小学合并后,重新选址布局。

(3) 新建学校。根据布局调整的要求,在原先没有学校的地方新建学校。

(4) 保留或新设教学点。这种形式常常是在"撤并"或"合并"的过程中产生的。当实际情况不允许一次性完全"撤并"或"合并"的时候,此种形式便应运而生。

除了上述几种形式外,研究者在研究中还接触到一种更有特色的调整形式,那就是"置换新建",即两所或两所以上的学校进行校址置换,并同时与其他学校进行合并,然后再在新置换的校址上重新建校。这种调整形式比较复杂,也很少见,但正是本研究的描述重点。

当然,以上仅仅是研究者根据词典查阅及实际调查而形成的一点感性认识,其科学性与严密性还有待进一步考证。

4. 研究对象的确定与进入现场

研究者所在的市有许多农村小学,由于各所小学所处的地理位置(沿海的、山区的、城区的、郊区的)、当地的经济发展水平和基础教育条件等诸多方面的不同,布局调整的具体实施存在差异性,有些甚至相差很大。因此,选择什么样的个案作为研究对象,这对研究结论具有较大影响。

这里有必要说明一下,这里所说的个案指的是一个乡,本研究的具体对象是一个乡的小学布局调整,其实施涉及多所小学的共同参与。

选择什么样的乡作为研究个案?研究者认为,这个乡应该在农村小学的布局调整中具有一定的典型性,最好能够集中反映当前农村小学布局调整的真情实况。当然,也不能希冀仅一个个案就能具有很大的代表性,因此,研究不求"共性",只求"个性",只要个案具有自身特色,能反映其自身在农村小学布局调整中的个性就行。带着这种想法,研究者来到由上一级领导帮助联系的 T 县教育局,访谈了该局 T1、T2 两位局长。在了解来意后,他们表示一定大力支持,T2 局长接受了研究者长达两个多小时的访谈。同时,研究者希望他能推荐一个乡作为研究个案。研究者对作为研究个案的乡提出了几点要求:一是最好该乡参与布局调整的小学有完小、初小、联小等多种类型;二是调整后的该乡最好既有完小,又保留部分教学点;三是该乡的布局调整比较有自身特色。T2 局长立即推荐了该县的 S 乡。他说,S 乡不仅实施了一般意义上的布局调整,还创造性运用了"中小学置换"的方法丰富了布局调整的内涵;S 乡大规模的布局调整虽已结束近两年,但还有许多遗留问题等待解决,因此很有研究价值。

T2 局长随即安排基础教育科科长陪同研究者赴 S 乡。可就在去 S 乡的路上,科长不止一次地动员我更改行程,说可以带我去别的乡看看,并不停地抱怨 T2 局长不该推荐我去 S 乡进行研究(在与他的交谈中,研究者得知,S 乡布局调整的前期工作是 T2 局长负责的,后期工作是由这位科长负责的)。他说,S 乡的小学布局调整工作非常复杂,各种矛盾尖锐突出,去那里一定会听到许多截然不同的声音,等等。总之,他对我选择 S 乡非常不满。从他焦虑的目光与语气中,我看出这是一个非常在乎自己工作业绩的人,他是担心我对 S 乡的研究会影响他的工作。对此,我郑重地向他保证,研究成文时将隐去所有真名实姓,以保护研究对象的隐秘性。研究者的保证与一路上融洽的沟通,终于赢得了他的信任与配合。在颠簸了近一个小时后,研究者来到了 S 乡,通过科长的引见,成功地进入了研究现场。

5. 研究的方式方法

本研究主要运用了实地研究,兼有调查研究与文献研究。

实地研究作为一种定性研究方式,或者如张新平在其所著《教育行政组织的发展与创新》中所说的,与其说是一种方式方法,不如说是一种思想和观念。研究者也认为,实地研究其实就是一种研究思想的解放与创新,是一种"从书斋走向田野"的思想,是一种"从上天到入地"的思想,是一种"从理论到实践"的思想。正是在这种思想观念的指导下,从事实地研究的工作者在确定了所要研究的问题或现象后,不带任何假设进入到现象或对象所生活的情境中,努力不造成干扰和破坏,使研究对象真实地展现。通过参与观察,收集各种定性资料,在对资料进行初步的分析和归纳后,开始进一步的观察和归纳。实地研究的特点是焦点集中,对现象的了解特别深入、详细。通过深入洞察研究对象,能够获得非常丰富、生动、具体、详细的资料,较好地展现事物或事件发生、发展及变化的全过程。实地研究强调"回到事物本身",深入到具体的教育管理情境中,这种研究方式关注的是教育管理者遭遇到的实际问题,因而缩短了理论与实践的距离。"上天后才能俯视,入地后才能扎根。"[1]这种立足于教育管理实践的实地研究,对于当前教育管理研究中盛行的思辨研究与实证研究,确实是一种必要的补充。

就本研究所选择的论题来说,我国农村小学布局调整自"九五"以来已实施近十个年头,其间关于这方面的报道与研究文章虽然不少,但大多只是蜻蜓点水、泛泛而谈。其实,在研究者看来,乡村小学布局调整作为国家或政府的一项政策或制度,在全国轰轰烈烈地开展与推进,而各地农村由于种种原因,在诸多方面存在差异,这些个体差异构成了乡村小学布局调整具体实施中所必须面对的最现实的问题。因此,为了更客观地反映农村小学实施布局调整的实然问题,研究者认为,实地研究的方式是最合适的选择。

二、农村小学布局调整的背景

研究一个乡的小学布局调整,必须把它纳入到整个社会大环境中,因为"生活中的一切现象都是相互关联的。相互关联的事物组成了客观存在的系统"。[2] "必须把社区看作是整体来研究,考虑这整体中各部分之间的关系,包括环境。没有和周围隔绝的系统,也没有真正自给自足的社区。"[3]S 乡无疑也是一个系统,这个系统不断地"要与更大的系统,即边界外的环境进行不间断的物质、能量和信息的沟通和交流。"[4]而在整个大系统之中,对 S 乡产生影响的因素非常复杂,既包括边界外的环境,如国家、省、市、县的政治、经济、文化等诸多因素,也包括 S 乡系统内部的种种因素。当然,这其中对 S 乡小学布局调整影响最直接的还是从国家到地方的整个教育系统内所进行的农村小学布局调整的政策与环境。所以,在 S 乡所处的整个大系统中,研究者只截取了与其小学布局调整直接相关的内外背景作一介绍,以加深读者对 S 乡小学布局调整的客观因素的理解。

---

1 叶澜:《新世纪中国教育学科发展的若干问题》,系作者 2003 年 3 月 2 日在南京师范大学教科院国际报告厅所做的报告。

2 费孝通:《学术自述与反思》,生活·读书·新知三联书店 1996 年版,第 44 页。

3 费孝通:《费孝通学术文化随笔》,中国青年出版社 1996 年版,第 314—315 页。

4 张新平:《教育行政组织的发展与创新——对基层教育行政的个案研究》,南京师范大学出版社 2003 年版,第 31 页。

1. 外景扫描

改革开放以来,我国农村教育得到了前所未有的发展。伴随着教育的勃兴和生活水平的提高,人们对教育尤其是优质教育的需求也日益强烈。《国务院关于进一步加强农村教育工作的决定》提出,要坚持把农村教育置于重中之重的地位,加快农村教育发展,深化农村教育改革,促进农村经济社会发展和城乡协调发展,努力提高普及九年义务教育的水平和质量,为 2010 年全面普及九年义务教育和全面提高义务教育质量打好基础。《2003—2007 年教育振兴行动计划》包括两大战略重点 ,其中之一便是推进农村教育发展与改革 。自"九五"规划开始大规模实施的农村小学布局调整,就是国家为"优化资源配置"、"提高农村基础教育办学质量"而在全国轰轰烈烈实施的农村基础教育发展与改革的重要举措之一。经过"九五"、"十五"规划的实施,布局调整在诸多层面对农村基础教育产生了深刻而持久的影响。

江苏省农村基础教育的发展与改革主要经历了三个时期,即普及期、巩固期与均衡发展期,自 1996 年全面实施九年义务教育以来,现已进入了均衡发展阶段。而江苏省调整农村小学布局也走在全国前列,目前基本进入尾声。在被问及"江苏省农村小学布局调整始于何时"时,H 市教育局基础教育处的负责人表示,江苏省教育厅在"八五"中后期就有意识地对教育资源进行了整合。江苏省的农村小学布局调整始于苏南,"八五"期间,苏南农村出现了自发的学校布局调整,并且很快向苏中、苏北拓展,在此基础上,省教育厅于"九五"、"十五"期间陆续颁布了有关农村小学布局调整的正式文件。

H 市农村小学第一轮布局调整在"九五"期间正式启动,第二轮在"十五"期间进行并达到高潮。这段时期主要依据江苏省教育厅 2000 年 7 月发布的《关于进一步做好中小学布局调整的意见》和省政府文件《关于加快基础教育改革与发展的意见》,对"九五"期间农村小学布局调整作进一步的统筹规划,"按照适度规模办学要求,采取积极措施,争取用 3 年左右时间,基本完成中小学布局调整任务"。H 市政府有关文件明确指出了"十五"期间农村小学布局调整的目标和任务: 小学从原有的 1644 所调整到 703 所以内,每乡镇建 1 所中心小学,规模至少四轨以上;其他完全小学的服务人口达 5000 人以上;所有初级小学不再独立建制,应依托附近的完全小学成为办学点。城镇小学四轨以上规模的要超过 60%,撤销所有单轨小学。中小学班额要达到国家和省规定的标准,交通特别不便地区的办学点,班额不低于20人。在 H 市"十五"期间小学布局调整规划汇总表中,研究者看到了这样一组数据:全市现有完小 999 所,初小(点)645 所,合计 1644 所;在调整规划中,不调整的完小 188 所(占现有完小的 18.81%)、初小 19 所(占现有初小的2.95%);改扩建的完小 498 所(占现有完小的 49.85%);全撤并的完小131 所(占现有完小的 13.1%)、初小 382 所(占现有初小的 59.2%);改教学点的完小 171 所(占现有完小的 17.1%)、初小 240 所(占现有初小的37.21%);易地新建 15 所;新增建 2 所;调整后,全市共保留 703 所完小、430个教学点。

在 H 市所属的几个县区中,T 县农村小学布局调整的起步时间相对较晚,其调整的速度、幅度在"十五"期间达到高潮。据统计,T 县原有完小 188所,初小(点)280 所,共计 468 所,在调整规划中,无一所完小或教学点不参与调整的,其中,接受改扩建的完小 129 所(初小 3 所),全撤并的完小 10 所(占5.3%),初小 170 所(占 60.7%);改教学点的完小 52 所(占 27.7%)、初小 106 所(占 37.9%);易地新建 1 所;调整后的完小有 130 所,教学点158 个。

2.对象聚焦

S 乡地处 T 县北部,20 世纪 50 年代,全乡总共只有两个村,小学离各村不出 2 里路。而现在 S 乡共有 21 个行政村,5.1 万人口。

在周边地区轰轰烈烈调整小学布局时,S 乡也卷入其中,全乡 7 所完小、15 所初小全部参与了布局调整。在 S 乡上报 H 市的小学布局调整规划中,原定改扩建完小 5 所,初小改完小 1 所,撤并完小 1 所、初小 7 所,改教学点的完小 1 所、初小 7 所。在 S 乡上报 T 县的小学布局调整规划中,原定改扩建完小 3 所,撤并完小 1 所、初小 8 所,改教学点的完小 4 所、初小 6 所。然而,后来的实际操作与规划的数据有较大出入。

调整后的 S 乡只保留了 3 所完小(其中 1 所为新建),其余 5 所完小均改为教学点。在 15 所初小中,完全撤并的有 7 所,其余 8 所改为教学点。也就是说,布局调整后的 S 乡现有完小 3 所、教学点 13 个。为研究表述的方便,研究者在此把调整后保留的 3 所完小称作 A 中心小学、[1] B 完小、C 完小。

---

1 这里把 S 乡小学布局调整前的中心小学称为"原中心小学",调整后新建的中心小学称为"A 中心小学"。

　　A 中心小学是 S 乡在布局调整中新建的一所完小，它是将 S 乡原中心小学与一所中学置换，并与多所小学合并。B 完小、C 完小虽然在形式上与 A 中心小学同属于完全小学，但在各方面是由 A 中心小学统一管理的，因此，事实上，A 中心小学的影响力辐射全乡，在全乡的小学教育中起着统领作用。A 中心小学的上一级管理机构不是乡政府或县教育局，而是 S 乡的一个专门机构"中心校"。初听到"中心校"，研究者以为这也是一所学校，到了实地才知道，"中心校"只是一个专门的办公场所或管理机构，内设多个管理部门，各部门均设 1 ~ 2 人，其人员组成多为 S 乡即将退休或已退居二线的各小学管理人员或"关系"人员。他们平时无具体工作，上级如果有文件、通知下发，首先发到"中心校"，再由"中心校"往下传达，并随时可以到下面例行检查。"中心校"的直接附属领导学校是 A 中心小学。访谈中得知，A 中心小学的校长平时并不在中心小学驻地办公，而是在"中心校"办公，校长不上课，其主要任务是管理全镇的小学，中心小学的具体工作由副校长主管。

　　"为什么校长不在自己的学校办公？"研究者问。

　　"这样工作起来更方便些，可以更好地领会与实施上级的旨意与要求。""中心校"一部门负责人如是说。

　　"那何不把上级文件直接发给中心小学的校长，这样不就可以精简'中心校'这个机构了吗？"研究者追问。

　　"那可不行！我们把各校的退休人员安排在这里办公，直接的目的并非为了教育教学管理，而是为了占有这块地和房舍。这是一所废弃的小学，因为当初是由乡里出钱建造的，所以如果现在不占用的话，就将被乡里收回。"该负责人一语道出"中心校"虚设的苦衷。

　　S 乡的 13 个教学点分属 3 所完小。其中 A 中心小学下设 9 个教学点，B 完小下设 3 个教学点，C 完小下设 1 个教学点。A 中心小学的 9 个教学点又可细分为 6 个一级教学点和 3 个二级教学点。[1] 调整中，有 5 所初小完全撤并进入 A 中心小学，另有 5 所初小和 4 所完小成为 A 中心小学的教学点。B 完小的 3 个教学点均为调整前的初小，另有 1 所初小完全撤并进入 B 完小。C 完小的 1 个教学点为调整前的完小，另有 1 所调整前的初小撤并进入 C 完小。

　　从以上资料可以看出，在 S 乡小学布局调整中，A 中心小学作为调整后

　　1　所谓二级教学点，即一级教学点的"点下点"，由一级教学点负责管理。

置换新建的中心小学,无论是调整的形式还是调整的内容、规模,都与其他两所完小明显不同,其调整的新颖性、独特性、复杂性吸引了研究者对其进行深入研究。

三、农村小学布局调整的动力

《国务院关于进一步加强农村教育工作的决定》中提出要加快农村教育发展,深化农村教育改革。教育部《2003—2007 年教育振兴行动计划》中制定的两大战略重点之一便是推进农村教育发展与改革,提出到 2007 年底,力争使西部地区普及九年义务教育人口覆盖率达到 85% 以上。要以实施"农村寄宿制学校建设工程"为突破口,加强西部农村初中、小学建设,继续实施"国家贫困地区义务教育工程"和"中小学危房改造工程"。已经实现"两基"目标的地区特别是中部和西部地区,要巩固成果、提高质量,千方百计改善学校的办学条件,全面提高教师和校长素质。经济发达的农村地区要实现高水平、高质量"普九"目标,加强农村中小学现代远程教育,要致力于提高教育质量和效益,持续向农村中小学提供优质教育教学资源,整合农村各类资源等。

上述《决定》与《计划》连同国家有关政策、文件的指示与精神,是否就构成了全国大规模实施农村小学布局调整的缘由呢? 研究者翻阅了大量报刊,发现就"我国农村小学布局调整的缘起"问题,大部分文章都提到"整合资源"、"优化配置"、"提高质量和效益"这几个关键词,这也是国家关于农村小学布局调整工作的政策文件中出现频率最高的词。

那么,各地具体实施农村小学布局调整的初始动力是什么? 是源于农村基础教育发展的实际需要,还是仅仅忠实执行政府的政策、文件? H 市、T县、S 乡小学布局调整的目标和宗旨是什么? 带着对这些问题的思考与探究,研究者走访了该市、县、乡、校的有关人士。

1. H 市农村小学布局调整的启动

访谈地点:H 市教育局基础教育处

访谈时间:2004 年 8 月

访谈对象：H 市教育局基础教育处 H1 处长

访谈问题及内容：

- **您认为 H 市的农村小学为什么要进行布局调整？**

答：整个江苏省农村小学布局调整始于苏南。从长远的发展过程来看，江苏省中小学教育已经跨越了两个阶段，第一阶段是义务教育普及期，第二阶段是巩固期，现在已经进入第三阶段的均衡发展期。布局调整就是在均衡发展阶段提出的，其主要目标就是为了解决义务教育普及与巩固阶段遗留的一些问题。"文革"以后，为了适应农村高出生率和老百姓希望接受教育与教育支付能力低下的状况，江苏义务教育普及的进程迅速加快，形成了"村村办小学、乡乡办中学和联中"的局面，有的乡甚至办了好几所中学。这种办学模式在当时对于转变教育观念，更好地普及九年义务教育，减少农村文盲的数量，发挥了巨大的作用。

然而，改革开放以后，随着江苏省经济的快速发展，特别是苏南乡村经济的发展处于全国领先水平，苏南农民的各种观念(尤其是生育观念)发生了改变，农村人口出生率出现了长期持续下降的现象，人口较长时间出现零增长甚至是负增长，这使原来村村都有的小学、乡乡都有的中学生源迅速减少，再加上苏南乡村之间的整体布局较为紧凑，自然村之间距离较近，便出现了一些小学校舍闲置、教师过剩的现象，极大地浪费了教育资源，加重了教育投入，教育产出与教育投入失调。在这种情况下，为了节约资金、土地、师资，优化教育资源配置，发挥规模办学效益，苏南农村出现了自发的学校布局调整。江苏省教育厅看到这种情况后，在"八五"中后期就提出欲对布局分散的学校进行调整，但真正发文是在"十五"期间。"九五"以后，苏南农村小学布局调整的趋势很快向苏中、苏北拓展。

H 市是经济发展相对落后的苏北城市，其第一轮农村小学布局调整是在"九五"期间正式启动的。近些年，全市小学规模逐步减少，在校生规模最大时达 64 万人，仅经过五六年时间，就减少到目前的 50 万人，预计这个数字还将进一步下降到 38 万人左右。人口出生率的迅速下降以及农村人口向城市流动速度的加快，使 H 市农村小学的布局调整势在必行。但"九五"期间，H 市农村小学布局调整的速度、幅度都不太大。

H 市的第二轮农村小学布局调整在"十五"期间进行，主要目标是扩大规模，提高效益。这一时期 H 市农村小学布局调整的速度、幅度达到了高峰。调整的主要依据是江苏省教育厅 2000 年 7 月发布的《关于进一步做好中小学布局调整的意见》和江苏省人民政府《关于加快基础教育改革与发展的意见》中对"九五"期间农村中小学布局调整的进一步统筹规划。

● 您这里接到过哪些有关农村小学布局调整的上级文件？

答："九五"期间省里没什么文,"十五"期间主要发布了上面说过的几个文件。另外,在江苏省人民政府办公厅文件《省政府办公厅转发省编办等部门关于核定中小学教职工编制实施意见的通知》中,也提到了农村小学布局调整问题。

根据上述访谈,研究者归纳出以下三个要点。

第一,江苏省苏南农村小学布局调整是自下而上的,起于实践。

第二,作为经济发展相对落后的苏北城市,H市农村小学布局调整的初始方向是自上而下的。一是受苏南的影响;二是执行省教育厅和省人民政府的有关文件。

第三,H市在外围环境的影响及上级文件的指示下,反思自身农村小学教育的现状,意识到布局调整势在必行。

与此同时,研究者也存在三个困惑。

其一,苏南、苏北无论是在经济、文化还是在教育等诸多方面,都存在很大差异,那么苏南农村小学的布局调整是否能够构成苏北农村小学布局调整的直接缘由呢？

其二,省教育厅和省政府有关农村小学布局调整的文件对苏南、苏北是否同样适用？

其三,在周边地区农村小学布局调整的影响以及一系列上级文件的指示下,H市进行的农村小学布局调整究竟能在多大程度上满足自身发展的实际需求？

2. T县农村小学布局调整的开始

T县地处H市西北部,其经济、文化等各方面的发展在H市所属的几个县中处于中等水平。T县农村小学的布局调整相对于其他县、区开始较晚,进展较慢,但"后来居上"。"十五"中期,T县农村小学布局调整步伐加快,仅用一两年时间,其调整成果即引起省、市政府和教育主管部门的高度重视,2003—2005年,连续获得省和市的布局调整专项资金补助。T县的农村小学布局调整为何能"后来居上"？其调整的源动力又是什么呢？

访谈地点：T 县教育局

访谈时间：2005 年 4 月

访谈对象：T 县教育局 T2 副局长

访谈问题及内容：

- 您认为 T 县为什么要进行农村小学布局调整？

答：2003 年我调入此部门不久，刚好遇到全市农村小学布局调整的高峰时期。我认为 T 县农村小学布局调整的缘起主要有以下几方面。

第一个动力：2003 年初，我到市里开布局调整座谈会，会上得知 T 县农村小学布局调整工作在全市排在最后，听说其他县有乡镇一年撤并 20 所学校，一下子感觉我们的工作很落后，压力很大。而当时适逢 2003 年底省里要来验收调整的情况，于是奋起直追，实际调整的幅度比对外公布的数字要大得多。

第二个动力：省里有政策，对农村小学实施布局调整的地区有资金补助，2003 年，每撤并一所学校就有 3 万元奖励。而且，从 2003 年到 2005 年，省里每年给予布局调整的专项补贴有 340 万元，三年共 1000 多万元，省里的意思是扶持弱者，加大力度。市里每年也有 70 万元补贴用于布局调整。这是 T 县进行布局调整的第二个动力。

第三个动力：我到这个部门后亲自下去跑了一下，各校的学生数确实在下降。2003 年，在校一年级学生比六年级少了一半，大概是 1.5：3.2，二～四年级总共只有 2 万人。有些小学一个班只有 6 个人，还有的学校一、二年级是混合班，才 12 人。人数太少，给人感觉不像个学校，没有人气，没有学习氛围，这是从学校自身来看。从师资来看，基本是实行包班，每班 1 个教师。这些学校基本上都在偏远农村，中心校领导很少去，我们就更少去了。T 县最早有 468 所小学，村村都有，有的民办教师边代课边种地，有时一个教师要管几个班。在这种情况下，不调整的话，教学质量就上不去。

第四个动力：自己很想做点事。我以前的工作业绩很好，现在却感到自己的工作有落后的地方，从个人的角度来讲，我很自责。既然上级要求调整，而且人家都做了，证明路子是对的，所以也应该向人家学习。

- 您认为国家为什么要推行农村小学布局调整？

答：主要是政府投资不到位。我知道原来农村小学主要是靠村集体出钱,靠乡镇集资,乡镇中心小学靠教育费附加。乡镇经过上面的"农工部"(现在称农村工作办公室)批准集资。村里的集资就很随意了,按劳动力、人口,每人10元或20元。今年盖一间,明年盖一间。真正地说,我们国家的义务教育不是政府办起来的,而是老百姓担起来的。我认为调整的实际原因是政府投资不足。如果政府能投入到位,就没有必要合并了。政府对义务教育投入减少,将来民办学校倒了怎么办? 还是要政府负责。我们县现在有民办学校23所,只是有数量,却无质量,但这些民办学校把教师、学生都招进去了,减轻了政府的财政压力。

访谈地点:T县教育局
访谈时间:2005年4月
访谈对象:T县教育局T1副局长
访谈问题及内容:

● 您认为T县为什么要进行农村小学布局调整?

答:首先,T县农村小学布局调整是大势所趋,因为全国、全省都在搞。

其次,关于布局调整,政府及省教育厅的出发点是好的,基本上以苏南作为参照,可苏南、苏北相比,以乡镇为单位这一块,苏南要小得多,且苏南经济较发达。在苏南,孩子从村里去镇里上学,每天可以有车接送,每月付100元交通费,家长也能承受,但在苏北就行不通,一是无车接送,二是即便有车接送,家长也付不起交通费用。

再次,布局调整的方向是对的。随着人口政策的变化,从20世纪70年代之前每个家庭生好几个孩子,到90年代每家基本都是一个孩子,这一变化对教育的影响很大。如果每个村按人口出生率10‰计算的话,每年也就是生50个孩子,生源数肯定不成规模。有的村小一个班级只有20人,一个完小也只有100多人,这样的规模所配备的教育资源是绝对不可能多的。

● 您认为国家为什么要推行农村小学布局调整?

答:主要是政府投入不足,国民对教育的重视不够。我认为义务教育应由政府承担,由政府统一规划,统一建设。

"二战"后的日本食物极度短缺,很多退伍兵集体自杀,省下食物、资源搞教育,他们对教育非常重视。经济发展比我国西部都差的泰国没有能力搞九年义务教育,他们就实施五年义务教育,所有投资都由政府承担,包括学生文具、服装等,如果接受五年教育的孩子未完全获得应有的权益保障,家长就被视为违法。

我国现在整个教育的状况呢？改革开放以后出现那么多企业家，可又有多少人愿意去办一所学校，愿意投资教育？而越是经济落后的地方，老百姓越是愿意牺牲自己的最大利益，把所有的钱都投在孩子身上，然后，把培养出来的孩子送往发达地区，这个过程事实上加剧了贫富两极分化，H 市也是这样。H 市每年都送走一批优秀人才，他们带走了当地的财富，加大了贫富差距。

根据以上访谈，研究者将 T 县农村小学布局调整的缘起归纳为以下几点：

（1）环境所迫，大势所趋；

（2）省、市的政策激励；

（3）政府教育投资不足；

（4）政府、公民对教育的重视程度不够；

（5）本县农村的实际需要；

（6）负责该项工作的人的自身因素。

与此同时，研究者也存在如下困惑：

其一，影响芸芸众生、涉及千家万户的农村小学布局调整可以搞竞争评比吗？

其二，农村小学布局调整一定要"全民动员，人人参与"吗？

其三，由政府资金激励政策诱导的动机与诱导的结果是否能完全一致？

其四，农村小学布局调整是农村小学教育改革的一项重大工程，领导者个人的工作热情能构成其实施的重要缘由吗？

3. S 乡小学布局调整的缘起

S 乡地处 T 县北部，共有 21 个行政村，5.1 万人口。全乡 22 所小学全部参与了布局调整。如此大规模的调整在时间上也非常集中，大部分是在 2003 年完成的，这是为什么呢？S 乡小学布局调整的初始动力又是什么呢？

访谈地点：S 乡中心小学

访谈时间：2005 年 4 月

访谈对象：S 乡中心校及中心小学中层以上部分领导

访谈问题及内容：

• 你们认为 S 乡为什么要进行小学布局调整？

答：主要是上面要求必须进行。国家搞农村小学布局调整是要节省财政开支，节省师资，优化资源，提高质量。比如，某小学原有单轨一～四年级，每班二三十人，一个班配一名教师，共需 4 位教师，如果另一所小学也是这样，调整后两所学校合并，仍然只是四五个班，这样可裁退不少教师，节省了工资支出。

另一个原因是，当时(2003 年)S 乡的几位主要校领导是刚刚选拔上来的，他们很想干一番事业，又逢省里要在当年底对调整情况进行验收，省、市还有资金奖励，所以调整的步子也就快一些。仅不到一年，S 乡农村小学的布局调整就在省、市出了名。

还有一个原因，那就是从乡的实际情况来看，有的小学确实需要调整。有的村总共只有一千多人，小学每个年级十几、二十几个人，根本不够开班，浪费了资源，教学质量也不高。

此外，研究者在 S 乡发放的问卷中有一道题为："您认为您所在的小学实施布局调整的主要原因是什么？"在收回的 135 份有效问卷中，有 55 份认为是"执行上级指令"，占总数的 40.74%，排列第一，有 25 份认为是"政府教育投资不足"，占总数的 18.52%，居第二，还有 20 份认为是"乡镇小学分布密集"，占总数的 14.81%。其他依次为"学校规模太小"(15 份)、"师资数量过剩"(10 份)、"更好地完成'普九'任务"(5 份)、"提高教育教学质量"(5 份)等。

可以看出，在 S 乡部分学校领导和教师看来，该乡小学布局调整源于以下几方面原因。

第一，上级要求是该乡小学布局调整的第一动力。

第二，政府教育投资不足。布局调整首先是为了节省财政开支，其次才是优化资源，提高质量。

第三，S 乡小学布局调整的速度、规模与个别领导的工作热情直接相关。

第四，S 乡教育的实际需要。

组织变革是一种自然的历史过程，每一个组织都不可避免地发生，而每一个组织的变革都是多种因素相互作用的结果。农村小学布局调整这场变革也是由诸多因素引发的。据上述访谈资料以及对 S 乡小学布局调整实施现状的分析,研究者将 S 乡小学布局调整的缘起概括为以下几点。

(1) 国家政策的要求

《国务院关于基础教育改革与发展的决定》、《国务院关于进一步加强农村教育工作的决定》、教育部《2003—2007 年教育振兴行动计划》均对农村基础教育及中小学布局调整提出了直接或间接的要求,这些要求为农村中小学布局调整确立了基本原则和指导方针。

省、市、县一系列有关布局调整的文件对 S 乡小学布局调整起着直接推动作用。如江苏省教育厅 2000 年 7 月发布的《关于进一步做好中小学布局调整的意见》、江苏省人民政府文件《关于加快基础教育改革与发展的意见》、江苏省人民政府办公厅文件《省政府办公厅转发省编办等部门关于核定中小学教职工编制实施意见的通知》、H 市人民政府《批转〈关于进一步做好中小学布局调整工作的意见〉》,都明确提出农村小学布局调整的要求。

对 S 乡小学布局调整影响最大的是 T 县人民政府 2003 年颁发的两个文件,一个是《关于转发〈T 县 2003 年中小学布局调整实施方案〉的通知》,另一个是《关于进一步完善中小学布局调整工作的通知》。这两个文件一经颁发,就在全县中小学引起强烈反响,用 T 县教育局 T1 副局长的话说,"县政府从来没有为同一件事一年连发两个文件,足见县政府对布局调整工作的重视程度"。也许正是这两个文件的发布,使得 T 县(包括 S 乡)这一年小学布局调整的速度、幅度都提前超越了规划中的目标。

(2) 人口数量下降

虽然从总体上看,世界人口呈增长趋势,但人口的增长并不是直线式的增长,而是呈骤升骤降状态的脉动式增长。人口的脉动式变化造成出生人口相对集中,进而使学龄人口数量在不同时期大起大落,在由人口生育高峰造成的入学人口高峰到来的时候,师资、校舍等教育资源都会面临不足,因此需要扩大教育规模;入学高峰过后,又会造成人才(师资)、设备等的闲置与浪费。人口的这种脉动式波动不仅影响教育规模的稳定性,还可能直接导致学制结构变化。

改革开放以后,随着我国计划生育政策的推行和农村城市化进程中农村人口迅速向城镇集中,义务教育阶段农村入学人数连续多年呈下降趋势。表3.1 为 H 市 2003—2004 学年初小学班级数、学生数统计表的部分数据(统计时间为 2003 年 11 月)。

表3.1 H市2003—2004学年初小学班级数、学生数

数量单位 \ 年级	一年级		二年级		三年级		四年级		五年级		六年级	
	班级数(个)	学生数(人)	班级数(个)	学生数(人)	班级数(个)	学生数(人)	班级数(个)	学生数(人)	班级数(个)	学生数(人)	班级数(个)	学生数(人)
H市	1872	64359	1896	74082	1900	79435	1860	83023	1916	89490	2281	109477
T县	436	15037	475	19541	473	20764	464	21561	484	23919	651	32694
S乡	21	833	23	1037	25	1115	25	1172	25	1321	24	1317

资料来源：H市教育局基础教育处

从表3.1可以看出，无论是H市、T县还是S乡，从六年级到一年级的在校生数均呈逐年下降的趋势，全市在校学生数比上一学年净减少60605人，下降10.73%。这里列举的仅是2003—2004年度，其实，自"九五"之后，这种趋势已非常明显。学生数、班级数的逐年减少，使农村小学的规模逐步萎缩，出现校舍闲置、资源浪费，教育产出与教育投入失调。在这种情况下，调整布局可以使教育资源适度集中和合理配置，便于科学管理，为教育质量的提高创造条件。

（3）农村小学自身发展的需求

义务教育普及阶段，为了适应农村高出生率和老百姓希望接受教育与教育支付能力低下的状况，形成了村村办小学、乡乡办中学的局面，使得农村小学布局较为密集。随着人口出生率下降，农村小学的规模萎缩，确实需要对原先的小学布局进行调整。在一些经济较为发达的地区，由于生源减少，出现了教师过剩，但这种情况目前在T县还没有出现，因为T县师资一直严重缺乏（一部分中小学教师由于种种原因而流失），就连S乡A中心小学目前仍有2名代课教师，更不要说该乡的其他学校与教学点了。小学基本实行包班，通过布局调整可以节约师资，精减一部分民办教师，有利于提高教学质量。另外，一些乡村小学条件非常简陋，学校没有操场，课桌椅不全，窗户没有玻璃等。从这些实际情况看，农村小学确实存在调整布局、优化资源配置的客观需求。

（4）政府教育投入不足

在访谈与问卷中，当被问及"农村小学实施布局调整的主要原因是什么"时，相当一部分人的观点与政府的阐述不太一致。他们认为，布局调整从大的方面讲是为了提高教育质量，优化组合，但实际上，一个老师教一个学生是最好的，就这种观点来讲，就近入学最好，规模越小越好。他们认为，

农村小学实施布局调整,很大程度上是由于政府对义务教育投入不足,因此政府的首要目的应是节省财政开支,其次才是优化资源配置,提高教育质量。

随着义务教育阶段农村入学人数呈下降趋势,学校、班级规模逐年缩小,如果国家有足够的资金投入与保证,那么这何尝不正是可以实现西方发达国家及我国新课程改革中提倡的"小班化教学"的最好契机呢? 在没有实行计划生育政策之前,在学校"人满为患"的历史时期,为了扩大全民受教育的机会,只能通过村村办学、扩大规模来普及义务教育。而当通过实施计划生育政策,成功地降低了人口出生率,学校具备了"小班化教学"条件时,却又人为地通过布局调整将农村小学的规模"扩大化",使得本该进入"提高质量发展期"的义务教育似乎又回到"规模办学的普及期"。这显然不利于已经经过普及期、巩固期的义务教育更好更快地进入质量提高的发展期,这种"不利"与"无奈"凸显的便是国民经济基础的薄弱与政府教育投资的不足。

（5）国民对教育的重视程度不够

其实,教育投资不足一方面反映了我国国民经济基础的薄弱,另一方面也不可否认,国民对教育的重视程度不够。随着改革开放步伐的加快以及我国加入世界贸易组织,我国国民经济的高速发展令世人瞩目,可由于底子薄、人口多,我国人均 GDP 仍无法与发达国家相比。但再贫穷的国家也有发达的地区,再落后的乡村也有富裕的人家,那么,沐浴着改革开放的春风"先富裕起来"的那部分人,他们的资金都投向何处呢? 看看我们身边的别墅、轿车,看看那些"追星族"、"捧星族",一切便不言而喻了。从政府方面来说,修一条路,开一座山,架一座桥,动辄上百、上千甚至上亿的投入,可惟独对教育的支出严格地执行"计划经济"。是政府穷吗? 是人民穷吗? 归根到底,也许就是国民对教育的重视程度还不够。也确有一些"先富起来的人"大力兴办教育,"公办民助"、"公助民办"或者是纯粹的"民办学校",把原本只是公益性的教育事业硬是推向了"产业化"的不归路。教育究竟能否产业化,这不是研究者在此能够回答的问题,但这种形式上的教育投入关注的真是教育质量吗? 这是否只是一些人另一种形式的商业投机?

"有多少钱,做多少事",可是有了钱做什么样的事则反映了这个事的重要程度。如果调整农村小学布局的确是为了节约教育资源、控制教育投入,我们就不能不把布局调整的缘起与政府及国民对教育的重视程度联系起来。

当然,农村小学布局调整的原因可以说是纷繁复杂。除了以上因素外,政府对于农村小学布局调整的资金激励、同行同级间的竞争对比以及管理者的个人热情等因素,虽不构成农村小学布局调整的主流因素,但它们在某个具体的实施环节中所起的作用常常也是不容忽视的。

四、农村小学布局调整的过程

一个组织的变革是一项十分复杂的工程,其成功与否直接关系到组织的生存与发展。小学布局调整作为农村教育这个"大组织"的变革,其成功与否关系到农村乃至整个国家基础教育的改革与发展。所有的变革都有其发生、发展的过程,农村小学布局调整这项"重大的变革",其过程是怎样的?农村小学在布局调整的变革中产生了怎样的振荡? 哪些因素影响着这场众人瞩目的变革? 在此,研究者透过 S 乡围绕 A 中心小学所进行的布局调整,来洞悉这场变革的全部历程。

1. 调整对象的确立

布局调整的变革与一般的组织变革不同。通常意义上的组织变革,往往是组织自身为了适应环境而进行自我调整的必然结果,虽然也在很大程度上受到外界因素的影响,但更多地强调组织内部主动的发展需求。而农村小学布局调整这一变革虽然也有其自身发展的内部需求,但具体到调整政策的制定、调整对象的确立,甚至是调整过程的操作等,常常更多的是外部动力所致。当布局调整具体到乡镇一级的组织时,其调整的对象是如何确立的? 确立的依据又是什么呢?

访谈地点:H 市教育局基础教育处

访谈时间:2004 年 8 月

访谈对象:H 市教育局基础教育处 H1 处长

访谈问题及内容:

• 请问 H 市农村小学布局调整的对象与数量是如何确定的?

答:市里首先根据省里的文件决定实施调整。具体调整的对象与数量由下往上一级一级报。由乡镇报到县，县再报到市，市上报省，最后由省、市共同测算，根据面积、人口、生源、学校规模进行测算。然后开会，按规模下达指标，与基层协商。在上报过程中，由上一级负责检查，如果不行，再退回重报。

访谈地点：T 县教育局基础教育科

访谈时间：2005 年 4 月

访谈对象：T 县教育局 T2 副局长

访谈问题及内容：

• 请问 T 县参与布局调整的学校名单是如何确定的？确定的依据是什么？

答：本人分管这一块，具体调整的学校由市人和基建科长与基础教育科召开座谈会决定。一般是全县所有中心校的校长都要参加。确定的依据主要是省、市有关农村小学布局调整的要求。农村中心小学要达到四轨以上，其他小学和办学点施教服务人口达到 5000～10000 人。根据这样的要求，全县完小定位保留 111 所，但实际上没有完全按省里的要求。在有些地带狭长、农村人均土地面积多的地方，就不能按人口调整，有些地方人口虽多，但居住集中密集，学校就可少些。当时主要是在全县找平衡点，在撤并总数不变的前提下，互相协调分配，调整比例。

• 确定一所学校是否需要进行布局调整的标准是什么？

答：主要看以下几点：一是该校现有的经济条件；二是考虑该学校所处位置是否处于中心，要尽可能取中间位置，让大家都满意；三是该校与其他学校的距离；四是中心校上报需要调整的学校名单，若没有问题就一步到位，出现问题时由教育局出面调解。

访谈地点：S 乡中心校

访谈时间：2005 年 4 月

访谈对象：S 乡中心校及中心小学部分领导

访谈问题及内容：

• S 乡参与布局调整的学校名单是如何确定的？确定的依据是什么？

答：全乡总的调整计划是根据自然村和学生数来定的，但事实上并没有按计划实施。根据全乡人口总数，原定计划至少保留 5～6 所完小，可当时负责全乡布局调整的两位校长是县委组织部刚刚选拔上来的,他们很想借布局调整干一番事业,所以把原定计划中的全乡保留5~6所完小改为保留3所完小,并大胆地提出中心小学与二中置换的设想。这样一来,仅一个中心小学就要覆盖十五六个村,步子太大,镇里当时不太满意,地方党委、村里老百姓反响强烈。可上报教育局党委后,局里很支持,想打品牌,后来地方政府也同意了。当时这种想法与做法还被作为典型上报省里,得到了省里的表扬。

从以上访谈可知,S乡确定小学布局调整的数量与对象的主要依据有以下几方面。

一是政府文件。江苏省教育厅《关于进一步做好中小学布局调整的意见》中提出:"农村中心小学要达到四轨以上,其他小学和办学点施教服务人口达到5000~10000人。"根据这一要求,按所在地区的面积、人口、生源、学校规模进行测算,H市政府在有关文件中制定了该市"十五"期间小学布局调整的目标:"小学从原有的1644所调整到703所以内,每乡镇建一所中心小学,规模至少四轨以上;其他完小的服务人口达5000人以上;所有初级小学不再独立建制,应依托附近的完全小学成为办学点。城镇小学四轨以上规模的要超过60%,撤销所有单轨小学。中小学班额要达到国家和省规定标准,交通特别不便地区的办学点班额不低于20人。"据此要求,市里向县里按规模下达指标,县里再与基层协商,在全县找平衡点,在撤并总数不变的前提下,互相协调分配,调整比例。

二是乡镇自报。接到上级文件后,S乡政府、党委、中心校及中心小学按本乡的面积、人口、生源、学校规模进行评估,将本乡的调整数量及名单上报县局,县局再上报市局。

三是上级把关。在层层上报布局调整规划的过程中,上一级负责检查,检查的方式有的是领导直接奔赴现场考察,有的是根据当地实际人口规模进行纸上数据核对,如果不行,再退回重报。由于S乡最初上报的调整数据及名单符合上级文件规定的要求,因此,这些数据与名单就被列入市教育局、县教育局的"十五"中小学布局调整方案中。但是后来由于S乡自身的一些原因,实际操作中并没有按照公布的调整方案进行。

四是"品牌"效应。实际操作中,S乡一些未在方案的规划也得以顺利施行,访谈中,研究者听到的原因是"局里很支持,想打品牌"。2003年正是乡村小学布局调整的高峰时期，又逢 2003 年底省里要对各地的调整情况进行检查验收，T 县调整的步子本来就比其他县区落后，正想利用这一年奋起直追。此时省里、市里又有很多"优惠政策"：每撤并一所小学奖励 3 万元，从 2003 年开始到 2005 年，每年省里补贴 340 万元，市里补贴 70 万元。这笔钱数目虽不算大，但对于并不富裕的县、乡来说，还是非常有诱惑力的。所以原本计划保留 5~6 所完小的 S 乡抓住这一时机，加大调整力度，最终只保留 3 所完小，把原本计划三年完成的调整用一年就完成了。同时，当时中心小学与二中的两位校长是刚选拔上来的，他们很想借布局调整干一番事业，于是作出"两校置换"的大胆设想，并以"做大做强 S 乡中心小学，创建苏北第一所森林式寄宿制小学"为口号，向县教育局提出书面申请。正值 T 县布局调整"落后"之时，布局调整需要"典型"之时，S 乡两位校长的申请立即得到了县、市乃至省里从资金到政策的大力支持。上上下下"创品牌"、"树典型"的共同愿望，促成了 S 乡小学布局调整步伐的超速和两校置换的定局。

研究者觉得，对于农村小学布局调整对象的确定，H 市和 T 县总的来说还是非常慎重的。领导为了决定一所学校是否应该调整，多次亲临现场实地考察，有时一份调整计划要上上下下反复多次才能确定，市、县多次召开干部扩大会议，共商布局调整对象确定事宜。然而，在访谈与问卷中，研究者也非常遗憾地得知，参加所有确定布局调整对象会议的，基本都是乡镇领导或中心小学校长以上的人员，各校的教师、学生、学生家长以及广大村民均是最后的被告知者。在调查问卷中，研究者问："您认为布局调整的学校名单是谁确定的？"绝大多数教师都回答："上级定的。"而当研究者询问："您认为布局调整的学校名单应该由谁确定？"教师们有的回答："应由基层教育单位确定，只有基层单位才深知自身情况及发展要求。"有的认为："应由社会全体成员确定。学校是社会的一部分，权利属于所有人，应面向社会征集，包括全体教师和家长。这样的调整才能符合大家的意愿。"还有的认为："应根据上级要求和地方实际民主确定，广泛采纳意见，选取有价值的建议研究决定。"只有一份问卷认为"应由上级主管部门定"，理由是，"因为普通教师提了也白提，如何确定就看上级怎么想了"。

问卷中还有一个问题："您所在的学校或上级主管部门领导是否曾就布局调整的实施征求过您的意见？"70.37% 的教师回答"否"，18.52% 的教师回答"是"。当研究者进一步追问："您认为如果您就布局调整问题发表了自己的观点，会受到有关领导的重视或采纳吗？"结果在 135 份有效问卷中,60.89% 选择"也许不会",13.33% 选择"也许会",20.63% 选择"肯定不会",5.15% 选择"肯定会"。

从以上问卷调查中可以看到,在农村小学布局调整的过程中,从布局调整的学校数量及名单确定的初始环节开始,广大教师、学生、家长及全体村民就是被动的接受者,是政策制定的"被忽视者",而他们恰恰是与布局调整关系最直接的主体。不知这种现象是否也算是我国教育管理体制中的官僚作风在农村小学布局调整中的一个缩影。

2. 调整程序的操作

一次成功的组织变革必须按照一定的步骤和计划进行周密的思考和部署。变革按其进程,通常可分为两种: 突变式变革和分阶段发展式变革。

突变式变革是在短时间内的一次性变革。这种变革方式"雷厉风行、一次到位,解决问题迅速,但由于涉及面广,速度猛,容易引起社会心理振荡,并招致成员抵制。特别是当其配套措施未能及时跟上时,容易造成疏漏,甚至半途夭折"。[1] 因此,内容广泛而又深刻的突变式变革,除非是危机之际对变革的客观要求十分迫切,否则必须在成员社会心理承受能力和国家政治经济条件都充分允许,并作了认真准备和周密计划的基础上进行。

分阶段发展式变革既不是迅猛的革命,也不是逐步的演变,而是在对组织现状和内外条件的全面论证及综合分析的基础上,有计划、有步骤地逐个实现变革的分阶段目标,最终促成变革总目标的实现。这种变革的优点是,可以随时加以调整,因为它是分阶段进行的,每阶段目标实现后可以及时总结经验教训,修正和完善下一阶段变革的目标乃至总目标。由于将变革的总目标分解为若干具体目标分阶段实施,因此可以逐步释放变革可能引起的振荡,提高成员对变革的承受力。

研究者认为,农村小学布局调整作为国家"九五"、"十五"期间提出的规划政策,其进程应是分阶段发展式的。因为对于布局调整这样的组织变革来说,其涉及面之广,影响因素之复杂,都不是短时间内通过突变就能一步到位的,而应分阶段实施,并根据总体变革要求,把各阶段之间的变革有机地衔接起来,以保证有效地实现变革的总目标。

S 乡小学布局调整最初也是按分阶段发展式变革进行规划的,但在具体

1　于显洋:《组织社会学》,中国人民大学出版社 2001 年版,第 351 页。

实施时却采取了突变式变革方式,由于调整速度过快,成员的心理承受能力、当地政治经济条件及相关的配套措施均未能及时跟上,导致整个乡镇教育组织在这次布局调整中产生强烈的振荡。S 乡小学是如何在振荡中寻求教育组织的平衡发展的? 振荡的过程怎样? 各乡村小学在振荡中受到怎样的影响? 以下将作具体阐述。

(1) 准备与计划阶段

① 创造调整气氛

第一,文件发放,明确调整宗旨。从苏南自发兴起农村小学布局调整起,江苏省教育厅就于"八五"中后期提出欲对现有的农村小学进行布局调整,到"九五"以后,H 市农村小学布局调整正式启动,并在"十五"期间达到高潮。这期间,为了宣传布局调整的宗旨与目标,从国家到地方都颁布了一系列与农村小学布局调整有关的文件,这些文件对农村小学布局调整的缘起、意义、目标、任务都作出了明确的说明。研究者对市、县、乡、校部分领导的访谈也显示,他们都仔细阅读过上级主管部门有关布局调整的正式文件,并按要求逐级向下传达。

第二,会议宣传,获得广泛支持。为了使布局调整的精神获得更为广泛的理解与支持,从省到乡都采取了通过会议进行宣传的方式。在对 S 乡小学 135 位教师的调查问卷中,当被问及"您最早得知原来单位将要进行布局调整消息的途径是什么"时,48.15% 的人选择"学校会议",29.63% 的人选择"同事闲聊",14.81% 的人选择"校外传说",7.41% 的人选择"正式文件"。当研究者问,"您是否参加过学校或上级主管部门召开的有关农村小学布局调整的正式会议"时,70.37% 的人回答"是"。而研究者从对小学校长和县、市部分领导的访谈中得知,他们全部参加过上级召开的有关布局调整的会议,只是次数不同而已。

第三,方案制定,保证顺利实施。在文件发放和会议宣传的同时,为了保证调整工作顺利进行,各市、县、乡纷纷制定了较为详细的实施方案。如:H 市教育局 2002 年 1 月制定了 H 市"十五"期间《中小学布局调整方案》,T 县 2003 年制定了《中小学布局调整实施方案》,S 乡中心校 1999 年 8 月制定了《S 乡小学布局调整方案》等。这些方案对市、县、乡小学布局调整的规模、数量及名单作了总体规划,以保证实施中的计划性、方向性,避免盲目性与随意性。

第四,政策扶持,激励方案施行。为了保证已制定的方案能切实执行,并鼓励先进,布局调整中采取了层层扶持、激励政策。省对市、市对县、县对乡、乡对校分别采取了召开现场会、"评优评先"或资金扶持等方式。比如,对于 T 县,2003—2005 年省每年投入 340 万元 ,市每年投入 70 万元,这笔布局调整专项资金补助极大地调动了 T 县各乡镇农村小学实施布局调整的积极性。

由上可见,为了创造布局调整的气氛,从国家到地方均采取了多种措施。但研究者在研究中也发现,有些文件与政策并没有下发到布局调整学校的最低层。比如,就文件发放来说,一般只限于学校校长及以上的领导干部,在对教师的问卷中,当被问及"您最早得知您原来的单位将要进行布局调整消息的途径是什么"时,135 份有效问卷中,只有 7.41% 的人选择"正式文件",而当被问及"在整个调整过程中,您是否阅读过校方或上级主管部门有关布局调整的正式文件"时,也只有 29.63% 的人回答"是"。学校教师尚且如此,那么像学生或学生家长之类的人员,能看到文件的几率更是小之又小了。

与文件发放不同,有关布局调整的会议宣传工作做得非常到位。调查中得知,从市、县乡的有关领导到普通教师、平民百姓,都或多或少参加过一次至数次布局调整宣传会议。因此,待布局调整真正开始时,有关人员都有了一定的心理准备,这为后期调整的真正实施奠定了广泛的心理基础。

政府的政策扶持与资金投入更是大大激励了广大农村小学,一些已经开始调整的地方进一步加大了力度,而原先持观望态度的乡镇也迅速加入了调整的行列。

② 分析组织现状

组织变革的基本前提是认清组织现状。布局调整作为 S 乡小学面临的较大变革,其变革前的组织状况如何? 组织成员认为其组织变革的"必然性理由"是什么? 对此的探询也许能让我们进一步了解 S 乡小学布局调整的具体缘由。

第一,确诊问题。"对组织的现状和内外条件的变化进行全面诊断和分析,可以确定需要变革的问题和组织变革的目标。"[1] 为了证明布局调整的必然性,S 乡的有关人员在调整前对该乡的小学状况进行了分析举证。该乡中心校 1999 年 8 月制定的《S 乡小学布局调整方案》中写道:"S 乡地处 T 县北部,共有 24 个行政村,5.1 万人。由于历史原因,全镇村村办小学,规模大小不一,不仅使有限的教育投入难以发挥应有效益,而且造成了人才资源和其他各种教育资源的浪费,不能全面推进素质教育,影响了教育教学质量的提高。"

---

1 于显洋:《组织社会学》,中国人民大学出版社 2001 年版,第 343 页。

S 乡原中心小学递交的欲与该乡二中进行校址置换，并与其他小学合并新建 A 中心小学的《置换申请》(以下简称《申请》)，对 S 乡及中心小学与二中调整前的教育发展状况作了如下分析：

"S 乡占地面积近 6000 万平方米，人口达 5.1 万，是 T 县北部的大镇、重镇。单就其经济来讲，已经影响到××乡、××乡，甚至邻县的一些乡镇。但是，S 乡的教育却没有做大做强。S 乡一中是一所老牌完中，位于乡驻地西北部，占地约 7.3 万平方米。在计划经济时代较有名气，但是近年来似乎有所退步。S 乡二中位于乡驻地之南，占地 10 万余平方米，现有一幢可以容纳 30 个班的教学楼，还有一些后勤住宿用房。"

"S 乡村小就总体来说，其规划和发展是合理的。随着人口出生率降低、生源数减少，一些村小已经逐步改为教学点，并根据村庄的远近情况、服务学生的多少，保留和发展了一些完小。但是，作为 S 乡小学教育龙头的中心小学，却让人不屑一顾，不是因为这里的教育教学成绩差，而是因为这里的校容校貌。中心小学实际占地只有仅 1 万余平方米，80 年代建的校舍是远远落后了。这样的校容校貌是无法接受上级的任何验收的。"

第二，分析问题。在对教育现状叹息之余，S 乡的学校领导认为，造成其现状的原因是多样的，《申请》认为，主要原因是过去教育经费的投入较分散，缺少集中发展，尤其是中心中学和中心小学没有起到龙头作用。办学规模小，服务能力差，无法满足人民群众日益增长的教育需求，最近几年，S 乡的一些家长(包括周边乡镇)不怕路远且开支大，纷纷把孩子送到县城就读。

《申请》分析，资金分散与空间狭小是 S 乡中小学发展受到局限的重要原因。对于二中，就现在的经济力量来说已无力发展，就今后的生源来说是没有必要发展了。而 S 乡原中心小学的发展障碍是没有空间，学校占地最大限度是 13334 平方米。在这个空间内，即使有 500 万元的投入，也建不成县市级合格小学。而且，据乡规划，围绕原中心小学的三条路都要拓宽，过不了几年，原中心小学的空间就更局促了。当地党委、政府已经表明，在原地扩展是没有可能的，另择校址，投入资金新建更没有可能。怎么办？《申请》认为，S 乡中心小学要想"腾飞"，就必须"跳"出来。

第三，制定解决方案。根据对问题的诊断与分析，S 乡的有关领导认为，只要中心小学与二中置换，这两所学校发展的"瓶颈"问题就可以迎刃而解。针对 S 乡的教育现状，《申请》中制定了相应的解决方案，以确保方案的切实可行。

《申请》提出，S乡的教育应该做大做强"两个中心"，一是中心中学，[1]二是中心小学。根据新时期全省教育发展目标和主要任务的要求，即高中阶段入学率稳定在80%以上，T县北部也应该有一所完中来承担此任务，而根据地理位置和现有的资源基础，此重任责无旁贷应由S乡一中承担。S乡一中需要发展，应该发展，也能够发展，S乡一中的设想是，打造T县北部高级中学，建成三十轨制，分为初、高中两部的T县北部大学校，除了服务本镇，还辐射其他乡镇。S乡二中迁入原中心小学校址，成为一中的教学点，这样既便于中学的统一管理（S乡原A中心小学距离一中仅200米）和节约师资，也符合布局调整的要求。且随着学生数减少，中学本部承载能力的提高，学生都将进入中学本部，二中最后也将取消，教学点（原中心小学）将考虑成为S乡一中的教职工家属区。

《申请》认为，S乡中心小学也必须发展。据省教育厅计划，"十五"期间，随着小学的迅速"缩编"，要重点发展中心小学，扩大优质教育资源，满足更多的老百姓想让孩子接受优质教育的需求。对S乡来说，没有一所让老百姓满意的中心小学是不可原谅的。S乡中心校的设想是：中心小学利用二中的现有资源，稍作提高，即可创建市级以上实验小学，增强了办学服务能力，扩大了服务范围，可使小学的布局调整从此焕然一新，避免了不必要的投资，节省了师资。而且拥有如此大的空间，可以设想创建苏北第一所九年一贯制寄宿学校。

关于资金问题，《申请》提出的解决方案是，实现置换后，中心校补偿中心中学100万元人民币。这样，中学就有了建设资金，可以很快启动实验楼和教学楼的建设，提高承载能力。中心小学拥有二中的资源后，就能基本完成扩班任务，满足2004年布局调整的要求，更重要的是有了发展空间，可以规划蓝图，发展后劲十足。中心校100万元的资金筹措也可以很快到位，办法是出售现有的办公楼，可以得50万元，再贷款50万元，中心校无需负担沉重的债务。

《申请》最后认为，如果实现了S乡中心小学和二中的置换，就能够实现布局调整的目标，盘活S乡教育资源，S乡一中从此可以集中力量实行规模办学，S乡中心小学从此也可以大展身手。如果不能实现置换，S乡二中的空间资源就等于闲置了，S乡中心小学也只能被禁锢在狭小的空间内而无法

1　这里指S乡第一中学，以下简称"一中"。

　　　教育管理实践个案研究：实地研究方式

发展,甚至会因为民办学校的出现而消失。"那将是 S 乡的悲哀! 是老百姓的苦难!"[1]

③ 勾画组织未来

在具体分析组织现状的基础上,S 乡中心校勾画出实施预定规划后的全乡小学布局前景。

第一,中小学联动,盘活 S 乡教育资源,做大做强 S 乡中心小学。

根据 S 乡教育现状,S 乡中心校领导反复商讨和酝酿,制定了"中小学联动方案"(以下简称"方案"),即用中心小学和另一所小学共两所小学与原二中校址互换。他们一致认为,此方案若顺利实施,S 乡的教育事业将翻开辉煌的一页。

"方案"认为,中心小学迁入新址后,原先 22 个教学班将扩大到 50 个班,学生数可扩展为 2600 多人,服务半径可达 7000 米以上,服务对象山原米只限于乡驻地和附近部分学生扩大到周边 12 个村的中高年级学生,课程也将由原来只开设常规课程,拓展为适当增设英语和计算机课。如此规划可以加快该乡小学教育迈向现代化的进程,从而做大做强 S 乡中心小学。

置换后的 A 中心小学占地面积将达到 99990 平方米,拟加大投资,完成配套设施,争取创建 T 县实验小学分部,使其成为 T 县北部第一所九年一贯制的寄宿制学校,办出特色,进而吸收周边乡镇的学生前来就读。

第二,开发 S 乡"大西北",四村联动办完小。

S 乡西北部的小学布局调整规划是:撤掉 4 所小学,撤并 ×× 小学的中高年级学生,改扩建 B 完小。

根据市、县主管部门领导的实地考察和当地实际情况,布局调整后,B 完小原校舍面积不达标,急需进行改扩建。在此项工作中,S 乡拟协同 B 完小所在的周边四村,采取村校土地置换的办法扩建 B 完小。

规划中的 B 完小建成后,将由原来的两个年级 9 个班扩大到六个年级 24 个班级,在校生可达 1250 多人,校园面积达 20096 平方米,服务半径 4500 米,覆盖人口 1.2 万,将成为 S 乡仅次于中心小学的全乡第二大完小,从而有利于 S 乡"大西北"的教育事业健康发展。

第三,改造 C 小学,创建市合格完小。

中心校拟与 C 完小附近两村支部、村委协商,争取多征得土地,改扩建

---

1 S 乡中心校内部资料:《关于 S 乡中心小学和 S 乡二中置换申请》,2003 年 8 月 16 日。

院墙,预计新建校舍将达 600 余平方米。学校建成后,不但可以开足开齐常规课程,还可以开设电脑和英语课程。C 完小只要硬件达标,并进一步加强内部的教育教学改革和管理,努力改善育人环境,提高教育教学质量,就能符合市合格完小的验收标准,有望通过市、县的验收。

(2) 具体实施阶段

H 市、T 县的农村小学布局调整是从 1999 年正式开始的,刚开始力度并不大,只强调"教学点"、"初小"、"完小"的概念。按省里有关规定,调整后的小学不允许有"初小",[1] 要么是"完小",[2] 要么是教学点。[3] S 乡在 1999 年并没有进行实质性调整,但按市、县的要求拟订了该乡"十五"期间布局调整的规划,这是 S 乡在整个调整进程中拟订的第一份方案(以下简称"调整方案"),它的出台标志着 S 乡拉开了小学布局调整的序幕。

【资料】
S 乡小学布局调整方案

2000 年:调整原中心小学、B 小学、C 小学等 7 所小学为完小,其余 15 所为初小。

2001 年:保留原中心小学、B 小学、C 小学等 7 所完小,撤并××小学。

2002 年:保留原中心小学、B 小学、C 小学等 7 所完小,撤并××等 5 所小学。

2003 年:改扩建原中心小学、B 小学、C 小学 3 所完小,撤并××小学等 8 所小学。

2004 年:保留中心小学、B 小学、C 小学 3 所完小,撤并××小学等 5 所小学。

S 乡中心校

1999 年 8 月

(资料来源:S 乡中心校)

从上述资料可以看出,S 乡小学布局调整的第一个方案内容是比较模糊和粗糙的,从中能够获得的信息也是有限的。比如,方案中的布局调整只是

---

1 如果一所小学只有一至四、五年级,那么这所小学就叫"初小"。

2 如果一所小学设有一至六年级,那么这所小学就叫"完全小学",简称"完小"。

3 如果一所小学只有三年级及以下年级,那么这所小学就必须改为"教学点"。

简单地体现为保留、改扩建和撤并三种形式,我们除了知道 S 乡布局调整后将撤并 19 所小学、保留 3 所完小外,关于撤并的小学是否完全撤了,撤到哪里去了,是否改为教学点,都不得而知。

另外,该方案虽从 2000 年就开始规划,可事实上在 2000 年之前,S 乡就只有 7 所完小、15 所初小,因此,方案中有关 2000 年的调整规划等于“一纸空文”,应该从 2001 年“××小学撤并”开始才算是迈出了布局调整的第一步。

方案中 2002—2004 年的分年度调整规划实际并未执行。由于 2003 年之前,省、市、县对乡村小学布局调整只是提出要求,并没有实际验收检查,所以 S 乡小学布局调整规划较早,步伐却很慢。方案中制定的是 2000—2004 年的五年调整计划,但实际执行只用了三年时间,2003 年可以算是 S 乡小学布局调整的“膨胀年”。由于省里在年底要全面验收,省、市出台了资金激励政策,县教育局、乡中心校直接负责布局调整工作的部分领导均为“新官上任”等纷繁复杂的原因,S 乡在这一年中就将 2002 年没有完成的任务以及 2004 年要达到的目标都在 2003 年底省里验收前“高速”完成。而在 2003 年的布局调整过程中,由于调整幅度非常大,并运用了“中小学置换”的创新形式,S 乡一度成为省、市、县农村小学布局调整的“先进典型”。

【资料】

表 3.2　T 县 S 乡 2003 年小学布局调整实施方案

项　目	内　　　容
调整目标	1. 创建 A 中心小学、B 小学、C 小学 3 所完小。 2. 下设教学点:××、××等,共 11 个。 3. 撤并:××小学、××小学等 9 所小学。
具体措施	1. 完成原中心小学与二中的校址置换,做大 A 中心小学。 2. 多方协调,扩建 B、C 两校,土地面积共计近 1.7 万平方米,扩建院墙 1004 米,教室 72 间。 3. 资金筹集:学校筹集一点,上级补助一点,村里出一点。
日程安排	1. 暑假前完成原中心小学与二中的置换。 2. 6 月底之前完成院墙扩建 1004 米。 3. 8 月底前完成 72 间教室的扩建。

资料来源:T 县 S 乡中心校

① 围绕 S 乡中心小学的布局调整

S 乡中心小学位于 S 乡街道中心,占地约 1.4 万平方米。在 2003 年的布局调整中,该中心小学通过与 S 乡二中置换校址的形式,迁移到镇中心两三里外,同时,有 5 所初小被撤并进入中心小学。现该校占地约 10 万平方米,四面不靠村,都是田地。迁址新建的 A 中心小学下设 6 个一级教学点、3 个二级教学点。本研究下面重点追述的就是 S 乡中心小学与二中在布局调整中"置换新建"的全过程。

第一,提出申请。据访谈资料,2003 年 3 月,二中校长与 S 乡中心小学校长协议,准备进行两校置换。此想法是受当时布局调整大环境影响而萌发的。2003 年正逢江苏省农村小学布局调整高峰,省里下文将在年底对各地布局调整情况作全面验收,当时两位校长都是通过招聘考试刚选拔上来的,很想干一番事业,所以就进行了大胆的设想。2003 年 3 月 16 日,两位校长在说服了 S 乡有关部门,取得同意之后,以 S 乡中学、S 乡中心校的名义,向县教育局书面提出两校置换申请。申请提出后,立即引起上级领导的重视,市教委、县教育局及当地政府的有关领导都亲临现场考察,对此方案给予肯定和赞扬,一致认为此方案的顺利实施不仅能够给 T 县树立农村小学布局调整的"品牌",而且会成为 S 乡教育事业辉煌的一页。

【资料】

关于 S 乡中心小学和 S 乡二中的置换申请

县教育局:

S 乡中学和 S 中心校经过协商和反复论证,现郑重向局领导提出 S 乡中心小学和 S 乡二中两所学校的置换申请。理由陈述如下。

一、S 乡的教育发展现状

S 乡素有"苏北小徐州"之称,占地面积约 6000 万平方米,人口达 5.1 万,交通发达,资源丰富,是 T 县北部的大镇、重镇。单就其经济而言,已经影响到 ××乡、××乡、××乡,甚至包括附近县的一些乡镇。但是,S 乡的教育却没有做大做强,或者说这里的教育事业是小乡镇的教育,是勉强支撑着的教育。

我们先看看××中学。××中学是一所老牌完中,位于乡的西北部,占地7.33余万平方米。在计划经济时代,有着与附近几所较好的中学相同的名气,但是近年来"门庭冷落鞍马稀",而且似乎日薄西山,要退出"江湖"了。这是何等之可惜啊!再看一看S乡二中,位于乡南部,占地逾10万平方米,现有22个教学班,拥有一幢可以容纳30个班的教学楼,还有一些后勤住宿用房,其他的都没有充实,空荡荡的一个大架子,夏天长茅草,冬天徒荒凉。

再看S乡小学的情况。总体来说,S乡村小的规划和发展是合理的。随着人口出生率降低,生源数减少,一些村小已经逐步改为教学点,并根据村庄的远近、服务学生的多少,保留和发展了一些完小。但是,作为S乡小学教育龙头的中心小学,却让人不屑一顾,不是因为这里的教育教学成绩差,而是因为这里的校容校貌实在不堪,中心小学在乡的西部,1.3万平方米左右的校园里,还是两分天下,院子东南部还有近2700平方米的地是乡文化站的。中心小学实际占地仅1万余平方米,22个班级、1200多名学生,却没有操场,没有跑道,80年代建的校舍已远远落后。S乡中心小学的校貌现在已经是全县倒数第一,各级领导每每看了都是心酸、心急啊。S乡中心小学这样的校容校貌,是无法接受上级的任何验收的。

叹息之余,让我们来思考一下造成S乡教育现状的原因。有人说是领导不重视,有人说是S乡经济不好,无力投入。我们党委、政府领导也是看在眼里,急在心头。我们的经济和其他乡镇相比也差不到哪里,有许多乡镇甚至比我们还差,可是他们怎么发展了呢?我们认为,主要原因是过去教育经费投入分散,缺少集中发展。

总的来说,我们S乡的教育发展是滞后的,尤其是中心中学和中心小学,没有起到中心的龙头作用。办学规模太小,服务能力太差,无法满足人民群众日益增长的教育需求。最近几年,我们S乡的一些家长(当然也包括周边乡镇的)纷纷把孩子送到T县县城就读,不怕路远而且开支大,这就足以证明我们没有满足百姓的教育需求。

二、S乡的教育发展需要和发展前景

我们S乡的教育应该做大做强两个中心,一是中心中学,二是中心小学。按照新时期全省教育发展目标和主要任务,高中阶段入学率要稳定在80%以上,T县的北部应该有一所完中来承担此任务,而根据地理位置和现有的资源基础,此重任责无旁贷落在S乡中学,S乡中学需要发展,应该发展,也能够发展。S乡中学的设想是,打造T县北部高级中学,建成三十轨制,包括初、高中两部的 T 县北部大型学校,除了服务本乡,还应辐射周边多个乡镇。S 乡二中迁址原中心小学,成为中学的教学点。这样既便于中学的统一管理(S 乡中心小学距离中学只有 200 米)和师资的节约,也符合布局调整的要求。而且,随着学生数的减少、中学本部的建设和承载能力的提高,最终学生都将进入中学本部,二中最后也将取消。教学点(现中心小学)将考虑成为 S 乡中学的教职工家属区。

对于 S 乡中心小学来说,也是必须发展的。根据省教育厅的信息,"十五"期间,随着小学迅速"缩编",要重点发展中心小学,扩大优质资源,满足更多的老百姓想让孩子接受优质教育的需求。S 乡中心校的设想是:中心小学利用二中的现有资源,只要稍作提高,就可以创建市级以上实验小学,并现实地增强了办学服务能力,扩大了服务范围,向北可以服务三个村,向南可以服务两个村,向西可以服务两个村,向东可以服务两个村。小学的布局调整从此焕然一新,避免了不必要的投资,节省了师资。而且有了如此大的空间,可以设想创建苏北第一所寄宿制小学,或苏北第一所九年一贯制学校。

推进 S 乡中心中学和中心小学的教育工程,不仅能满足教育发展的需求,也是借以拉动 S 乡经济发展的举措。

三、中心中学和中心小学发展的困难所在以及解决问题的方法

就目前和今后来看,中心中学的发展困难是缺少资金,中心中学已经有了一幢教学楼,但这远远不够,还需要建餐厅、宿舍楼、实验楼,再建一幢教学楼。如果资金到位或基本到位,就可以尽快地把 S 乡中学建起来。中心小学的发展困难是没有空间,现在学校占地最大限度是约 1.3 万平方米,在这点土地上,即使有 500 万元的投入,也建不成县市级合格小学,空间实在是太小了。并且,据 S 乡规划,围绕中心小学的三条路都要拓宽,过不了几年,中心小学就更可怜了。乡党委和政府已经表明,在原地扩展是没有可能的,另择新校址,投入大量资金新建更没有可能。怎么办呢?S 乡中心小学要想腾飞,就必须"跳"出来。

在"三个代表"理论和党的"十六大"精神的指导下,在教育发展要创新的要求下,我们 S 乡中心中学和中心学校不怕发展过程中的困难,敢于动脑筋想象,做到与时俱进,工作要有新举措,敢于论证。我们想,只要 S 乡中心小学与二中置换,我们中小学两家发展中的"瓶颈"问题就可以迎

刃而解。

实现置换后,S乡中心校愿意补偿中心中学100万元人民币。这样,中学就有了建设资金,可以很快启动实验楼和教学楼的建设,提高承载能力。中心小学拥有了二中的一切资源后,就能基本上解决所面临的扩班问题和满足2004年布局调整的要求,更重要的是,有了发展空间,就可以规划宏伟蓝图,发展后劲十足。中心校100万元的资金筹措也是可以很快到位的,我们的办法是,卖掉现在的办公楼可以得50万元,再贷款50万元,中心校无需负担沉重的债务。对于S乡二中,首先要回答的问题是:还有没有可能发展?或者说有没有必要继续发展?看看现在,展望将来,我们可以回答:就现在的经济来说是无能为力,就今后的生源来说是没有必要了。二中最多是保持现状,或者是出售,改作它用,这是多么可惜。这不仅是教育资源,更是S乡老百姓的血汗啊。S乡二中搬迁到中心小学后,成为教学点,一部分学生进入中学本部,另一部分在教学点。现有的中心小学校舍稍作改造,就能承担此教学任务,学生食宿问题也可以一并解决。

四、结论

如果实现了S乡中心小学与二中的置换,就能够实现布局调整目标,盘活S乡的教育资源。S乡中学从此可以集中力量规模办学,S乡中心小学也可以展翅飞翔。

如果不能实现置换,S乡二中的空间资源就等于闲置了,S乡中学的建设发展就会因为资金不集中而受阻,甚至因为不发展而被淘汰。S乡中心小学也会永远被禁锢在狭小的空间而无法发展,甚至会因为民办学校的出现而消失。那将是S乡的悲哀!是老百姓的苦难!

特此申请,请局领导指示。谢谢!

S乡中学
S乡中心校
2003年3月16日

第二,签订协议。尽管《置换申请》一经提出就得到乡、县乃至市有关部门的一致赞同,但对于具体的置换条件,两校校长迟迟未能达成协议。上述《置换申请》中提到:"实现置换后,S乡中心校愿意补偿中心中学100万元人民币。"也就是说,最初调整时,二中校长与中心小学校长提出的申请是准备以中心小学与二中置换,并补贴二中100万元;可到了5月份,变成中心小学和一所完小两所小学置换一所中学;到7月份,又改为中心小学和另一所完小两所小学置换一所中学,还要补贴给中学100万元,并最终达成协议。至此,两位校长才签字盖章,并约定各校原先的不动产留给置换学校,可动产带走。

第三,成立领导小组。由于S乡中心小学在与二中置换的同时,兼并了周边多所小学,此次置换就不仅只是三所学校的简单置换,而且牵涉到S乡小学布局调整的全局。因此,T县及S乡中心校对此次置换非常慎重,不仅专门成立布局调整领导小组,而且分人、分片层层签订"中小学布局调整目标责任书",明确各自分工和职责。

【资料】

中小学布局调整目标责任书

为实现我县中小学教育的均衡发展,使教育资源得到充分利用,全面提高学校教育教学质量和办学效益,根据《T县中小学布局调整实施方案》的要求,你乡(镇)今年需撤并6所中小学,共保留完小3所、教学点10个。此项工作列入年度工作目标考核,各校务必抓紧时间,加快校舍建设进程,添置教学设备,按时完成布局调整工作任务。

T县教育局　　　　　　　　　　　_____S乡_____小学

负责人签字:　　　　　　　　　　负责人签字:

2003年7月20日

【资料】

S乡小学布局调整领导小组及分工

一、领导小组

组　长:××

副组长:××、××等。

二、组长分工

1. ××负责西北片,包括××等3个教学点。

2. ××负责东北片,包括 ××等 3 所小学。

3. ××负责中片,包括××等 3 个教学点。

4. ××负责东南片,包括××等 2 所小学。

三、组员分工

1. ××负责撤掉××等 3 个教学点,学生进入××小学。

2. ××负责××小学三年级以上班级进入××小学 。

3. ××负责××小学撤并入××小学。

4. ××负责××小学五至六年级学生进入××小学。

5. ××负责现中心小学一至四年级学生在现学校保留教学点,五、六年级学生进入 A 中心小学。

注：片长每日一次电话汇报,时间为 8：00～10：00

S 乡中心校

2003 年 8 月 3 日

由上述两份资料可以看出,T 县、S 乡对这次幅度大、形式独特的中小学布局调整非常重视,从整体规划到细节安排都作了精心、细致的部署。

第四,做好宣传工作。为了使置换调整工作顺利进行,S 乡中心校主要做了以下宣传工作。

- 传达市、县教育局对于 S 乡小学布局调整的要求,宣传布局调整的意义。
- 召开领导班子会议、党员会议、师生会议,统一布局调整的思想。
- 向布局调整涉及到的村支两委作宣传,向有关家长作宣传。
- 通过登门访问、开家长会、印发宣传材料等形式作宣传。
- 发动本校教师参加宣传工作,尤其是班主任,签定宣传责任书。

第五,正式置换调整。2004 年 8 月,原中心小学与二中的置换调整工作正式开始操作。由于置换过程中共牵涉到周边的 16 所小学,覆盖面达 16 个自然村,因此,此次置换牵涉到整个乡的小学布局调整。

任何组织变革都涉及到人和物这两方面因素,或者内在的人群结构和外在的物质利益,研究者认为,农村小学布局调整更多地涉及物的因素或外在的因素。整个农村小学布局调整基本上是一场以工作环境为中心的组织变革,当然,其中无疑会涉及人、财、时间、空间等诸多因素,但这些因素并不是独立于物的因素之外的,而是渗透在整个以工作环境为中心的组织变革过程之中的。因此,S乡中心小学与二中在校址、校舍置换调整过程中也涉及到多方面因素。

首先是校址、校舍的置换。按照原先的置换协约,是用S乡中心小学与另一所小学共2所小学与二中的校址、校舍进行完全置换。但在实际置换中,只用了另一所小学便置换了二中的整个校址和几乎全部的校舍。原来的二中搬迁到置换协约中另一所小学的校址。原中心小学的校址、校舍继续使用,只是学校重新改名,并成为A中心小学的一个教学点。

中心小学在置换的同时还撤并了周边的5所小学,另有6所小学成为A中心小学的一级教学点,3所小学成为其二级教学点。对于这些在置换中参与布局调整的学校来说,凡是改为教学点的学校,其校产的处理问题不大,但对于调整撤并的学校来说,这个问题就比较突出了。对撤并的学校,中心校组织人员开展校产登记,校产分可动产和不动产两类,凡可动产全属于A中心小学,不动产则留给所在的村,有的由中心校和村党委、政府共同商议决定处理方案,有的村党委要求自行处理。

其次是资金问题。原先双方签订的置换协约中明确表示,用2所小学与二中的校址、校舍完全置换,乡中心校还要补贴二中100万元。但实际置换中仅用1所小学与二中置换,且仅支付了二中30万元,这30万元主要来源于全乡小学教职工的融资。而调整中所有撤并及改为教学点的学校,由于其在调整前的所有资金一直由中心校统一支配,因此在这次调整中,关于资金管理就没有产生什么明显的问题。

最后是人员问题。这里包括三类人:一是参与布局调整的各学校领导;二是参与布局调整的各学校教职员工;三是参与布局调整的各所学校的学生。

在本次调整中,被撤并的原校领导大部分随学校一同并入A中心小学,其中有5人继续担任校领导,其余的作为普通教师,还有的被分到A中心小学下设的一些教学点担任负责人。在调整中,被A中心小学纳为教学点的原学校的领导,原则上仍留在原学校继续担任分校负责人,称谓改为"主任"。调整后,A中心小学的校长由县教育局任命县城一所小学的校长担任。

调整中,被撤并学校的教职员工也基本上随原学校一并进入A中心小学,改为教学点的学校,原校中比较年轻的教师或教学骨干进入A中心小学,一些年龄偏大、业务不精或面临退休的教师则留在教学点继续任教。

关于学生的安置问题,S 乡中心校是这样处理的,被撤并学校的所有学生全部进入 A 中心小学,改为教学点的学校,大部分四至六年级学生进入 A 中心小学,低年级学生留在教学点,但个别教学点仍然保留四至五年级学生。

② 围绕 B、C 两所完小的布局调整

从布局调整的全局出发,S 乡在围绕中心小学开展的大规模调整的同时,也对全乡其他小学进行了规划调整。

首先是开发 S 乡"大西北",四村联动办 B 完小。S 乡西北部小学布局调整的要求是：撤掉 4 所小学,撤并 1 所小学的中高年级,改扩建 B 完小。

根据市、县主管部门领导的实地考察,结合当地实际情况,布局调整到位后,B 完小原校舍面积不达标,急需进行改扩建。在此项工作中,中心校协同 B 完小所在区域的四村党支部、村委,采取村校土地置换的办法扩建 B 完小。学校用撤并掉的 4 所小学总占地面积 64862 平方米(可直接退作耕地面积约 2.1 万平方米)置换附近三村耕地 10872.1 平方米。"四村两委对此项工作非常积极,多次召开党支部会、党员会及部分村民会议,动之以情,激之以义,驱之以利。同时在麦收前将置换的土地全部分到各农户,让农户吃了'定心丸',能积极支持这项造福后代的事业。"当地中心校的领导如是说。

其次是改造 C 小学,创建市合格完小。中心校领导与 C 完小所在的村党支部及附近另一村党支部、村委通力合作,征得土地 5913.5 平方米,改扩建院墙 580 米,新建校舍 691.74 平方米,现已全部竣工并投入使用。C 完小合并了 1 所小学,并且把另一所小学的四～六年级也吸收进来。调整后的 C 小学除了开足开齐常规课程外,还开设了英语和计算机课程,同时顺利完成了 S 乡东北部的小学布局调整工作。C 小学在硬件达标的情况下,进一步加强内部教育教学改革和管理,努力改善育人环境,提高教育教学质量,使之符合市合格完小的验收标准。

除了校舍、班级等规模的扩建之外,B、C 两所学校在布局调整中涉及到的问题及其处理均与 S 乡中心小学类似,在此不再赘述。

以上便是 S 乡围绕 A、B、C3 所完小展开的布局调整的全过程。这 3 所完小的调整涉及全乡每一所小学、每一个村落甚至每一户人口,其调整幅度大、涉及面广,时间集中在2002年和2003年两年,所以使S乡的基础教育产生了强烈的振荡。各所小学、各个村落、各位教师和学生都要在极短的时间内去面对乃至加入这场振荡,并努力在振荡中寻找自身的平衡点,这是对S乡整个基础教育的考验,也是对S乡每一个成员的考验。

五、农村小学布局调整的结果

2002—2003年,H市T县S乡在经历了短暂而剧烈的小学布局调整的振荡之后,一切似乎又恢复了以往的平静。那么,调整后的S乡小学的布局与现状如何呢?在这场以乡为单位的组织变革中,各组织要素在经历了振荡之后是如何寻求自身平衡的呢?

1. 调整后的总体布局

表3.3　调整后的S乡小学布局概况

保留的完小	下设教学点				撤并学校	
	名称	保留年级	"点下点"	保留年级	名称	学校类别
A中心小学(置换新建)	A-1小学(原完小)	一~五	A-1-1	一~二	××小学	村小
			A-1-2	一~二	××小学	村小
			A-1-3(原完小)	一~三		
	A-2小学	一~三			××小学	村小
	A-3小学(原完小)	一~三				
	A-4小学	一~三			××小学	村小
	A-5小学(原完小)	一~五			××小学	村小
	A-6小学	一~三				
B完小	B-1小学				××小学	村小
	B-2小学	一~三				
	B-3小学	一~三				
C完小	C-1(原完小)	一~三			××小学	村小

资料来源:S乡中心校

　　从上表可以看到，布局调整前，S 乡有完小 7 所、初小 15 所，共 22 所小学。布局调整后只保留了 A、B、C 三所完小（其中 A 为置换新建的中心小学），其余 5 所完小均改为教学点。15 所初小中，完全撤并的有 7 所，其余 8 所被改为教学点。即，布局调整后的 S 乡有完小 3 所、教学点 13 个。

　　S 乡中心小学通过与二中置换后新建的 A 中心小学，共撤并了周边 5 所小学，下设教学点 9 个，其中一级教学点 6 个、二级教学点 3 个，其中还包含 4 所完小。

　　置换新建的 A 中心小学校址从原来的乡中心位置迁到了乡驻地南郊。学校占地约 10 万平方米，是目前江苏省占地面积最大的一所小学。学校现有教学楼 1 栋、学生宿舍 30 间（可以容纳 200 多人）、食堂 1 个（可容纳 300 多名学生就餐）、绿化面积 2.5 万平方米。中心小学迁入新址后，虽然校舍紧张，但也由原来的 22 个教学班扩大到 50 个教学班，学生 2614 人。A 中心小学本部和下设的 9 个教学点共有学生 4000 多人、教师 150 多人，均占全乡学生和教师的 2/3，除开设常规课程外，增设了英语和计算机课程。服务范围扩展到 16 个行政村、3.5 万多人口。

　　分别位于 S 乡西北部和东北部的 B 完小和 C 完小在此次布局调整中，通过改扩建撤并了一些初小，设立了一些教学点。B 完小由原来的两个年级 9 个班扩大到六个年级 27 个班级，在校生 1303 人，校园面积达 20010 平方米，服务半径 4.5 千米，覆盖人口 1.2 万，成为 S 乡仅次于中心小学的第二大完小。C 完小实现了其创建市合格完小的目标。

　　按照省、市中小学布局调整的规划要求，调整后的各教学点最高只能有一～三年级，但由于种种原因，S 乡小学诸多教学点还存在四、五年级，目前这一问题仍然很难解决。

表 3.4　S 乡小学布局调整验收保留完小基本情况

（2003 年 9 月）

学校名称	在校生数（人）	班级数（个）	教师数（人）	占地面积（m²）	建筑面积（m²）
A 中心小学	2614	50	90	99990	7109.9
B 完小	1303	27	38	20010	2545.25
C 完小	856	17	30	20677	2821.3
合计	4773	94	158	140677	12476.45

表 3.5　S 乡小学布局调整验收保留教学点基本情况

（2003 年 9 月）

完小名称	学校名称（教学点）	在校生数（人）	班级数（个）	教师数（人）	占地面积（㎡）	建筑面积（㎡）
A中心小学	A－1 小学（原完小）	269	6	10	11935	2107.14
	A－1－1 小学	175	4	5	6850.5	1241.7
	A－1－2 小学	86	2	2	6667	1194
	A－1－3 小学（原完小）	63	2	3	21199.75	3242.2
	A－2 小学	234	5	6	6358	1050
	A－3（原完小）	260	6	8	15439.3	3861.4
	A－4 小学	171	4	6	11062.5	1640.57
	A－5 小学（原完小）	252	6	10	16000	1589.3
	A－6 小学	236	5	8	10800	1737
B完小	B－1 小学	276	6	8	9454	1607.27
	B－2 小学	103	2	2	6808	1501
	B－3 小学	126	3	3	6542	1368
C完小	C－1（原完小）	177	5	6	23348.6	2022.86
合计	13	2428	56	77	152464.65	24162.44

资料来源：T 县教育局基础教育科

2. 调整前后有关数据对比

（1）S 乡完小布局调整前后基本情况统计

表 3.6　A 中心小学基本情况

项目 数字 类别	校园面积（㎡）	建筑面积（㎡）	服务半径（km）	覆盖人口（人）	辐射村组（个）	班级数（个）	学生数（人）	教师数（人）
调整前	154393	3861.4	2	8249	4	22	1058	44
调整后	99990	7109.9	7	31732	14	50	2614	90

表 3.7　B 完小基本情况

类别 \ 项目数字	校园面积（m²）	建筑面积（m²）	服务半径（km）	覆盖人口（人）	辐射村组（个）	班级数（个）	学生数（人）	教师数（人）
调整前	10563.6	1379.25	2	7318	3	9	464	13
调整后	20010	2545.25	4.5	11776	4	27	1303	38

表 3.8　C 完小基本情况

类别 \ 项目数字	校园面积（m²）	建筑面积（m²）	服务半径（km）	覆盖人口（人）	辐射村组（个）	班级数（个）	学生数（人）	教师数（人）
调整前	15145	2129.56	2	3525	1	13	580	22
调整后	20677	2821.3	4	8152	3	17	856	30

（2）S 乡完小布局调整前后班级数、学生数情况统计

表 3.9　A 中心小学基本情况

类别 \ 项目数字	调整前	调整后						
		一年级	二年级	三年级	四年级	五年级	六年级	合计
班级数（个）	22	3	3	4	13	13	14	50
学生数（人）	1058	120	140	200	610	701	843	2614

表 3.10　B 完小基本情况

类别 \ 项目数字	调整前	调整后						
		一年级	二年级	三年级	四年级	五年级	六年级	合计
班级数（个）	9	3	3	3	5	7	6	27
学生数（人）	464	117	132	157	245	351	301	1303

表 3.11　C 完小基本情况

类别 \ 项目数字	调整前	调整后						
		一年级	二年级	三年级	四年级	五年级	六年级	合计
班级数（个）	13	1	2	2	4	4	4	17
学生数（人）	580	60	86	110	187	188	225	856

（3）S乡完小下设教学点及撤并学校有关情况统计

表3.12 A中心小学基本情况

数字类别\项目	名称	原有班级、学生数		现有学生数（人）				学生分流去向
		班级数（个）	学生数（人）	一年级	二年级	三年级	合计	
下设教学点	A-1小学	12	557	53	60	156	269	A中心小学
	A-1-1小学	17	794	48	40	87	175	A-1教学点
	A-1-2小学	4	191	45	41		86	A-1教学点
	A-1-3小学	3	163	27	36		63	A-1教学点
	A-2小学	9	404	75	98	61	234	A中心小学
	A-3小学	22	1058	47	53	160	260	A中心小学
下设教学点	A-4小学	7	234	45	68	58	171	A中心小学
	A-5小学	16	677	80	74	98	252	A中心小学
	A-6小学	8	324	70	73	93	236	A中心小学
撤并学校	A-7小学	4	161					A中心小学
	A-8小学	9	443					A中心小学
	A-9小学	3	98					A中心小学
	A-10小学	3	90					A中心小学
	A-11小学	2	45					A中心小学

表3.13 B完小基本情况

数字类别\项目	名称	原有班级、学生数		现有学生数（人）				学生分流去向
		班级数（个）	学生数（人）	一年级	二年级	三年级	合计	
下设教学点	B-1小学	10	451	91	78	107	276	B完小
	B-2小学	5	228	42	61		103	B完小
	B-3小学	5	190	66	60		126	B完小
撤并学校	B-4小学	5	216					B完小

表 3.14　C 完小基本情况

数字 \ 项目 类别	名称	原有班级、学生数		现有学生数(人)				学生分流去向
		班级数(个)	学生数(人)	一年级	二年级	三年级	合计	
下设教学点	C-1 小学	13	519	41	63	73	177	C 完小
撤并学校	C-2 小学	4	133					C 完小

资料来源：T 县 S 乡中心校

从上述统计资料可以看出,布局调整后的 S 乡,3 所完小在校园面积、服务半径、覆盖人口、辐射村组、班级数、学生数及教师数等方面,均比调整前有了较大增幅。这说明布局调整确实在不同程度上扩大了这 3 所学校的办学规模。但与此同时,调整后的各教学点规模比调整前更小了,最小的一个教学点只有 63 个学生。

3. 调整后的平衡运作

仅仅两年时间,S 乡的小学布局几乎发生了翻天覆地的变化。尽管形式上仍然遵循中心校——A 中心小学——村小的管理模式,但在一些具体运作的环节上,还是有较大的调整,以寻求各组织要素在振荡后的平衡发展。

（1）人员管理

首先是参与布局调整的各学校领导。S 乡在此次干部任命中,除 A 中心小学校长由县教育局直接任命外,其他 2 所完小及教学点的负责人均由乡中心校自主任命。"局批教干"[1]纳入局统一管理,中心校任命的干部由中心校和中心小学统一管理。S 乡原中心小学的几位校领导在调整后,有 2 位卸任当老师,5 位进入中心校或 A 中心小学领导班子。

其次是参与布局调整的各学校教职员工。在 S 乡布局调整中,没有出现教师分流或下岗现象,因为学校本身师资缺编,每年中心校要拿出十几万元代课经费找老师代课。布局调整后,这种情况有所缓解。3 所完小的每个班配 2 名教师,下设的教学点每班配 1.5 名教师。布局调整中,一些被撤并

---

[1]　当地把凡经教育局批准任命的干部称为"局批教干"。

学校的教职员工基本上随学校一起并入新的小学,个别年龄偏大、居住地离校比较远的,则适当考虑将其转入附近的学校或教学点;改为教学点的学校,年轻教师、教学骨干或从事高年级教学工作的教师随原校高年级一起并入新的完小,而一些年龄偏大、面临退休或身体较弱的教师,则根据其个人意愿可以继续留在教学点任教。当然,这只是总体情况,访谈中得知,凡是下边小学的教师,只要没有特殊情况,几乎都想进中心小学,因为毕竟它在 S 乡的所有小学中处于"核心"地位,接受上级教学检查与督促的机会多,教师业务及各方面的发展空间相对较大。但由于客观限制,调整中,一部分渴望进入 S 乡 A 中心小学的教职员工或因人际关系,或因个人业务素质等原因未能如愿,他们在回答研究者访谈中提出的"如何看待布局调整中的人员安置"这一问题时,对现有的安排基本上是持否定态度的。访谈中,A 中心小学一位教师向研究者直言:这样的人员安置给中心校及中心小学的领导带来了一些负面的操作空间。此话的可信度虽无从考证,但诸如此类的问题在农村基础教育的管理与操作层面是否确实存在,倒是值得我们去反思的。

再次是参与布局调整的各所学校的学生。关于学生的安置问题,S 乡中心校是这样处理的:被撤并学校的学生全部进入新建的完小,但个别撤并的学校离新建完小确实很远,则考虑将撤并校的一、二年级并入距周围较近的某教学点;改为教学点的学校,四~六年级学生大部分进入新的完小,低年级则留在教学点。但调整后也有个别教学点仍然保留四、五年级,其中的原因比较复杂,有学校的原因、家长的原因,也有社会的原因。

S 乡小学布局调整后,由于各教学点保留的一、二年级学生基本上都是本村的孩子,所以班级学生数并无多大变化,班级数明显减少,学习氛围不如以前。调整后,3 所完小的学生管理发生了较大变化。一方面,班级数及学生数迅速扩大,一定程度上增加了学生管理的难度;另一方面,从各教学点并入的学生上学的路程一下子增加了,如 A 中心小学就有许多学生每天上学要穿过两条省道、一条国道,这给学生的安全造成很大隐患。针对上述情况,S 乡中心校采取了如下安全措施:加强安全教育,提高学生的安全意识;采取路队教师护送制。学校专门成立了安全领导小组,从领导到教师全员参与,每天放学时由教师将学生送到安全路口,凡是经过国道的学生,每天安排 2 名教师值班护送。

研究中,研究者意外得知,S 乡 A 中心小学有 100 多名寄宿制学生,每周末回家一次,但在研究者对该中心小学 5 位校领导的访谈中,却无一人提及这一情况。在苏北农村，尤其是在 H 市，如此少见的小学生寄宿现象为何在访谈中被忽视了？是"偶然"还是"故意"？其中的原因，随着后期访谈的深入，从学校领导与普通教师对这一问题的两种截然不同的回答中，研究者似乎略有所悟。

访谈地点：S 乡 A 中心小学

访谈时间：2005 年 4 月

访谈对象：S 乡 A 中心小学某领导，A 中心小学 3 位教师

访谈内容：

● 听说贵校有部分寄宿制学生，请问这些学生为什么会住校？学校怎样管理呢？

答（某领导）：本来想通过布局调整，把学校打造成苏北最大的森林式寄宿制小学，所以就把原来二中留下的教室改造成学生宿舍。但调整后，大部分学生走读，现在住校的 100 多名学生大多家离学校比较远，他们自愿提出住校要求。学校按物价部门规定，凭许可证收费，有专职老师管理，学生生活都能自理，每个双休日回家。

答（教师）：所谓住校生，其实是学校奥赛班的，[1] 但对外说是学生自愿住校。这些学生一般都是高年级，是经学校考试选拔出来的尖子生，学校统一规定他们住校，当然也是经家长签字同意的。这样一方面可以利用晚自习时间对学生进行辅导，以提高成绩，同时也提高学校在小学升初中中的竞争力；另一方面，学生住校，学校是可以收取住校费的，这可以为学校增加一笔收入。其实，有的老师连住的房子都没有，学校却要空出房子给学生做宿舍。

对于小学阶段的孩子来说，寄宿是一种全方位的锻炼，同时也是对学校学生管理的一种考验。调整后的 S 乡 A 中心小学是 T 县惟一一所寄宿制小学，其管理模式将成为其他学校模仿与借鉴的样本，其管理的成败也为同行所关注。

（2）教学管理

在布局调整前，虽然 A 中心小学拥有管理全乡村小的权利与职责，但各

---

1 奥赛班，即奥林匹克数学竞赛班。

村小在教学安排、业务学习、教师管理等诸多方面仍拥有一定的独立支配权。调整后的 A 中心小学对其他 2 所完小及 13 个教学点依然行使这种权利与职责，只不过对其所属教学点的领导与检查的作用更加直接了。在调整中，由于大部分教学点只保留一～三年级，高年级被调整到中心小学，因此教学点的师生人数相对较少，校园氛围不浓。2003 年刚调整时，为了保证教学点的教师能和本部教师一样参加教育、教学研究活动，中心校曾经推行例会制度，要求每周六所有教学点上的教师都集中到中心小学，共同开展业务学习与研究活动。但后来因为各教学点分散，且离中心小学远近不一，因此不到一个学期，例会就取消了。

例会取消之后，为了保持各教学点与中心小学之间的联系，中心校在各教学点设有负责人（"说是负责人，实际不是什么真正干部，既无名也无利，所以人家都是为了帮忙，其实心里并不愿意干。"A 中心小学某教学点负责人如是说）。平时教研活动只有本部开展，教学点是不管的。教学点的工作由各教学点负责人与中心小学联络，偶尔有大型教研活动，各教学点教师才集中到中心小学。因为教师缺乏，很多教学点都实行包班制度，个别科目特别缺教师的，常常是几个教学点共用一名教师，比如教电脑的教师每周就在各教学点流动教学。

访谈中，教师们纷纷反映，由于教学设备与教学条件的缺乏，教学点在各个方面都比本部差。调整后的教学质量不如调整前，教学工作无法走上正轨，包班教师的教学质量上不去，因为"老师也不是全能的，不是样样都会教"（某教学点负责人说）。

（3）经费管理

布局调整后，各完小及教学点的经费均由中心校集中管理。经费的拨放主要有两种形式：一种是各教学点或完小根据需要，向所属完小或中心校提出申请，由中心校审核后报上级教育行政主管部门，经批复后再由中心校酌情拨放；另一种是由中心校根据平时到各教学点或完小的督查实况，直接向上级教育行政主管部门提出有关报批申请，经批复后再按需发放。尽管这种管理在形式上与调整前相比并没有明显不同，但调整后的 S 乡中心校可用于教育投入的经费来源却有较大变化。以前 S 乡的教育是分级办学、分级管理，由上级教育行政和地方党委、政府共同负责，可自"费改税"直至现在连税也取消之后，教育由上级教育行政直接管理，乡、村对教育也就没有了投入。

最初,有些民办教师的工资是从收取的教育附加费中提取的,在收取各种费用时,教育附加占农民总收入的 1.4%,同时村里还有每年一次的"一事一议费",每年每户不超过 15 元,具体由各村自己定,自己收,所收费用用于为老百姓办实事,比如办教育、修路、修桥等公益事业。这两项费用再加上其他各种费用,每户每年要上交乡、村 300 元左右。"费改税"以后,每户农民一亩地要上交村里几十元,最多达 100 元,这些费用就成了乡、村教育投入的主要来源。现在,农民种地不仅不用交税,而且每亩地还有 20 元补贴,这样一来,农民种地的担子确确实实减轻了,但教育的担子更重了。后来省里规定取消"一事一议费",加之乡、村的计划生育工作也被收回交县计生局管理,S 乡的教育资金来源举步维艰。"现在连续两三年,村里、乡里断了经济来源,没有钱还账,只好卖学校卖村部。××小学调整初期,动员其保留教学点,上面拨 2 万元用于扩建,可村里不想要,有些村干部巴不得学校都搬走,好卖校。"乡中心校的一位领导说。没有了乡、村的教育投入,对 S 乡的教育而言不能不说是一笔较大的损失,而上级教育行政部门的投入相对于 S 乡教育的自身建设与发展来说,只是杯水车薪。也许正因如此,S 乡的小学布局调整在诸多方面与规划和设想不能完全一致。比如,按照最初的调整规划,调整后的各教学点不能保留三年级以上的班级,可事实上,由于扩建的完小缺乏足够资金,没有能力接纳其所属教学点的所有高年级,因此,相当一部分教学点仍然留有三年级以上的班级。

从 2005 年春季开始,H 市出台春季义务教育阶段学校"一费制",严格规定了义务教育阶段的收费内容、收费标准,对学校的服务性收费也做出明确规定,要求从新学年开始,在全市各级政府举办的义务教育阶段,学校执行"一费制"收费新标准(农村每生每学期杂费为 68 元),学校收取的杂费应全额缴入财政专户,实行"收支两条线"管理,杂费要全额用于弥补学校公用,要求认真落实中小学财政预算内生均公用经费拨款标准。从 2005 年起,农村小学每生每年 30 元,执行这 标准有困难的经济薄弱县,可视财力状况逐年增加,分三年到位。T 县教育局、物价局和财政局联合转发了 H 市《关于 2005 年春季义务教育阶段学校推行"一费制"收费有关问题的通知》。

"费改税"、"税的取消"及"一费制"的出台,给 S 乡的教育经费管理与运作带来较大影响,学校资金来源紧张。目前,S 乡小学教师工资由县财政直接拨款,学校办公支出的经费主要是收取的学生杂费。学校每学期收取杂费后,直接纳入县财政局专户,由财政局再拨到教育局,教育局按每所学校上交的款额如数拨下来。一般是学校一次性上交,上级按月发放。每学期学校收取的杂费勉强能够维持学校正常的办公费用,但一些额外的支出学校就无力支付了。比如这次布局调整,由于 S 乡调整力度大,省里直拨了一笔款到县财政局,县要求 S 乡只能把这笔款用于学校在布局调整中造楼、造房,不得挪作他用。A 中心小学正在建的教学大楼就是动用了这笔专款。建楼期间,县教育局有关领导定期到现场检查进度,根据实际进展分期拨款到县财政局,由财政局再直接汇入建筑公司账户。预计该教学大楼需县里拨款 100 万元,但诸如图纸设计、材料购置等费用都要中心校自己承担,至少要贴 30 万元。可对于一个没有额外经济来源的学校来说,拿什么来补呢?截至目前,这栋将发挥重要作用的教学楼终因上级拨款不到位和学校自身欠款等原因而未能按期交付使用。中心校的领导们正为下一步资金的来源问题一筹莫展。

(4) 校产管理

这里的校产管理主要是指布局调整后各学校及教学点的校舍、设备等的管理。

在 S 乡小学布局调整的过程中,关于校产的管理因调整类型的不同显得比较复杂。在调整初期,乡中心校组织人员到全乡各所小学开展校产登记。校产分可动产和不动产两类,凡是在调整中改为教学点的学校,其校产基本上仍保留在教学点,但由于教学点上的高年级学生几乎全并入附近的完小,因此,研究者在实地研究中发现,相当一部分教学点出现了部分教室与设备的闲置。对于调整中撤并的学校来说,校舍与设备的处理问题就更为突出了。由于大部分学校没有《集体土地建设用地使用证》,加之调整前属村级办学体制,因此,在处理撤并后的校产上存在相互扯皮的现象,以致造成财产分割上的具体困难。按 S 乡当地政府与中心校的协定,凡撤并的学校,可动产均属于该学校所并入的完小,而不动产的处理方式不太一致,有的是由中心校和村党委、乡政府共同商议处理方案,有的村党委则要求自行处理。

S 乡 A 中心小学在此次调整中由于涉及周边多所小学的撤并、改教学点、置换等,其校产的处理更为复杂。其自身的校舍、校址的置换新建问题直到目前仍然没有完全解决。除了资金至今没有按协约处理外,校舍、校址也未能完全实现置换。原中心小学的校址仍保留为 A 中心小学的一个教学点,置换后的 A 中心小学的校园里至今仍有部分原二中的教师宿舍,而二中现在的校园里也有部分宿舍被原来的小学教师占用。这给两所学校的校舍管理带来了一定的困难。

六、农村小学布局调整的多维视角

任何一场组织变革都会不同程度地触动某些群体的利益,自然就会导致不同的利益主体从各自的视角对变革产生不同的看法与评价,褒贬不一。农村小学布局调整在实施过程中,同样引起了不同利益主体的不同看法与评价。

1. 政策倡导者与设计者的审视

这里,研究者将政策倡导者与设计者狭义地局限为 H 市及 T 县的政府与教育局的有关行政官员。这样的界定可能不十分贴切,因为就农村小学布局调整这场规模宏大的变革来说,其政策的倡导与设计并非地方政府官员力所能及。如果我们拓宽视野,从国家、省、市到地方这个更大的组织整体来看农村小学布局调整,那么,作为一个市、县的领导,他们所起的作用最多只是布局调整政策的响应者与推进者。研究者在此之所以作出这样狭义的界定,是因为相对于参与布局调整的各乡镇与学校来说,市、县的行政领导就可以算是"政策倡导者与设计者"了。

在实地研究中,研究者与 H 市及 T 县农村小学布局调整的倡导者与设计者有过多次接触与访谈,也阅读并收集了许多他们就布局调整的情况撰写的总结材料。那么他们是如何看待与评价农村小学布局调整的呢?

（1）H 市教育局部分领导的观点

2004 年 8 月,研究者就有关布局调整问题与 H 市教育局基础教育处 H1 处长进行了访谈。当问及"农村小学是否需要实施布局调整? 调整的主要目的是什么"时,他认为实行农村小学布局调整是社会发展的基本趋势和必然规律。改革开放以后,农村人口出生率下降,校舍闲置,教师过剩,教育资源浪费,教育产出与教育投入失调,为了节约资金、土地、师资,优化教育资源配置,布局调整势在必行。经过"九五"、"十五"两段时期,H 市小学布局调整的高峰期已过,但不会停止,只要学校存在,人口增长还处于动态变化之中,布局调整就会存在,只是以后调整的幅度可能没有这么大了。

关于农村小学实施布局调整的利弊,他认为任何改革与发展的举措都如同一把"双刃剑",其利弊之比要视整体状况,同时还要从未来的发展着眼。农村小学布局调整是教育事业发展的一项重要举措,意义深远。在这点上,不能拿我国同北欧国家相比,北欧经济发达国家资源丰富,其基础教育已经相当发达,连边远地区的学校也给予巨额投入,且只求社会效益,不求经济效益,而我们则是"穷国办大教育",所以既要求社会效益,也要求经济效益,如果单凭北欧国情来反对我国农村小学的布局调整,是不恰当的。

H1处长还表示,在农村小学布局调整中,有些群众的观念落伍。比如,一些在调整中被撤并或改为教学点的学校,原有的一些教育资源被闲置了,有人认为这就是浪费。其实不然,从静态看似乎是一种浪费,但从发展的眼光看就不能算是浪费。比如布局调整前,对一个乡的年教育总投入为10万元,该乡有10所学校,平均每所学校能得到1万元,调整后,投入总数不变,而学校减为5所,平均每所学校就能得到2万元,投入整整提高了一倍。过去分散的资金投入使学校形不成办学规模,一个学校几十个孩子,有的还是复式班,每门学科只有一个教师,根本无法形成校园文化、校园氛围,严重阻碍了孩子的全面和谐发展,校际之间均衡发展的难度也很大。现在通过布局调整,学校有了一定的规模,形成办学氛围,能进行校本开发,加速了校际之间的均衡发展,改善了办学条件,提高了办学效益,有利于教育现代化,有利于教育产出。因此,从发展的眼光来看,农村小学布局调整是为了人民群众最根本的利益。

该处长同时指出,布局调整也存在一些不足。如,调整标准的制定难以适应农村千变万化的实际情况,有些要求脱离地方实际;不同的地区,学校规模也不是越大越好,超过一定的"度"以后,管理制度和模式都将发生变化,会对教育产生不利影响。因此,通过收缩办学点来减少经济损失,追求过高的师生比,这都不符合教育规律,政府不能以此来"甩包袱",而应承担起责任。

关于调整后的农村小学当前迫切需要解决的问题,该处长认为是部分学生上学路远的问题。他建议可采取一些临时办法来解决:保留一些教学点进行过渡;办小学食堂,让孩子中午搭伙;有条件的学校可采取寄宿制;乡村道路改造较好的,可以用交通车接送。

关于农村小学实施布局调整问题,研究者还走访了H市教育局审计科某科长。他认为,布局调整从大的方面来说是为了提高教育质量,优化组合,但实施过程中仍存在不少问题,如班级人数超额等。当然,调整后新搬的学校一般都比原来的好,保留的学校基本都是中心校,大多位于乡镇中心,被撤并的学校一般都是较差的学校,师资质量不理想,缺少竞争,学生少,教学质量也差。目前 H 市农村小学布局调整还没有到位,按上级要求,到位后是不存在教学点的。苏南因为经济条件好,有校车接送,所以基本不存在教学点,而苏北比较贫困,教学点现象还比较普遍。

（2）T 县教育局部分领导的评价

2005 年 4 月,研究者在 T 县教育局就农村小学布局调整问题采访了该局 T1、T2 两位副局长。

T1 副局长说,T 县小学布局调整是大势所趋,因为全国、全省都在进行。他认为调整的大方向是对的,政府的出发点是好的。随着人口政策的变化,生源越来越少,学校规模开始萎缩,这样,配备的教育资源是不可能多的。不过,T 县农村小学布局调整的速度偏快,调整中出现的许多问题还有待解决。

T1 副局长认为,布局调整中遇到的最大阻力是调整初期有些村民不太理解,要求保留原来的学校,哪怕自己投资建学校、建微机房都愿意。学校合并后,学生的交通食宿是老百姓最关心的问题,一些家长因为孩子上学路远(有的要走十几里路),担心孩子的安全,多次到市、县政府上访。

对此,T1 副局长认为,从深层次看,其实这反映了社会为义务教育提供的条件不足。要是孩子们出门就能上学,或是经济条件好,路虽远但有车接送,或者学校能提供良好的食宿条件,而老百姓也能承受得起,那家长又怎么会反对和阻止呢? 孩子上学要走十多里路,如果路上出了问题,谁负责? 这是教育的责任吗? 该副局长说,社会不能把农村小学布局调整的遗留问题都留给教育,教育本身承受不了,也解决不了,同时这对教育也是不公平的。教育讲求效率,义务教育并不是说普及了质量就提高了。

关于教育投入问题,T1 副局长表示,省里的拨款非常有限,解决不了什么问题。县里花 3000 多万元也只是让孩子有学上而已,至于其他办学条件,根本达不到要求。他认为义务教育必须由政府承担,因为各乡村学校培养的人才都是社会人,是为国家做贡献的。

访谈地点：T 县教育局

访谈时间：2005 年 4 月

访谈对象：T 县教育局 T2 副局长

访谈问题及内容：

• 您认为农村小学是否需要实施布局调整？目前进展情况如何？

答：我认为调整是必要的，因为各校学生数确实在下降。有的学校人数太少，给人感觉不像个学校，没有人气，而且基本是实行包班制，不调整，教学质量上不去。布局调整可以整合资源，提高质量。目前大的调整已经结束，有些学校还保留一定的教学点，按要求，教学点应该只设三年级以下的班级，但实际上，我们好多教学点是含有四、五年级的，这就是撤并不到位的地方。2005 年的计划是推进 10%，因为省里不考核，所以就不推进了。

• 您认为农村小学实施布局调整的利弊如何？布局调整中遇到的最大阻力是什么？

答：最大弊端就是资产闲置及孩子上学辛苦的问题。最大好处是整合了教育资源，提高了质量，对孩子成长有利。现在所有完小都有微机房，孩子们都能上网。

最大阻力是老百姓想不通。他们看问题不考虑利大利小问题，他们觉得孩子上学路远，不安全。有的孩子上学要走十几里路，开车都要很长时间，不要说孩子步行了，而且农村的路况不好，下雨时路十分泥泞。在调整过程中，群众不断上访，几百个人把县政府围起来。有的乡因为离市政府太近就没有调整，怕群众不找县政府而到市政府上访。还有的学校发生了五、六年级调整到中心小学后又返回村的现象。调整中教师的意见不大，一些校长、教学骨干受布局调整影响极大，尤其是那些从干部成为普通教师的，对调整的反对意见较多。

• 您认为布局调整后的农村小学最迫切需要解决的问题是什么？

答：是政府投入不到位问题。如果政府投入到位，就没有必要合并了。调整后，各学校班额、学生数明显增加，虽然省里对班额有规定，但在苏北的农村小学，几乎都超额，有的学校因为没有那么多教室，一个班学生多达 70 余人。调整后的学校硬件配套设施不足，因为人数增加了，但设备没增加。

(3) 政策倡导者与设计者眼中的布局调整

从上述资料我们可以看到，虽然 H 市、T 县农村小学布局调整"政策的倡导者与设计者"对布局调整的看法不尽相同，但概括起来也有一些相似的观点,主要集中在以下几个方面。

第一,关于农村小学实施布局调整的目的与必要性。领导们认为,实施农村小学布局调整是社会发展的基本趋势和必然规律。由于农村人口出生率的持续下降及农村人口向城市流动的速度加快,学校生源越来越少,学校规模萎缩,校舍闲置,极大地浪费了教育资源,加重了教育投入。在这种情况下,布局调整势在必行。通过调整可以节约资金、土地、师资,优化资源配置,发挥规模办学效益,强化教学管理,提高教学质量。也有领导流露出"因为全国、全省都在搞",所以调整乃"大势所趋,不搞不行"的无奈。

访谈中,有的领导提出了相反的观点,他们尖锐地指出,如果政府对教育的投入充分,那么学校规模越小、学生上学越近,就越有利于提高办学质量,那就未必需要布局调整了。这种观点在关于其他几个问题的访谈中都有所涉及。

第二,关于 H 市、T 县农村小学布局调整的现状与发展趋势。领导们认为,调整的高峰已过,但调整并没有到位,教学点现象还比较普遍。从发展的角度看,布局调整不会停止,但调整幅度会有所减小。有的领导认为,现有的布局调整速度偏快,调整中出现的许多问题还有待解决,并提出如果国家想长期坚持布局调整,就必须建立以乡镇驻地为中心的寄宿制的政府办学路子。访谈中得知,2005 年 T 县布局调整原计划推进10% ,后因省里不考核,就不推进了。看来 T 县农村小学布局调整是否需要推进,其决定因素不在"下面",而在"上面"。

第三,关于农村小学实施布局调整的利弊问题。大部分领导认为,应辩证地看这个问题。部分领导认为,布局调整的最大弊端是调整后学生们上学路远,不安全,以及调整后的闲置资产处理问题。但也有领导持反对意见,认为原有的一些教育资源的闲置从静态看似乎是种浪费,但用发展的眼光看就不能算是浪费。领导们认为,布局调整带来的最大益处是学校具有了一定的规模,能形成学校氛围,提高办学效益。

第四,关于调整后的农村小学目前最需要解决的问题。有的领导认为是学生上学路远的问题;也有的认为是如何把握布局调整"度"的问题,他们认为,一旦学校规模超过一定的"度",则管理制度和模式会发生变化,对教育不利,因此一味追求规模效应,追求利益的最大化是不可取的。也有的认为是政府投入不到位,如果政府投入到位,就没有必要撤并学校,或者如果调整后政府投入能到位,也就不存在孩子上学路远的问题了。

第五,关于农村小学实施布局调整中遇到的阻力问题。大部分领导认为,最大的阻力是家长。也有的认为,布局调整的阻力从表面上看是家长,其实从更深层次看是社会为义务教育提供的条件不足。

2. 具体执行者和参与者的视角

关于"具体执行者和参与者",研究者在此将其界定为:参与布局调整的各乡镇学校领导与教职员工。在这场农村小学布局调整的变革中,他们是布局调整政策的具体执行者和参与者,他们目睹并参与了这场变革的全过程。那么他们又是如何看待与评价这场声势浩大的变革的呢?

(1) 学校领导访谈

访谈地点:S 乡中心校

访谈时间:2005 年 4 月

访谈对象:S 乡中心校某领导[1]

访谈问题及内容:

● 能谈谈您对 S 乡小学实施布局调整的看法吗?

答:S 乡小学布局调整幅度最大的是中心小学。当时两所置换学校的校长刚上任,想大干一番,所以就调了。按 S 乡中心小学原来老校长(后来才知道就是其本人)的意思,全乡准备保留 6 所完小,两位新校长自己做主改为保留 3 所,乡里当时不同意,可局里支持,想打品牌,这里的布局调整用一年时间就把三年的计划完成了。中心小学校长是 2002 年 8 月 25 日调来的,2003 年 10 月 3 日离开了。二中的校长是 2002 年 8 月上任的,2004 年 2 月调走。两位校长来了一年多,布局调整就开始了。调整后,一所中心小学就覆盖全乡十五六个村。

在上报的规划表中,应该撤并的小学实际仍保留教学点,主要是因为新校舍不够,只能分步撤。调整中遇到的最大阻力是地方党委、村里老百姓反响强烈。调整初期,中心校专门印发了《告家长书》,把调整的原因、目的印成宣传单发给家长。

当前迫切需要解决的是经费问题。调整需要建房,建房需要资金。上面拨款有限,许多费用都要学校自己承担,而学校靠学生杂费只能维持正常

1　调整前为 S 乡原中心小学校长。

办公。2005 年春季,我市"一费制"出台,对学校的服务性收费做出明确要求。以前教育是"分级办学,分级管理",现在统一收回由县里拨款,乡、村没有一点投入,学校经费就更加紧张了。

研究者还对 S 乡 A 中心小学中层以上全体领导进行了访谈。他们认为,S 乡小学实施布局调整是出于多种原因:主要是上级要求必须进行;当时几所学校的主要领导刚刚上任;省里又要在当年底对调整情况进行验收;省、市有资金奖励等。至于国家实施农村小学布局调整,他们认为真正目的是节省开支。S 乡小学布局调整的步子太大,一年不到就在省、市出了名,可仍然没有达到上级要求。比如教学点还有四、五年级,且还有一些"点下点"存在。此问题很难解决,如果把学生集中了,就要建校舍,可乡中心校根本没有资金。S 乡有 5 万多人口,至少应该保留五六所完小,可当时想做强中心校,创"省优",就取消了多个完小。T 县的农村小学布局调整可能还会继续,但就 S 乡来说,他们认为没有必要再推进了。

关于调整的阻力,大家认为是部分家长不理解、不支持。尤其是中心小学从原来的乡中心调整出来,且覆盖了周围 16 个村,最远的村离中心小学有十六七里路,孩子上学要经过两条省道、一条国道。调整中,没有出现教师分流、下岗现象,调整前几个撤并校的领导除个别到了年龄自动"内退"外,其余的仍在中心校或中心小学担任管理职务,所以他们对于调整基本没什么异议。

学校领导认为,布局调整的最大益处是整合了教育资源,减少了财政开支,提高了教育教学质量。弊端是因调整而引起的欠账、闲置资产处理等问题。当前需要解决的是闲置校舍处理和债务问题。对于调整撤并的学校来说,闲置校舍处理问题比较突出;对于扩建或置换的学校来说,目前最迫切需要的是资金。

(2) 教学点负责人的叙述

S 乡 A 中心小学 A–1 教学点负责人[1]在访谈中提出,布局调整后的许多方面还不如调整前。A–1 教学点是 A 中心小学的教学点,下面还有三个"点下点",这个教学点在各方面都比中心小学差,下面的点状况更差。目前学校最困难的是没有办公费,所有开支都要向中心小学申

---

[1] 调整前为该教学点所在校校长。

请。调整后,教师管理也比较困难,课多,人员紧,个别科目由于缺教师,常常是一个教师在各点流动教学。下设的教学点基本都实行包班制,各点都安排负责人,但大家都不愿意干。平时中心小学的教研活动,各教学点负责人参加,回去传达,"点下点"则基本放任。

布局调整后,一、二年级学生离校最远的有七八里路,六七岁的孩子就要骑车上学,有的学生每天要穿过国道和省道,学校每天安排 2 名教师送队。教学点调整后,有的闲置教室改作仓库,有的就一直闲置着。现在每个班都开电脑课,[1] 每个学生每学期交 50 元学习费用,电脑是学校租来的,电脑商收学校三年租金,三年后电脑归学校所有。

(3) 教职员工的表达

S 乡 A 中心小学一位普通教师[2]告诉研究者,调整后,他原来所在的小学被完全撤并了,一部分教师到 A 中心小学,另一部分到教学点。对于 S 乡小学的布局调整,他认为原先学校规模小,非常好,现在一下子撤光,一、二年级的孩子上学要走五六里路,群众接受不了。调整后留下的校舍,村里把树卖给商人,把校舍卖给本村村民做住家。该老师认为,调整后教学质量下降了,学校管理难了。

S 乡 A 中心小学另一位普通教师[3]是 2001 年某三年制师范中专毕业生,调整前在一所完小工作,调整后,原来的学校被改为 A 中心小学教学点。得知学校要调整时,教师最关心的问题是自己到哪所学校,年轻人都想到中心小学,但并非都能如愿,因为中心小学安排不下,没能进中心小学的教师心里有想法,也抱怨。该老师认为,布局调整带来的最大好处是各学校好的资源可以共享,最大的问题是孩子们上学的路远了。

(4) 具体执行者和参与者眼中的布局调整

研究者在与具体执行者和参与者的访谈中发现,在这场农村小学布局调整的变革中,他们虽然共同目睹并参与了这场变革的全过程,但看待与评价这场变革的视角有所不同。在整理资料时,研究者更是惊讶地发现,许多观点与被访者在调整前后的身份变化相关,具体有四种情况。

第一种情况是,调整前是校领导,调整后职位没变或提升了。访谈及问卷调查结果表明,这批人对布局调整大部分持辩证的观点。他们对调整的

---

[1] 县里要求每所学校 97% 的学生都要学电脑。
[2] 原为一撤并校的校长。
[3] 原为一改为教学点的完小的教师。

评价更关注一个乡、一所学校乃至农村小学布局调整的整体效果,谈吐中情绪化用词较少,多数是"就事论事",且"有话直说"。当然,也有个别调整后职位得以提升的,回答问题时更倾向于"歌功颂德"。

第二种情况是,调整后职位虽然降了,但仍担任校领导或负责人。这些人在访谈及问卷调查中,回答研究者提出的问题常常"拐弯抹角"、含糊其辞,似乎对任何问题都不给予直截了当的明确答复,回答问题一会儿是统观全局、客观辩证,一会儿又仅从自我角度对调整加以批评指责。有时甚至对同一问题的回答前后自相矛盾、判若两人。这是否和其调整前后身份的微妙变化有关?当然,这只是研究者的一种推测而已。

第三种情况是,调整前是校领导,调整后降为教学点负责人或普通教师。之所以将教学点负责人也归在这一列,是因为研究者在访谈中得知,他们实际上既无名也无利,大家并不愿意干。这批人在访谈和问卷中,对了研究者提问的回答一般比较干脆利索、有问必答。他们回答问题时比较情绪化,措辞比较激烈、极端。例如在被问及对布局调整的看法时,他们几乎不假思索地回答:"我认为布局调整后,有许多方面还不如调整前","布局调整后教学质量、学生管理水平都明显下降了。"

研究者在研究中还对 H 市几所即将被撤并的农村小学校长进行了访谈,发现他们与第三种人员一样,对布局调整持坚决反对的态度。

第四种情况是调整前后身份没有改变的普通教师。这批人涉及的情况比较复杂。一类是调整后仍留在原来学校或教学点的。如果这是出于他们自己的意愿(比如有些年长的教师在调整中主动提出留在离家较近的教学点),则他们对于布局调整没有太大异议。另一类是调整后随原学校高年级学生并入更好的学校(比如中心小学)。这类教师对于布局调整的态度是"几分欢喜几分忧",他们一方面为自己能在调整中进入一所更好的学校而"沾沾自喜",另一方面又对自己的"后来"身份十分敏感而自卑,小心翼翼地观察与适应新的环境,谨慎地评价布局调整,一些人在回答研究者问题时人云亦云。还有一类是调整后去了更差的学校,或不情愿地被留在了原教学点。这类教师对布局调整充满了怨言,似乎把个人工作、生活的一切不顺都归因于布局调整。

3. 被动接受者与旁观者的观察

所谓被动接受者与旁观者,研究者在此将其界定为"参与布局调整的各小学学生、家长,各乡、村领导及耳闻目睹农村小学布局调整的其他人员"。之所以将他们看作是布局调整政策的"被动接受者",是因为他们虽然参与了这场变革的全过程,但是从开始到结束,并没有任何一个环节"主动"地征求过他们的意见,尽管他们对布局调整也许曾经有过或大或小的影响,但那也是在"被动接受"的过程中被"挤压"出来的"无奈之举"。因此,研究者认为,尽管这场重大变革是为了整合教育资源、提高教学质量,然而综观调整的全过程,我们无法不承认,正是这些调整的直接服务对象——学生与家长,却成了彻头彻尾的"被动接受者"。那么他们是如何看待与评价这场与其自身利益休戚相关的变革的呢?

与此同时,社会上的一些"其他人员"虽然并没有参与这场农村小学布局调整的重大变革,却耳闻目睹了邻村、邻乡、邻县或邻市的布局调整情况。尽管这场变革与他们的切身利益并无直接的关联,可作为一个公民,他们也密切关注着这场变革的发生与发展。那么在这些"旁观者"的眼中,农村小学布局调整又是怎样的呢?

(1) 被动接受者的态度

2005 年 6 月,S 乡副乡长[1]接受了研究者的访谈。当被问及"您认为 S 乡的小学是否需要布局调整"时,该乡长说,以前没有调整政策的时候,觉得也没什么,这么多年习惯了各村小学的办学形式与规模,后来听到上级关于布局调整的宣传,也觉得从某些方面看,农村小学的布局确实需要调整,调整对于整合教育资源、提高办学效益应该是有利的。

该乡长说,自从将学校交回县教育局直接管理后,对有关的问题不再像以前那么清楚了。他认为 S 乡小学的布局调整对于全乡的影响是非常大的,调整后保留的 3 所完小在资源配置方面比以前优化了许多,学生的学习条件明显比以前好了。一些规模很小的学校,以前的办学、管理都不能走上正轨,现在被撤并到更好的完小,对于教师、学生、家长以及所在村来说都是好事。但是调整也存在一些问题,比如一些调整前还比较完整的小学,调整后被作为教学点,只剩一、二年级了,这些学校没有了以前的氛围,各方面质量反而下降了。

过去,农村小学主要靠村、乡集资,调整后的学校主要靠县里拨款和学生杂费。调整后,对于一些撤并校来说,可动产带走,不动产留下。按县里

---

1 他原来分管 S 乡教育。

要求,不动产由乡、村和学校协商处理,但各村处理情况不同。有的村和学校商量后,将卖掉不动产所得的钱平分,有的村将学校占为己用,有的改为村卫生室,还有的村不愿与学校协商,要求收回自己处理,有的被用来置换土地。改为教学点的学校,空着的一半教室就很难处理,还有一些闲置校产被个人办校和民办学校占用。还有教师自己出资买下闲置的校舍办学,每学期每生收取 300 元学费,没有手续也没有教材,据说这种情况全县许多乡都有。

该乡长认为,调整的最大好处是一些小学条件好了,资源集中了;最大的问题是校舍闲置,以及一些村小取消后,孩子上学路远,不安全。

对于 S 乡小学布局调整是否需要继续推进问题,该乡长认为,S 乡调整的步子较大,如果不再推进,那么多不成规模的教学点怎么办?继续推进,完全取消教学点,七八岁的孩子要走七八里甚至十几里路上学,不安全,又怎么办? 这是个两难问题。

S 乡 S1 村村长对布局调整完全持反对态度,他认为这些年小学没并没撤,也发展得很好。2003 年调整刚开始时,按规划,S1 村小学要完全撤到另一所小学,村长和村里的学生、家长都不愿意。为了保住学校,全村人自发联合起来,共同集资给学校添置了 20 台电脑,还修了围墙和教室。上级来看的时候,发现这个村小的办学条件不错,便作为教学点保留了下来。不过最初上级要求只保留一至三年级,四年级以上都得到七八里外的完小去上学,孩子上学要穿过省道、国道,个别孩子要走十几里路,村长代表家长向上级反映、争取,在开学一个月后,把四年级的学生从中心小学领了回来。现在,两个年级的学生走了,留下一大排空教室,这位村长问,这到底是节约了资金还是浪费了资源? 再有,并走的高年级学生每天上学要走那么远的路,家长每天提心吊胆,有的老人实在放心不下,七八十岁了,天没亮就起来拄着拐杖送孙子、孙女上学。"都是我这个村长无能啊",该村长自责。

村民们又是如何看待调整的呢? S 乡某村民告诉研究者,他们村小被撤并到中心小学,连教学点都没有留下,他的孩子今年上三年级,学校刚撤并时才 8 岁,每天要骑车到八九里外的中心小学去上学,家长特别担心。他认为,布局调整后,学校教学条件肯定改善了,但对家长来说,条件再好,也比不上孩子的安全重要。

学生们对于布局调整的看法更为简单、率直,下面是研究者与 S 乡 A 中心小学一至六年级部分学生的一段对话。

- 你认为 A 中心小学和你原来的村小相比怎么样？

某四年级学生回答：比我们原来的村小好多了，人多，热闹，好玩，老师对我们也好，不像我们村里的代课老师经常骂人，还会让我们去帮他家锄草干活。

某五年级学生回答：我很喜欢现在的学校，有那么多电脑可以学本领。这里的同学比我以前的同学更爱学习。

- 你每天骑车上学吗？能谈谈你骑车上学的感受吗？

某三年级学生回答：我骑车上学。村里几个同学每天一起上学，我们常比赛看谁骑得快，我现在会单手骑车了，有的四、五年级学生还能双撒把骑车呢。

某五年级学生回答：我骑车上学。我家离学校特别远，有十五六里路吧。每天我要比别的同学更早从家里出发，路上骑得很快，我怕迟到被老师批评。下午放学回家可以慢些，有时候我们会在中途下车玩一会儿再回家。

某一年级学生回答：我觉得骑车最好玩了，我什么都不怕，高年级的同学骑车都追不上我。

- 你中午在学校吃饭吗？住校吗？你在学校的时间怎么安排的？

某五年级学生回答：我中午在学校吃饭，不过不在食堂吃，因为太贵了。我妈每天给我带两块饼，中间夹些辣酱，有时也有别的菜。我家离学校近十里路，饭后和同学在校园里玩，有时也偷偷到校外玩，但不能让老师知道。去年夏天，我们还在中午一起到沟里洗澡呢。

某三年级学生回答：我中午在食堂吃，每天不超过一块五毛钱。有时就用汤泡饭，几毛钱就够了。中午一般是写作业，有时也和同学在校园里玩。

某三年级学生回答：我住在学校，是奥赛班的学生，我在原来的班里学习挺好的，就被选进来了。我每个月住宿、吃饭还有水电费加起来要 160 元左右，我家穷，爸爸妈妈借了好多钱。我在学校学习很认真，不想让老师和爸爸妈妈失望。

上述资料只是对布局调整的部分"被动接受者"的访谈，虽然他们的看法与评价并不能代表该组所有成员的观点，但有相当一部分观点还是非常值得我们深思的。

通过对这些"被动接受者"的访谈，研究者深深地感受到他们接受一项政策的无奈与迫不得已。无所谓什么意见和建议，他们中的一部分人默默地接受"上级"的安排，把自己孩子的现在与未来都交给"上级"安排。

在布局调整的实施中，这些"被动接受者"感受着调整带来的一切，切身体会到布局调整给农村小学教育带来的变革与进步，同时也深切感受到调整给农民、孩子乃至整个农村基础教育带来的种种弊端。比如，他们清清楚楚地看到，由于布局调整，孩子现在拥有的教育资源更丰富了，学习氛围更浓了，学校管理更正规了。但与此同时，也不得不面对各教学点的教学质量与教学条件问题、遗留校产处理问题、学生的安全问题以及在校就餐和住宿的资金问题等。诸如此类的问题，谁有最终的解释与决定权？是教育、社会还是老百姓自己？目前对于这些问题并没有达成一致的观点，一些问题的处理只能是"东一榔头西一棒"，各村、各校、各家、各人都在以自己的标准应对一切。

上述这些问题让我们不得不思考：农村小学布局调整何时才能让"政策的倡导者与设计者"的视角与"被动接受者"的视角真正一致起来？其统一的切入点到底在哪里？

（2）旁观者的看法

旁观者们虽然并没有参与这场农村小学布局调整，却耳闻目睹了其全过程。作为公民，他们也密切关注着这场变革的发生与发展。常言说，"当局者迷，旁观者清"，那么这些"旁观者"是如何看待与评价农村小学布局调整的呢？

2004 年 8 月，研究者对 H 市市政府某办公室主任进行了访谈，该主任表示，因为不是分管教育的，所以对 H 市农村小学布局调整的具体情况不太清楚。但他认为，既然国家和省大的趋势都在调整，那一定有调整的道理，一个社会的进步需要有一些改革来推动，而所有的改革在试验时期都必然有利有弊。所以，如果布局调整暂时产生了一些负面影响，也不能加以全盘否定，应该以发展的眼光来看待与评价。

T 县电教馆某负责人对研究者说，他虽然没有直接参与布局调整，但对此还是比较了解的，因为有好多学校在调整时都要配备计算机及其他电教设备。该负责人认为，应该具体情况具体分析，不能"一刀切"，有的村小规模太小，而邻村小学又离得不远，就可以并到一起；而有的村小规模虽小，可一旦取消了，学生就要走很远的路上学，那还是不调整为好，安全第一。

该负责人透露,有的学校为了完成调整任务,应付检查,悄悄购买了一些劣质电脑产品,只是为了让上级来检查时看到条件确实改善了,其实平时基本不用。

研究过程中,研究者还随机采访了其他一些"旁观者",交谈中发现了一些"当局者"没有反映的问题,如虚报调整学校的数量、争名争先等。在某些乡和村,甚至还出现了"黑户口"学校,[1] 此现象已经引起当地教育部门的关注。

七、结语：对农村小学布局调整的反思

在本部分,研究者将 H 市 T 县 S 乡作为一个研究个案,透视农村小学布局调整的全过程。通过深入 S 乡进行小学布局调整的实地研究,研究者认为,从布局调整的缘起、实施到目前暂告段落的每个环节,都非常值得关注与反思。

1. 缘起解释的困惑

农村小学布局调整究竟缘何而起？研究中发现,从 H 市教育局主管全市中小学布局调整的领导,到 T 县教育局分管布局调整的局长,再到 S 乡的普通校长、教师、村长,不同身份、地位、背景的人分析布局调整动力的出发点是不同的,他们各自站在自己的立场,对布局调整的缘起给出了不尽相同的解释。

综观他们的观点,研究者发现了这样一种奇特现象,那就是越是"高层的管理者",在公开场合或官方文件中解释农村小学布局调整的缘起时,就越是倾向于"向下归因",他们通常将其归因于农村基础教育实际发展的客观需要；而越是基层的管理者、老百姓,反而更倾向于"向上归因",认为布局调整主要是源于国家政策及上级管理者的要求。这其中是否可以反映这样一些问题：一方面,"高层的管理者""站得高,看得远",他们能从宏观的视角审视与反思农村基础教育的现状,认为布局调整对于农村基础教育的改革与发展来说是"势在必行"。他们从关注整个农村基础教育命运的角度来理解、制定并传播布局调整的政策与文件,怀着一种拯救中国农村基础教育的使命感,希望通过布局调整使我国的基础教育现状得到改善与提高。

1　所谓"黑户口"学校,是指因为布局调整,个别乡村小学被撤并,当地村民对此不满,自发集资筹建的学校。

而对于一些基层的管理者或普通的执行者与接受者来说，出于自身知识、经验、文化背景等原因，往往只能从狭窄的视角关注切身利益问题。他们对于身边农村基础教育的现状早已"习以为常"，尽管他们也渴望自己的孩子能享受和城里孩子一样的教育条件，但同时又认为，改变这一切不是自己力所能及的。因此，当布局调整的政策实施到基层时，他们无法从农村基础教育发展的大局来真正理解政策倡导者与制定者的意图，但他们知道，"上级要求的，就应该执行"。正因为如此，在对布局调整缘起的解释上，才会出现上述两种不同的归因。

透过这两种不同的归因，研究者感到，"高层的管理者"在制定与颁布一项政策时，其与最基层的操作者及被动接受的其他成员之间，在沟通上是有断层的。这些"高层管理者"用各种文件向下逐级传递着他们浓缩了的观点与决策，当文件下发到最基层的时候，文件中最初丰富的思想与理解就只剩下干巴巴的纯粹的文字了。而对于多年来习惯了对上级"唯命是从"的基层管理者及"敢怒不敢言"的老百姓来说，这一纸文字就是"命令"与"执行"的象征，于是就出现了研究者在访谈中听到的"因为上级有文件、有要求，所以就调整了"，"县政府从来没有为一件事同时发两个文，可这次却在很短的时间内就发了两个文件，所以，不调整肯定是不行的"。但是，这种表面的顺从并不能彻底掩盖执行者在具体执行环节中的叛逆性，尤其是当他们发现有些环节损害到切身利益的时候。比如，当他们发现由于布局调整给学生带来安全隐患时，或者使家庭经济负担加重时，或者自己的职位下降时，他们就会表现出一些"反叛"行为。因此，布局调整政策的设计者与倡导者应该通过多种途径和方法，将调整的意图与初衷正确地传递给最基层的执行者与接受者，这样才能赢得他们在具体参与与操作过程中的理解和支持，才能有效地避免政策执行过程中的一些"走形"，甚至是被"反执行"的现象。

同时，"高层管理者"之所以将布局调整归因于农村基础教育实际发展的客观需要，也许并非因为他们"站得高，看得远"，而是因为他们站在官方的立场，代表政府的观点，或者他们认为这样的解释更有利于该项政策的贯彻与执行，因为研究者在研究中发现，有些"高层管理者"在公开场合或政府文件中所宣称的，与他们和研究者私下交流中所解释的相差很大。他们认为，"农村基础教育发展的客观需要"并不能构成农村小学布局调整的全部理由。研究者不禁思考，是否还隐藏着一些没有公开的"难言之隐"？如果像部分访谈对象所说的，"布局调整其实是国家为了节约资金"，那么，我们还是发展中国家,是世界第一人口大国,我们的人均 GDP 还很低,我们是"穷国办大教育",这一切似乎都可以作为"节约资金"的很好的理由。但是话又说回来,难道一个国家"脱贫致富"一定要从教育入手节约资金吗?诸如此类的问题是否需要我们去深思呢?

2. 操作过程的感悟

就 S 乡小学布局调整来说,研究者在研究中感到,整个调整过程在许多环节上,似乎外部因素的影响更大一些,人为因素的影响尤为明显。

首先表现在 S 乡小学布局调整的数量与对象的确定上。

虽然省、市的有关文件中明确规定了农村小学布局调整的具体要求,但 S 乡小学的布局调整并没有照实执行。比如根据江苏省教育厅《关于进一步做好中小学布局调整的意见》要求,H 市政府在该市"十五"期间小学布局调整的目标任务中提出,农村每所完小的服务人口要达到 5000 人左右,而 S 乡确定的"十五"期间布局调整的数量远远超过了这个指标(具体见表 3.15)。

表 3.15 S 乡完小布局调整前后的基本情况

数字 项目 类别	覆盖人口(人)		辐射村组(个)	
	调整前	调整后	调整前	调整后
A 中心小学(所)	8249	31732	4	14
B 完小(所)	7318	11776	3	4
C 完小(所)	3525	8152	1	3

资料来源: S 乡中心校

从上表可以看出,布局调整后,S 乡只保留了 3 所完小,每所完小的服务人口都比规定的数字大了许多。尤其是调整后的 A 中心小学,所服务的村庄比以前增长了 3.5 倍,覆盖人口也比以前翻了将近四番,而如此重大的变化仅仅发生在一年内。是什么原因导致了这种现象?为什么不符合要求的规划也能得以实施?这其中的缘由很多,比如,为了自我表现,为了创地方的品牌效应等。

其次体现在布局调整操作的过程中。

S 乡小学布局调整最初是按"分阶段发展式变革"进行规划的,然而在具体实施时却采取了"突变式变革"方式,致使本该 3 年完成的布局调整仅用 1 年时间就完成了。正因为调整的速度太快,成员的心理承受力、当地政治经济条件及相关的配套措施均未能及时跟上，导致整个乡镇教育组织在这次布局调整的变革中产生了强烈的振荡。

尤其在 S 乡围绕中心小学实施的"两校置换"的布局调整中，一些基层管理者为了实现自己或基层的意图，在向上级递交的申请报告中避重就轻，构建了两校置换后 S 乡中心小学未来的美好图景："中心小学利用二中的现有资源，稍作提高就可以创建市级以上实验小学，可以设想创建苏北第一所寄宿制小学。"然而这些"美丽的设想"在布局调整后几乎都成了泡影。布局调整后，A 中心小学的校园面积确实按规划扩大了，可是其他方面并没有达到预期的效果，而这一切却因为当时提出申请置换的两位当事人均调出 S 乡，便不了了之。访谈中，当研究者提及这个问题时，T 县、S 乡从上到下几乎所有人都众口一辞地把责任推给了这两位已不当任者。

难道真的就只是这两个人的责任？这么大的置换调整，如果没有支持的环境与条件，仅靠个别人的意愿，怎么能如此快地顺利实施？当预想与现实不能一致的时候，谁来承担其中的责任？涉及十几个村、几十所小学的布局调整毕竟不是游戏，好玩就继续，不好玩就各奔东西，当一些人试图通过"拍脑袋"来创造教育奇迹的时候，他们是否思考过这样做会产生怎样的后果与影响？一旦决策与操作发生偏差，直接受影响的是民众。

再次是关于"置换协议"兑现问题。

2003 年 S 乡中心小学与二中的置换协议中明确规定，用 S 乡原中心小学与另一所完小两所小学与二中的校址、校舍进行完全置换，另外，乡中心校还要补贴二中 100 万元，但截至研究者访谈结束，仍然没有兑现。当时的 S 乡中心校为何在资金没有保障的情况下签订这样的协议呢？"当时的签约领导以为，只要上级教育行政部门投入一些，乡、村投入一些，学校再设法自筹一些，一切都将是顺理成章的事，不会有问题的。"一位乡中心校的知情者说。可后来，乡、村断了投入，上级教育行政的拨款少得可怜，学校自筹资金的能力和条件又十分有限，于是，置换协议中的 100 万元便成了"空头支票"。除此之外，S 乡中心小学因为调整扩建，至今负债达三四百万元。

当然，关于置换协议的"违约"行为，研究者认为恐怕也不能简单地归结为是由于资金缺乏，因为在访谈中，研究者听到这样的说法："当时中心校的个别领导反对签署那样的协议，但有人认为，反正是 S 乡教育的内部事情，不会有问题。现在，签协议的两位校长都调走了，就可以在这个问题上扯皮了。事实上，现在只用了一所小学加上 30 万元就置换了二中。"负责签署协议的原中心小学和二中的两位校长都是在 2002 年 8 月经上级考核上任的，当时正值 S 乡准备大规模开展布局调整之时。而一年多之后，随着两位校长的先后调离，S 乡的布局调整似乎也平息下来，两位校长任职时所签的协议至今仍然是"空中楼阁"。

由此看来，置换协议未能如期兑现，除了资金缺乏的原因之外，两位当事人的离任也是一个直接的原因。研究者也一直在苦苦思考一个问题：一份已经加盖上级主管部门的公章，且村、乡、县、市层层上报均获批准的置换协议，怎么说不执行就不执行，说毁约就毁约了呢？如果该协议从签订之时起就是无法兑现的"美丽谎言"，那又何以能够通过层层审核得以签署呢？

最后反映在实际调整与规划预期的差异中。

在对 T 县 S 乡小学布局调整的实地研究过程中，令研究者感到最为困惑与为难的，是 S 乡各小学布局调整到位的时间及调整后所保留的教学点的准确数字。因为就这两个问题，研究者在 H 市教育局、T 县教育局及 S 乡中心校"十五"规划的书面材料中看到的不完全一致，而且县、乡上报的材料与各自留下的材料也不一致，甚至在访谈时，研究者亲耳听到的内容与书面的文字也不一致。这样的情况让研究者多少感到有点困惑。政府正式文件中的内容怎么还会有变？研究者在撰写研究报告时要不断根据最新掌握的资料更改原以为不会有问题的数据，这样的研究遭遇让研究者大为"惊叹"。

表 3.16　S 乡"十五"期间小学布局调整规划

学校数 乡镇 \ 类别	2001 年			2002 年			2003 年			2004 年		
	改扩建	撤并	新建	改扩建	撤并	新建	改扩建	撤并	新建	改扩建	撤并	新建
S 乡		2 所		2 所	2 所		2 所	5 所		2 所	6 所	

资料来源：S 乡中心校

表 3.17　T 县"十五"期间小学布局调整规划

学校数 乡镇 \ 类别	2001 年				2002 年			2003 年			2004 年		
	改扩建	撤并	改教学点	新建	改扩建	撤并	改教学点	改扩建	撤并	改教学点	改扩建	撤并	改教学点
S 乡		1 所				2 所	2 所	3 所	3 所	4 所		2 所	3 所

资料来源：T 县教育局

以上只是两份规划中关于 S 乡布局调整的一组数据的差异对比。实际上，T 县上报市里的规划及 S 乡后来的具体操作，与上述这两组数据仍然存在较大差异，其中最大的差异表现在 S 乡 2004 年根本就没有进行布局调整，其调整计划在 2003 年就已经提前完成，而且实际操作中保留的教学点也远多于市、县规划表中的数字。

上述这些现象反映出共同的问题，即 S 乡小学布局调整的这场变革，在其发生、发展、结束的全过程中，人为影响的痕迹十分明显。由此也可以看出一场如此重大的变革，其实际操作与实施中的随意性。

3. 实施结果的反思

历经不到两年，S 乡 22 所小学就发生了翻天覆地的变化。虽说只是布局调整，但这种"调整"之后带来的农村基础教育的资源配置、办学质量、教育管理及农民的经济负担与心理负担等一系列实质性问题，也是所有关注或参与农村小学布局调整的人有目共睹的。布局调整到底给农村基础教育带来了什么？预期的与实际操作中的布局调整是否完全一致？布局调整的实施究竟有何利弊？诸如此类的问题尽管在前面的研究过程中有所思考，但当研究接近尾声时，研究者还是想针对 S 乡小学布局调整作一个全面的总结与反思。

研究者认为，布局调整作为农村基础教育的一场重大变革，其实施就像一把"双刃剑"，既对农村基础教育发展产生积极的作用，也不可避免地带来了一些预想不到的消极影响。

（1）积极影响

① 优化了资源配置

影响中小学教育发展规模，决定学校数量与质量的一个重要因素是生源。近年来，由于计划生育这一基本国策，小学生源锐减，一些条件差的农村小学濒于消亡，校舍被闲置。这就使布局调整有了可能，并成为必要。S 乡通过布局调整，统筹规划，充分利用教育的资源优势，实现资源共享。在撤并那些布局不合理、占地面积不达标的"小土豆"式的学校的同时，也为另一些学校扩大办学规模、提供更大的教育教学活动空间创造了条件。研究者在本研究中收集的大量统计资料表明，调整后的 S 乡 3 所完小，无论是校园占地面积还是设备配置与教学条件，均比调整前有了明显提高，布局调整和资源重组本身就是教育资源优化配置的过程，将产生意义深远的社会效益和一定程度的经济效益。通过调整,以现有的优质教育资源为基础,采取强弱联合、撤并、置换等措施,最大地扩充优质教育资源,这不失为满足社会对优质教育需求的较为有效的举措。从这个角度来看,不能不承认布局调整给 S 乡小学带来的积极作用。

② 节约了办学资金

通过布局调整,S 乡撤并了一大批办学条件不达标的学校,使得过去本来就少得可怜却还要分散投入的教育资金得以节省下来,这里所节约的不仅仅是教学硬件的投入资金,还包括一些村小聘用代课教师等人员的工资费用。将节约下来的资金集中投入到调整后保留的完小及其教学点,就可以在很大程度上较好地改善办学条件,提高办学效益。调整前的 S 乡因为可用于教育投入的资金不足,许多小学的硬件设施不符合要求,通过调整,利用撤并学校节约下来的资金,S 乡对保留的学校及教学点加大了投入。调整后的 S 乡小学,尤其是保留扩建的 3 所完小,在设备配置和教学条件上均比调整前有了明显改善。

③ 规范了学校管理

调整前,一些规模很小的学校在课程设置、教学管理等各方面都无法步入正轨。研究者在研究中得知,撤并前的一些村小由于一个教学班的学生数过少,缺少课堂教学氛围,一些教师对备课、上课没有积极性,加上学校管理不善,有的教师不备课就上讲台,或者随意走出课堂做教学之外的事,让学生自习。有的学校由于师资缺乏,教师代课及包班现象严重,一个教师什么课都上,成了"万金油"。还有的学校不能按规定开设课程,很少组织教研活动,教师很少有机会外出观摩学习。所有这一切都使得教师的专业成长、学生的学业进步以及整个学校的管理发展受到严重影响。通过布局调整,这部分学校基本上被撤并或改为教学点,大部分教师和学生进入了乡中心小学或其他完小,学校规模得以扩大,教师和学生有了更好的教研与学习氛围,课程设置也由原来只开设常规课程转变为增设了英语和计算机课程。此外,调整后的中心小学或其他完小一般都拥有一套相对规范的管理队伍和管理制度,因此,调整后的学校管理更加有序和正规。同时,布局调整使分散的学校相对集中,有利于各级教育主管部门对学校工作进行更为直接的管理和指导。

当然,这里要说明的是,布局调整的这些积极作用与其说是针对 S 乡的所有学校,不如说主要是针对调整后的 3 所完小,因为那些改为教学点的学校的情形与此大不相同。对教学点而言，从某种程度上可以说，布局调整带来的更多的不是积极作用，而是消极影响(关于这一点，以下分析中将有所涉及)。

(2) 弊端分析

① 校际差距扩大

由于社会和历史的原因、学校办学条件的不同、办学效益和质量的差距，又由于自 20 世纪 80 年代起施行的重点校制度，S 乡的校际差距在不断扩大，学校被分为"三六九等"已成为不争的事实。

推行布局调整，重新配置教育资源，本意是为了实现资源共享，平衡校际差距，但是在 S 乡，调整后的完小与各个教学点之间的差距比调整前任何两所学校间的差距都大。调整后的完小集中了被撤并学校的优质资源，使原本就比较完善的资源得到进一步提高。而那些硬件或软件本来就不达标的学校，在改为教学点后，一些相对优质的资源几乎都随着高年级被一同带走，留下的资源无论是教学设备还是师资力量，几乎都可称为"残兵败将"。于是就出现有的学校因为布局调整而"锦上添花"，有的学校却因为布局调整而"雪上加霜"，学校间的差距由此进一步拉开。这对于改为教学点的学校的发展是十分不利的。

② 服务半径过大，学生上学不便

服务半径的大小与教育规模和效益有直接的关系。服务半径越大，服务的人口越多，学校的办学规模就越大，办学效益就越高，但大到一定的程度，就会违背"就近入学"的原则，给学生上学造成不便。那么，服务半径以多大为宜呢？一些学校布局调整的实践显示，农村小学服务半径在 2 公里以内最为适宜。而 S 乡布局调整后，相当一部分学校的服务半径超过了 2.5 公里。尤其是 S 乡 A 中心小学，其最大的覆盖距离达到 5 公里以上，有的学生上学单程就需要 1 小时，遇刮风下雨，乡村道路泥泞难走，学生上学非常不便。虽然实行寄宿制是一个解决办法，但对于 S 乡来说，除了中心小学，其他学校根本不具备寄宿条件，有的学校只能让家远无法走读的学生到附近农家去寄宿，学生分散居住，学校难以管理。有的学校没有食堂，学生只能在学校附近简陋的饮食摊就餐，营养、饮食安全得不到保障，有的走读生只能吃方便面，十分艰苦。

③ 学校规模过大，管理效益低下

布局调整旨在调整现有的教育资源，优化配置，保证使有限的教育经费

203

发挥出最大的使用效益,尽可能地改善学校的硬件和软件,以产生规模效应。但如果过分简单化、指标化地撤并学校,盲目追求办学规模,就会导致一些被保留的学校人满为患。

从学校整体的管理体制来看,布局调整后的学校组织,由于管理幅度、管理层次迅速增大、增多,传统的科层式管理体制的缺陷更加突出。

首先是容易形成庞大而低效的科层式组织。科层式的管理体制强调等级层次、职能分工和对既定程序的恪守,而这些都有可能影响组织的运行效率。尤其是当学校规模越大、层级越多时,其阻碍作用就越明显。如当一名教师或低层级管理人员产生了一个促进教学或管理的设想时,他必须按规定程序写成书面报告递交,经过层层审批,所以他必须耐心等待。许多中小学教师可能就是在这种漫长的等待中消磨了"想做一些事情"的热情和愿望,以及对工作的主动性与创造精神,而这对一所学校来说无疑是毁灭性的打击。

此外,从学生的角度看,由于教师没有更多的精力来管理众多的学生,造成师生之间的疏远,教师对学生的关爱和注意减少,学生缺乏归属感。有的学校还对学生划分等级,人为地形成教育机会和教育资源的不公平。

因此,布局调整有个"度"的问题,学校和班级的规模并不是越大越好,过分追求办学集中,不仅不利于教育教学质量的提高,反而增加了教师的负担,降低了教学管理质量。盲目地把市场经济的那一套应用到教育中,追求利益的最大化,是不可取的。因为教育与经济毕竟不是一回事,收缩农村办学点,最大限度地减少经济损失,追求过高的师生比,这都不符合教育的规律。

④ 教育经费短缺,学校负债累累

农村小学布局调整一般采用就近合并原则,即把几所学校的学生合并到条件比较好的学校中。学校规模扩大了,教师、学生人数增加了,但由于经费短缺,教学条件并没有得到相应改善。随着国家和省关于农村教育和税费政策的调整,已经存在的教育投入不足和欠账问题在最近三年日益突出:一方面,现行的农村教育体制在形式上强调政府投入为主,其他形式为辅,而事实上,政府投入严重不到位;另一方面,随着农村税费改革的推行,教育收费项目逐渐取消,原来靠教育收费维持的农村基础教育遭遇了前所未有的困难。教育行政部门布局调整指标较高,教育经费给得少,取消了教育费附加和教育集资,"一事一议"操作困难,公用经费极其短缺,维持学校运转尚且困难,更不用说进行大规模的校舍建设了。

T 县教育局某办公室主任告诉研究者,在农村税费制度改革以前,该县每年的教育支出是 1.9 亿元,其中农村教育附加、教育集资、教育统筹三项共约 8000 万元,基本支撑了农村教育。这三项收费在税制改革后被取消,国家转移支付来的教育拨款只有 3000 多万元用于农村教育,也就是说,即使按照 2002 年前的农村教育支出水准,该县还有 4000 多万元的缺口无法弥补。研究者得到的一份 T 县教育局 2003 年 5 月的《基础教育情况汇报》显示,全县"几乎没有不欠债的学校",全县中小学负债高达 1.0615 亿元,其中有 5526.1 万元是为"普九"加强基础设施建设欠下的历史债务,但在旧债未减的情况下,新债又继续增加,因为现在只有杂费一项来源,中小学办公经费严重不足,为维持基本运转,学校只能借债经营,债务雪球越滚越大。

"县和乡镇都无法负担这些负债,全部的债都压在中小学校长们的身上,债主们停电停水封堵校门的情况时有发生,严重影响了正常教学,"S 乡某校校长无奈地说出惊人之语,"农村基础教育已经到了办不下去的地步。"

⑤ 教育成本提高,农民负担加重

从形式上看,虽然"费改税"的取消及"一费制"的出台减轻了农民的经济负担,但是农村小学布局调整后,每个家庭的教育成本实际都在增加。特别是对于那些上学路远,必须在学校吃午饭甚至必须在学校住宿的学生家庭来说,负担更重。住宿费、生活费、杂费、电脑上机费,再加上其他费用等,每个孩子一年总的教育费用近 1800 元,有的还要多一点,这对人均年收入还很低的农民家庭来说,无疑是沉重的负担。一位农民说:"让孩子寄宿,一个学期就要多出 100 多元,还有车费,一年要多付将近 300 元,6 年下来,也是一个不小的数目。再说,小小年纪就让孩子独立生活,做父母的也不放心啊。"即使是走读的孩子,有的家长怕孩子路上太辛苦,让孩子搭车上学,或给孩子钱自己解决午餐。这些本该可以不花的费用,现在却不得不开支,对并不富裕的农村家庭来说,不是一笔小数目。因此,有人估计,随着农村小学布局调整力度的进一步加强,可能会造成一些学生因家庭贫困无力支付教育费用而辍学的隐患。

⑥ 资产闲置,造成新的浪费

布局调整后,出现了这样一种不平衡现象:一方面,合并后的中心小学或完小由于规模进一步扩大,因扩建、添置新设备而出现资金短缺;另一方面,部分被撤并或改为教学点的学校又由于遗留资产处理不当,造成资源严重浪费。研究者曾亲眼目睹一些撤并后遗留下来的闲置教室与设备,一些教室门上的锁锈迹斑斑,透过破旧的玻璃窗,只见课桌椅上积着厚厚的灰尘,不禁为此而感到惋惜与痛心。

校产闲置的原因及处理方式多种多样。有的学校调整前属于村级办学体制,调整后由于没有《集体土地建设用地使用证》,在处理撤并后的校产上存在与村里相互扯皮的现象,以致造成财产分割困难,学校与村里谁都不敢擅自处理;有的被改为教学点的学校,由于高年级学生及部分教师都在调整中迁出,便出现了将近一半的教室被闲置的现象;还有的被调整的学校被村里收回,或任其继续闲置,或将其拍卖给私人办学或办厂,或改为村委会、医务室等。

总之,无论采用上述哪一种处理方式,对于资源原本就非常紧张的农村小学来说,都是一种新的浪费。

(3) 策略建议

农村小学布局调整决不是简单的撤、并、联办,"它是用现代先进的教学条件和方式取代传统落后的条件和方式的变革,是教育增长方式由粗放型向集约型转变的重要步骤"。[1] 这种调整和优化配置不仅涉及学校、教师和学生,涉及教育资源的迁移,还涉及当地党委、政府和人民群众,甚至涉及一些资产的产权问题等。因此,要使学校布局调整顺利进行,并使这种资源的优化配置真正落实和体现在教育质量和办学效益之中,必须有相应的策略保证。

① 因地制宜,合理施行

农村小学布局调整受到农村经济条件、人口密度、自然环境、交通条件等多种因素的制约,所以应因地制宜,不能搞"一刀切"。目前农村小学布局调整的各项指标要求在城乡之间与学校之间并没有体现出差异,忽视了不同地区、不同学校的独特性与彼此间的差异性。

比如,就布局调整后一所学校的服务人口来说,省里要求最少不低于5000 人,但事实上,同样是服务 5000 人,城乡之间人口的地域分布密度相差很大。在城市,教育人口相对密集,已有的教育条件较好,包括教育经费在内的教育资源比较充足,教育发展的重点已不再是数量问题,而是如何提高质量问题。调整后,一些学校的撤并不会造成学生上学路远的问题,也不太

---

[1]　张忠福:《稳步实施农村中小学布局调整的思考》,载《教学与管理》,2004 年第 1 期。

会出现调整不到位的保留教学点问题，因此，布局调整后城镇小学面临的困境可能就比农村小学小得多。但在广大农村地区，由于教育资源本来就不充裕，甚至是匮乏，积极创造条件，使庞大的教育人口都能接受应有的教育，这本身就是亟待解决的重要问题。然而，在义务教育刚刚得以基本普及（据研究者所知，一些乡村义务教育的入学率并未达到 100%）之时，就迫不及待地试图通过调整、撤并来达到提高质量的目的，多少有些急于求成。尤其是在布局调整的过程中，S 乡为了创"牌"、创"优"，全然不顾具体情况，硬是将本该保留的学校强行撤并，将本该分步实施的计划快速集中完成，这种"快餐式"调整使该乡的小学一下子就步入了布局调整的"快车道"，但是如果"车"本身的质量与功能不符合要求，那么早晚是会抛锚的。目前 S 乡小学布局调整后遗留的许多问题已经证明了这一点。

此外，农村小学也存在或大或小的乡际差异，同样的调整会给不同的乡村带来截然不同的影响。因此，研究者认为，布局调整在条件适宜的地方，服务半径可以大一点，服务人口可以多一点；反之，在条件不具备的地方，服务半径可以小一点，服务人口可以少一点。条件好一些的地方可以安排小学高年级学生寄宿，小学低年级还是以就近入学为宜，条件差一些的地方，布局调整的速度可以适当放缓，分步实施。

总之，对于农村小学的布局调整应该做到因地制宜，区别对待。

② 加大投入，改善条件

研究中，当研究者问及"农村小学实施布局调整的主要原因是什么"时，相当一部分人认为，政府倡导布局调整首先是为了节省财政开支，其次才是优化资源配置，提高教育质量。

其实，从旧标准到新标准，从旧布局到新规划，落实的关键是经费。2000 年农村义务教育管理体制改变后，农村义务教育经费筹措的责任主要在国家。2001 年 6 月的全国基础教育工作会议提出："举办基础教育特别是义务教育，主要是政府的责任。"这在世界各国都是如此。政府要保证义务教育的投入，不应把这份钱摊在老百姓身上。在任何市场环境中，基础教育都是一国之根本。然而，目前基础教育的投入增长仍不及财政收入的增长。1993 年颁布的《中国教育改革和发展纲要》规定，"到本世纪末，国家财政性教育经费支出占国民生产总值的比例应达到 4%"，但"九五"期间，此项投入仅从 1995 年的 2.41% 增长到 2.87%，2002 年这个数据是 3.3%，2003 年是 3.4%，不仅达不到联合国 6% 的最低要求，而且距离政府 2000 年达到 4% 的承诺也有不足。目前,我国义务教育在校生占各类在校生总数近80%,而经费投入却不足 60%,其中农村义务教育投入低于 30%。尤其自2002 年农村税费改革,取消了教育费附加和教育集资,农村教育的经费缺口进一步扩大。

2003 年,国务院总理温家宝在全国农村教育工作会议上要求,4 年后,失学最严重的西部地区,教育普及率要达到 85% 以上,城市政府则要保障民工子女接受义务教育,新增的教育经费要用于农村,保障农村学校的经费,禁止拖欠农村教师工资,并再次强调,经济困难的学生将可免杂费、书本费,补助寄宿生的生活费。但上至教育部官员,下至每一位普通小学校长,谁都明白财政才是根本问题,如果政府不能提供足够的财政支持,像 T 县 S 乡这样的布局调整变革,必然会成为首先要解决生存与还债问题的教育改革,这相对于"政策倡导者与设计者"最初设想的"优化资源配置,提高办学效益"来说,实在是一个非常残酷的结局。总之,调整学校布局是为了节约教育资源,提高资源的利用率,但这并不意味着减少和削弱对教育的资源投入(特别是物力、财力的投入)。相反,它要求在条件允许的情况下,尽量加大对教育的投入,以保证调整的顺利进行和调整后学校办学条件的改善。

③ 加强管理,完善服务

学校布局调整是充分利用教育资源,充分挖掘教育资源,实现资源优化配置的过程。调整过程中,如果不加强对教育资源的管理,不从科学合理、讲究优化与提高效益方面考虑问题,就会有违调整的初衷。为此,布局调整中该怎样加强教育资源的管理,如何通过教育资源的合理转移和分配,将学校做强、做大、做优,是值得每一个教育工作者深思的问题,也是摆在广大教育管理工作者面前的重大实践问题。研究者认为可以从以下几方面着手。

第一,选择合适的调整方式。研究者认为,调整的首选方式是以强带弱、联合发展的兼并式。兼并式调整可以使人、财、物、事等教育资源都归属同一单位,这样可以有效减少相互争夺。同时,归属学校的发展与每个人息息相关,大家就会以主人翁的姿态关心学校的方方面面,这样可以最大限度地减少教育资源的浪费;并且,薄弱校、规模较小的学校并入条件较好并具有发展潜力的学校,教师、学生心理上容易接受,有利于各方面关系的处理。而分离式调整存在两方面的弊端:一方面,财物归属问题上的调节难度较大,只要管理稍有松弛,就会出现互争现象和教育资源的流失等;另一方面,由于教师和学生很关心自己的去向,会产生情绪上的波动及心理上的不平衡。这些都会给平稳过渡增加难度。

第二，做好广大教师、家长、学生和学校管理者的思想工作。思想疏通是平稳调整的关键。学校被调整，教职工和学校管理者都会产生失落感，如何让大家接受事实，消除负面影响，以积极的心态对待和支持调整？其一，要深入细致地做好广大教师、家长、学生和学校管理者的思想工作，使其理解调整是教育发展的要求，是实施素质教育的要求，是实现教育资源优化、提高教学质量和办学综合效益的要求，要使全体人员形成共识，从而由排斥调整转向支持调整。其二，在人员安排方面，对学生应坚持就近原则，对教师首先应坚持"随生转入"的原则，对个别有实际困难的教师，则应该坚持以人为本的原则。其三，接收单位更要做好全体教职工的思想工作，让调入的教师减少调整的失落感，能够安心工作，让原学校教师感受到紧迫感，减少优越感。最重要的是，应让两个集体融为一体，在相互理解、相互协作的基础上，共同为学校的发展服务。

第三，做好被调整学校的财务审计工作。财务审计是防止资金私分、滥用的有效措施。经费是学校发展的"瓶颈"，对于学校资金的处理，首先，上级主管部门应组织审计部门对学校财务进行严格审计，就学校剩余资金的处理提出指导性意见，杜绝私分学校财产现象，有效防止学校财产的流失。其次，审计可以让全体教职工做到心中有数，调整时能有效减少人为阻力，只有进行严格的财务审计，才有可能使学校有限的资金都用于教育事业的持续发展，而不会因为调整出现把学校资金分光、用光的现象。

第四，规范操作被调整学校的教学设施。首先，调整前应对调整校的教学设施进行规范的清点造册，然后根据实际情况进行整体调配。其次，教学设施的调配要根据资源优化的原则，把教学设施用在最需要的地方。一般可采用两种方法：一是整体调配到一所急需教学设施的学校；二是随学生或教师调整到新的学校。不论采用哪一种方法，关键是要做到科学合理。再次，接收教学设施的单位在接收时，应履行正规的交接手续，如此才可实现教学设施的合理调配，才能节省经费开支，减轻政府负担。

第五，合理利用固定资产，挖掘固定资产的经济价值。为防止固定资产的闲置，可以通过改变用途，挖掘其经济价值，并把所得收入用于学校布局调整，使未调整校或调整不到位的学校得到快速发展。校舍等不动产可采取改造（将校舍改造成幼儿园、校办工厂、少儿活动中心等）、互换（在互利互惠的原则下，将闲置学校的土地与有关单位进行互换，并办理合法手续，从而节省布局调整中必要的征地费用)、转让(将房地产有偿或无偿转让给兄弟单位或上级部门)、拍卖(根据有关法律法规进行拍卖,把拍卖所得资金用于其他学校的建设)、开发(与房地产开发商联合开发,实现房地产的增值)等措施,使其发挥应有的作用。

第六,规范寄宿制学校管理。调整中,大批学生由以前的村办小学转到离家较远的中心小学,一些学校为学生提供了住宿,一定程度上解决了学生因路远上学难的问题。但如果管理不善,会造成新的失学问题。有关专家指出,布局调整中要充分考虑到寄宿制给学生及其家庭带来的负担,避免一些学生因经济负担加重而辍学。同时还应该考虑到小学低年级学生的实际情况,不宜过早地让低龄儿童独立生活。如何在提高办学效益的同时方便学生入学呢?对此,H市教育局基础教育处处长表示,实践证明,欠发达地区农村小学实行寄宿制,是促进义务教育区域均衡发展的有效举措,但由于许多寄宿制学校交通不便,资金短缺,与寄宿制学校标准化、规范化建设有很大差距;不少学校校舍不配套,教具、实验仪器、图书资料不足问题较为突出,因此,加强寄宿制学校的规范管理,提高教学质量和办学效益,对调整后的乡村学校而言势在必行。

在一些学校暂时不具备寄宿条件的情况下,为保证走读学生安全,教育部门应会同有关部门加大管理力度。对于为学生提供寄宿的农户,派出所要加强租屋管理,消灭安全隐患;对提供饮食服务的人员,有关部门要加强卫生管理,保障学生饮食安全。同时,要加强对学生的安全教育,提高安全意识,像S乡中心小学那样,采取路队教师护送制,每天放学时由教师将学生送到安全路口,这样可在一定程度上暂时解决学生路上的安全问题。

总之,学校布局调整中要实现教育资源的最优化,只有在调整前、调整中和调整后对人、财、物、事等教育资源进行规范管理,才不会出现教育资源浪费、流失、闲置等现象,才能优化教育资源配置,减少薄弱学校,发展特色学校,做强优秀学校,才能进一步巩固"普九"成果,多育人才、育好人才。

④ 优化教育,提高质量

提高办学质量与效益是发展教育的出发点和归宿,搭建一个高标准的办学平台是基础教育发展的基础。但是,这并不意味着办学条件优化了,办学质量就自然提高了。农村小学布局调整在一定程度上优化了资源配置,改善了办学条件,扩大了办学规模,为提高学校教育教学质量搭建了一个良好的平台,但要真正提高办学质量和效益,需要在布局调整之后,从办学条件、管理水平、师资队伍建设、发展策略、师生团结合作等各方面共同努力。各级党委、政府和教育行政部门应树立科学发展观,在关注教育发展的规模、速度的同时,更加关注教育发展的质量和效益。

研究者认为,目前的学校布局调整似乎考虑教育资源配置过多,过于注重办学的规模效益,对于班级规模、学校规模对学校教育成效的影响则考虑较少。也就是说,从经济学的角度考虑得多,从教育学的角度思考得少。但教育本质上是育人的活动,学校布局调整必须遵循教育规律,尤其在 21 世纪,国际范围内对基础教育的关注重点已从继续致力于增加财力、物力投入,转移到提高教育过程的适应性、效能及教育结果的质量上。我国在 21 世纪要想培养高质量的具有创新精神和实践能力的高素质人才,就必须在学校布局调整中既考虑规模效益,同时考虑教育的实际成效,特别是当社会的物质经济条件达到一定水平时,更应从教育学的角度来考虑学校布局调整。这其中,班级规模与学校规模是两个重要的因素。学校、班级规模以多大为宜,它对学生发展的影响体现在哪些方面,这些都是布局调整中应当考虑的。

班级规模影响到教师的“教育关照度”。研究表明,班级规模越大,每个学生得到教师的关照度指数就越小,反之则越大。班级规模对课堂教学管理也有一定的影响。班级规模越大,情感纽带的力量就越弱;班内学生越多,学生间的个体差异就越大,教师对课堂的控制也就越难。班级规模还影响到成员间的交往模式。班级规模越大,成员间交往的频率就越低,建立集体规范就越困难,班集体管理就越难;班级规模越大,班级内部就越容易形成各种非正式小群体,影响学生的社会化和个性的健康发展。班级规模对教学效果的影响也很大。在人数少的班级,学生的学习兴趣更浓,师生关系和同学关系融洽,学生有较强的归属感,教师有更多的机会进行个别辅导、因材施教,学生也会更积极地参与课内外学习活动。

学校规模也是影响学校教育质量的重要因素。在美国,教育者、政策制定者和家长越来越关注缩小学校规模,以提高学生成绩,为所有学生提供平等的机会,开展广泛的学校改革。尽管并不是所有规模小的学校都是最好的,但规模小的确有利于学校改革。小规模的学校充满活力,更像一个社区。研究表明,小学的效益规模为 300~400 名学生,对中学来说,400~800 名学生较适宜。

根据上述班级及学校规模的有关理论研究,我们可以看到,随着我国计划生育政策的推行和农村城市化进程中农村人口向城镇集中的速度加快,义务教育阶段农村孩子的入学人数已连续多年呈下降趋势,学校和班级的规模都在逐年缩小,如果国家能有足够的资金投入与保证,则正是实现西方发达国家及我国新课程改革中提倡的"小班化教学"的最好契机。

当然,关于农村小学布局调整,除了以上一些策略之外,研究者认为还可以以多种方式不断修正与完善。比如,为了缓解人口脉动式波动带来的各种教育问题,在制定教育事业发展规划时,可以加强教育人口的预测,及时调整教育的发展重点,以减少因人口变化造成的教育资源浪费。在教育人口高峰期到来的时候,根据现有教育资源和未来可用教育资源,适当扩大教育规模,以缓解教育压力;而当人口高峰期过后,则要及时调整教育规模,以避免可能造成的教育资源浪费,等等。

总之,通过此项研究,研究者试图比较客观、真实地再现一个普普通通的农村乡镇进行小学布局调整的全过程。虽然研究者深知,仅仅根据一个小小的 S 乡小学布局调整的个案研究,不足以推导出整个农村小学实施布局调整的全貌,但仍希望透过这一个案,能给所有关注农村基础教育发展的人士带来一点启发与思考,共同为农村基础教育的发展尽一份微薄之力。这也是此项研究的初衷。

附 录

附录一 关于农村小学布局调整工作的调查问卷(一)

说明:

1. 本调查问卷是研究者硕士学位论文中的一项内容。调查的目的是对农村小学布局调整工作获得一个客观、全面的认识,从而为农村基础教育的发展营造一个更具支持性的社会环境。问卷中的答案只有真假之分,并无对错之别,请您依个人的实际情况和真实想法填写。

2. 凡问题中列出多种情况供您选择的,请在符合您实际情况的"____"

上打"✓";凡要求填写数字或符号的,请在有关项的"____"上按要求填写;凡须填写文字的,请用中文简明扼要地填写。

3. 填写问卷可能要占用您一些宝贵的时间,请您一定耐心地做完这份问卷。为确保您个人信息的隐秘性,问卷采取无记名方式,研究者也承诺不公开您个人的任何信息。您的回答对于做好这次专项调研至关重要。对您提供的无私支持和帮助,研究者表示衷心的感谢!

一、您的年龄：

1. 20 岁以下(含 20 岁)_____   2. 21~25 岁_____

3. 26~30 岁_____   4. 31~35 岁_____   5. 36~40 岁_____

6. 41~45 岁_____   7. 46~50 岁_____   8. 51~55 岁_____

9. 56 岁以上(含 56 岁)_____

二、您的性别：

1. 男_____   2. 女_____

三、您的文化程度：

1. 小学以下_____   2. 小学或初中_____

3. 高中或中专_____   4. 大专或大学本科_____

5. 研究生及以上_____

四、您在现单位工作的原因是：

1. 布局调整_____   2. 工作调动_____   3. 工作分配_____

4. 其他_____

五、布局调整前,您在原单位工作的时间：

1. 1 年以下_____   2. 1~5 年_____   3. 6~10 年_____

4. 11~15 年_____   5. 16~20 年_____   6. 21~25 年_____

7. 25 年以上(不含 25 年)_____

六、布局调整后,您在现单位工作的时间：

1. 1 年以下_____   2. 1~2 年_____   3. 3~4 年_____

4. 4~5 年_____   5. 5~10 年_____

6. 10 年以上(不含 10 年)_____

七、布局调整之前和之后,您任职的部门分别是(调整前填①,调整后填②)：

1. 校长室_____   2. 校长办公室_____   3. 总务(财务)处_____

4. 大队部_____   5. 政教(教务)处_____   6. 教科室_____

7. 教研(年级)组_____   8. 其他_____

八、布局调整之前和之后,您的职位分别是(调整前填①,调整后填②):

1. 正校长_____   2. 中层领导_____   3. 副校长_____

4. 教研组长_____   5. 普通教师_____   6. 其他_____

九、您任现职的时间:

1. 1年以下_____   2. 1~2年_____   3. 3~4年_____

4. 4~5年_____   5. 5~10年_____

6. 10年以上(不含10年)_____

十、您最早得知原来的单位将进行布局调整的消息的途径是:

1. 正式文件_____   2. 同事闲聊_____   3. 学校会议_____

4. 校外传说_____   5. 其他_____

十一、您是否参加过学校或上级主管部门召开的有关布局调整的正式会议?

1. 是_____   2. 否_____

十二、您是否阅读过校方或上级主管部门有关布局调整的正式文件?

1. 是_____   2. 否_____

十三、您所在的学校或上级主管部门领导是否曾就布局调整征求过您的意见?

1. 是_____   2. 否_____

十四、您认为如果您就布局调整问题发表了自己的观点,会受到有关领导的重视或采纳吗?

1. 一定会_____   2. 也许会_____   3. 也许不会_____

4. 肯定不会_____

十五、当您得知原来的学校将进行布局调整时,您的态度是:

1. 非常愿意_____   2. 比较愿意_____   3. 非常不愿意_____

4. 比较不愿意_____   5. 无所谓 ·_____

十六、您认为您所在的小学实施布局调整的主要原因是:

1. 执行上级指令_____   2. 乡(镇)、村小学分布密集_____

3. 政府教育投资不足_____   4. 学校规模太小_____

5. 更好地完成"普及九年制义务教育"任务_____

6. 师资数量过剩_____　　7. 提高教育教学质量_____

8. 其他_____

十七、布局调整之前和之后,您对自己在原单位及现单位工作状况的评价分别是(调整前填①,调整后填②):

1. 非常满意_____　　2. 比较满意_____　　3. 非常不满意_____

4. 比较不满意_____　　5. 一般_____

十八、布局调整前,您对自己在原单位工作的满意程度依次是(最满意的填①,其次填②,依次类推):

1. 工作顺手_____　　2. 关系融洽_____　　3. 专业对口_____

4. 晋升顺利_____　　5. 领导民主_____　　6. 薪酬合理_____

7. 家属安置妥当_____　　8. 其他_____

十九、布局调整后,您对自己在现单位工作的满意程度依次是(最满意的填①,其次填②,依次类推):

1. 工作顺手_____　　2. 关系融洽_____　　3. 专业对口_____

4. 晋升顺利_____　　5. 领导民主_____　　6. 薪酬合理_____

7. 家属安置妥当_____　　8. 其他_____

二十、布局调整后,您对教育教学工作的态度与调整前相比是:

1. 更加积极_____　　2. 比较积极_____　　3. 更加消极_____

4. 比较消极_____　　5. 变化不大_____

二十一、您认为学校管理工作中受布局调整影响最大的是:

1. 教学管理_____　　2. 行政管理_____　　3. 学生管理_____

4. 财务(后勤)管理_____　　5. 教师管理_____

6. 其他管理_____

二十二、您认为实施布局调整后,所在学校的学生管理工作较之以前:

1. 更加容易_____　　2. 比较容易_____　　3. 更加困难_____

4. 比较困难_____　　5. 变化不大_____

二十三、您认为实施布局调整后,所在学校的教师管理工作较之以前:

1. 更加容易_____　　2. 比较容易_____　　3. 更加困难_____

4. 比较困难_____　　5. 变化不大_____

二十四、实施布局调整后,您认为所在学校的教学质量较之以前:

1. 明显提高_____　　2. 有所提高_____　　3. 明显下降_____

4. 有所下降_____　　5. 变化不大_____

二十五、实施布局调整后,您认为所在学校的资源配置情况较之以前:

    1. 明显优化_____   2. 有所优化_____   3. 明显降低_____

    4. 有所降低_____   5. 变化不大_____

二十六、实施布局调整后,您认为村民承受子女义务教育的经济负担较之以前:

    1. 更重_____   2. 较重_____   3. 更轻_____   4. 较轻_____

    5. 变化不大_____

二十七、您认为在布局调整中,受益程度依次是(受益最大的填①,其次填②,依次类推):

    1. 学生_____   2. 学生家长_____   3. 教师_____

    4. 教育行政领导_____   5. 学校_____

    6. 乡(镇)村领导_____   7. 地方_____   8. 政府_____

二十八、您认为农村小学实施布局调整最主要的目标是:

    1. 节约政府教育支出_____   2. 改善教育教学条件_____

    3. 提高基础教育质量_____   4. 减轻农民经济负担_____

    5. 解决教师过剩问题_____   6. 优化资源统一管理_____

    7. 满足学生发展需求_____   8. 其他_____

二十九、您认为布局调整后农村小学的发展与调整前的目标相一致吗?

    1. 完全一致_____   2. 比较一致_____   3. 很不一致_____

    4. 较不一致_____   5. 完全相反_____

三十、您认为现行的农村小学布局调整是否符合农村实际?

    1. 完全符合_____   2. 比较符合_____   3. 很不符合_____

    4. 较不符合_____   5. 完全不符合_____

三十一、您认为一所小学纳入布局调整规划主要应由何种因素决定?

    1. 上级教育部门的文件_____   2. 该小学自身发展状况_____

    3. 所在乡(镇)的经济发展水平_____

    4. 该小学服务人口的数量_____

    5. 学生及家长的现实需求_____   6. 其他_____

三十二、您认为农村小学实施布局调整对于"普及九年制义务教育"工作的作用是:

    1. 大大促进_____   2. 有所促进_____   3. 大大阻碍_____

    4. 有所阻碍_____   5. 影响不大_____

三十三、您认为农村小学实施布局调整对于提高农村基础教育质量的作用是：

    1. 大大提高＿＿＿＿＿   2. 有所提高＿＿＿＿＿   3. 大大降低＿＿＿＿＿

    4. 有所降低＿＿＿＿＿   5. 影响不大＿＿＿＿＿

三十四、您对已经实施的农村小学布局调整的总体评价是：

    1. 利大于弊＿＿＿＿＿   2. 有利无弊＿＿＿＿＿   3. 弊大于利＿＿＿＿＿

    4. 有弊无利＿＿＿＿＿   5. 利弊均衡＿＿＿＿＿   6. 无所谓利弊＿＿＿＿＿

三十五、根据"九五"、"十五"期间农村小学布局调整的实施情况，您认为在我国农村是否需要继续推进此项工作？

    1. 需要＿＿＿＿＿   2. 不需要＿＿＿＿＿   3. 酌情而定＿＿＿＿＿

    4. 不知道＿＿＿＿＿

附录二　关于农村小学布局调整工作的调查问卷（二）

下面是一些开放性问题，请依据个人的实际情况，尽可能给予详尽的回答，谢谢！

一、您认为什么叫布局调整？布局调整与合并学校、规模办学等的含义是否相同？

二、就当前农村小学教育的发展现状，您认为是否应该进行布局调整？为什么？

三、您认为现行农村小学布局调整对当地的基础教育产生了怎样的影响？

四、您认为实施布局调整的学校名单应由谁确定？为什么？如何确定？

五、您所在的学校在实施布局调整对您的工作、学习、生活等方面产生了哪些影响？

六、您认为参与布局调整的几所学校合并时是否存在矛盾冲突？若存在，最大的冲突是什么？为什么会产生这样的冲突？

七、参与布局调整的学校在合并时是否存在利益分配不均现象（如课时分配、津贴分配、先进评选等）？若存在，具体表现在哪些方面？

八、您是否同意"布局调整是为了优化资源配置，节约资金支出"这样的说法？为什么？

九、您认为农村小学实施布局调整的最大动力与阻力是什么？

十、您认为农村小学实施布局调整的最大利弊是什么？为什么？

十一、您认为实行布局调整后的农村小学当前最迫切需要解决的问题是什么？

十二、除了布局调整,您认为还可以采取哪些措施来改善我国农村基础教育的现状？

附录三　访谈提纲

一、访谈对象——市、县(区)主管基础教育的行政领导

1. 您认为什么叫布局调整？布局调整与合并学校、规模办学等含义是否相同？

2. 您最早得知全国农村小学要进行布局调整的消息大约是在什么时候？

3. 您主管的市、县(区)的农村小学是从什么时候开始实施布局调整的？

4. 您主管的市、县(区)的农村小学实施布局调整的主要依据与原因是什么？

5. 实施布局调整前,您是否参加过上级主管部门召开的有关布局调整的会议？共参加过几次？会议的主要精神是什么？有无会议记录？

6. 调整前,您是否接到过上级主管部门下发的有关布局调整的文件？共接到过几份？各文件的主要精神分别是什么？

7. 您主管的市、县(区)的农村小学布局调整是如何规划的？规划依据是什么？

8. 是否成立了专门的布局调整领导小组？有无具体的调整计划、步骤及内容？

9. 参与布局调整的学校名单是由谁确定的？如何确定的？确定的依据是什么？

10. 您是否了解您主管的市、县(区)的农村小学布局调整的具体实施过程？是通过什么途径了解的？您是亲自参与了还是听取下级汇报？

11. 各乡村小学布局调整的具体实施由谁操作？调整中涉及的经费问题是如何解决的？

12. 确定为调整对象的学校是否按规定填报了《中小学布局调整专项资金项目申请表》？

13. 调整中，各调整校的教职员工是如何安置的？依据是什么？

14. 调整中，有无教师外流现象？若有，原因是什么？

15. 调整后，有关撤并校的原有资产、校舍等是如何处置的？

16. 您主管的市、县(区)的农村小学布局调整目前进展情况如何？是否还要继续推进？如何推进？

17. 就布局调整已经完成的情况来看，您认为效果如何？与预期的是否一致？

18. 您认为布局调整的决策是否符合农村实际？调整的主要目的是什么？

19. 您认为农村小学实施布局调整的最大利弊是什么？调整后的农村小学当前最迫切需要解决的问题是什么？

20. 您认为现行农村小学布局调整对当地的基础教育产生了怎样的影响？

21. 除了布局调整，您认为还可以采取哪些措施来改善我国农村基础教育的现状？

二、访谈对象——布局调整小学的正副校长、中层管理人员

1. 您认为什么叫布局调整？布局调整与合并学校、规模办学等的含义是否相同？

2. 您最早得知您所在的小学被列入布局调整计划大约是在什么时候？

3. 您是通过什么途径得知您所在的小学将要实施布局调整的？

4. 您所在的小学是从什么时候开始正式实施布局调整的？

5. 您认为您所在的小学是否确实需要参与布局调整？为什么？

6. 您认为您所在的学校被列为布局调整对象的主要原因是什么？

7. 在实施布局调整前，您是否参加过上级主管部门召开的有关会议？参加过几次？会议的主要精神是什么？有无会议记录？

8. 在实施布局调整前，您是否接到过上级主管部门下发的有关文件？接到过几份？各文件的主要精神分别是什么？

9. 您所在的学校是否成立了专门的布局调整领导小组？有无具体

的调整计划、步骤及内容?

10. 您是否亲自参与了您所在小学实施布局调整的整个过程? 您认为实际操作与之前的计划是否一致? 哪些方面一致? 哪些方面不一致?

11. 您是通过什么方式告知教职员工关于布局调整的消息的? 他们得知后的反应是什么?

12. 您所在的学校在实施布局调整的过程中遇到过哪些困难? 最大的困难是什么? 您认为造成这些困难的原因是什么? 您是如何解决的?

13. 在实施布局调整的过程中,人、财、物等问题是如何处理的? 处理的依据是什么?

14. 布局调整中有无教师分流等现象? 若有,原因是什么? 您是如何做好他们的思想工作的?

15. 布局调整的资金从何而来? 贵校是否填报了《中小学布局调整专项资金项目申请表》?

16. 您认为调整后新的学校组织与调整前相比是否有明显变化? 具体表现在哪里?

17. 您认为布局调整后的小学当前最迫切需要解决的问题是什么?

18. 就您所在学校实施布局调整的情况来看,您认为效果如何? 您认为农村小学布局调整是否还要继续推进? 如何推进?

19. 您认为农村小学实施布局调整的最大利弊分别是什么?

20. 您认为现行农村小学实施布局调整对当地的基础教育产生了怎样的影响?

21. 除了布局调整,您认为还可以采取哪些措施来改善我国农村基础教育的现状?

三、访谈对象——布局调整小学的一般教职员工

1. 您最早得知您所在的小学被列入布局调整计划大约是在什么时候?

2. 您是通过什么途径得知您所在的小学将要实施布局调整的? 面对调整,当时您最关心的问题是什么?

3. 调整前,您参加过几次调整动员会? 每次会议的主要精神是什么?

4. 调整前,您阅读过几份有关布局调整的文件? 每份文件的主要精神是什么?

5. 您认为布局调整给您带来的最大影响是什么？

6. 布局调整之前和之后,您的职位、身份有无变化？您对自己目前的状况是否满意？为什么？

7. 您认为布局调整给学校的教学工作带来了哪些影响？

8. 您原来的学校是第几批参与布局调整的？您认为布局调整后学校的人际关系如何？

9. 调整中,您所在的学校对于人、财、物等问题是如何处理的？您认为处理方式是否合理？为什么？

10. 您认为布局调整后的学校组织与调整前相比是否有明显变化？具体表现在哪里？

11. 就您所在学校调整的情况来看,您认为效果如何？是否还需要继续推进？如何推进？

12. 除了布局调整,您认为还可以采取哪些措施来改善我国农村基础教育的现状？

四、访谈对象——实施布局调整的乡(镇)、村领导及学生家长

1. 您认为什么叫布局调整？调整前,您是否参加过有关会议或阅读过有关文件？

2. 调整前,对您所在的乡(镇)、村参与布局调整的学校名单,您是否知情？

3. 您是通过什么途径得知您所在地的小学将要实施布局调整的？当时您的反应如何？

4. 您认为您所在地的小学是否需要参与调整？您所在的乡(镇)采取了怎样的态度？

5. 您所在地的小学是从何时开始正式调整的？您是否参与了具体工作？

6. 您认为布局调整对您所在的整个乡镇的发展产生了怎样的影响？

7. 据您所知,那些被撤并校的校产是如何处理的？调整后的学校扩建资金来源于何处？

8. 对于您所在的乡镇小学实施布局调整,您认为最大的利弊是什么？

9. 您认为布局调整后的乡(镇)、村当前最迫切需要解决的问题是

什么?

10. 就您所在地的学校实施布局调整的情况来看,您认为效果如何? 您认为农村小学布局调整是否还要继续推进? 若需要,如何推进?

11. 除了布局调整,您认为还可以采取哪些措施来改善我国农村基础教育的现状?

Ⅳ　名师的制度化及其影响：
对 H 县中小学名师的实地研究

一、导　　论

1. 题解

　　"名师"，在《辞海》中的解释是"著名的老师"。古今中外能称得上"名师"的大有人在，如中国的孔子、朱熹，西方的柏拉图、苏格拉底等，不胜枚举。"名师"这一称谓是他们在一生的教育活动中凭藉自身的学识、人品、声誉而逐步获得的一种社会认可，是他们个人社会地位和荣誉的象征。名师的成长是一个自然的过程，对名师的认可也是社会生活中一种自发的行为，与权力的分封无关，与制度的安排无涉，与经济利益也毫无瓜葛。

　　20 世纪 80 年代以来，国人对"名师"一词的理解歧义纷呈，概括起来可以表述为："在一定地域范围内有影响、有声望、有名气的教师"。[1] 与过去不同，今天的"名师"大都是由社会的正规组织或机构，尤其是权力部门认可的，是在社会的制度前提下，按照一定的标准，遵从一定的程序，在一定名额的控制下经过层层筛选"评"出来的，而且与一定的级别、待遇、利益相联系。凡符合上述条件的中小学教师，即为本文所指的"名师"，也就是本研究所考察的对象，具体而言，包括教育系统的"劳动模范"、"特级教师"、"学科带头人"、"骨干教师"、"教坛新星"等。

　　今日的中小学"名师"相对于历史上的"名师"而言，已经或正在经历一

1　陈桂生：《"名师"辨析》，载《教育发展研究》，2000 年第 11 期。

场史无前例的蜕变。可以说,过去的名师更多的是世人对堪为名师者发自内心的景仰和传颂,名师是社会生活中一种自然的非正式的存在。但当今的"名师"却被时势推向了制度的前台。1978年,在全国教育工作会议上,邓小平同志首次提出:"我们要提高人民教师的政治地位和社会地位,不但学生应该尊重教师,整个社会都应该尊重教师。……对于优秀的教育工作者,应该大张旗鼓地予以表扬和奖励。""要采取适当的措施,鼓励人们终身从事教育事业。特别优秀的教师,可以定为特级教师"。[1] 在同年召开的全国科学大会上,邓小平同志又强调:"对于在教学工作中做出突出贡献的教师,应该给以表扬和奖励。国家和地方政府、社会团体、学校要采取多种措施奖励优秀教师"。[2] 根据邓小平同志的讲话,教育部、国家计划委员会于当年制定颁发了《关于评选特级教师的暂行规定》,开始了全国范围内"特级教师"的评选工作。接着,全国性的教师奖励活动也于1986年正式启动,截止到2003年,有1万名教师被评为"特级教师",4万多名教师和教育工作者获"全国优秀教师"、"全国优秀教育工作者"、"劳动模范"等称号。[3] 与此同时,各级地方政府也开展了形式多样的教师表彰奖励活动,大大激发了教师教书育人的积极性。"作为'师德表率、育人模范、教学专家'的特级教师和优秀教师,以其科学的教育方法和精湛的教学艺术,促进了教育教学质量的提高;通过指导青年教师等方式,带动了中小学骨干教师队伍建设;还以其高尚的师德和教育教学水平,树立了中小学教师的崇高形象,改变了人们对中小学教师的'娃娃头'、'教书匠'的偏见,推动了全社会的尊师重教。"[4] 肇始于此,中国的"名师"开始拥有一方施展才华的制度舞台,也由此拉开了"名师"评选、使用、考核、管理的制度化序幕。

如果说"特级教师"的评选只是拉开了"名师"制度化的序幕的话,那么,"名师工程"的出台则掀起了中国"名师"选拔和培养的制度波澜。因为"特级教师"因其级别之高、要求之严、人数之少,只有教师队伍中的极少数佼佼者才能获此殊荣,而对于1000多万普通中小学教师来说,恐怕就可望而不可及了。为了调动和激发广大一线教师钻研教学、提高自身素质和教育教学水平的积极性,不断提升中小学教师队伍的整体质量,1999年1月,国务院批转教育部《面向21世纪教育振兴行动计划》,在所提出的"六大工程"中,

---

1　《邓小平文选:1975—1982》,人民出版社1983年版,第106页。
2　同上,第92页。
3 4　中华人民共和国教育部:《建国54周年专辑:教育改革篇》。

针对教师队伍建设明确提出了实施"跨世纪园丁工程"的战略要求。其中，针对加强中小学骨干教师队伍建设，要求"1999 年、2000 年，在全国选培 10 万名中小学及职业学校骨干教师(其中 1 万名由教育部组织重点培训)。通过开展本校教学改革试验、巡回讲学、研讨培训和接受外校教师观摩进修等活动，发挥骨干教师在当地教学改革中的带动和辐射作用"。在这一工程的带动下，全国上下行动起来，制定了包括国家级 1 万名、省级 10 万名和地市级百万名共 110 万名中小学骨干教师的选拔、培训的庞大计划。其中，经省级教育行政部门遴选确定、纳入"跨世纪园丁工程"的 10 万名(中学 5 万名，小学 5 万名)中小学骨干教师，除了其中的 1 万名参加国家级培训以外，其余 9 万名参加省级培训。考虑到我国中小学教师队伍数量庞大，地区差异明显，地(市、州、盟)级教育行政部门可以根据"跨世纪园丁工程"10 万名中小学骨干教师培训的精神，遴选确定 100 万名(中学 30 万名，小学 70 万名)中小学骨干教师组织地市级培训。[1] 由此开始，以优质师资队伍建设为突破口，以提高中小学教师队伍整体素质为目标的各级"名师工程"在全国范围内启动。

当中小学"名师"的选拔和培养进入政策视野并被纳入教育的制度框架以后，"名师"产生的方式、"名师"的数量和质量、"名师"的形象和内涵也在悄然发生改变。当"名师"的形成变成一种制度时，它究竟会受到什么样的影响？会发生怎样的改变？"名师"会被赋予什么新特征？"名师工程"的实施过程中会遭遇怎样的实践和理论问题？它对中小学教师队伍建设究竟会产生什么样的影响？这些问题正是本研究所要探讨和把握的。

2. 研究的缘起

(1) 教育研究领域和实践领域名师的"冷热不均"

改革开放以来，我国教育事业得到了前所未有的发展。伴随着教育的勃兴，人民生活水平的提高，人们对教育的需求尤其是优质教育的需求日益旺盛，而中小学"名师"恰恰是教育系统内最重要的优质教育资源，更因为其数量少而变成一种炙手可热的稀缺资源，不仅引起教育系统内部决策者和管理者的高度重视，也引起整个社会的极大关注。

在教育实践领域，举其荦荦大者如：学校发展靠"名师战略"，招聘教师

[1] 李石纯：《实施"跨世纪园丁工程"，大力提高教师素质》，载《中国高等教育》，1999 年第 2 期。

常常是"名师"优先,有实力的学校不惜重金求"名师"、挖"名师",家长们更是千方百计择"名师";有"名师"的学校学生爆满,"名师"带的班级门槛被挤破。"名师"们更是身价倍增,"外校想着,家长捧着,同事让着,校长哄着"。即使在大大小小的书店,凡是冠以"名师"的书籍、复习资料、辅导光盘等,也都能快销热卖。政府方面也推波助澜,从国家到地方纷纷出台了名目不同但目标一致的"名师工程"战略、纲要、方案等。面对这种状态,用"名师热"一词来描述恐怕一点也不为过。它不再是一种纯粹的教育现象,而已经变成社会的热点问题。

然而,遍寻近20年来中国教育研究的主要文献,却意外地发现,与这群教坛"骄子"在现实社会中的炙手可热形成截然反差的是,他们在教育研究领域却显得十分冷寂。查阅论文索引和电子文献检索发现,专题研究特级教师、骨干教师、学科带头人、"教坛新星"等中小学名师的论文总共只有二十余篇。以"名师"之名出版的学习辅导、试题试卷类书籍浩如烟海,但专门研究中小学名师的著作屈指可数。

(2) 名师在国内与国外的冷热反差

关于"名师"问题,中国和西方国家之间也存在极大的冷热反差。在中国,从幼儿园、小学到大学,从民间组织、基层组织到中央政府,都在大张旗鼓地进行有关"名师工程"的宣传,而西方国家,尤其像美国这种崇尚个人价值的国家,在对教师个人的评优、奖励问题上,理论界经历了长时间的争论,实践领域也一直持非常谨慎的态度。[1]

一个值得关注的现象是,关于优秀教师的培养问题,国外无论是在理论层面还是实践层面,都在极力倡导"教师专业化"的理念。国内理论界近年在译介、借鉴国外教师专业化研究成果的基础上,掀起了一股探讨教师专业化问题的高潮。国内对教师专业化问题的态度和导向与国外的研究惊人地一致,但在实践中,国外评选优秀教师(accomplished teacher)的举措与国内评选"名师"(prestigious teacher)的做法却大相径庭。以美国评选优秀教师为例,1987 年成立的非赢利性民间机构"全国专业教学标准委员会"(National Board for Professional Teaching Standards)负责制订教学的高标准,并在"自愿申请、向所有符合条件者开放、获取证书不是目的而是作为专业

---

[1]   20世纪80年代中期以来,美国似乎也出现了评选优秀教师的迹象,但它是以优秀教师资格认定的方式出现的,与国内评选名师的方式有本质区别。参见许明:《美国优秀教师评选制度概述》,载《课程·教材·教法》,2002年第7期。

技能持续发展和提高的手段、认定过程的公平性和多样性以及对证书获得者进行适当和充分奖励和激励"[1]这五项原则的基础上,于 1994—1995 学年开始,为达到优秀标准的教师颁发资格证书,其认定优秀教师的标准和过程与其倡导的教师专业化理念不谋而合。而国内评选"名师"的标准、过程、方法与教师专业化的理论主张之间的一致性却令人心存疑虑。撇开中外文化上的差异,国内教育实践领域大张旗鼓地评选"名师"之举与国内外教育理论研究中教师专业化取向之间的龃龉,更让人觉得"名师"现象有值得研究和探讨的空间。

（3）名师的制度化路径——"名师工程"的利弊之争

今日的名师与过去的名师相比,在形成机制上已有了质的差异。过去的名师基本上是通过舆论的途径被整个社会认可的,获"名"的过程是一个自然的过程,赋"名"的行为也属一种民间的自发行为。而现代意义上的名师走的是一条非舆论、非自然、非民间的制度化路径,即由社会的正规组织或机构,尤其是权力部门,按照一定的标准,遵从一定的程序评选出来的。它有一个认定的主体,有一整套严格的操作标准和流程。这样一种评选、培训、使用、管理名师的社会机制体现在从国家到地方的各级"名师工程"方案之中。可以说,是"名师工程"的出台营造了今天名师辈出的制度化环境,也使本已有"名"或渴望成"名"的教师拥有了一条通往名师之途的制度化路径,同时也使今日名师的身上平添了一份与往昔不同的制度性特征。

"名师工程"作为国家和各级政府的一项政策和制度,其积极意义和社会价值自不待言。然而问题是,这样一项政策、一套制度,其本身的科学性、合理性有没有值得反思的地方？它在具体实施的过程中是否存在问题？哪些方面需要完善？怎样完善？其实施对整个教师队伍建设有什么影响？是否存在消极、负面的影响？如果有,该如何避免？

这些问题不仅研究者关注,专家学者们同样关注。对"名师工程"持积极肯定态度者大有人在,而表示怀疑担忧者也不乏其人。如陈桂生在《"名师"辨析》一文中表达了自己对"'名师工程'开工、作业"之下的四点担忧:一是针对名师培养的"多而快"之举质疑道:"名师多少,得由时间老人来评估,急什么呢？急也无用,只能相信是金子总会发光。"二是就今日名师的"实际贬值和诸多实惠"而担忧:"真正优秀的教师反而比以往更容易湮没,

---

1　许明：《美国优秀教师评选制度概述》,载《课程·教材·教法》,2002 年第 7 期。

加之以往名师甚少实惠,人们没有理由挑剔,而如今一旦高中,名至实归,容易引发可能发生的苛求。"三是就名师在当今社会所具有的"品牌效应"直言道:"名师的视点会从深层转向表层,说得直白些,一些人更关注的倒不是'师',而是'名'。"四是就"名人"做"名师"的现象嘲讽道:"假如人民一定要选你当'代表'、'委员'、'模范'……一旦上了瘾,离课堂越来越远,对学生面孔越来越生疏,反而离'名师'越来越近。"[1] 杨荣也撰文《名师,您慢些走!》,坦陈"名师工程"在使"新一代名师迅速成长的同时,也发现一种新的现象在愈演愈烈,一批正在成熟起来的优秀中青年名师正在远离讲台、疏远学生",表现在"名师的脚步离学历越来越近,而离教材却越来越远","离理论越来越近,而离原创却越来越远","离官位越来越近,而离课堂却越来越远"。[2] 专家学者的忧虑恐怕不是空穴来风。这也说明"名师工程"在理论、政策制定和制度设计上可能存在一些问题,在实施过程中也可能产生一些不良的导向,而这些正需要教育研究去发现、反思和解决。

不仅如此,"名师"和"名师工程"在教育实践领域也是一个具有普遍性的问题。现实生活中的名师虽然少,但他们不是一个独立存在的团体,而是分散在城市和乡村的各级各类学校(本文仅限中小学)中,他们每个人都是其所在学校教师群体中的佼佼者,他们的存在及其对整个教师群体的影响是不容忽视的。而"名师工程"更涉及所有学校、所有教师,因为候选人都是从基层学校产生的。更重要的是,"名师工程"的核心问题是:一名优秀教师究竟该怎样产生、怎样培养、怎样管理、怎样使用,恐怕是每个学校都会面临的一道难题。因此,研究名师和"名师工程"是一个关乎各级政府、所有学校和全体教师的带有普遍性的问题,具有重要的理论意义和现实价值。

(4) 个人的经历和感悟

研究者在一所师范学校从事教学和管理工作多年,从师范教育的角度来说,如何培养师范生成为一名合格的乃至优秀的教师是研究者一直关注的问题;从教学管理的角度来看,学校也面临如何评价和衡量一名教师、如何培养优秀教师的现实问题。研究者每学年都接触评选"教坛新星"、学科带头人、骨干教师等具体工作,也有参与县里组织的各类名教师评审工作的机会,对名师这一教师队伍中的特殊群体有深切的感受,对"名师工程"的具体实施过程有比较直接的了解。

---

1 陈桂生:《"名师"辨析》,载《教育发展研究》,2000 年第 11 期。

2 杨荣:《名师,您慢些走!》,载《上海教育》,2002 年第 12 期。

综合上述原因，研究者认为，把"名师"这一教育领域内的特殊群体放在"名师工程"这一制度化背景中加以考察和研究，以把握名师的当代特征，探讨"名师工程"可能存在的问题，探寻中小学教师队伍建设的有效途径，是一个既有理论意义又有现实价值的值得研究的课题。

3. 研究现状

我国教育理论界对名师和"名师工程"关注不多，相关研究成果寥寥，虽涉及名师的特质素养、作用、成长、选拔和培训、管理等诸多方面，但零散而不成体系。

（1）特质素养方面

程大琥通过对古今中外名师的考察，概括了名师的三大特征："一、热爱教育，投身进步的教育事业；二、艰苦奋斗，创造丰硕的成果；三、生前身后，形成广泛的影响。"[1]吕以新认为名师的特质表现在如下方面："一、有热爱教育事业并愿为之放弃一切的信念；二、教育教学工作卓有成效，获得学生、家长和社会的广泛认可；三、能运用现代教学技术，具有开展教育科研的能力，并能使之理论化。"[2]李清民对骨干教师进行了调查，并将其群体特征归结为："一、热爱教师职业，珍视教书育人岗位，具有敬业爱岗的传统美德；二、不懈地追求学高为师，不断研修学业，进修教学业务；三、积极开展教学实践和实验改革，不断追求教育教学能力的提高；四、具有'四多'的特点，就是'长'多、奖多、'手'多、党员多。"[3]陈全英认为学科带头人应具有四项特质："一、对学科知识的整体把握、灵活驾驭和有效传授；二、掌握系统的现代教育理论；三、教学技能娴熟；四、具有较强的教育科研意识和能力。"[4]

（2）选拔和培训方面

吴红斌、吴伦敦对骨干教师的选拔表示了担忧："一、选拔条件缺乏量化和科学的依据，可操作性不强；二、选拔工作缺乏透明度和监督机制；三、选拔标准重教学轻科研，重业绩轻师德现象严重。"他们同时将骨干教师的培训与西方国家相比，指出了培训中存在的问题："一、理论研究滞后于实

1 程大琥：《试论名师的基本特征》，载《中国教育学刊》，2000年第3期。
2 吕以新：《简论中学名师的特征及如何造就中学名师》，载《教学与管理》，2003年第6期。
3 李清民：《中小学骨干教师的特点、差异与培训对策》，载《山东教育学院学报》，2002年第1期。
4 陈全英：《中学教师学科带头人特质分析及培训初探》，载《宁波教育学院学报》，1999年第12期。

践;二、培训目标着眼于现在;三、培训模式落后于时代。"[1]李方、季苹对骨干教师国家级培训的目标、课程结构和培训方式进行了反思,并提出"双主体、双课堂、双导师"的培训新模式。[2] 李全、庞孟桅全面探讨了中小学骨干教师国家级培训的定位、原则、内容、课程设置、课题研究、跟踪指导、组织管理、答辩结业等方面问题。[3] 郝祥旺对中小学骨干教师国家级培训中存在的问题进行了质疑和反思。

(3) 名师成长方面

徐丽桂从名师成长的社会机制入手,提出了三种有利于名师形成的社会机制:"一、提供有充分机会和良好氛围的名师培养机制;二、充满人文精神的教师职业机制;三、公正公平、合理良性的教师评价机制。"[4]薛晓阳研究了教育名师成长的阶段,并提出了教育名师的理想状态:"选择是基本精神","自由是内在基础","力量是精神勇气"。[5]

此外,张青云的《公立学校名师外流现象的思考》表达了对名师流向发达地区、私立学校的隐忧。王秀霞、党书坡对吉林省中小学骨干教师的状况进行了调查,并提出了具体的管理对策。[6] 郝文武等对西部五省的骨干教师状况进行了大规模调查,并对骨干教师的作用、素质结构、选拔与培训情况进行了分析。[7]

"名师工程"的核心问题是教师的成长、评价、培训和管理问题。国内关于"名师工程"的新闻报道、经验介绍很多,但关于"名师工师"的学术研究极少,这也从一个侧面反映了整个教育理论界对重大教育政策的反应迟缓和态度冷淡。

综上所述,我国目前对该课题的研究尚处于起步阶段,仅停留在经验研究的水平,缺少对名师成长的系统研究,缺少对制度化背景下名师特征的科学论证,缺少对"名师工程"的价值、意义的理性分析,缺少对其可能存在的问题的客观把握。本研究以名师群体为对象,立足于"名师工程"的制度化

---

1 吴红斌、吴伦敦:《中小学骨干教师培训现状及对策研究》,载《高等师范教育研究》,2002年第4期。

2 李方、季苹:《追求"有效提高——中小学骨干教师国家级培训"的实验与思考》,载《人民教育》,2000年第12期。

3 李全、庞孟桅:《中小学骨干教师国家级培训若干重要问题探究》,载《中小学教师培训》,2001年第11期。

4 徐丽桂:《试论名师形成的社会机制》,载《郑州工程专科学校学报》,2003年第1期。

5 薛晓阳:《专家班主任:教育名师的养成》,载《教育艺术》,2001年第10期。

6 王秀霞、党书坡:《吉林省中小学骨干教师状况调查分析与管理对策研究》,载《现代中小学教育》,2001年第7期。

7 郝文武:《西部中学骨干教师队伍建设调查》,载《青年研究》,2001年第8期。

背景,针对实地调查中暴露出的问题,运用社会学、管理学、政策学、生态学等多学科理论加以分析,是对这一课题研究的进一步深化,试图在实践的针对性和理论的系统性方面有所突破。

4. 研究目的与意义

本研究有三个目的:(1) 通过对名师的历史考察和社会分析,把握制度化背景下当代名师的时代特征。(2) 通过对 H 县"名师工程"的实地调查,揭示其实施过程中可能存在的问题。(3) 在实地调查的基础上,对名师和"名师工程"问题进行理性分析。

本研究的意义在于:(1) 把名师置于"名师工程"这一制度化背景下进行研究,以揭示名师的时代特征,这是一种全新的视角;(2) 对"名师工程"进行具体场景下的实地调查,发现其存在的问题;(3) 从发现问题、进行质疑、探寻有效途径的角度研究"名师工程"。

5. 研究方法

张新平认为,"实地研究是现代人类学应用很广的一种研究方式。这种方式要求研究者必须参与研究对象的实际生活,设身处地体会研究对象的所思所想、所作所为"。[1] 相对于实证研究和思辨研究来说,实地研究具有以下特征:"1. 它主要是采用直接接触研究对象的访谈、观察方式开展现场调查。2. 它是以定性为主的调研,在收集资料时,很少使用量化的工具,参与观察力求在自然、自由的气氛中进行,研究者倾听研究对象的意见,或与其交谈,从而获得观察结果。3. 它是一种微型调查,总是比较深入地接触具体的社区或群体。4. 它把研究对象的行为看成是研究对象所生存的整体环境中的一个部分,注重了解研究对象的外部环境的性质、传统、价值以及行为规范等,并以局外人的身份进行观察,从研究对象的角度进行解释。5. 它要求研究者不能用权威的态度、居高临下的架势对待研究对象,应在建立互信互赖关系的基础上进行观察、访谈;研究对象能否真心实意地接纳研究者,这是关系到实地调查能否成功的一个基本条件。6. 它在使用、发展的过程中,通过与某些有内在相似性的方式的共同交流,逐渐形成了一套具有自己特色的次方式体系。这些次方式相互配合,相得益彰,更增添了实地调查的

---

[1]　张新平:《思辨研究·实证研究·实地研究》,载《教育探索》,2000 年第 11 期。

影响力。这些次方式包括人工制品的收集以及某些用于辅助目的的问卷调查等。"[1]

据此,研究者将本研究局限在"微型调查"的范围内,采用实地研究的方式方法。

研究者开展实地调查的地点是 H 县,它地处长江中游,位于 A 省的最东端,毗邻经济发达的三个大中城市。由于这种地缘上的优势,H 县虽然只是一个人口不到 70 万的小县,但经济发展一直走在省内各县的前面。这种与大城市紧邻的地缘关系不仅体现在经济发展上,它对人们的思想、观念和行为也产生显著的影响,我们在 H 县百姓的生活中,分明能感受到都市文化的余脉。H 县就学人口 11.6 万,拥有小学 267 所,初中 36 所,高中 10 所,教师总数 4625 人,其中中小学名师(含特级教师、"教坛新星"等)有 73 人,基本上能构成实地调查的一个对象群。研究者本人是县内一所学校的教师,也从事教学管理工作,熟悉名师群体中的很多人。这些为本研究的开展提供了很好的社会条件。

(1) 现场观察

2004 年 4 月,H 县教育局举办第七届"教坛新星"评审。征得县教育局领导的同意,研究者带着本研究课题全程参与了评审过程,并对评审的准备、预选、初评、复评、总结与表彰等各环节进行了有目的的观察和反思,从而对一个县"名师工程"的实施过程和名师产生的过程有了一次近距离、全方位的了解。现场观察的结果构成"'名师工程'的过程研究——名师是怎样产生的"主要内容。

(2) 问卷调查

由于 H 县 73 位名师分散在 20 多所中小学,无法做到对每个人进行观察、访谈,研究者特别设计了一份调查问卷。问卷由 45 个问题组成,内容涉及名师的基本情况、评审、培训、管理、使用、考核、流动等各个方面。问卷调查采用匿名方式进行。61 位在职名师中的 58 位认真填写并返还了问卷(有 3 位教师因故未能及时返回调查问卷)。在对调查问卷进行统计的基础上,研究者分析了名师群体的年龄、学历、性别、等级、学科、地域等结构特征和教育教学工作、教科研、收入、地位与声望、成长与发展、流动等问题,这些内容构成"'名师工程'的结果研究——名师是什么样的群体"的主体部分。

1　张新平:《思辨研究·实证研究·实地研究》,载《教育探索》,2000 年第 11 期。

（3）访谈

从组织者（局领导和校长）、当事人（名师）和旁观者（普通教师和流失的名师）三个视角出发，研究者选择了县教育局分管教学的副局长、教研室主任、A中学和B中学校长、一位名师、一位普通教师和一位流失的名师作为访谈对象，针对他们各人的实际情况设计了目标一致但内容有别的访谈问题，请他们就名师和"名师工程"的功能与作用谈谈各自的真实感受。访谈内容构成"'名师工程'的功能研究——'名师'的功能是什么"的内容。

此外，本研究还运用了文献资料搜集、人工材料收集等方法，并在此基础上，对素材进行系统分析和理性梳理，对"名师"及其相关概念进行厘定，对"名师工程"的涵义和由来进行考察，从而概括出"名师工程"的特征和名师的制度化特征。

二、从名师到"名师工程"：名师走向制度化

1. "名师"辨析

（1）"名师"概念

从日常语用学的角度，"老师"这一称谓并不为教育领域或学校中"教师"这一社会角色所独享，它更多的是作为日常敬语或尊称来使用，不仅富有礼节性、生活化、口语化的意味，而且在外延上要比"教师"这个正式、规范的概念宽泛得多。只要是在某个领域闻道在先、学有所长、术有专攻的人，都可以以"老师"敬谓之。与此相适应，"名师"作为"著名的老师"，也是一个在社会生活中使用相当宽泛的概念，不独教育领域广泛运用，即使在体育、戏剧、摄影、书法、绘画、音乐、医学、建筑、服装设计等诸多领域，也被非常普遍和频繁地使用。因此，从这个意义上来说，"名师"应该泛指"社会各界影响广泛并拥有追随者和知名度的杰出人才"。[1] 仅就教育领域而言，"名师"特指"教育人才的精英，教育工作者的杰出代表，教育理论的创立者和教育实践的带头人。简言之，狭义的名师是包括广大优秀教师在内的教育界的名家和大师"。[2] 然而这只是一

---

1 2 程大琥：《试论名师的基本特征》，载《中国教育学刊》，2000年第3期。

个描述式、列举式的解释，不够周延。陈桂生在《"名师"辨析》一文中对"名师"的定义，即"在一定地域范围内有影响、有声望、有名气的教师"，[1] 似更为适切。

  ● 非正式名师与制度化名师

教师的素质、能力和水平有良莠、优劣之分；教师的社会影响和知名度有大小与显隐之别。可以说，从有教师这一职业以来，名师作为教师群体中的佼佼者就一直存在，古今中外涌现了很多声名显赫、名垂青史的一代名师。何兹全在《中国历代名师》一书中介绍了我国历史上 54 位名师的人生履历、教育生涯和创新之举，如"万世师表"、"儒学宗师"的孔子，提倡"以法为教"的商鞅，主张"以吏为师"的韩非，反对"虚妄"的王充，以家教著称的颜之推，"明体达用"的胡瑗，集"理学"之大成的朱熹，开"心学"之先河的陆九渊，注重"习行"的颜元，"学界泰斗、人世楷模"的蔡元培，倡行"平民教育"的陶行知，等等。[2] 赵祥麟主编的《外国教育家评传》（四卷本）介绍和评介了国外历史上 92 位著名教育家的人生、思想和教育成就，如苏格拉底、柏拉图、夸美纽斯、洛克、卢梭、洪堡、裴斯泰洛齐、福禄倍尔、蒙台梭利、杜威等。[3] 他们或以理论创新，或以实践中的特立独行而扬名，其思想的光芒和实践的影响跨越时空界限而名扬四海、名垂青史。

历史上，无论是声名卓著的名师鸿儒，还是囿于一时一隅而小有名气的教师，其声名播及的范围及影响的时间可能各不相同，但他们成为名师的过程和方式都几近相同。从其成名的原因看，他们都是以自己品德、操行、学养上的出类拔萃而声名远扬，这是一个由内而外的内源式发展过程；从获得名声的方式看，名师都得到了大众、民间、社会的广泛认可，这是属于非正式的自发行为；从名之所存的方式看，都是舆论式、口碑式的，是人们内心的景仰和口头的赞誉；从名师的实际效用来看，都是精神的、荣誉的、非功利性的，属于精神上的自我满足；从时效来看，名师们都是用一生的时间来践行，为师而能有"名"成为名师们终身的生命追求和生存状态。由此可见，在民间生活的自然状态中，一些学识渊博、品行高洁的教育者以其言行的力量感染着民众，人们自发地由衷地为之折服、对之敬佩，称誉、颂扬他们。这些在

  1 陈桂生：《"名师"辨析》，载《教育发展研究》，2000 年第 11 期。
  2 何兹全：《中国历代名师》，河南人民出版社 1991 年版。还可参见沈灌群、毛礼锐主编的《中国教育家评传》（三卷本），上海教育出版社 1988 年版；徐仲林、熊明安主编：《中国教育家传略》，云南人民出版社 1983 年版。
  3 赵祥麟主编：《外国教育家评传》（四卷本），上海教育出版社 2002 年版。

民间享有很高知名度和美誉度的教师是名师最初的形态，姑且可以称之为"非正式名师"。因为他们为师而有"名"并不是按照严格的标准，遵照规范的程序，通过权力的分封等正式的社会制度路径获得的，而只是一种自然状态下的自发性行为和自在性存在。

时至今日，尤其在中国，虽然"非正式名师"在民间生活中，在大众口头上依然存在，但更多的名师是通过制度的筛选脱颖而出的。名师的产生在今天不再纯粹是个人品质和德行由内而外的散发，而是由外在社会组织根据其目的、标准和程序进行拣选的结果。今天的名师不再只要得到普通大众和民间社会的认可和肯定即可，而必须经过制度序列中享有权威的正规组织或机构的鉴定；不再停留于人们内心的臣服和口头的传颂，而需要一张荣誉证书作为证明；也不再仅仅是名师们精神自足和生命信仰的一种方式，而有利益的因素介入。所有这些转变可以说是权力渗入的产物，是制度安排的结果。如果说教育这个师之所存的大背景、大舞台已经"经过了从非形式化教育到形式化教育再到制度化教育"[1] 的历史转变的话，那么，名师作为教育大系统中的一个特定因素、特殊群体，也正在迈进制度化的门槛。为了与历史上和现实中那些"非正式名师"相区别，本研究将那些在制度的森严壁垒中过关斩将、崭露头角的名师称之为"制度化名师"。这里所要检视的正是这种现代"制度化名师"之所以产生的原因、产生的过程、可能带来的后果。

（2）名师与教师专业形象

名师所指称的是教师队伍中那些为数不多却成绩卓著的优秀人士和杰出人才，他们所代表的也是教师个体专业成长和教师队伍建设的目标状态和理想境界。然而，国内外教育理论研究中所阐述的教师专业形象与实践中的名师形象并不完全一致。

在近几年有关教师的研究中，理论界对理想教师的描述基本上都是针对传统的"知识型"、"经验型"、"资历型"、"工匠型"教师而言，其中较有影响的有以下几类。

① 专家型教师

主要指在教育教学的某一方面（主要是学科教学或学术研究领域）有专长的教师。[2] 美国著名心理学家斯腾伯格（Robert J. Sternberg）曾提出确定

1　袁振国主编：《当代教育学》，教育科学出版社 1999 年版，第 3 页。
2　王长楷、邱玉辉：《培养专家型教师》，载《中国高等教育》，2001 年第 9 期。

专家型教师不同于新手的三个基本方面:"第一个不同的方面是关于知识,专家不仅要有所教学科的知识、如何教的知识以及如何专门针对具体要教的内容施教的知识,而且还要具有从事科学研究方面的知识,尤其在专家擅长的领域内,他运用知识比新手更有效;第二个不同的方面是关于问题解决的效率,专家与新手相比(在专长领域内),能在较短的时间内完成更多的工作;第三个不同的方面是洞察力,专家比新手(同样也是在专长领域里)有更大的可能找到新颖和适当的解决问题的方法。"[1] 由此可以看出,专家型教师与一般教师最大的不同在于:专家型教师必须掌握一定的从事科学研究的知识和方法,具备一定的科学研究能力,即必须具备一定的科研素质。

② 学者型教师

是指"以自己的学科性质特点为基础,研究自己的教学个性,形成自己独特的实践操作体系、教学思想或教育理论,以及完整的教学体系、教学风格和流派"的教师。学者型教师与一般教师的不同之处主要表现在其"具有丰富的专业知识、较高的解决问题效率和洞察力"。有专家研究发现,对一位从师范院校毕业的青年教师来说,要成长为学者型教师需要经历"适应、分化定型、突破和成熟"四个阶段。那么,如何由知识型教师成长为学者型教师呢?"首先,要有自我发展和自我超越意识;其次,进行探研式学习;第三,获取教学专家技能;第四,学会创造性反思。"[2]

③ 研究型教师

是指"具有较强的研究意识和研究能力的教师"。[3] 研究型教师要求教师"具有一定的研究能力,能在教育实践中发现、提出、分析和解决问题,并能自觉地运用先进的教育思想和方法指导实践,取得良好的教育效果"。[4] 针对有些教师的教育研究与其教学实践脱节的问题,有专家指出,对于广大教师来说,进行教育研究的主要目的是"为了解决实践中的问题,所以,教师搞研究要从身边的问题入手"。[5] 研究型教师的基本特征就是走教学与科研一体化的道路,要树立教学和研究同步进行、相互联系、相辅相成的整体观

1　R. 斯腾伯格:《专家型教师教学的原型观》,高民等译,载《华东师范大学学报》(教育科学版),1997 年第 1 期。

2　赵新平:《学者型教师——21 世纪教师的新形象》,载《教育理论与实践》,2002 年第 4 期。

3　张新翠:《我们离研究型教师有多远?》,载《中国教育报》,2004 年 4 月 15 日。

4　苏军:《研究型教师:中小学优秀教师评选新标准》,载《文汇报》,2001 年 4 月 30 日。

5　华国栋:《如何做一名研究型教师》,载《中国教育报》,2002 年 10 月 23 日。

念,有意地培养自己的研究习惯。[1]

④ 创造型教师

美国学者史密斯认为,所谓创造型教师,是"指善于吸收最新教育教学成果,并创造性地将其运用于教育教学之中,能充分体现自己的个性特色,有独到见解,能够发现行之有效的新的教学方法的教师"。[2] 创造型教师具有以下特点：a. 具有创造性;b. 强烈的求知欲;c. 研究兴趣大于教学兴趣;d. 能营造创造性的班级气氛;e. 宽容和理解的态度;f. 经常与学生一起学习,并保持与学生的个别接触;g. 创造好的学习环境;h. 创造性地评价学生。[3]

⑤ 批判反思型教师

斯蒂芬·D·布鲁克菲(Stephen D. Brookfield)虽然没有给批判反思型教师下一个明确的定义,但作了具体形象的描述："批判反思型教师能站在自己的实践之外,从更广泛的视野来察看自己所做的事情。……针对自己的实践,他们有一个很好的基本原理,用来帮助他们在不可预测的情形下做出困难的决策。这种基本原理是经过批判考察而确立的一系列核心假定,用来说明人们选择行为方式的原因,它是教师们道德、知识和政治大厦的基石,给他们一种远见,告诉他们努力实现的理想。"批判反思型教师应从四个不同的视角来考察自身的思想和作为："(1) 作为教师和学习者的自传;(2) 学生的眼睛;(3) 同事的感受;(4) 理论文献。"[4]

⑥ 专业化教师

这是在教师专业化思潮下勾画出的优秀教师的理想形象。美国自 1994 年开始进入对专业化教师的实质性资格认定阶段,主持此项活动的是成立于 1987 年的非盈利性机构"全国教师专业标准委员会",它在组织各方专家进行多年深入研究的基础上,编制了基础教育阶段各学科和各个学段的《教师专业化标准大纲》。这份文件明确界定了教师专业化的标准,明示了如下五个制定专业化量表的基本准则和"核心命题"(core propositions)：a. 接受社会的委托负责教育学生,照料他们的学习;b. 了解学科内容与学科的教学方法;c. 负有管理学生的学习并提出建议的责任;d. 系统地反思自身的实

1　周玉明：《时代呼唤创造型教师》,载《教育导报》,2001 年第 32 期。

2 3　李晓露：《创造型教师的基本特征与培养》,载《教育与现代化》,2001 年第 2 期。

4　斯蒂芬·D·布鲁克菲：《批判反思型教师 ABC》,张伟译,中国轻工业出版社 2002 年版,第 19—20 页,第 37 页。

践,并从自身的经验中学到知识;e. 是学习共同体的成员。这五个"核心命题"是全美专业教学委员会对优秀教师的基本设想,也是制定各个学科和各个阶段优秀教师标准的基本依据和出发点。它是美国迄今为止就教师专业订立的最为严格和全面的标准。被认定合格的优秀教师,将获得专门颁发的"全国委员会资格教师"(National Board Certified Teachers)证书,该教师也就自然成为符合专业化标准的优秀教师(accomplished teacher)。[1]

从以上表述教师理想形象的众多概念来看,它们大都偏重于教师整体素质的某一方面,所描述的大都属于教师的内涵特征和内在品质,或注重科研,或倾向于创新,或侧重于反思。而"名师"的概念从其定义本身来看,更多地体现出教师的外在功能和社会性特征,是把名师作为社会生活和教师群体中的一个特殊对象,从其与社会成员和其他教师的关系的角度来把握,或者说是从优秀教师在社会生活中的理想形象来看待的。由此可见,以上关于教师专业形象的概念是指向教师内部素质的,属于特征取向;而"名师"概念则指向教师外部影响,属于社会取向。

概念取向上的这种分野从某种程度上折射出我国行政领域与学术领域在看待优秀教师问题上视点的游离和错位。学术领域孜孜以求的是对优秀教师理想特征的探求,试图勾勒出理想教师的应有品质和完满状态;而行政领域是通过扬教师之"名"而确立优秀教师在社会生活和教师群体中的光辉形象,以提升教师的社会地位和声誉,带动教师队伍的整体发展。问题是,从学术上探究理想教师如果不能借行政之力来实现优秀教师的制度性供给,则其研究的社会意义和现实价值将大打折扣;而行政领域对名师的弘扬如果不能吸收学术研究的成果达成名师制度的完善,则会形成导向上的迷惘和内质的虚弱。从这个意义上说,进行行政与学术的对话,实现优秀教师内在品质与名师外在效应的整合,已是迫在眉睫。

2. "名师工程"透视

（1）背景

改革开放二十多年来,我国教师队伍建设经历了由数量扩张向质量提升的历史性转型。二十多年前,对教师队伍的估计基本上是比较悲观的:"数量不足,待遇太差,地位低下,素质不高,队伍不稳。"经过党和政府的不

1　National Board for Professional Teaching Standard(2001). Questions and Answers for Teachers about National Board Certification.

断努力,在大力发展师范教育、提高教师工资待遇、实行教师职务制度等一系列举措的推动下,一支"数量适当,结构优化,素质优良,富有活力"的高水平、专业化的中小学师资队伍正展露雏形。[1]

随着人民群众物质文化生活水平的不断提高,从过去仅仅"有学上"的基本需求的满足到现在要"上好学"的教育需求的高涨,优质教育资源的不足与大众教育需求之间的矛盾日益突出,而优质教育资源的关键和核心正是高水平的优秀教师。因此,好教师、名教师、优秀教师、骨干教师等成为社会关注的热点,成为教育系统内部资源争夺的焦点。而对政府和教育主管部门来说,如何加快优秀教师的选拔和培养,在短时期内扩大骨干教师的数量,提高教师队伍的整体素质,成为一项极为紧迫的任务。正是在这样的社会发展和教育变革的大背景之下,"名师工程"作为一项旨在选拔和培养中小学优秀教师,提高教师队伍整体素质的社会工程应运而生。

（2）涵义和由来

把选拔和培养名师作为中小学师资队伍建设的一个"基本建设项目"提出来,源于 1999 年教育部制定和颁布的《面向 21 世纪教育振兴行动计划》。在该行动计划的"六大工程"中,针对师资队伍建设,明确提出实施"跨世纪园丁工程",它以"加强中小学骨干教师队伍建设"为重点,其中包括由教育部组织、重点培训万名骨干教师,力求"大力提高教师队伍的整体素质"。该计划提出了"名师工程"的最初设想,但在概念上只是强调培养"骨干教师",并未明确使用"名师"这一概念。2002 年,教育部发布《中小学教师队伍建设"十五"计划》,在该计划的目标部分,明确要求"骨干教师队伍建设取得突破性进展。适应基础教育改革与发展的需要,加快培养一大批具有坚定信念、发展潜能大、后劲足、创新能力强的中青年骨干教师,形成多种层次和类型的骨干教师群体。进一步完善特级教师制度,遴选培养一批有影响力的名师或教育教学专家";在"十五"期间中小学教师队伍建设的工作重点中,提出"加强骨干教师队伍建设。进一步解放思想,创造促使中青年优秀人才脱颖而出的机制和环境。各地要进一步加大对教师队伍建设经费的投入,鼓励采取项目支持等多种方式,对优秀的中小学骨干教师进行培养培训和重点支持,培养一大批在教育教学工作和基础教育课程改革中起骨干和示范作用的优秀教师,培养和造就一批在教育界有重大影响的特级教师和教

1　杨春茂:《世纪之交教师队伍建设的回顾与展望》。http://www. hubce. edu. cn/jwcs/messages/1128. html。

育名师,充分发挥其典型示范和辐射作用,推广其研究成果、成功经验,带动中小学教师队伍整体素质的提高"。该计划不仅进一步强调了"优秀教师"、"骨干教师"、"特级教师"、"教育教学专家"的培养,而且明确提出了"名师"和"教育名师"的概念。至此,国家层面包含培养"名师"的"工程"计划和方案正式出台,并付诸实施。

如果说国家层面的名师培养只是内涵丰富的"跨世纪园丁工程"的一项内容、一个目标的话,那么,肇始于此,紧随其后出台的各省、市、县、校一级的教师培养计划和方案中则直截了当地冠以"名师工程"的总头衔。自此,"名师工程"几乎成为各级中小学骨干教师、学科带头人、特级教师、学科专家等优秀教师选拔培养和教师队伍建设规划、计划、方案的代名词。从这个意义上来说,"名师工程"可以定义为:某一级政府、教育主管部门或某所中小学校以骨干教师、学科带头人、特级教师、学科专家等优秀教师的选拔、培养为重点,以中小学教师队伍整体素质提高为目标而制定的优质师资培养规划、计划或方案。

(3) 特征

① 地域性

无论是国家级的"名师工程"还是地方或学校的"名师工程"方案,都是针对一定地域范围特别是行政区域范围的全体中小学教师制定的,如某省、某市、某县乃至某校的"名师工程"。它在空间上覆盖一个范围或大或小的地域,其实施总会对该地域优秀教师的存在状态和全体教师的素质水平产生或正面或负面、或积极或消极的影响。而且,虽然都冠以"名师工程"这一近乎相同的名称,核心内容都涉及名师的选拔和培养,但具体到实施的细节内容,却大相径庭,不同地域之间存在极大的差异,甚至对"名师"、"名师工程"概念的理解和对象的指称,都难以找到共同之处,这也从一个侧面反映了"名师工程"从方案制定到具体实施的整个过程都存在极为显著的地域性特征。

② 规划性

"名师工程"的规划性是通过其时效性和内容的预期性体现出来的。从时效上看,"名师工程"是着眼于未来一段时期内优质师资队伍建设的远景规划,是对未来数年间优秀教师培养所作的长期规划,如五年规划、十年规划等;从内容上来看,以目标的形式预先设定好数年后优质师资所要达到的水平和状态,对实现该目标所要采取的办法和措施进行了具体描述,并对未来各类优质师资的数量、规格、要求做出了详细规定。可以说，"名师工程"是一幅预先设计的蓝图，描绘了一定区域内中小学教师队伍的前景；它也是一个行动指南，指导教育部门按照所计划的步骤实施，达到培养优质师资的最终目的。

③ 行政性

从"名师工程"制定的主体来看，政府、教育主管部门等行政机构或学校是规划和设计的主体。如国家层面，有教育部制定、国务院批转的《21 世纪教育行动振兴计划》，教育部制定的《中小学教师队伍建设"十五"计划》等，在省、市、县一级，有政府或教育主管部门制定的"名师工程"方案，校一级也有校行政班子制定的校内"名师工程"计划。从实施"名师工程"的主体来看，也主要是行政机构而非专业机构，如各类名师的评选、培训一般是由教育主管部门具体实施的。从"名师工程"的实施方式来看，也主要采用行政手段，大都与评优、晋级、职称、聘任等挂钩，甚至"名师"的称号与相应的行政级别配套，有国家级、省级、市级和县级名师之分。教师作为专业技术人员的专业水准不是通过专业标准而是通过行政等级来衡量，其中透露出的是名师培养问题上深重的行政痕迹。行政不仅以超强的力量渗透到"名师工程"的细微之处，而且越俎代庖，以"质量"和"水准"的名义直接为名师贴上行政等级的标签。

④ 资源性

作为一项涉及中小学师资队伍建设的系统工程，"名师工程"需要占用一定的社会资源，主要体现在名师的评选、培训、奖励、津贴等方面，一般是通过政府财政拨款或教育行政部门筹资来列支的。在"名师工程"的方案中，对资源使用的去向、对象、数量、方式一般都做了倾向性的计划和安排，如各类名师是资源消耗的主体，而其他普通教师被排除在这有限的资源之外，他们所能享受到的资源相对较少，甚至是倒支，如继续教育的培训费用一般是由教师个人承担的。

⑤ 制度性

"名师工程"的出台从根本意义上来说是为各级各类中小学名师的成长搭建了一个制度平台。名师的专业成长在"名师工程"出台之前基本上处于自然、自发的状态，而没有进入制度关注的视野，也没有被纳入师资培养的制度框架之中。历史上的名师大都散布在制度的阳光未曾惠及的"荒野"，凭个人的努力自然地成长，从个人角度来看，其品质虽难以望其项背，但从群体角度来看,其数量和规模的短缺却是不争的事实。时至今日,当社会发展到对优质教育资源的需求迈向大众化、平民化、普及化的阶段,如何在数量上和规模上满足全社会对名师的渴望,就成为各级政府——制度设计者必须关注和考虑的现实问题。可以说,"名师工程"在今天的横空出世正是社会对大众化的优质教育需求所做出的制度性应对,是对名师辈出的数量、规模、环境、机制等所做出的制度性安排。"名师工程"的目的就在于确立一套制度体系,使大批名师、优秀教师能够迅速成长起来,以满足社会对教育领域优秀人才的广泛需求。由此可见,"名师工程"的出台也标志着我国在师资队伍建设上的制度性转向,从建国以来"数量扩张型"的师资培养思路转向"质量提升型"的名师发展战略。

3. 名师的制度化特征

"名师工程"的出台不仅使中小学教师队伍建设的方向改弦易辙,而且使名师产生的方式和存在状态发生了根本性变化。因为有了"名师工程",名师的产生就不再是社会生活中的一个自然事件,也不再是一个仅涉及名师个人品质的问题,而变成了教师生活中的一个人为事件,变成一个由权力掌控的制度性安排。或者说,是不是名师不再单纯是名师个人努力的结果,什么时候有机会、多少人有机会、成为什么等级的名师、能享受到什么样的待遇……,这些不再是个人能够决定得了的,一切都必须由制度来安排,由制度来判定。

所以说,今天的"名师"已被定格在制度的背景之中,被附着了制度化的色彩。对今日名师的描写如果仅囿于对名师个体内在品质的发掘,那只能是管中窥豹,不能体现其现代特征,只有在"名师工程"的制度框架内,从名师群体的意义上来把握、分析和概括,才能使其所隐含的制度化特征昭然若揭。

(1) 名师产生的频度:有时间上的固定安排

"名师工程"一般都对名师评选的频次做了时间上固定的安排,如各省基本上每年有一次"特级教师"评审,"学科带头人"评选一般是三年一轮,"教坛新星"评选一般是一年或两年一次。

(2) 名师的总数:有数量上的描述

如国家层面的"跨世纪园丁工程"明确规定,1999 年、2000 年,全国要选拔培养 10 万名中小学及职业学校骨干教师,其中 1 万名由教育部组织重点培训,其他 9 万名由各省教育主管部门负责培训。各省、市、县以此为基础,分别制定了相应的方案,按照自身的需要进一步进行细化,不仅对三年、五年、十年内所要培养的名师总数做了明确的规定,而且对分阶段、分时期、分学年所要达到的目标都进行了具体的描述。

（3）名师的品质差异：有质量上的等级差别

名师因先天秉赋、性格特征、后天努力、个人学养上的不同,必然带来品质、风格上的差异。而制度化背景下的名师不再仅有品质、风格上的自然差异,而更多地被人为地赋予了等级色彩,尤其是与现行的行政等级一一对应的等级差别。"师"而有"名"且冠以行政封号,这是制度化名师的当代特征之一。

（4）名师产生的过程：评选条件和程序有制度规范

名师的制度特性与其说体现在时间安排、数量控制、等级差别上,不如说更本质地体现在对名师评选过程的制度性控制上。"名师工程"确立了一套涉及参评资格、条件和评选内容、方法、程序的操作规范。这是对名师进行甄别、鉴定、筛选的制度依据,也是权衡优劣的筛选机制。这种评选标准、方法、程序的规范性要求充分体现了"名师工程"的制度价值,也使名师的脱颖而出多了一份制度汰洗的残酷性。也正因为如此,其内容的科学性不仅直接影响到参评者个人的成败和荣辱、评选结果的公正与合理,而且对全体教师的专业发展也可能隐含着正确抑或错误的导向。

（5）名师评选的结果：有物质的和精神的回报

名师评选结果不仅是一个社会认可问题,也不仅是一个个人荣誉问题,随之而来的还有"名"至而"实"归的诸多回报。这种回报有可能是物质的,如奖金,也可能是精神的,如荣誉证书;有可能是直接的,也有可能是间接的,如受领导重视,有更多的提拔、晋升、培训机会等;有可能是显性的,也有可能是隐性的,如自尊心的满足、受尊重感等。相对于过去名师的甚少实惠而言,名师的制度性回报有可能引发导向上的偏失,产生逐"名"之利而忘"师"之责的弊端。

总而言之,"名师工程"的出台为名师的成长确立了一套较为完备的制度体系,从此以后,名师的产生就不再是一种自然现象,而变成一个制度性事件。在"名师工程"的制度下,名师被推向制度的前台,并一步步走向制度的中心。

三、“名师工程”的过程研究：名师是怎样产生的

H县自建国以来，教育界涌现了一批优秀教育工作者，[1]但自主评选名师的时间并不长。早期的评选基本上是按上级要求被动进行的，主要包括“教坛新星”评比和特级教师评审两类。“教坛新星”评比可以追溯到1997年，当时A省教委下发了《关于评选省“教坛新星”的通知》，要求各县、市在逐级选拔的基础上选送优秀选手参加省级“教坛新星”的角逐。为此，当时的县教委组织了第一届县级“教坛新星”评比，初选了10人参加所属市的比赛，其中2人在省级评比中胜出，成为H县历史上第一批省级“教坛新星”。这10位“教坛新星”可以说是H县教育史上的首例，也是H县首批名师。以后，此项活动作为一项常规活动每年举行一次，中学组和小幼组轮流，至2003年，共举办了7届，评选表彰了72位“教坛新星”，其中省级14位，市级11位，县级47位。有4位教师先后被评为特级教师，享受政府特殊津贴。特级教师的评审严格意义上说并不是由县教育局主持的，县教育局只是根据国家三部委联合颁布的《特级教师评选暂行条例》(1978年)、《特级教师评选规定》(1993年)的有关要求，对符合条件的申报人的资格进行审核并组织申报。

2002年，“名师工程”在全国范围展开，H县教育局也制定并出台了《H县中小学“名师工程”建设实施意见》(见附录二)，将“特级教师”、学科带头人、骨干教师和“教坛新星”这四类名师的选拔培养纳入“名师工程”的范畴，由此拉开了H县名师制度化的序幕。

考虑到H县“名师工程”实施过程中，除“教坛新星”以外的其他三类名师数量少、比例小、评选未常规化等原因，本研究对“名师工程”实施过程的考察，把数量较多、评选时间较长、评选活动基本正常化的“教坛新星”评比作为主要对象，其中尤以2003年11月举行的第七届“教坛新星”评比过程为实地观察对象，对评选的整个过程在查阅有关文本资料、对有关人员进行

1　据H县县志记载，截止到1992年，H县受到省级以上表彰的教师有：全国优秀班主任1人，全国德育先进个人1人，省优秀班主任2人，省优秀教师2人，省先进工作者5人，省“三八”红旗手2人，省优秀少先队辅导员1人等。

访谈和现场观察的基础上做尽可能客观的描述,并在此基础上对评选过程中的一些重要问题进行有针对性的分析。

1. 名师评选的过程考察

H县"教坛新星"的评选过程,按照时间顺序和活动的阶段,可以分为准备阶段、预选阶段、初评阶段、复评阶段、总结表彰五个环节。

(1) 准备阶段

① 议决

在H县教育局,"教坛新星"的评比已成为年度工作计划的一部分,是一项日常工作。虽然专门成立了由3位局长和主要科室负责人组成的"教坛新星"评审领导小组,但真正接触、了解、熟悉这项工作的局机关工作人员并不多。直接参与这项工作的人员主要有两类,一是教育局的领导层,主要是局长和分管教学、科研的副局长,二是职能科室的工作人员,主要是教研室的3位主任及6位教研员。教研室负责具体策划、组织、协调,其中教研室主任在整个过程中起着贯通上下、协调内外的关键作用,从事前谋划、草拟计划、下发通知、宣传动员到具体的组织实施,进行通盘考虑和协调安排。

评比事项的计划安排主要体现在每学年的局工作计划和教研室工作计划中,基本上按常规活动列入,属于例行公事。真正议决通常由评审领导小组召开专门的筹备会议研究决定。开会之前,教研室主任一般会把要讨论的主要问题和初步安排向局长和分管副局长汇报,三人达成共识。拿到筹备会上讨论的问题主要有:

a. 评选的时间安排

通常是在每学年的第二学期,大约在4、5月份。

b. 比赛进程安排

一般要求在校内赛、乡镇赛的基础上选定优秀选手,按名额报送县教育局,然后集中进行初赛,按比例淘汰部分选手后,再进行复赛,决出年度"教坛新星"。

c. "教坛新星"的名额

按惯例是每届10名,但第7届时由于特殊原因,公布获奖名单时是12位。后来的解释是最后两位由于确实表现出色,难以割舍,所以报请评审领导小组研究批准,增加了2个名额。

d. 参赛选手的资格和名额分配

一般要求参赛者具有三年以上教龄,年龄不超过35周岁;名额根据各乡镇教师总数,确定一定比例,通常是每个乡镇和直属学校各2~3名。

e. 确定比赛内容和形式

这是历年来争议最多、变化最大的方面。最初是单纯上课,基本上是通过一堂课的教学水平来评判选手的水平;后来增加了说课内容,针对同样的教学内容,先说课后上课;再以后又增加了编写教案和演讲两项内容。这些简称"四个一",即"写一份教案,说一节课,作一次教学经验演讲和上一堂公开课"。一开始,选手和评委均不分学科,后来改为先分学科评分,再由各组评委集中评议的方式,其中小幼组分语文、数学和综合三个学科组,中学组分文科、理科、艺体和综合四个学科组。比赛形式最初是一次性完成,集中比赛、集体评分,完全按分数高低决定名次,后来分为初评和复评两个阶段。初评集中进行,但分组,复评采取既分散又集中的方式,前三项内容集中,"上课"环节分散,最后由各评委和评审领导小组集体评议,确定获奖名单。

f. 确定评委名单

评委不固定,每年都有变化,但一般由两类人员组成。一类是相关学科具有高级职称、教学水平较高的教师,另一类是教研室各学科专职教研员。为客观公正起见,也曾请过外地教师担任评委,但因赛程长、费用高而不得不放弃。

对于以上需要讨论研究的内容,一般由教研室主任事先拿出一个初步的方案,会上逐项讨论,最后决定。一般来说,会议不会全盘否定草案,也不会完全接受,总是要根据实际情况和需要进行一定的修订、补充和完善。有时,开会之前很多事项已基本确定,局长只是按照事先的方案向各有关职能部门和人员通个气,若无异议即照章执行。

② 布置

筹备会议已议决的有关事项,一般会通过书面通知和专门会议这两种方式进行布置。

a. 书面通知

会议结束后,教研室就会议做出的决定进行整理,然后起草正式的通知文稿,在报请局长批准后,即以教育局的名义下发到各直属学校和乡镇教育办公室,由他们做赛前的准备工作。

b. 专门会议

在书面通知下发后,一般还会由教研室出面组织一次由各乡镇教办主任和直属学校校长参加的专门会议,其目的有四:一是体现教育局对"教坛新星"评选工作的重视;二是对评选的有关工作进行面对面的布置;三是就评选中可能存在的问题听取各参赛单位的意见,以便在赛前做出适当调整和合理安排;四是对本次评比工作做赛前宣传和动员。会议议程一般是:首先,局领导讲话,就该项工作的重大意义、往届评选结果、已经取得的成绩、尚存在的问题、本次评选的有关要求等进行具体阐述。然后,主要由教研室主任对本次评选的有关安排做详细解释和具体布置。接着,请各参赛单位领导就安排未尽事宜提出意见,其间包括主持方对与会者的一些疑问做出解释。最后,由局领导进行会议总结,并对此次比赛提几点要求或希望。可以说,相对于书面通知的理性、规范和冷静,会议的形式在看似严肃的气氛之中体现出更多的感性色彩、情绪化特征和人情味。也正是在这种气氛中,主办者与参赛单位之间、参赛单位彼此之间可能存在的隔阂、龃龉和矛盾得以缓解,从而在紧张的、充满荣誉角逐、利益较量的比赛开始之前完成认识上的一次短暂磨合。

会议的气氛也在某种程度上强化了参赛单位与参赛选手之间的某种利益联结。在各单位领导出席的会议现场,一个参赛选手的成败已经不再仅仅关乎其个人的荣辱,而与选送单位的集体荣誉息息相关,与单位领导者的工作成效发生关联。在与会各单位领导的盘算之中,参赛者的身份悄然改变。

(2) 预选阶段

预选是分散进行的,由各乡镇教办和各直属学校自主完成。预选的结果是产生代表本单位参加县级"教坛新星"评比的选手。按照县教育局的通知要求,预选必须在公开评比的基础上进行,但对于如何公开评比,并没有详细说明和明确规定。所以,各单位的预选方式存在差异,概括起来主要有三种。

① 公开评比式

部分单位严格按照通知要求,采用公开评比的方式产生选手,其评比过程与县级评比的内容、形式完全一致,即要完成"写一份教案,说一节课,作一次教学经验演讲和上一堂公开课"这四项内容,要经历初评和复评两个阶段,这被形象地称为"预赛"或"热身赛",对评选出的选手,给予乡或镇"教坛新星"称号。其目的,一是保证预选出来的选手具有真正的实力,能够代表本单位的最高水平,从而在县级评比中取得好成绩;二是让参赛选手预先经历一次比赛的过程,熟悉比赛的各项内容、形式和要求,体验比赛激烈竞争的氛围,积累大赛经验,做到有备而战;三是扩大"教坛新星"评比的参与面,让更多的年轻教师有机会通过比赛来检验自己、锻炼自己、展示自己、激励自己。这种方式一般时间较长,涉及面较广,结果比较公正,选手也较有实力,参加县级评比成功的概率和获奖的比例也较大。

② 参照式

部分乡镇教办和直属学校并不围绕预选活动开展专门评比,而是参照本单位以前举办的相关教学评比或课堂教学比赛的结果,从获奖的青年教师中按名次先后排定选手,代表本单位参加县级比赛。这样的方式与日常的教师培养工作相互贯通,评选过程省时省事,结果也具有一定的客观依据,选手的实力也较强。但选手可能会因不熟悉比赛内容和形式、比赛经验不足而影响参加县级比赛的成绩。

③ 集体议决式

部分乡镇教办和直属学校采用会议的方式,通过组织有经验的教师对本单位综合素质优、教学水平高、能力强的青年教师进行集体评议,然后权衡优劣、利弊而做出决定。这种方式工作量小、涉及面小,是凭印象、经验来挑选选手,往往主观性强,缺乏客观依据,受到较多怀疑和指责。

需要说明的是,各单位多年来并不是只固定采用上述某一种预选方式,大多在不断尝试、不断摸索、不断变换,主观上都希望找到一种比较有效的方式,但实际效果与所采用的方式从总体上来看并不具有必然的联系。采用第一种方式选出的选手在县级评比中被淘汰的也很多,采用第三种方式最后胜出的例子也不少。为此,一些教办主任和校长直言,预选就像一次赌博,谁也不敢轻言胜算,偶然和运气的成分较多。这是不是从一个侧面反映出教师评价中可能潜藏的某些问题呢?

但可以肯定的是,预选时更偏重选手的综合素质和课堂教学方面所具备的优势,如标准流利的普通话、工整漂亮的板书、富有激情而从容有度的教态、精心设计的教学过程、灵活新颖的教学方法、课堂气氛的有效调节,等等。也就是说,预选着重教师的个人素质和教学能力,因为只有在综合素质和教学能力方面具有优势的选手,在后续比赛中才有胜出的可能,而与评比内容关系不大的日常表现、工作态度、责任心等,则往往被有意无意地忽略。在关系到集体荣誉和领导工作成效的特定时刻,个体某方面的欠缺和不足也就无足轻重,可以忽略不计了。

（3）初评阶段

初评由县教研室主持和组织,对各乡镇教办和直属学校上报的选手进行集中评比。一般每年参加初评的选手总数都在 50 人以上。评比内容是"三个一",即就一个规定的教材内容"写一份教案",就一项随机抽取的内容"说一节课",并"作一次教学经验演讲"。比赛分三轮进行,每一轮比赛一项内容。教案编写集中进行,时间为 1 小时,说课和演讲按抽签顺序进行,时间分别为 15 分钟。由于人数多,往往采用分组的形式。小幼评比年一般分语文、数学和综合三个小组,中学评比年一般分文科、理科、艺体、综合四个小组。各小组的比赛独立进行,评委由 5～7 位成员组成,逐项打分,当场亮分。最后根据三项成绩的累加分进行排名,决出小组胜出者。各小组胜出人数也是预先根据参赛者总数确定一定比例的,往往并不平均,如小幼组的语文、数学小组一般人数较多,综合组人数较少;中学组的文科、理科小组人数较多,而其他两组人数较少。可以说,初评是对参赛选手基本素质的综合考察,也是选手间的第一轮较量。比赛一般在一天内完成。比赛结果是大部分选手将被淘汰,最后只有 20 位选手胜出,取得参加下一轮复评的资格。

初评过程中颇受关注也往往成为争议焦点的是评委们的表现。因为是当场打分,公开亮分,所以评委的压力很大。在教案、说课、演讲这三个项目上,虽然有一份"综合考评表"对各项活动进行了初步细化和程度、等级的量化,但并没有给出一个客观的评分标准和依据,评委只能根据自己的经验、理解做出评价。在这个环节,评委的主观性、情感因素、个人倾向等对评选结果的影响是不言而喻的。通常,评委与参赛单位、参赛者存在千丝万缕的联系,这种影响总是成为比赛失利者怀疑、诟责的对象,往往引起各方的口舌之争。

初评中另一个至关重要的环节是参赛者的临场发挥和现场表现,一点过度的紧张、一丝细小的纰漏、一次偶然的失误就可能令选手功亏一篑。不仅如此,要想在众多选手中崭露头角、脱颖而出,选手们就必须在比赛现场有出色的表现,使自身的素质、实力得以顺利发挥和尽情展现。紧张激烈的比赛现场感不是每一个平日被视为优秀的教师所能适应的,比赛结果对选手表现力和偶然性的过分依赖也使比赛的倾向性不言自明。

（4）复评阶段

复评是针对初评选拔出的 20 名选手进行的,主要考察教师的课堂教学水平。复评方式是参赛选手根据说课的内容上一堂公开课,评委依据选手在课堂教学中的表现和取得的效果做出评判。复评将淘汰10位选手,有10位胜出的选手将获得"教坛新星"称号。复评是气氛最为紧张、竞争最为激烈的比赛环节。

关于复评的方式,曾引起广泛关注。关注的问题有两方面,一是分组还是不分组,二是集中上课还是分散到各校上课。坚持分组评比者认为,20位选手如果每人上一节课就是20节课,至少需要三天才能完成,时间拉得太长,而采用分组的方式,每组4~8个选手连着开课,只需一天基本就能够完成;另外,参赛教师所教授的学科各不相同,各学科在内容、形式、方法、要求等方面差异很大,将这些具有不同特点的学科放在一起评比,似乎不甚科学合理。坚持不分组者认为,如果分组,则各小组的评委组成和评判标准都各不相同,如果不是采用分配名额的方式来确定各小组胜出者,就很难用一个统一的标准来做出评判;而不分组,则由同一组评委用同一个标准来衡量20位选手,所得出的评判结果比较客观公正。坚持集中上课者认为,将20位选手集中在一起,选定一所学校的相应班级上公开课,这样的方式比赛气氛比较热烈,选手之间也有一个相互交流、相互学习的机会,而且比赛是在所有参赛者的注视下进行的,这会使比赛的公正性得到一定程度的保证,所花的时间和费用也相对较少。而坚持分散到各校上课者则认为,集中在一起上课,教师对授课班级的学生一无所知,完全是在一个陌生的、人为的、非常态的环境进行教学,这会使教学变成纯粹的"表演"和"作秀",既违背教学规律,也不利于教师水平的发挥,评判结果必然与教师的实际水平存在偏差。在不同意见的较量中,每年评比所采用的方式常常在各种意见之间不断游移。虽然组织者每年都在总结往届的经验教训,力图找到一个更加合理更容易接受的方案,但实际上,每年评比结束后,不管采用何种方式,都会产生异议,受到这样那样或有意或无意的批评和指责。据教研室主任说,这样的争执、怀疑、批评和指责已经成为他们每年工作结束后必须承受的压力。

复评中另一个备受关注的问题是评课标准。为了保证评委们在评课时有一个统一的打分依据,教研室专门编制了《"教坛新星"评选课堂教学公开课评估量化表》,对课堂教学的主要方面进行了细化,将教学目标、教材处理、教学方法、教学基本素养、教学直观效果、教学时间安排六大方面作为一级指标,再进一步将这六大项具体分解成16个二级项目,并另外设置了"创新、特色"的加分项和"教学失误、教学节奏欠佳"的扣分项,并为每个二级项目确定了不同的分值和四个等级的权重。严格地说，这只是一份打分依据，不是科学意义上的评课标准。在编制这份评估量化表的过程中，虽然编制者吸收和借鉴了国内同类量表的许多内容，具有较大的适应性，但在评比过程中仍受到参赛者的诸多质疑，主要意见有：① 该量表所体现的教学理念陈旧，仍是以学科知识为中心的传统教学观，基础教育新课程改革所倡导的许多现代教育理念没有得到体现。如仍以"双基"为目标，未体现新课程所要求的"三维"目标等。② 各项目分值设计的合理性值得商榷。如教材处理的分值为35分，显得过高，而教学方法为25分，则过低。③ 一些重要项目未列出，如作为现代教师的一项重要能力，"整堂课的教学设计"被忽略，对学生的"学法指导"没有体现等。④ 量表的适用性有限。该表较适用于知识学科的教学评价，不太适宜艺体类、综合类课程。⑤ 项目过细，教师因担心缺项而导致放不开手脚，创新和特色也就难以体现。⑥ 只有项目而无标准，最终的评判只能是建立在评委的主观经验和个人偏好之上。曾有参赛者说，这份量表"只是具有一个客观的形式，却潜藏着一个主观的灵魂"。这些意见不无道理，连许多评委都坦言，要制订一个科学合理而又适用于所有学科的评课标准相当困难，即使有，真正在比赛现场时也不太可能完全依据量表逐项打分，所做出的评价往往就是凭一时的感觉和总体印象。"是不是一个优秀教师，一上讲台，几句话，几个动作，几分钟就能感觉出来。"研究者从评委们事后的闲谈和议论中发现，这已成为众评委的共识。

无论是对上课形式的关注，对评课量表的质疑，对评课标准的诉求，还是评委们对自己主观能力的自信，其中都折射出这样一些问题：一堂公开课究竟能在多大程度上反映一位教师的真实水平？评委的评判究竟在多大程度上能准确反映教师间的差异？教师评价和名师评审究竟需不需要专业标准？需要什么样的专业标准……

（5）总结表彰

紧张激烈的复评结束之后，比赛结果并不会马上公布，一般是在汇总众评委的打分和评课材料之后，根据总分初步排出名次，然后召开评委会，对每个选手的情况进行综合评价，对各位选手的优劣进行比较、鉴别、权衡，在此基础上重新确定一个排名顺序。通常这个顺序与第一次的排名会有所不同，但出入不大，只是作局部微调，一般只涉及少数有争议的选手。在局部微调的过程中，教研室主任和少数有影响力的评委的意见起关键作用。评委会的排名一旦确定，基本上算是最终结果，因为虽然还要报请评审领导小组研究、批准,但评审领导小组基本上会尊重评委会的集体决定。评选结果会以"光荣榜"的形式在局机关宣传栏张贴公布,一般只公布胜出者名单,不公布每位选手的具体分数和总排名。接着,教研室还要专门以教育局的名义发文到各乡镇教办和直属学校,通报本届"教坛新星"的评审结果。至此,评审工作基本上尘埃落定,在一片赞誉间杂着批评的议论声中拉上帷幕。不管怎样,对教育局来说,在年度工作总结中,"名师工程"硕果累累,成绩显著,涌现了 10 位"教坛新星",诞生了 10 位名师新秀,这些都有目共睹。

如果说评比过程中的气氛自始至终都是紧张激烈的话,那么,在接下来的命名、表彰阶段,"教坛新星"们所感受到的是一种"尊师重教"的热烈氛围。教育局在评审结束后,会在一个适当的时间,通常是五四青年节或教师节,召开表彰大会,对本年度教育战线的优秀人物、先进人物、杰出人物进行表彰和奖励,"教坛新星"也位居其列。表彰会的气氛欢快热烈,县政府主要领导会亲临会场以示重视,在公布名单、发表祝词后,给佩戴红花的"教坛新星"颁发荣誉证书和纪念品(或者称奖品,通常是学习用品或生活用品)。"教坛新星"一般没有奖金,以后在工资收入上也不会有什么体现,所以,很多被评上的教师认为,"教坛新星"纯粹是一种荣誉、一种象征,表示社会对自己的尊重,也说明自己的价值得到了认可。

2. 分析与诊断

(1) 数量问题

一个地方名师数量的多少本应该是一个由教师个体努力程度和教师个人素质水平决定的问题,也就是说,有多少教师通过努力使自身的水平达到了名师的水准,才会有多少名师出现。考虑到教师总量的庞大和个体成长的复杂性,这应该是一个谁也无法预先予以确定的数字。但是,在 H 县"教坛新星"评审的通知中,事先明确或者说规定了"10"这个确定无疑的数量,这就使名师的数量问题发生了质的迁移。名师数量的多少不再是教师们努力的自然结果,也不再是教师自身力量所能把握的,而被另一种力量所掌控,这种力量就是拟定并印发这份通知、规定这个数量的教研室及其所代表的教育局。毫无疑问,这是一种来自行政的力量。它表明,名师问题不再是教师自身的问题,而成为一个行政问题,名师数量的多少不再是教师们努力的自然结果,而是行政力量所需要、期望或规定的数字。在名师评审的过程中,行政的声音贯穿始终。

行政权力对教师专业生活的影响是通过"名额"的层层控制来实现的。在从校内预选、乡镇预选到初评再到复评的整个过程中，每一个环节都能看到"名额"的身影。给多少名额就意味着多少人有了机会，名额的分配掌握在决策者、组织者手中，往往与某种心理或利益的平衡相关，而忽视了真正的实力和水平。

名额的魔力在于，它预先确知、确定了名师的数量，评委的责任就是去寻找和发现。名额变成了评审开始之前的行政"谶言"，评审的最终结果就是"谶言"的实现。惟一不能确知的是谁将占有这个名额。于是，名师的评审就变成了在"名额"这个行政划定的圈子内选手之间的一场较量和角逐，谁被挤出这个圈子，谁就是失败者，谁进入这个圈子，谁就是名师。"名额"这双行政之手信手一挥的数字符号，变成了渴望成为名师者挥之不去的"符咒"。

名额的影响还表现在，它把本应开放的专业评审变成了一个全封闭的行政操作。有多少人可以参加，有多少人可以胜出，因为有了行政的硬性规定而变成一个开始毫无悬念、结果人尽皆知的游戏。因为名额的少而稀缺，实际上在数量庞大的教师队伍面前只呈现一条极为狭窄的通道，绝大多数教师从一开始就遭遇拒绝；而相对于H县近5000人的师资队伍来说，"10"这样一个数字无疑会制造心理上的无限疏远感。他们不仅在客观上遭遇排斥，而且在主观上感觉渺茫，名师评审也因此成为他们身外的故事、身边的神话，看上去很热闹，但从未想过自己会是主角。

（2）质量问题

名师评审似乎将着眼点落在对名师数量的追求上，而相对忽视了质量的提高。"名师工程"的方案对规划期内所要培养的名师总量和所占比例做了明确规定，并再分解成每年要完成的具体任务。由于预先有了这些具体数量的明确规定，后续的所有活动只是把这些数字变成现实。在行政安排的评审流程中，这些以数字方式下达的任务必须完成，也肯定会完成。只要每年按规定数字诞生一批名师，就说明任务已经完成，而对质量的关注力度远不如数量。

对名师质量的轻视表现在，对选手而言，只有参赛条件和资格的底线，而无专业标准的高层次要求；对评委而言，只有评判时的项目框架而无具体的标准尺度。"专业标准，从某种意义上来说就是质量的法。"[1]在任何

1　胡定荣：《教师专业标准的反思》，载《高等师范教育研究》，2003年第1期。

行业,只有确立和执行专业标准,才能起到评判、维护、保障和提升质量的作用。不按照专业标准生产出来的产品肯定是粗糙的,不经过专业标准检验的产品,其质量也肯定参差不齐。在 H 县"教坛新星"评审过程中,正是因为没有专业标准的评判尺度,才给了评委们凭借主观经验、感觉印象和个人偏好的余地。专业标准的缺失恐怕是名师评审工作中最大的硬伤,也是一道难以逾越的坎儿。在这个问题上,美国"全国教师专业标准委员会"在制定《教师专业化标准大纲》上所秉持的坚定信念和付出的努力,给予我们更多的启示。[1]

专业标准的缺失不仅影响了评审的客观公正性和名师队伍的质量水准,而且在更大范围内使整个教师队伍迷失了专业成长的方向。教师的专业成长应该是在专业标准引导下的自我成长。教师以名师的专业标准为目标,在专业标准的引领下,通过努力不断使自己接近标准并超越标准,完成从普通教师到名师的提升。从这个意义上说,教师的专业成长应该是教师个体对专业标准的追逐与赶超。但实际上,在名师评审过程中,由于名额的预先确定,专业标准的缺失,选手们角逐和较量的对象发生了转移,由对专业标准的追逐变成了一场选手之间的较量。评审已不再是"评审",而变成了"比赛"。名师之路也不再是一条训练成长的跑道,而变成了一个挤满对手的竞技场。在这个没有标准制衡、没有规则约束的竞技场上,选手们只能各尽所能,各显神通,目的只有一个:打败对手,淘汰对方。但无论是胜出者还是失利者,在教师专业成长的漫漫路途中,他们谁也不知道自己置身何处,也不清楚将走向何方。

(3) 失真问题

名师评审能否真正反映参赛选手的真实水平,这是人们普遍关注的一个问题。就 H 县名师评审的过程和结果来看,真实性问题每年都会成为赛后议论的话题,也成为比赛失利者指责和攻讦的焦点。如果静下心来对名师评审的整个过程进行深入反思的话,其对参赛教师教学生涯真实过程的忽略、对比赛现场表现力的过分倚重、对评委意见的过分依赖、对水平而不是态度或责任心的过分看重,增加了评审过程中的偶然性和表演性,从而使结果有可能潜藏着失真的危险。

在名师评审过程中,我们不难发现,对名师优劣的评价是基于参赛教师

---

1   National Board for Professional Teaching Standard (2001). Questions and Answers for Teachers about National Board.

在比赛现场的表现,而与他们平时的教育教学状态无关。在竞技场上,教师的过去被悬置起来,其多年来为学生所投入的时间、精力、心血和代价也被搁置一旁,甚至曾经有过的成绩和荣誉也被有意忽略。一切都发生在此时,一切就决定于此刻。大家都站在同一条起跑线上,似乎没有比这种方式更公平的竞争了。竞技体育那种在公平名义下特有的紧张、激烈和残酷在名师评审过程中也得以完整地体现。但问题是,名师评审与体育竞技是一回事吗? 起点的公平比结果的真实更重要吗? 显然,这种割裂过去的评审方式在保证评审结果的真实性上值得怀疑。因为,名师的成长需要日复一日、日积月累的磨练与努力,也就是说,评审结果的真实性从根本上来说是由教师本人过去的真正努力、平常的真正付出和自身的真正水平决定的,单纯依靠比赛现场的偶然表现来做判断,难免失真,且并不公平。

在名师评审过程中,对过去的忽略是通过对现场表现的放大来弥补的。我们十分清晰地看到,决定名师们在层层角逐的过程中能否胜出的关键不在于其过去的表现、工作实绩、师生的评价、社会的口碑等这些更贴近真实的因素,而仅仅在于比赛时的现场发挥和表现力。现场表现的权重被加码到了决定一切的程度,比赛情境中评委和选手双方的现场感成为决定胜负的惟一因素。不可否认,名师们的现场表现与个人素质、平时积累之间有某种程度的相关,一名综合素质出色的教师在比赛时会有上乘表现的可能性要比一般教师大,这一点也无可置疑。但问题是,比赛的时间毕竟是短暂和有限的,充其量不过一个多小时,也就是说,一位教师几年甚至十几年的辛劳与付出可能就只悬于这短暂的几十分钟,其全部的才华和能力也只能在规定的时间里才能得以展现。无怪乎有人质疑,这种对现场表现的过分倚重最终把评审变成了比赛,把"表现"推向了"表演"的境地。与其说选手们是在表现自己,不如说他们是使出浑身解数在评委面前"表演";与其说选手们在展示自己的教学实力,不如说他们在想方设法发挥自己的表演才能。问题不在于这种"表演"本身,因为它背后总有某种实力的支撑,能在一定程度上体现选手的水平和能力,问题在于这种"表演"与日常生活的疏远,与教学常态的背离,或者说,这种"表演"使参赛教师的言行处于"失真"和"失常"状态,其结果的真实性自然也就难以保证了。

(4) 公正问题

是不是名师,本来只是个人的事;参不参加评比也是个人的事;在评比中是成功还是失败,同样是个人的事。但是,在制度的樊笼中,不经意间,名师的个人身份发生了变换。在 H 县“教坛新星”评比过程中，我们可以清楚地看到，参评选手并不是以个人身份参与评审，而是在选拔的基础上，以某校、某乡、某镇代表的身份参加评比。在行政等级的层级机制和评审制度的精心安排之下，每一位参评者都与相应等级的学校、机构或单位建立了联系。他不再是个人荣誉的诉求者，而成为集体荣誉的代言人，其成败也不再仅仅关乎个人的荣辱，而或多或少与所在单位，尤其是与领导者的工作成效联系起来。

当参评不再是一件纯粹的个人的事，而被绑定在一个单位上，并与政绩、利益掺杂在一起时，一个本来简单的个人荣誉问题就会牵动更多的人行动起来，不仅选手们在评审的前台不遗余力地展现，而且在评审过程之外，许多利害攸关者也会利用各种方式适时援手。这种单位的干扰比起个体的制度外努力，对评审公正性的影响更大，并呈加剧和蔓延之势。干扰问题已成为人们质疑名师的由头之一。如何在制度设计上堵住干扰的源头，遏制干扰的蔓延，成为“名师工程”设计者不得不面对的问题。

（5）属性问题

“名师”是一种荣誉称号，作为一种荣誉，“名师”是行政认可的结果，是一种行政荣誉，而非专业资格。在国人的职业生活中，因为行政的一厢情愿，我们见识了太多名目繁多的荣誉，荣誉的泛滥已成为单位体制下组织生活的一道景观，其授予的主观或客观的相对随意性更使其价值大打折扣。如果从荣誉性的名师评审是出于提高教师专业化水平的目的这个角度来考察，其价值和意义就更让人怀疑。行政主导的、封闭的、非专业标准的、荣誉性的名师评审模式很难保证名师的整体质量和水准，更难以与建立在教师专业标准之上的、开放的、资质性的专业资格认定体系相匹敌。只有脱离行政之手，走专业资格认定之路，名师评审才能将教师队伍引向专业化发展的正途。淡化荣誉评审，强化资格认定势在必行。

四、“名师工程”的结果研究：名师是怎样的群体

H 县实施“名师工程”的目的是希望通过选拔、培养一定数量的名师来

带动和提升全县中小学教师队伍的整体水平,而其直接结果是诞生了一批中小学名师。因此,这批名师的群体素质、特征对于"名师工程"的实施效果来说至关重要。

按照 H 县"名师工程"实施方案的规定,名师群体包括特级教师、学科带头人、骨干教师和"教坛新星"四类。截止到 2003 年,H 县已连续七年开展县级"教坛新星"评审,共评选出 72 位省、市、县级"教坛新星",其中省级 14 位、市级 11 位、县级 47 位,加上在职在岗的特级教师 1 位,全县教育系统共有本研究意义上的"名师"73 位。[1] 他们基本上构成了本研究的对象群。但由于分散在全县城镇和乡村的数十所中学、小学和幼儿园,研究者很难做到与每一位名师进行面对面的沟通和交流。为了了解每一位名师的真实情况,也为了对全县名师的群体特征有整体上的把握,研究者根据名师的个人情况及评审、培养、管理、使用等状况编制了一份由 45 个问题组成的《"名师的制度化及其影响"调查问卷》(见附录一),对全县名师进行了一次较为全面的问卷调查。调查采用不记名方式进行,前后共发放问卷 73 份,收回有效问卷 58 份。[2] 通过对 58 份调查问卷的统计分析,结合部分面谈和电话访谈,研究者对 H 县名师的基本情况和群体特征有了初步了解。

1. 基本情况

(1) 年龄结构

从表 4.1 可以看出,H 县名师以中青年为主,名师队伍的主体是 30～40 岁这一年龄段,占全县名师总数的 55% ,30 岁以下的名师也占到 32% ,成为名师群体中最具潜力的新生力量。也就是说,40 岁以下的名师占名师群体的 87% ,可见,H 县名师在年龄结构上具有极为明显的年轻化特征。

表 4.1　H 县名师年龄结构一览表

年龄分布	30 岁以下	30～40 岁	40 岁以上
名师数量	19 人	32 人	7 人
所占比例	32%	55%	13%

1　乡镇级"教坛新星"的评选作为县级评审的初选形式也在举行,总数超过 500 人,且各乡镇评审名师的方法、程序不统一,典型性不强,故未列入本研究的考察范围。虽然 H 县"名师工程"方案中对学科带头人和骨干教师这两种类型也提出了具体的评选要求,但由于时间、认识、经费等原因,尚未在全市范围内启动评选。

2　按照 H 县历届"教坛新星"评审的获奖名单,共发出问卷 73 份,在回收过程中发现,有 12 份问卷涉及到的教师已调出或流出该县教育系统,另有 3 份问卷因故未能收回。

这一特征和名师的构成与"教坛新星"这一名师类型有关。按照 H 县"名师工程"方案的设计，特级教师、骨干教师、学科带头人和"教坛新星"四者在比例上呈"正金字塔"分布，"教坛新星"是名师之塔的第一级，属起步阶段，是名师的苗子；学科带头人和骨干教师是中间环节，也是名师群体的中坚力量；特级教师则是塔尖，是名师追求的最高目标。但在 H 县名师的类型结构中，由于学科带头人的评审尚未启动，特级教师数量又极少，致使"教坛新星"在名师队伍中占绝对数量，成为优势主体。加之"教坛新星"的评审对参评教师有 35 岁以下和 3 年以上教龄的规定，这就必然导致 H 县名师在年龄结构上的年轻化趋向。

名师群体的年轻化特点与 H 县教师队伍的年龄结构特点基本一致。据 H 教育局教研室主任介绍，现在各中小学的教学骨干以 45 岁以下的中青年教师为主，年龄结构上基本呈现"两头小中间大"的橄榄形态，45 岁以上和 30 岁以下的教师在全县教师队伍中所占的比例明显偏小，导致这种状况的原因有历史和现实两个方面。45 岁以上教师比例极小有其历史原因，与政治因素有关。"文革"以前上岗的老教师基本上都已退休，"十年动乱"造成的教育荒废导致十几年的人才断层，反映在教师年龄结构上就出现了目前比例极低的状况。虽然其间也录用了为数不少的民办教师作为补充，但由于种种原因，最后"转正"的人数有限，而且"民转公"教师的整体素质也不尽如人意，他们在目前各中小学教学中逐步处于边缘化位置。导致 30 岁以下特别是近 5 年上岗的新教师比例偏小的原因则是现行的教师录用制度，可以说主要是受经济因素的制约。由于县、乡两级的财政紧张，虽然全县的教师缺额依然很大，但每年所能录用的新教师越来越少，而且这些新上岗的年轻教师由于经验不足，难以被委以重任。这就导致目前 30～45 岁这一年龄段教师成为全县教师的主体这一现状。

他进一步分析道，当前中小学以中青年教师为教学骨干的状况从理论上来说是符合教师成长规律的，从全国范围来看也符合教师队伍整体发展的特点。但他指出了在多年的名师评选中潜藏着的几个不易觉察的问题。一是 40 岁以上名师仅占 13% 的比例堪忧。按照利伯曼（M. Lieberman）关于教师专业成长的研究结果，一个教师专业发展的成熟期应该是入职 15 年以后，也就是说，35～50 岁这个年龄段应是教师专业发展的顶峰时期。[1] 但

1　叶澜主编：《教师角色与教师发展新探》，教育科学出版社 2001 年版，第 89 页。

H 县名师队伍的年龄结构并没有体现这一研究结论。这一群体比例的不足和"顶端缺失"意味着我们所拥有的真正成熟的高素质名师的数量极为有限，也意味着针对后起之秀的培养，我们缺少可以依赖的力量。二是名师年轻化的结果导致"幼稚化"的倾向，会出现名师后继乏人的窘状。随着"教坛新星"评比的持续进行，这一现象已越来越明显。第七届新星与第一届相比，在年龄上明显年轻多了，但评委们的共同感受是整体素质不如往届，尤其是不如前三四届，那时的名师年龄基本上集中在 30～35 岁，而现在基本上集中在 25～30 岁，甚至 25 岁以下也不乏其人。他们中的一些人上岗才三四年，在教学和专业发展方面基本上还处于适应、熟悉和摸索阶段，但在评比中却能够胜出，这一方面说明名师评选的机制可能存在问题，更重要的是整体质量的下滑，由于名额是固定的，所以确实有"矮子里面选将军"之感。三是年龄结构上的"倒 T"形而不是"正 T"形的结构，不仅表明名帅在年龄结构上出现"低端集中"的不合理现象，而且也暗含着名师整体质量不高的危机。从理论上说，理想的年龄结构应该呈"正 T"形，这样可以保证名师在不同年龄层的比例协调、结构合理，后续发展有力，从而使名师队伍建设处于良性运行状态。遗憾的是，这样的结构在 H 县还没有出现，这恐怕是今后名师培养工作需要努力的方向。

（2）学历结构

从表 4.2 可以看出，H 县名师群体在学历结构上的起点并不高。他们的初始学历较低，以中师和专科学历为主，中师学历占 64%，专科学历占 31%，两者合计占 95%，而本科学历只有 3 人，仅占 5%。但他们在入职后都普遍经历了一个学历提高过程，通过脱产进修、参加自学考试或电大、函授等形式积极寻求学历层次的提升。目前在学历结构上基本完成了重心的上移和比例的逆转，从入职初以中师为主提高到现在以本科为主，本科学历比例达 48%，专科占到 47%，而中师学历则降到 5%。

表 4.2 H 县名师初始学历、目前学历对比一览表

学历类型	中 师	专 科	本 科
初始学历	37 人	18 人	3 人
所占比例	64%	31%	5%
目前学历	3 人	27 人	28 人
所占比例	5%	47%	48%

再具体从小学和中学来看,H县小学(含幼儿园)教师队伍中,名师的学历层次已基本提高到专科程度,专科学历的比例达71%,比全国小学教师专科学历(40.5%)的比例高出三十多个百分点,甚至有6人达到本科学历,在小学名师群体中也占到19%,而中师学历基本上退出了舞台,仅有3位名师的学历未更新。这表明,H县名师群体基本上提前实现了该省要求小学教师在2010年左右实现专科化的总目标。中学组(含初中和高中)名师的学历也提高到以本科为主,27位中学名师中已有22位达到本科学历,比例高达81%,也比全国75.8%的平均水平高出五个百分点。由此可见,H县名师群体在学历层次上不仅高于本县教师的平均水平,而且远远高于全国的比例,这从一个侧面反映了教师素质、能力、水平和专业化程度的提高与学历提升之间呈正相关,或者说,学历的提升有助于教师整体素质的提高,是教师专业水平提高的一个必要条件,也是一位普通教师最终能成长为名师的必要保证。

表4.3 H县小学组、中学组名师学历一览表

组　　别	小学组(含幼儿园)			中　学　组		
学历类型	中师	专科	本科	中师	专科	本科
名师数量	3人	22人	6人	0	5人	22人
所占比例	10%	71%	19%	0%	19%	81%

另外,通过访谈发现,这些名师的学历表现出与普通教师迥然不同的特点。首先,他们大多在入职之初就具有提高学历的强烈愿望,甚至有人从从教的第一天起就把提高学历作为自己的一个目标。有的名师说,刚开始工作的几年,自己就和学生一样,整天除了教学就是读书、学习、考试,甚至比学生时代更辛苦,因为还要承担大量繁重的教学工作,但不知什么原因,自己就像着了魔似的,一门心思就想着拿一张大专或本科文凭。也有人感言,要是把那种学习劲头放在高中,早就考上名牌大学了。由此可见他们提高学历的强烈意识和投入程度。其次,他们提高学历的目的不仅仅是出于对文凭本身的追求,更多的是出于喜欢学习,把学习作为一种兴趣和一件乐事。访谈中,很多名师坦言,作为一名教师所需要的知识可以说都是入职以后获得的,从拿起书本教学生的第一天起,教师的学习也就随着开始了,而名师与一般教师的不同之处就在于他们对这种边实践边学习的特定学习方式更感兴趣,因此学习也更加持久。文凭对他们来说不是目的,更多的只是一种象征性的符号,表明他们的学习取得了阶段性成果。他们提高学历的

更深层的原因是对学习本身的追求,这是支持他们持续学习的终极动力,也是他们能够超越普通教师而成长为名师的根本所在。第三,他们不是把提高学历的过程看作"混"一张文凭,而视之为丰富知识、提高自我的历程。被访谈者说,迫于被动的因素而"混"文凭的现象司空见惯,而且现在一些学历提高教育的管理松散也为此提供了空间,所以,被动应付、敷衍了事而又能轻松过关的现象在非正规学历教育中已是屡见不鲜。但正如上面所描述的,名师们对学历提高有清醒、正确的认识,因此在学习中表现出极为认真和端正的态度、主动自觉的精神、顽强坚定的毅力,真正把学历提高的过程看成自我提高的过程。最终的结果证明,通过几年自我要求严格的学历教育后,他们普遍感到在知识水平和综合素质上有很大收获,获益良多。

对名师学历提高的考察分析表明,学历提高与名师成长之间具有密切的关系,名师自身的人格特质和内在动机对于其成功来说至关重要。

(3)性别结构

从 H 县名师群体的性别结构来看,无论是小学组还是中学组,都存在男女性别比例严重失衡的现象(见表 4.4)。小学组名师表现为典型的"阴盛阳衰",女教师占名师总数的 87%,而男性只有 13%,女性名师总数是男性名师的近 7 倍;中学组则恰好相反,男性名师占总数的 89%,女教师只占 11%,男性名师的数量是女性名师的 8 倍多。H 县名师性别比例失衡的状况与全国范围内中小学教师性别比例失调状况基本一致。据统计,我国小学教师中女性的比例高达 91%,而反过来,中学教师中男性的比例高达 72%。[1] 由此可见,中小学教师队伍中的性别比例失衡问题同样体现在名师群体中。

表4.4　H 县名师性别结构一览表

组　　别	小学组(含幼儿园)		中　学　组	
性　　别	男	女	男	女
名师数量	4 人	27 人	24 人	3 人
所占比例	13%	87%	89%	11%

导致 H 县名师性别比例严重失衡的原因是多方面的,据县教育局教研室主任分析,就小学而言,当前女性教师数量多、性别比例占绝对优势的大环境是主要原因。此外,小学的课程和教学特点也使女教师相对男教师来

1　玛丽·罗格:《小学男教师比例偏低》,青木译,载《环球时报》2004 年 7 月 2 日。

说占有一定优势。小学课程对知识的难度和深度要求不高，但在知识的处理和传授上需要教师具有特别的细心和耐心，而女教师的心理特点和性别特征比较符合这一要求；同时，小学生年龄小，自我控制能力弱，注意力容易涣散，因此，课堂纪律的维持、教学过程的组织、学生兴趣的激发和注意力的吸引等成为课堂教学成功的关键因素，这就对小学教师在语言表达能力、课堂组织能力、学生情绪的调控能力等方面提出了更高的要求，而在这些方面，女教师一般来说比男教师更具优势。所以，结合小学教师的性别结构与小学教学的特点，小学教师中女性名师比例占绝对优势也就不难理解了。

中学组男性名师占绝对优势的原因与小学极为相似。除了中学教师队伍男女性别比例失衡的总体特征以外，中学课程和教学的特点与小学的差异很大，而这种差异相对来说对男教师更为有利一些。进入中学以后，学生的自控能力有所增强，但知识的难度和深度不断加大，尤其是知识的系统性和逻辑性越来越强，所以相对来说更加适宜男性教师。因此，综合以上多种因素，男教师在名师评比中容易胜出也就不足为奇了。

对于小学和中学名师性别比例严重失衡的弊端，这位主任进一步分析道，人们通常是静态地从小学和中学这两个不同阶段来谈的，而对这两个阶段在衔接上容易出现的问题缺乏认识。现在在中小学，有两种现象比较受关注，社会议论也比较多：一是在小学阶段，优秀的学生以女生居多，而到了中学，女生的成绩容易出现波动；二是中学阶段成绩优秀的以男生居多，男生呈后来居上之势。以往主要是从学生的性别差异和年龄特征来解释这一现象，但研究者认为，中小学阶段教师性别比例失衡也是导致这一现象的原因之一。小学阶段女性教师一统天下的局面对女学生的发展更为有利；而进入中学，男性教师占绝对优势的现实一方面使男生更容易适应，也更符合这一年龄阶段男生思维发展的特点，另一方面，女生在这种场景转换和教师角色更替的过程中容易出现适应困难，从而易产生学习上的波动。尤其考虑到他们都是各阶段的优秀学生，与中小学名师性别比例失衡不无关系。因此，关于中小学阶段名师性别比例失衡问题，不仅 H 县教育界要保持警觉，而且从全国范围来看，也需要政府和社会予以特别关注。

（4）等级结构

名师的等级结构是指 H 县省、市、县三级名师所占的比例。表 4.5 显示，H 县名师的等级结构与年龄结构相似，基本上也呈"倒 T"形分布，以县级名师为主，占名师总数的 74%。更高层次的市、省级名师在总量上偏少，两者合计只占 26%，尤其是中小学特级教师，目前在职的只有 1 位，对于一个拥有 4625 名教师的县来说，这个数字太小，与国家《特级教师评审条例》中 1.5‰的总量要求也有很大差距。

表4.5　H县名师等级结构一览表

名师级别	省　级	市　级	县　级
名师数量	8人	7人	43人
所占比例	14%	12%	74%

据介绍，导致 H 县名师群体在等级结构上呈"倒 T"形分布有主客观两方面原因。实际上，在 H 县"名师工程"实施方案中，对名师群体的等级结构在理论上的设想是正梯形结构，但现实情况并非如此。一方面，H 县名师培养起步较晚，实行名师评选的时间不过十八年，建立名师培养制度也只有两三个年头，而且起点低，已有的名师数量少，底子薄，在优质师资队伍建设上可以说是白手起家，这就在总体上导致名师队伍质量不尽如人意，这是客观方面的原因。另一方面，在省、市级名师评审中，领导主观上所持的消极和抑制态度也是主要原因之一。在名师评审的最初几年，县教育局对于组织教师参加市级和省级名师评审是非常积极、热心和支持的，而且把拥有多少省、市级名师作为政绩，引以为荣，但随着近几年教师队伍中省、市级名师流失现象日益严重，管理层感到了问题的严重性，开始对这两个级别的名师评审持一种由谨慎到否定最后到抵制的态度。管理层的感觉是，教师只要评上省、市级名师，"翅膀就硬了"，"飞"走的可能性就大了。所以，出于遏制名师外流的意图，管理层才出此下策，只把名师评审限制在县一级，对更高层次的名师评审则持消极、否定甚至抵制的态度。一方面是早期评上的省、市级名师在纷纷流失，另一方面是近三四年，这两个级别的名师评审遇到制度阻碍，所以就出现了名师在低端聚集而高端缺失的现象。

实际上，对于高级别名师比例偏小和县教育局的这种抑制性政策，许多教师颇有微词。他们认为，高级别名师数量的多少反映了一个县师资队伍的整体水平，也影响到全县的教育质量和声誉。近几年 H 县的高考升学率一直不上去，人们就把矛头直接指向教师特别是名师的数量和质量。对许多有志成为名师的青年教师来说，如果从政策和制度上阻断了他们专业成长之路，就会打击他们进一步学习、不断钻研教学和提高自身素质的积极性，这对整个师资队伍建设来说有百害而无一利。对于名师流失问题，他们认为,名师的选拔培养和管理使用是两回事,评名师和留名师也是两回事,不能因为培养的名师留不住、流失了就不选拔、不培养,这样做无异于因噎废食,管理层应该更多地反思为什么这些名师会舍故土而去,应该在怎样优化环境留住名师上动脑筋,而不是采用这种"禁"和"堵"的方式。如果在制度建设和环境营造方面既能培养名师又能留住名师,使名师的数量不断增多,质量不断提高,并且能充分发挥名师的作用和积极性,这对于 H 县教育振兴来说不啻是一种理性的选择。所以,如何使已经登上县级"教坛新星"平台的名师不出现懈怠,能在后续发展上依然保持强劲的动力,并向更高目标攀升,成为 H 县"名师工程"建设中一个需要认真考虑的问题。

（5）学科结构

表4.6 显示,中学组名师在学科分布上以文科类和理科类为主,分别占到名师总数的 44% 和 52%,两者合计达 96%,而艺体类和其他类的名师数量极少,两类合计只有 1 人。而在文理科两大类中,又以语文、数学和英语这三门学科为主,其名师占名师总数的 63%,其他如物理、化学、生物、历史、地理、政治等名师相对较少,合计只占 33%。由此可见,H 县名师的学科结构存在严重的应试教育痕迹,中学的语、数、外"大三门"学科在考试中占有最大的分值,这在名师结构中也得到充分体现,而其他在考试中分值较少的文理科"小三门",其名师比例也相应较小。更为严重的是,对于应试而言"毫无价值"的艺体类和其他类学科的名师,在名师队伍中也几成空白。可见,学科的受重视程度与名师成长之间也存在极为密切的关系,它从外部构成了教师成长的社会压力和强大动力。

表4.6 H 县中学名师学科结构一览表

学科	文 科 类				理 科 类					艺体类	其他类
	语文	英语	历史	政治	数学	物理	化学	地理	生物		
名师数量	6人	4人	2人	0	7人	3人	3人	1人	0	1人	0
所占比例	22%	15%	7%	0	26%	11%	11%	4%	0	4%	0

小学组名师的学科结构特征在表4.7 中得到充分反映。H 县小学名师的学科分布在语文、数学和其他这三组中的比例呈递减趋势,语文教师最多,占 61%,数学次之,占 29%,其他类最少,只占 10%。这样的比例结构印

证了小学阶段教育教学中也存在应试教育的弊端。对小学来说，最主要的两门学科语文和数学的名师数量占绝对优势，达到90%，[1]而小学课程方案中的音乐、美术、体育、科学、社会、品德等学科，因与考试无关，也被视为"副科"而备受冷落，往往成为小学教师主科教学之外捎带的"副业"，小学教师队伍中专门从事这些所谓"副科"教学的专职教师数量极少，即使教，也往往不以其为专业。所以，小学教师队伍中"主科"教师的"泛滥"和"副科"教师的奇缺以及"主科"教师缺少"副科"素养问题，不仅影响到小学教师队伍学科结构的平衡，而且对真正落实素质教育构成了严重的师资障碍。

表4.7　H县小学、幼儿园名师学科结构一览表

学　　科	语　　文	数　　学	其　　他
名师数量	19人	9人	3人
所占比例	61%	29%	10%

在小学名师的学科结构中，另一个值得关注的现象是同为"主科"的语文和数学的名师总数和比例上的严重失衡：语文教师占61%，而数学教师只占29%。在调查中，研究者就此现象听取了多位评委和选手的意见，他们认为，主要原因可能在于语文教师的素养和语文课的特点这两方面。一般来说，语文教师的语言表达无论在形象性、流畅性还是情感的丰富性方面都明显优于数学教师，而且语文课内容丰富、形式多样，情境性强，情绪化特征明显，比数学课更生动，或者说更富有表演性。这些方面结合起来，会使评委们对语文教师更加青睐。这也从一个侧面反映出名师评审过程中非理性因素对结果的客观性和公正性的影响。

（6）地域结构

从表4.8可以看出，H县名师在地域分布上存在严重的城乡失衡，县城各中小学拥有全县59%的名师，乡镇所在地的中小学名师拥有量也占到38%，而在地域范围广、教师数量庞大的农村学校，却只有2位名师，几乎呈现名师"荒漠化"的景象。

另一个值得关注的现象是，即使在乡镇之间，也存在经济发达、交通便利乡镇与偏远闭塞、交通落后乡镇间的巨大反差。由于H县在地理形态上是长江沿岸一个呈条状的狭长区域，所以沿江各乡镇的交通、经济比西部内

1　实际上应为100%，因为"其他类"中的3位名师都是幼儿园教师，H县小学中的非语文、数学名师数量为零。

地和山区好,与此相应,名师也沿长江一线各乡镇呈线状分布,与大城市毗邻的镇、县城所在地以及经济发达的镇等沿江公路一线的乡镇,成为名师聚集之地。

表4.8　H县名师地域分布情况一览表

学校所在地域	县　城	乡　镇	农　村
名师数量	34人	22人	2人
所占比例	59%	38%	3%

　　H县名师在地域结构上的这种城乡差别,主要是通过农村名师向城镇汇集的方式逐步形成的。实际上,在农村学校成长起来的名师数量并不少,但从个体角度而言,不仅名师,即便是普通教师,对城镇生活也无限向往,渴望向上流动。所以,每年都有相当数量的名师以各种理由,通过各种途径千方百计向城镇学校调动。有名师说,现在社会上把名师流失一味归咎于名师个人的师德水准和道德修养,这是不合情理的,因为名师也是人,也有追求生存、发展和幸福的权利,不能因为他们是名师就可以在他们身上任意附着过多的社会责任和更严的道德苛求,更不能无端剥夺他们追求个人幸福生活的权利。任何人只要冷静下来,从换位思考的角度对城乡之间在生活环境、工作条件和精神氛围的差别做一番对比分析的话,就能对农村名师的流失抱一种理解之心和同情之情。理智地讲,社会应该对城乡差别有更清醒的认识,政府应该在消弭城乡差别上多做努力,只有缩小城乡差别,才能从根本上解决农村名师流失问题。可以肯定地说,只要这种过于悬殊的差别一天不根除,农村名师流失的现象就难以禁绝。

　　如果作更为仔细的分析,目前这种名师在地域分布上的城乡差异和农村名师的大量流失,除了上述个人因素外,从根本上来说还有制度的原因,是政策的产物、人为的结果。教育管理层对城镇教育往往持重视态度,而对农村教育存在某种偏见,所以反映在政策制定和制度安排上,就表现为对城镇的重心倾斜和对农村的歧视及资源剥夺,从而为农村名师的流失开了制度上的方便之门,对农村名师流失潮的形成实际起了推波助澜的作用。每年在县教育局主持下,县城和乡镇中小学都要面向基层学校选调一批教师,虽然是通过考试、面试和评课的方式进行选拔,但在政策上是优先考虑名师(考评中有加分),而且名师在选拔过程中,业务上占有明显优势,所以,每年从基层上调的教师中,名师占有相当的比重。也有很多名师坦言,当初参加名师评比的目的之一就是为以后的上调增加砝码。即使无名师称号，被调走的也大都是各校综合素质优、业务能力强的骨干。农村学校的教师想方设法想调到乡镇学校，乡镇学校的教师千方百计想调到县城，每年暑期都涌动着优秀教师上调的一波波浪潮，上演着名师流失的一幕幕悲剧。农村学校几乎沦为城镇学校的师资培养基地和优质师资储备库。结果是，城镇各中小学教师严重超编，而广大偏远农村学校教师紧缺，农村教师与城镇教师之间不仅在数量上失去均衡，而且由于农村名师和优秀教师的流失，导致城乡之间在教育质量上也出现了反差。现实情况是，农村教师队伍中想走的、能走的、有资格走的都走了，剩下的是老、弱、病、残以及刚刚上岗缺乏经验的新教师。教师数量严重不足，教师质量严重低下，教师年龄两极分化（老龄化和低龄化）以及名师和骨干教师的几近"荒漠化"，成为农村师资队伍状况的真实写照。名师作为最重要的优质教育资源在城乡间的比例失衡以及农村名师的大量流失，对农村教育质量的提高造成了非常消极的影响，使本已捉襟见肘的农村办学雪上加霜。可以说，这种名师流失现象已经构成当前农村教育发展的极大隐忧。

2. 教育教学工作

对于H县名师来说，一个令人欣慰的事实是，无论是哪个级别的名师，也无论是否已被提拔到校级领导或中层干部的岗位，他们都无一例外地依然坚守课堂，坚持在教学第一线，在岗的名师中无一人离开课堂，放弃教学。从他们的言谈中可以感受到，无论他们的声誉和地位发生怎样的改变，只要还是教师，还在教育战线，他们都表现出对课堂、学生、教学的一往情深。用H县一位特级教师的话说，教学工作是名师的立身之本，课堂是名师的生命线，名师与课堂、学生、教学已经形成了不舍的情结。

H县名师的教学工作首先表现在周授课量上（见表4.9）。在小学组的名师中，周课时量以15～20节为主，占45%；其次是每周20节以上，达26%；而10节以内的很少，只有3人，而且都是校长。中学组则以10～15节为主，占44%；其次是15～20节，也达到37%，甚至英语、数学等紧缺学科，有3位名师的周课时量达20节以上。可见，无论是小学还是中学，名师的课时量与一般教师相比不仅不少，而且还略高一点，少数名师的教学工作量可以说很繁重。调查中，一些校长反映，现在中小学面临的升学压力很大，而在教师群体中，一般教师只能保证完成基本教学任务，对于提高学校的升学率来说,只有依靠名师、优秀教师和骨干教师,因为他们不仅课上得好,而且所带班级学生的成绩也较好,尤其是对重点班、尖子生来说,只有交到名师手里,学校才会放心。所以,每学期学校安排课程时,都会拼命给名师加任务、增课时,把最重的担子压在他们肩上,名师的教育教学工作可以说是学校全部希望的所在,这一点在中学表现得尤其明显。有校长感叹,每当看到一些名师因工作繁重而日显疲惫与憔悴的神情,确实感受到于心不忍,但面对升学的重压,又无可奈何,只有狠狠心给名师压担子。校长们也承认,大部分名师在工作中表现出的顾全大局、不辞劳苦、勇于奉献的精神和认真负责、兢兢业业、任劳任怨的态度,的确令人感动。

表4.9　H县名师周课时量分布一览表

组　　别	小学组(含幼儿园)				中　学　组			
周课时量	10节以内	10~15节	15~20节	20节以上	10节以内	10~15节	15~20节	20节以上
名师数量	3人	6人	14人	8人	2人	12人	10人	3人
所占比例	10%	19%	45%	26%	7%	44%	37%	11%

注:周课时量按调查所在的学期(2004—2005学年度第一学期)统计

名师的工作不仅体现在课堂教学上,还体现在课堂之外的教育、管理等工作中。从表4.10可见,除了有9人未担任课堂教学之外的其他工作以外,50%的名师担任班主任工作,28%兼任教研组长或年级组长,21%担任中层干部,有10%的名师已走上校级领导岗位;在课堂教学之外兼任一项教育或管理工作的名师有37人,占总数的64%,兼任两项和三项工作的分别有9人,各占16%。在工作时间上,评上名师后,除29%的人表示"无差别"以外,71%的名师认为自己花在教学上的时间"增多了"。由此可见,名师不仅在教学上,而且在教育和管理工作上,普遍承担着繁重的任务,付出比他人更多的时间和精力。调查中,研究者就是否存在"教而优则仕"的现象向部分名师征询意见,他们大都笑称,对绝大多数人来说,哪有什么"教而优则仕",简直就是"教而优则忙",而且是"白忙"。他们分析,在现行的教育制度和学校管理体制下,学校领导在工作安排上遵循的是"能者多劳"原则。因为你优秀,所以在正常工作之外,还要将大量学校领导认为重要的事情加在你身上,名曰"重用";因为你能干,所以学校里最难做的事情自然就只有你能做到做好,你自然也就"盛情难却";因为你是名师,所以在学校里多做一点、累一点似乎是顺理成章的事。其实,很多名师觉得多做一点也没什么,可令他们感到委屈和失望的是,在待遇分配上,学校管理者却不按照"多劳多得"、"优质优酬"的原则,依然实行"大锅饭"、"平均主义"。所以,名师们的积极性大受影响。

表 4.10　H 县名师非教学工作情况一览表

非教学工作类型	校级领导	中层干部	教研组长	班主任	无其他工作
名师数量	6 人	12 人	16 人	29 人	9 人
所占比例	10%	21%	28%	50%	16%

注：其中包括兼任一项工作的 37 人,两项工作的 9 人,三项工作的 9 人

对于工作压力,名师们普遍认为,评上名师后,不仅工作量增加了,而且精神压力、心理压力也增强了。在问卷调查中,对于"评上名师以后,您与过去相比,感觉现在的工作压力怎样"这一问题,36% 的名师选择"明显增强了",47% 的人选择"略有增强",只有 17% 的名师选择"无差别",合计有 83% 的名师感到工作压力加大(见表 4.11)。其中的原因,大部分人认为,一是来自学校和周围的环境。不仅学校领导对自己有更高的期望,而且周围的同事、学生及其家长也都以名师的标准看待自己、要求自己,这种来自环境的无形压力迫使名师们在工作中付出更多的心血,以回应社会的期望。二是来自自身,是为了自尊心的满足。一般来说,能够成长为名师的教师通常具有一些比较典型的人格特征,如自尊心强、自我期望值较高、追求成功和成就感等,因此,他们不仅在成为名师之前就极其努力,即使是在评上名师之后,其自尊心理也会要求他们把教学和工作做得比别人更出色,要在学校领导、其他教师、学生和家长面前维护自己作为名师的形象。这种来自外部和内部的压力造成名师们沉重的精神负担和心理负担。所以,H 县教研室主任说,这些名师无论在工作量上还是精神压力上,大都常年处于满负荷甚至超负荷的运转状态,这对学校工作来说是值得欣慰的,但对于名师个人的身心健康来说,却是令人担忧的。

表 4.11　H 县名师"工作压力感"调查统计表

选　项	明显增强	略有增强	无差别	减轻了
名师数量	21 人	27 人	10 人	0
所占比例	36%	47%	17%	0

调查显示，H 县名师的教学工作成效也较为显著。根据名师在问卷调查中所作的自我判断，与同学科的其他教师比较，名师所带班级学生的该科成绩要好于其他班级。其中选择在同年级学生中成绩"最好"的有 24 人，占41%；选"较好"的有 31 人，达到 53%；选"中等"的只有 3 人，仅占 5%；没有人选择"较差"或"最差"。虽然研究者无法（也不可能）对所有名师所带学生的成绩进行统计，但从有关学校或教办领导侧面了解，这些名师所带学生的成绩总体上来说确实要比一般教师好。而且有关领导也承认，在名师选拔预选阶段，在人选上往往主要考虑两个至关重要的因素，一是该教师是否对学校的教育教学有实际贡献。而对中小学来说，所谓实际贡献主要体现为学生的成绩、优秀率、中考升学率等"硬指标"，如果没有这些教学成绩而要作为候选人上报的话，在校内是难以服众的；国内其他的相关研究也证明，要成为名师或骨干教师，首要的前提条件就是学生成绩好。[1] 二是该教师是否具备在名师评比过程中获胜的必备的一系列优良素质，如普通话、语言表达能力、课堂教学效果以及其他许多相关素质要求等，否则，即使上报也是胜出无望。所以，综合来看，能够评上名师的，应该说其各方面综合素质都比其他教师略胜一筹，这一点无可置疑。

然而，对于 H 县名师的教学工作成效，也有人提出不同意见。在与一些普通教师进行交流时，他们中有人认为，关于名师的教学工作成效要看从哪个角度来讲，如果单纯从应试教育的角度看，名师在抓优秀率、升学率方面确实有自己的一套办法，而且成效卓著。但是，如果从实施素质教育和推行新课程的要求来看，名师所取得的成绩却是与素质教育和基础教育新课程所倡导的现代教育理念格格不入的。说得严重一点，名师们大都是应试教育的成功实践者，某种程度上成为当前实施素质教育和推行新课程的阻力。名师们的个人综合素质毋庸置疑，但在现行的名师评选体制中，要想成为名师的第一个前提条件是：必须具有使学生的成绩在竞争激烈的考试中保持优秀甚至名列前茅的能力，否则，恐怕连参加预选的资格都没有。也就是说，只有适应应试教育的环境和要求，并且成为其"成功"的实践者，才能获得迈向名师的第一张通行证。如果一定要说他们与普通教师有什么不同的话，最多只能说他们将普通教师驾轻就熟的应试方法运用得更巧妙、发挥得更出色而已，但不能因此就改变了其作为应试教育的核心本质。在接下来

1　蔡方、王丽琴：《骨干教师专业成长规律研究》，载《中国教育报》2004 年 1 月 13 日。该文的调查结果是，作为骨干教师，"先是能出成绩，再是能开课，最后才是会写文章、搞科研"。

的名师评比各个环节,虽然主要看各人的综合素质和能力,但毫不掩饰地说,他们在比赛中所表现的看似先进和现代的教育理念和课堂教学行为,只是为了适应比赛的需要,是"表演"给评委们看的和听的,这样的课说到底是"中看、中听但不中用"的,要是平时也这样上,肯定是学校承担不起,教师、学生和家长都承受不住的,因为考试成绩无法确保。所以,当他们从竞争激烈的比赛中回到现实的、日常的教学中时,必然还会回到应试教育那套模式。可以说,他们在应试教育中的"成功"实践变成了他们不得不背负也轻易不敢丢弃的沉重包袱,这使得他们在向素质教育和新课程理念转轨的过程中变得步履蹒跚。对一套虽然旧却能成功把握的模式无法割舍,而对一套尽管新却把握不定的模式心存顾忌,这恐怕是当前名师们面临两难抉择时的矛盾心态吧。

3. 教科研情况

名师不仅要在课堂教学上有突出表现,而且在教科研方面也必须具备一定的实力。从表4.12可以看出,H县名师从事教科研的积极性较强,参与面较广,有49人的论文在县级以上的论文评比中获奖,占名师总数的84%。这一比例显然大大高于整个教师队伍中具有科研成果的教师,说明与普通教师相比,名师群体参与教科研的积极性高,科研成果多。但是,就教科研的层次和教科研成果的数量和质量来看,还存在明显不足。

表4.12 H县名师教科研情况一览表

科研成果类型	论文获奖情况			论文发表情况		
成果数量	1~3篇	4~8篇	9篇以上	1~3篇	4~8篇	9篇以上
名师数	32人	13人	4人	10人	3人	3人
所占比例	55%	22%	7%	17%	5.2%	5.2%
合　计	49人,占84%			16人,占27%		

从教科研活动的层次看,基本上还是以参加县、市一级组织的教科研论文交流或评比为主,停留在为评职称而不得不撰写论文的被动层面上。在与一些名师的交流中,他们普遍反映教科研中存在三个突出的障碍,一是自身大都缺乏教科研的学术训练,虽然知道教科研重要,却不知从何入手;二是中小学的教学压力大,时间紧,事务多而杂,难以集中精力搞科研;三是外

部环境和条件欠缺,难以找到基本的图书资料和报刊。所以他们坦言,论文大都是在评职称前临时突击赶出来的。而且他们也知道,县级论文评比对论文的实际要求并不高,奖励面也广,凡参加者基本上都有奖,这无形中也降低了论文的层次,引发了教科研论文的粗制滥造。相关的研究也表明,"教育研究在中小学基本上是后发性的,很少被作为'第一桶金',是教师成名后的锦上添花,而不是走向骨干的必要条件"。[1]

名师们的教科研成果在数量上虽比普通教师多,但也很有限,在论文获奖的49人中,有32人的论文在3篇以内,占到总数的55%,获奖论文的人均数不足3篇。在发表的论文中,除有三位名师发表的论文数超过10篇以外,其他大都只有一两篇。全县名师发表论文的数量人均仅1篇左右。

教科研成果的质量更是令人堪忧。虽然有16人的论文在报刊上发表,占名师总数的27%,但除三位教师发表论文的数量较多、质量较高以外,其他论文质量皆属平平。翻阅县教研室存档的历年获奖论文,发现获奖的论文也只是一些对自身教育教学实践的总结或随感文字,基本上还处于经验水平,真正符合教科研学术规范的成果微乎其微。

更令人忧虑的是,无论是教育管理者还是名师,对中小学教科研普遍存在认识上的误区,其操作过程与实际效果也往往与教育教学实践脱节,因而形成教科研与中小学教育教学实践之间缺乏内在关联性、难以贴合的"两张皮"现象。具体表现在以下几方面:一是教科研的课题定位追逐时尚。一位名师坦言,现在的教科研课题存在较为严重的"大而空"和追逐教育时髦的弊病。查阅近三年县教研室的课题申报情况,发现各校承担和申报的课题大都围绕德育、素质教育、创新教育、研究性学习、多媒体教学等教育界"热点"课题展开,真正源自教育教学实践的课题极少。二是把从事教科研变成争课题。一位名师毫不讳言地说,几所县办中学申请课题主要是为了在创办省市示范学校时增加砝码,同时也是向上级汇报和对外宣传的需要,因此是课题级别越高越好、数量越多越好,至于该课题是否切合本校实际、是否真正有用,则是另外一回事,开展教科研的功利性越来越强。三是虎头蛇尾,结题草率。据曾经直接参与课题研究的多位名师反映,在课题研究过程中,提出研究课题和制定研究计划相对认真,课题开题时,课题组一般要举行一次开题动员,但在接下来两三年的课题研究期,能否围绕同一课题再

---

1 蔡方、王丽琴:《骨干教师专业成长规律研究》,载《中国教育报》,2004年1月13日。

坐在一起就很难说了，有的课题开题会实际上就是结题会，之后便不了了之。四是把"做"研究简单地理解为"写"论文。在H县教师的印象中，即使是科研成果较多的几位名师，对他们的评价也往往只是"能写"、"会写"，至于如何去"做"研究，他们也是相当陌生的。五是以论文获奖和发表的数量而不是对自身教育教学实践的应用价值来衡量教科研成果的质量和影响，所以，最终导致教科研与中小学教育教学实践之间严重脱节。在H县教科研存在的这些问题中，名师们不仅是被动的承担者，而且是积极的实践者，可以说都在各校扮演着相当重要的角色，也在某种程度上以这方面所拥有的不俗成绩而使自己在名师评比中获益。但即使这样，名师们都普遍承认，自己的教科研能力无疑是较弱的。难怪教研室主任不无忧虑地说，中小学教科研表面的热闹与名师在教科研方面的实质"贫弱"，已经严重影响到名师发展的后劲，也影响到名师队伍质量和层次的进一步提升。

4. 收入情况

很难用一个标准来衡量H县名师的经济收入，这里只能从名师与其他教师的比较和评上名师后收入的对比这两个维度来分析。从表4.13来看，选择收入"比其他教师高很多"者为0，选择"比其他教师略高"者占12%，选择"与其他教师无差距"者达到76%，选择"比其他教师低"者占12%。而从名师评选以前与以后的收入对比来看，只有1位名师选择了"有所增加"，而98%的名师都选择了"没有增加"。可见，H县名师在经济收入上与其他教师相比并没有明显差异。这一结果也与前述"名师是一种纯粹的荣誉称号"一说不谋而合。

表4.13　H县名师收入差异比较一览表（与校内其他教师比较）

选　　项	比其他教师高很多	比其他教师略高	与其他教师无差别	比其他教师低
名师数量	0	7人	44人	7人
所占比例	0	12%	76%	12%

从表4.14可以看出，名师对自己收入的满意度也很低。只有1位名师选择"很满意"，19人选择了"基本满意"，两者合计所占比例不过35%，而选择"不满意"者占名师总数的65%。可见，超过半数的名师对自己的经济收入并不满意。在与部分名师的交谈中，研究者了解到，他们认为导致这一状况的原因主要有两个，一是现行的教师工资分配体制还带有明显的"大锅

饭"性质,二是当前的教师评价制度还不科学、不完善,所以教师自身的劳动价值和优质教学在收入分配上并没有得到充分体现,这也是影响名师工作积极性、名师作用发挥和名师外流的重要原因之一。他们说,每每听到以前的同事现在在经济发达地区的学校或民办学校有很高的收入时,心中总会涌起一股忿忿不平之情,也会产生一种离开的冲动。有人甚至说,自己现在之所以还想努力把工作做好,很大程度上是出于责任心,但也不否认有磨练自己为以后流动作准备的私心。

表4.14 H县名师收入满意度一览表

满意度	很满意	基本满意	不满意
名师数量	1 人	19 人	38 人
所占比例	2%	33%	65%

在收入不高的现实境况与对高收入的强烈预期中,H县许多名师经受着职业选择的现实困惑和去留两难的内心煎熬。访谈中,许多名师表示,作为内陆省份,由于观念陈旧和经济落后,短时间内指望教师人事制度和分配制度改革到位是不切实际的,希望以自己的优质教学来实现经济收入的提高也遥遥无期。不仅仅是因为现实的不尽如人意,更多的是由于未来的无所指望,才促使他们对自己的职业前途和未来做出艰难的抉择。他们坦言,对每个个体来说,事业上的黄金时期也只有30～50岁这么短短一二十年,如果就这样让最好的时光在某种明知是无望的等待中白白耗费,还不如趁年富力强的时候走出去,到能体现自身价值的地方去实现人生的梦想和追求。经济发达地区无论在用人观念还是薪酬方面都有很强的吸引力,而且也急需人才,如果自己不抓住机遇,以后很难再有这样好的机遇。但回过头来看,现在的名师绝大多数都已成家立业,职业稳定并小有成就,拥有较高的社会地位和声誉,并形成了稳固的人际关系,一旦离开就意味着自己多年来辛苦经营和建立的一切都将付诸东流,必须在新的环境中白手起家,而自己已不再年轻,牵挂多。所以,对他们来说,对低收入的不满与对高收入的期望,对曾经拥有的留恋与对未来的憧憬,使他们陷入进退维谷、举步维艰的困惑之中。

5. 地位与声望

对名师来说,在他们的职业生活中,入选前后的最大差别体现在知名度上。调查结果显示,仅有31%的名师未感到自己知名度上升,63%的人在评上名师后感到自己的知名度明显提高。与名师们对自己经济收入的高度不满形成强烈反差的是,他们对自己的社会地位表现出相当高的满意度,有71%的名师对自己的社会地位持"满意"态度。这也表明,名师评审对于满足优秀教师的自尊心,增强他们的个人荣誉感,提高其社会地位是有积极意义的。

调查发现,在31%未感到自己知名度提高的名师中,有87%来自农村或乡镇学校,这说明,名师知名度的提高在城乡间也存在较大反差。城镇尤其是县城的名师普遍反映,评上名师后,他们在日常生活、工作及人际交往中都明显感觉到自己的知名度提高,也因此体会到社会尤其是家长对自己的信任和尊重。他们说,评上名师后,每年开学前后,都有许多学生家长想方设法把孩子安排到自己带的班级,平时也有许多家长通过各种途径主动与自己联系,希望孩子能在课外接受自己的辅导。他们感叹道,每每看到家长那种求贤若渴的神情和在自己面前表现出的崇敬之态,内心确实有一种因受人尊重而获得的无比的满足感,真正体会到成为名师的自豪和快乐。然而,在与乡镇和农村名师进行交流时,他们却有着另外一番截然不同的感受。他们说,评上名师后并没有明显感到自己知名度扩大了,最多只有本校或本乡镇的教师群体中有人知道,家长根本不关心这些事。农村家长的教育意识不像城里家长那么强烈,他们认为,孩子上学了,教育的责任自然就都是学校和老师的,所以对学校的状况不甚了了,根本不会考虑找名师插班、请名师辅导这类事情。因此,对乡镇的名师来说,是否评上,在知名度和社会声誉方面根本没有多少区别,一切依然如故。由此可见,名师知名度的扩大并非完全由名师自身因素决定,也不是仅仅靠行政力量就能实现的,它还受到所处的社会环境、教育氛围和家长素质的影响。也就是说,行政认定的名师并不一定能得到社会的广泛认同,名师之"名"仅仅靠行政册封不一定能深入人心。

调查显示,关于受重视程度,名师们的分歧较大。45%的名师认为自己在评上名师后"更受重视"了,而持相反意见者的比例也与之相当,甚至略高一点,达50%。可见,在评上名师后,名师们的知名度、社会声望和地位都普遍有所提高,但其受重视程度差异悬殊。如果说名师在知名度上的微弱差异表现在城乡差别上,那么,名师在受重视程度上的差异则主要体现在名师的自我期望与学校用人环境之间的差异上。调查结果表明,名师个人对"受重视程度"的理解因人而异,有希望通过提拔走上领导岗位的,也有希望在教育教学上得到重用,并通过经济方式得到回报的;有对社会影响力方面的外部要求,也有心理需要方面的内在期望。而每一所学校因领导素质、组织氛围、用人体制、人际关系等方面原因,不可能对名师个人的要求都能给予充分满足。因此,名师个人积极性的挫伤也是难以彻底消除的。研究者在访谈中感受到,名师对此也是能够理解的,而且认为彼此应该保持理性,增加诚意,加强沟通。名师自身需要对个人的期望做现实的反思和恰当的调适,而学校和管理者也要对名师使用和作用发挥上存在的问题保持清醒的认识。

6. 成长与发展

评上名师以后是否有主动发展的目标和意识,是否有更多的机会提高自己,这些将直接影响名师的职业发展和专业成长空间。表4.15对名师职业目标的调查表明,在多项未来的职业目标选项中,被选择最多的是"教学上精益求精,将来成为专家型教师,在更大的范围内发挥作用",占总人数的60%;有12%的人选择"努力成为一名教育科研方面的专家,在教育研究领域发挥作用";有10%的人选择"在继续提高自己教学水平的同时,以自身教学经验和能力的优势获得更多的经济收益";只有1人选择"努力成为一名教育行政领导或校长,在教育管理事业上发挥作用"。这说明绝大多数名师对自己的职业发展都有考虑,至少都有一个比较明确的职业发展目标,部分人"未深入考虑过这个问题,尚无明确的职业目标"。可见,名师大都有明确的职业发展目标,并且以"专家型教师"和"教科研专家"为主要目标,只有极少数人追求行政上的发展和经济上的收益。

表4.15　H县名师职业目标调查统计表

选　　项	①	②	③	④	⑤
名师数量	35人	1人	7人	6人	13人
所占比例	60%	2%	12%	10%	22%

注: 选项① 教学上精益求精,将来成为专家型教师,在更大的范围内发挥作用。选项② 努力成为一名教育行政领导或校长,在教育管理事业上发挥作用。选项③ 努力成为一名教育科研方面的专家,在教育研究领域发挥作用。选项④ 在继续提高自己教学水平的同时,以自身教学经验和能力的优势获得更多的经济收益。选项⑤ 未深入考虑过这个问题,尚无明确的职业目标

职业目标能否实现取决于主观努力,但也受制于外部客观条件,其中职业培训、教研活动等是实现专业成长的重要途径。调查表明,H县名师参与这些活动的机会在校际间的差别较大,虽然有64%的人认为评上名师后比其他同事有更多参加各种教学、培训或学术活动的机会,但也有36%的人认为,评上名师后,这样的机会并未增加。在名师等级的提高上,县教育局出于防止名师流失的考虑,出台了限制教师参加县级以上名师评审的地方性政策,所以,2001年以后就不再组织县级"教坛新星"参加市级和省级评比,这就在制度设计上掐断了名师职业发展和专业成长的后续路径。很多名师反映,这种"防"、"堵"策略和限制性政策对名师的进一步成长来说无异于因噎废食。

7. 流动情况

调查发现,H县名师流动涉及的人数多、范围广,顶端流失现象严重。其流动主要有两类,一是向上调动,二是向外流出。影响流动的因素主要有行政因素和经济因素两种。向上调动受行政因素的影响较大,而向外流出则以经济因素为主。也就是说,H县名师的流动基本上沿两条线进行,一是通过行政手段把大量优秀教师从基层调出,向上调动,二是名师被外地优厚的收入吸引而向县外流出。在所有流动中,基层农村学校损失最惨重。

在全部58位名师中,有流动经历者有32人,占55%,有"调出本地"想法的人更多。调查中,对于"目前是否有调出本地的想法"这一问题作肯定回答者超过半数,约58%的人现在就有流出本地的想法;对于"如果条件允许,你是否有调出本地的可能"这一问题,作肯定回答者占78%。难怪教育局分管教学的副局长不无忧虑地说,名师现在是教师队伍中最不稳定的人群。

名师流动的渠道有两条,一是体制内调动,二是体制外的离职流出。体制内调动也有两种形式,一种是每年教育局组织的教师选调,面向基层学校,通过考试、面试和评课方式,选调优秀教师补充到县城各中小学;还有一种是出于个人原因提出申请,经乡镇教办和教育局批准同意的个人调动。这两种调动基本上都在本县范围内进行,属于体制内的县内流动。名师每年都在其中占有很大比例,其流向基本上是县城和乡镇。体制外的离职流出主要是面向县外的流失。由于县教育局对优秀教师调出本县有严格规定,从严把关,所以,即便是一般教师想调出本县也是相当困难的,更别说名师了。教师出于无奈，通常是在外省市或经济发达地区通过面试获得教师职位，在向县教育局申请调动未获批准的情况下主动离职。此类名师流失已有12位，[1]占全县名师总数的16%。全部流失的12位名师中，存在明显的顶端流失现象，即名师的等级越高，越容易流失，流失的比例越大。在流失的12位名师中，有6人是省级"教坛新星"，4人是市级，只有2人是县级。省级"教坛新星"已流失一半，目前在职的省、市级名师已所剩无几。

对于这种体制外流出，县教育局和学校都无能为力。来自学校的一种意见是，不要再进行各类名师评选了。他们认为，评选名师实际上就等于为这些优秀教师贴上了一个经过行政认可的专业鉴定为"优"的荣誉标签和等级标签，会在某种程度上为他们的流出提供某种资质证明和便利条件，从而加速他们的流失。而教育局的意见是，不搞名师评审，对于那些确实优秀的教师来说有失公允，他们的水平和能力就没有一个得到社会认可的正常渠道，会导致他们的心理失衡和工作倦怠。但面对越来越多的名师流失，教育局也确实感到了名师评审负面效应带来的压力。最后，教育局和学校彼此妥协后的折中做法是，名师评审基本上只限定在县一级进行，不再组织教师参加市、省等更高级别的名师评审。[2]管理层试图通过这样的方式，既满足优秀教师经过行政认可成为名师的愿望，同时阻断优秀教师流失的途径，从而遏制名师流失。从根本上来说，这只能是治标不治本的权宜之计，但即使如此，在今天这个开放程度越来越高、人才流动性越来越强的社会，这种方式能否奏效，恐怕还要打一个大大的问号。

五、"名师工程"的功能研究：名师的作用是什么

一项特定的工程或一群特定的人应具有什么样的功能和作用，这本身就是一个主观性很强的问题，很难用一个客观的标准来加以衡量。要对H县名师和"名师工程"的功能及作用做一个准确的评判，客观上是难以做到

1　就在研究者撰写论文的这个暑假，又有5位名师和十几位虽无"名师"称号但很优秀的教师在外地获得教学工作，悄然离职而去。他们的集中离去使H县几所中学因此出现了前所未有的教师紧缺，主管局为此紧急展开教师抽调工作，引起新一轮县内优秀教师的体制内流动。

2　目前发达地区招聘教师一般比较看重教师获得的市级以上的荣誉，而县级荣誉在应聘中的作用不是很大。

的，即使形成某种结果，也难以为不同主体所接受。

为了从宏观上把握 H 县名师和"名师工程"的功能及实际作用，并在微观上剖析影响功能和作用发挥的因素，研究者在调查的基础上，主要运用访谈方式与有关的教育局局长、教研室主任、部分学校校长、有代表性的名师和普通教师进行交流和沟通。访谈既有正式的交谈，也有非正式的接触，事先对访谈涉及的问题进行反复设计、斟酌和取舍，针对不同访谈对象设计与其工作和生活比较切近的具体问题，从组织者、当事人和旁观者三个不同的视角对 H 县名师和"名师工程"——教育生活中的重要人物和事件进行了聚焦和观照，从中获得对这一问题的大概了解。

1. 组织者的视角

H 县"名师工程"的决策者、设计者、组织者、执行者自上而下涵盖整个行政体系的三个层面：决策层、执行层和组织参与层。决策层的关键人物是 H 县教育局的几位局长，其中的核心人物是分管教学、科研的副局长。在执行层，教研室是具体实施名师评审工作的职能部门，教研室主任起着承上启下、统管全程、协调内外的作用。在组织参与层，各教办主任和直属中小学校长发挥了至关重要的作用。为了了解"名师工程"的决策者、设计者和组织者对"名师工程"作用的设想和认识，研究者分别对教育局分管教学的 Z 副局长、教研室 Z 主任和 H 县一中的 C 校长、H 县五中的 L 校长进行了访谈。

（1）访谈一：分管局长谈名师和"名师工程"的作用

背景：H 县地处长江中游，毗邻经济发达的三个大中城市，地理位置优越，经济发展一直走在该省各县前列，教育上也曾取得辉煌成就。在县委县政府的重视下，经过全县教育工作者十几年的共同努力，于 1994 年顺利通过国家的"两基"验收，于 1999 年率先迈入"全国基础教育先进县"的行列。可以说，在教育发展上，H 县不仅走在全省的前列，即使与全国县级水平比较也毫不逊色。但是，进入 20 世纪 90 年代末期，特别是近两三年，社会舆论认为 H 县教育严重滑坡，甚至出现危机。主要原因是自 90 年代末以来，H 县中考和高考成绩及升学率一直不理想，在本市其他县排名迅速提前的情况下，H 县排名却一路下滑，引起整个社会的广泛议论甚至批评指责。无论是县委县政府，还是县教育局以及各重点中小学校长，都面临来自方方面面的行政和舆论压力。

困难时刻,县教育局调整了领导班子。老局长退休,原来担任副局长、分管教学的 T 升任局长,现在分管教学的 Z 副局长也大约是在这前后从县政府调来的。Z 副局长年轻有为,为人谦和,富有魄力。研究者对其进行了访谈。

问题一:请您从 H 县教育发展的角度谈谈"名师工程"的作用。

我们县的教育有过辉煌,这一点有目共睹。但不可否认,在原有的基础上,在新的发展形势下,想进一步改进、进一步提高,也面临着一些相当尖锐和棘手的问题。当然,这些问题不止我县有,恐怕也是各地的通病。我本人进入教育领域的时间虽不长,但通过近几年的管理实践,感受颇深。我认为制约我县教育改革和发展的最大难题有两个:一是教育管理体制,二是师资队伍建设。而其中师资的质量和水平是教育质量的关键和核心,这就要求管理改革要为师资质量的提高和教师作用的发挥提供服务。

在教师问题上,我们面临着教师队伍在两个端口上的困扰,一是如何最大程度地发挥优秀教师的作用,二是如何使素质不理想的教师提高水平。我认为"名师工程"能将这两个看似互不关联的问题联系在一起,并找到一条适宜的解决途径。实际上,在没有"名师工程"之前,我县的教育一线也有许多素质优、能力强、水平高的优秀教师在默默无闻地工作,其素质、能力和水平在一个较小的范围内虽得到学生、同事、领导的肯定,但在一个较大的范围内,尤其在政府、行政等组织层面上没有得到正式认可。他们虽付出很多,但无论在物质、经济层面还是在荣誉、精神层面,都没有得到相应的回报,所以,他们心有不甘,心存怨言,这容易理解,但时间一长,必然影响到工作的主动性、积极性和创造性。"名师工程"的实施虽然还不能从物质回报、经济利益上使他们得到补偿,但至少在荣誉、精神上能使他们赢得政府正式的认可和社会的广泛尊敬。反过来,我县的教师队伍中还存在许多素质较差的教师,这是历史原因造成的,无法回避,他们的素质、能力和水平的提高是一个大问题。我想,这不仅需要有近在身边的榜样的感召和引导,也需要建立一套激励制度来鞭策他们奋起直追。"名师工程"恰恰能为他们树立许多可以效仿的榜样和典型,对他们的发展起到"向上看齐"的激励作用。所以说,"名师工程"无论对我县优秀教师作用的发挥,还是对低水平教师的素质提高,都有积极的意义。

同时,我们要看到,作为一个县的教育主管部门,我们不能对教师,特别是优秀教师和低素质教师的存在无动于衷,也不能对他们的发展听之任之。我想,政府有责任把他们的成长、发展和作用发挥纳入到工作范围之内,对他们的发展给予行政上的强力干预和大力支持。所以,实施"名师工程"是我县教育发展在新形势下的需要,也是教育领域做到"质量强县"的必要之举。

问题二：您认为名师的作用应当体现在哪些方面?

我认为,名师的作用主要体现在以下方面：一是体现在教学上,体现在我县教育的重点部位、重点岗位,特别是中考、高考等重点环节上,名师要成为课堂教学的主力军,成为学校办学的主要依靠力量,成为教师队伍中的骨干,成为教育大厦的柱石。二是体现在人品、道德、修养上,名师不仅要足以为学生师,还要做到堪为世范、堪为人范、堪为师范。三是把名师的作用延伸到其他教师身上,通过"帮、扶、教"等活动带动其他教师共同提高。

从局长的谈话中,我们可以约略把握一位基层"名师工程"设计者眼中"名师工程"的作用、意义和价值。一是从优秀教师的角度来看,通过评审的方式把他们从教师队伍中遴选出来,对他们的能力、素质和水平加以鉴定和认可,使他们的价值得到社会的广泛认同,以达到褒奖或表彰"优秀"、"先进"的目的,此谓之"认可褒奖功能"。二是从普通教师角度来看,通过名师的光环效应、榜样作用和名师评审的制度路径激励他们"比、学、赶、超",使他们的能力、素质和水平不断向名师看齐,达到激励"普通"和"后进"的目的,可称之为"鞭策激励功能"。三是从工程设计者的角度来看,"名师工程"的出台标志着行政力量在优质师资队伍建设中的介入和积极作为,通过工程设计的方式,为优秀教师的脱颖而出开辟一条行政路径,搭建一个制度平台,通过行政介入和制度干预促进中小学教师队伍的优质化,可称之为"制度干预功能"。

在制度设计者眼中,名师的作用概括起来也有三种。一是从整个基础教育发展和师资队伍的结构来看,名师属于教师队伍的中坚分子,是学校办学的主要依靠,是教育大厦的支柱性构件,在教育事业中发挥着骨干作用。二是从名师的角色形象来看,名师代表着教师的理想形象,是教师的典范、社会的楷模、学生的榜样,不仅对学生,而且对其他教师甚至整个社会都具有榜样和示范作用。三是从名师与普通教师的关系来看,名师之为名师,其使命不仅体现在课堂和教学上,体现在与学生的关系上,还体现在对其他普通教师的影响上,名师对普通教师的专业发展具有带动和引领作用。

(2) 访谈二:教研室主任谈名师和"名师工程"的作用

背景:教研室虽然是县教育局的下设机构,但无论在人员编制还是日常工作的具体内容上,都与其他股室有很大不同。教研室的3位主任和6位教研员虽在行政机关上班,但并不是公务员,依然保持教师身份,享受教师待遇。他们被认为是全县教育系统中各学科的内行和专家。教研室的职能和工作内容也不是领导下属中小学,更多的是对教育教学业务进行检查、督促与指导。有人形象地说,教研室是由一群最懂教学的专家组成的股室,因此也是教育局里最懂教育的一个部门。全县中小学的统考命题、教科研活动的组织安排、教育教学的检查评比等是其工作的主要内容。其中,"名师工程"的实施和名师的评审、考核、管理、使用也是其重要的一项工作。

教研室 Z 主任曾是一位资深的中学数学教师,主持教研室工作已有十多年,从课堂教学的角度来讲,他是一位精通教学的教育行家;从教学管理的角度来讲,他也是一位熟谙管理的行政专家。因此,他不仅在 H 县教育系统享有声誉,而且对全县的教育教学工作具有很大的影响力。

问题三:您认为 H 县"名师工程"的作用发挥得怎样? 应该怎样评价它的实际效果?

我认为,对于 H 县"名师工程"来说,虽然实施的时间并不长,只有短短的七八年,却取得了较好的效果,可以说,达到了预期的目的。从名师数来看,我们选拔培养了 70 多位名师,他们现在大都是教育系统的模范和标兵,可以说,他们是我县教育领域一笔宝贵的财富,而且是难得的优质资源。从名师的使用来看,这批名师现在都是各中小学,尤其是重点中小学的教学骨干,许多学校的办学知名度是靠他们提升的,生源是靠他们吸引的,质量是靠他们提高的。可以说,不仅是这些学校,甚至全县的教育都从"名师效应"中获益。从"名师工程"的影响来看,它不仅着力于名师的选拔,关键是还向所有教师敞开了专业成长、成名成家的大门,使每一位青年教师看到了成功的希望,确立了奋斗的目标。所以,它影响的不只是少数几个名师,而且是一大批教师今后的发展。关于它的实际效果,就我的了解,我们局上下、校长们和名师们都是看好的。不仅教育系统如此,就是在社会上,我也时常听到这样的议论,我县这样的名师不是太多,而是太少了,如果有十倍于今天的名师数量,那我县的教育就不会是现在这样,就一定会迈上一个更高的台阶。因此，"名师工程"一定要坚持搞下去，要通过它使我县名师队伍壮大起来，使我县的教师队伍强起来。

问题四：作为H县"名师工程"的组织者和实施者，您认为在名师的管理和使用上还存在哪些不足？

成绩归成绩，问题是问题。成绩有目共睹，对问题也无需讳言，这是我一贯的态度。关于名师的管理和使用，我常说的一句话是：制度还不到位，潜力还有可挖。说制度不到位，一是说我们在制度上还未解决名师的优质教学、优质服务与经济回报、实际收益间的矛盾。也就是说，教师队伍"大锅饭"的工资分配制度还没打破，多劳多得、优质优酬的分配体系还没有建立。虽然从县政府、县财政和局机关的角度来说，拉开收入档次的工资改革已喊了多年，但至今一无动静，二无起色，这已经严重影响到教师工作的投入程度和精神状态，近几年随着名师流失的增多，甚至影响到了队伍的稳定。二是说关于名师的榜样、示范、带动、辐射作用的发挥，还没有相应地建立一套完善的制度。我们每年虽然会组织一些面向基层的名师活动，如"送教下乡"、"教学开放日"等，但时间短，涉及面小，影响也不大。如何把名师的带动作用在制度上落实下来，使他们每个人不仅关注课堂教学，还能对其他教师，特别是刚上岗的新教师发挥"传、帮、带"的作用，成为制度建设的另一个难点。正是这两项制度的不到位，才使名师的作用还未充分发挥，还大有潜力可挖。只有充分落实这两项制度建设，才能使名师的潜力得到最大程度的发挥，否则就无从谈起。

Z主任的一席话可谓鞭辟入里，切中要害。从中我们可以形成以下认识：一是"名师工程"的积极意义和价值是不可抹杀的；二是"名师工程"不是一项独立的社会活动，其实施效果受到内外部配套制度的影响和制约，只有建立相应的外部制度保障，并完善内部管理制度，才能最大程度地发挥其应有的作用；三是"名师工程"的作用还有待加强，名师的潜力还有待发掘的广阔空间。

（3）访谈三：H县五中校长谈名师对办学的影响

背景：H县五中是一所新建的完全中学，其前身是H县职业中学。由于H县在经济上是一个农业主导县，所以职业教育一直难以发展，职业中学成为一所典型意义上的薄弱学校，其学生大都是县城各中学的末流，学生上学的目的也大多只是冲着一张高中文凭而来，其生源和办学条件之差、师资之弱、管理之乱及由此带来的办学窘境不难想见。在学校最艰难的时候，从乡镇一所县办中学调来的 H 校长以自己的魄力和胆识，用短短三四年的时间完成了对薄弱学校的改造和一所现代化新完中的建设。新建的 H 县五中不仅在硬件上不落群雄，而且在生源、质量和声誉上大有起色，如今，这所学校的初中部与县一中、二中、三中难分伯仲。这所学校在人们心目中形象的改变既得力于这位年轻校长的胆识和魄力，也离不开一群素质优良、爱岗敬业的教师的默默奉献。可以说，正是这群从农村乡镇中学选调来的优秀教师，改变了一所学校的命运，使这所本无希望的学校重新焕发了生命。现任的 L 校长是两年前调入的，他的到来使这所学校的办学和教学质量又迈上了一个新台阶。

问题五：您认为名师对 H 县五中近几年的办学有什么样的影响？具体表现在哪些方面？

H 县五中是一所在逆境中奋起的学校，它的崛起不可否认与前任 H 校长的个人素质、胆识和能力息息相关。但我认为，五中之所以能"起死回生"，最重要的一点就是运用了名师战略。

我记得，五中创办之初的首届招生计划是 220 人，但几乎没有家长送孩子来报到，因为这所学校给人的印象太差。校园狭小，校舍破旧，师资薄弱，哪个家长愿意把孩子送到这样的"烂摊子"上学？后来，虽经政府、教育局等多方出面做了大量工作，第一年的招生最后也只来了 170 人左右，且都是低分考生。招生过程中，学校发现，家长最担心的就是教师的水平，这也使学校认识到，要改变人们对五中的印象，必须对教师队伍进行"大输血"、"大换血"。在县政府的关心与扶持下，五中首次面向基层学校选调优秀教师，调入的教师中，很多都是素质优、能力强、水平高的名师。这样的教师选调工作直至今年每年都进行一次，除了从高校直接招聘新教师以外，现在五中教师中的主力与骨干都是通过选调方式从基层挑选出来的。可以说，他们个个都是教学的高手、能手，也许有些人并没有名师称号，但其实他们都是名副其实的名师。可以说，每年选调这样一批师资进入五中，人们对五中的印象就会改变一点，加上前几届毕业生质量过硬，连续多年下来，人们对五中的印象已经彻底改变，一个崭新的现代的优质的 H 县五中已经成形。有的家长开玩笑，说当初之所以把孩子送来，就是冲着这批名师，认定有这批人的加盟，五中一定会变成一只业绩显著的"绩优股"，现在果然应验。由此可见，正是名师的流入，才使五中在逆境中获得重生。你不得不承认，名师对一所学校的办学就是有这么大的影响力。

如果说 H 县五中一直以来都是"卖方市场"，是在找生源的话，那么从今年开始，五中已完全变成"买方市场"，是考生来找我们。由于报考人数陡增，我们现在对生源有了极大的选择空间。与一中、二中、三中不同的是，他们的选择建立在招生制度的硬性规定之上，而我们的选择完全出于考生和家长的意愿。家长们之所以如此，我分析，不仅是冲着五中这块牌子，更主要的是冲着五中的教学质量和名师而来。很多高分考生在填报志愿前，家长都会指名道姓要进某某老师班，与其说他们是在"择校"，不如说是在"择师"。由此可见，优质师资对优质生源具有极大的吸附力。可以断言，五中自今年开始已完全脱胎换骨，真正步入了良性循环。而在五中崛起的整个过程中，名师一直是办学的主要依靠力量，是学校全部工作的战略着眼点。对五中的成功来说，名师功不可没。

L 校长的叙述向我们展现了一所薄弱学校由弱转强的历程，我们可以从中认识到一群名师的加盟对一所薄弱学校的改造所具有的重要作用以及所产生的实质性影响。五中的成功虽然离不开新校长的胆识和魄力，离不开政府在政策上的倾斜和支持，但这些影响只能是学校宏观管理层面上的，对学校内部的实质性活动——教育教学而言，能使其获得成功，使学生成绩大幅提高的，惟有名师。或者可以说，政府的行政力量和校长的领导作用只有通过名师作用的发挥，才能变成影响一所学校办学和教育教学质量的现实力量。从吸引优质生源到输出高素质的毕业生，在这个过程中，名师的作用是至关重要、无法替代的。所以，通过 H 县五中办学的成功，我们感受到，名师这个教师队伍中的特殊群体，不仅是政府、校长实施教育行政管理和学校内部管理的着力点，而且是家长、学生寻求优质教学的关注点。

（4）访谈四：H 县一中校长谈名师对办学的影响

背景：与 H 县五中形成巨大差异的是 H 县一中近几年所面临的压力和困境。H 县一中是一所办学历史悠久的学校，曾经是市重点学校和市示范性学校，现在是省示范性学校，取得过骄人的成绩，有过绚丽的辉煌，即使在遭遇挫折的今天，它在全县民众的心目中和整个教育系统中，依然是"最好"、"最优"、"最强"的代名词。一中拥有全县最好的办学条件，最好的高中生源在此云集，也有强大的教师阵容，还享受最优惠的扶持政策，它理应成为全县中学的"领头羊"。在全县范围内，一中确实如此。但近几年，与本市其他县重点中学相比，一中虽然在硬件建设上毫不逊色，但其高考升学率的排名却一路走低，直至垫底，为此招致社会上的广泛议论和批评指责。雪上加霜的是，近几年，一中每年都有几位名师和骨干教师悄然作别，一中遭遇到办学史上从未有过的"名师师荒"。在一中遇挫的整个过程中，C 校长一直身处漩涡的中心，承受了外人难以体会的压力。研究者从他的叙述中感受到名师流失给学校带来的切肤之痛。

问题六：您认为名师流失的原因是什么？这对 H 县一中的办学有没有影响？

我知道，一中近三年来多位名师的流失已成为社会关注的一个焦点。如果要分析原因的话，我想第一个原因应该是我这个校长。我作为一校之长，对他们的流失负有不可推卸的责任，对这一点我无话可说，也从未想过推卸责任。但作为我个人，我也不得不说，面对他们的流失，我也是痛心疾首，但又无能为力。促使他们离开的许多因素恐怕是我个人力量所无法驾驭的。

首先，作为一中的教师，尤其是名师和骨干教师，他们比县内其他任何学校的教师所承受的压力都大，可以说，他们常年在精神的重压下工作、生活着。人们可能只知道一中享有多少优惠政策，但不知道我们在享受这些优惠政策的同时所担负的责任是何等之重。作为县内惟一一所省级示范中学，全县高考升学的重担可以说都压在一中的肩上，而高考升学率是衡量全县教育质量最重要的指标，所以，一中的高考升学率往往就代表着全县教育的质量和水平，不仅学生家长关注，政府领导关注，可以说整个社会都高度关注。当来自上面的、下面的、政府的、民间的、社会的、同行的所有关注都集于一身时，可以想象，这种精神压力有多沉多重！身处高考风口浪尖的一中教师可以说都是小心翼翼，如履薄冰，稍有不慎，哪一年考砸了，就无法向家长、政府、社会交代。这一点我作为校长明白，一中的教师又有哪个不明白呢？有人认为，一中这几年高考成绩不好，在走下坡路，这一点我不同意。实际上，纵向来看，一中这几年的升学率一直都以每年百分之三四十的比例提高，这也是有目共睹的，只是从横向来看，与市内其他县中相比，我们提高的幅度小了点，但这也不全是一中的责任。全县的初中给一中送来的生源是怎样的，相信大家在报纸上都看到了，与其他县中的入学分数相比要差一大截。抛开生源质量，只在高考结果上比长短、论优劣，我想这对一中是不公平的。我可以肯定地说，一中的全体教职工都是尽职尽责的，他们付出了比他人更多的努力，却不能为社会所理解，甚至遭受了很多无端的指责，这令他们心寒。我想这是促成他们离去的精神因素吧。

其次，从制度原因来看，一中教师的付出与他们的经济收入、物质回报是不成正比的。现行的工资制度大家也知道，校与校之间、教师与教师之间几乎没有差别，大家都按照统一的工资标准拿相差无几的钱。所谓的重点校与普通校之间、好教师与普通教师之间在工资收入上并没有多少差别。即使是靠课外补课挣点钱，也会受到社会的指责，受到行政命令的限制与禁绝。有名师感叹，为什么教师凭本事挣钱会受到这样多的非难？自身的价值在工资制度上无法体现，个人努力的途径又被禁绝，难道作为优秀教师，空守一身的才能，非要默认并安守这清贫的命运？我想这是导致他们离去的制度因素和经济原因吧。

跳出 H 县，从国内教师就业的大气候来看，经济发达地区用人制度的灵活性和相对较高的工资回报构成了名师外流的外部诱因。全国范围的高中扩招和民办教育的勃兴使高中教师的需要量激增，尤其是像我们这样的省示范性中学中，较为成熟、富有教学经验、拥有高级职称和名师称号的教师，更是抢手，成为他们竞相争夺的对象。

所有这些校内外、县内外、体制内外以及精神的、经济的、制度的种种因素，共同促成了今天一中教师外流的尴尬局面。而且我可以告诉你的是，凡是走出去的都是好教师，都是名师、骨干教师，是主力军和顶梁柱，非等闲之辈，他们的流失令我惋惜，但我能理解。他们的离开对一中肯定有冲击和影响，但我相信，在县委县政府的支持和学校自身的努力下，困难很快会过去。它会促使我们反思，促成我们改革。可以肯定的是，一中还将是原来的一中，一中肯定还是最好的。

从 C 校长对一中由盛转衰的原因所进行的分析中，我们意识到，导致一中裹足不前甚至走向滑落的原因是复杂多样的，既有校内管理的微观原因，也有整个教育体制的宏观问题；既有经济的、制度的因素，也有精神的、心理的和人际关系方面的原因。但在这些看似纷繁复杂的现象背后，其核心问题是一中教师特别是名师的积极性问题。或者说，C 校长列举的这些因素叠加起来，共同构成了对一中教师特别是名师积极性的伤害，这才是全部问题的关键所在。可以说,一中之所以有资格成为地方名校,是因为它拥有一批名师,但在今天社会变革和教育竞争日趋激烈的新形势下,面对人才流动的汹涌大潮,一中在如何留住优秀教师、重新激发名师积极性上遇到了从未有过的障碍。如果不能从观念、体制、管理上采取新的方式和手段来克服困难,逾越障碍,那么名师的流失会成为难以遏止的现实。

H县五中和一中的沉浮历程使我们深刻体会到名校与名师之间内在的依存性。真可谓成也名师,败也名师!

2. 当事人的视角

访谈:一位名师谈名师及"名师工程"的作用

背景:H县自1997年开始评选名师至今,已拥有一个70多人的名师群体,他们每个人都曾亲身经历名师评审的整个过程,对作为名师的酸甜苦辣有切身感受。对于名师和"名师工程"的功能,他们最有发言权。

Z老师属于H县名师群体中比较典型的一位。他1990年专科毕业参加工作,先后在乡办初中、县办中学教过10年英语,1999年被评为"教坛新星",2000年通过选调方式进入H县五中,一直担任班主任,教三个班的英语,还兼任英语教研组组长。他所带的班级学生在今年中考中考出了本校最好成绩,与其他学校比,也是位居前列。在县城各校中,他是一位很有名望的名师,很多家长就是冲着他的名气让孩子报考五中的。暑假中,研究者带着下列问题与他进行了一番长谈。

问题一:您认为您作为名师的作用得到发挥了吗?

这要看从哪个方面来说。如果单从教育教学的角度讲,我可以肯定地说,我的作用已发挥到了极限。因为工作和精神的压力,我时常感到精力不济、疲惫不堪。工作的压力除了每周15节的课时量不说,光是课后辅导、晚间和双休日辅导、作业和测验等的量就非常大。虽然校方并没有课外的这些要求和安排,上面也禁止这种做法,但不这样做能行吗?我带的这一届学生与一中、二中比,入学时的成绩整体上不如他们,要想考好,只有花比别人更多的时间。再说,家长们当年都是因为信任我而把孩子送来的,如果他们的孩子放在我班上还考不好,我怎么交待呀?可以这样说,我进五中这三年,没有真正很好地休息过一天。我觉得累,学生也觉得累,但不累哪有成绩呢?中考可是要用分数说话的呀。工夫总算没有白费,今年考得还不错。

本以为这批学生毕业了，总算可以松口气了，可还没缓过神来，学校又要我下学期接手初一的班主任。我也知道，现在办学竞争激烈，五中这样的学校要想吸引好的生源，也只有让我们这些还算有点名气的人顶着上。累是累，但为了学校的发展，也只有豁出去了。

至于其他方面，比如教研组工作、教科研活动、新教师帮带等等，虽然学校也有些要求，但因为跟考试比起来不是硬性的，也就只能应付了，好在学校把工作重点都放在应试、分数、升学上，这些活动从来只是流于形式，也没人在这些事情上跟你较真。说实在话，从个人来讲，现在常有"老本快要啃光，行将油尽灯枯"的感觉，总觉得自己需要静下来充点电，吸取点新东西，提高一下自己，但一旦面对学生，面对考试的压力，很快就把这些抛在脑后了。

问题二：您认为当前制约名师作用发挥的因素有哪些？

就我自己来说，我之所以这么拼命，更多的是出于自尊心、良心和对五中领导的感激之情。我这个人从小就要强，做什么事都不甘落后，所以在教学上，我一直是严格要求自己，总想教得比别人好，满足自尊心或者说虚荣心吧。我对信任我、尊重我的人可以说是"涌泉相报"，累死也不叫苦。家长们这么信任我，五中领导能让我凭实力不花一分钱调进县城，还这么看重我，就是再苦再累我也心甘情愿。有时，我也自嘲是一个活在精神和感情世界中的人，是一个精神游子、感情动物。但我总觉得，一所学校是否具有信任、尊重教师的精神氛围，对于教师们愿不愿意拼命工作来说确实很重要。我觉得五中领导在这点上做得很好。

但回过头来看，就我们的收入而言，我们的付出太不值了。很多好教师不安心教学，人心思走，可能更多的就是出于这种付出与收入的不平衡。说实话，这种不平衡不仅是工资收入、福利待遇上的，更主要的是心理上觉得委屈，价值感被损毁。为什么干得不多、干得不好的人跟我拿一样的工资？为什么我做得累、做得好，却并不比他们多拿一分？再说了，教师工资就那么点，要养家糊口，所以希望凭能力多挣点也是正常的。但我们的分配制度就是做不到这一点。工资内做不到就罢了，课外挣点辛苦钱总可以吧？竟然也遭批评、禁止。想想真觉得窝囊，这不是让活人守着一身武艺穷死憋死吗？所以很多好教师要么消极怠工，要么抬腿走人。

现在的某种社会风气对名师作用的发挥也有不利影响。因为是名师，很多家长为孩子成绩着想，往往请吃请喝，有些名教师把持不住自己，常常是应酬不暇,把大量的时间和精力花在应酬上,哪有心思抓学生、钻研教学?时间长了就徒有虚名。社会上对这些"名师"的做法也颇有微词。

问题三:您认为农村为什么留不住名师?怎样才能让名师扎根农村?

我就是从农村走出来的,在农村学校有10年的从教经历,我深知农村师资之弱、农村教师之苦。按理说,农村是最需要名师的,但现实中,农村学校流失最快的也是名师。名师在农村不仅是"水土不服",简直就是格格不入。

首先,农村的环境留不住名师,因为它与一个刚刚毕业的大学生的理想相差太远了,无论是学校环境、经济条件还是人际氛围,都让意气风发的新教师们心灰意冷,收入、地位、尊严甚至恋爱、婚姻都化成泡影,像被流放到物质的荒岛与精神的沙漠中,很容易让人绝望。从工作的第一天起,我就发誓要离开它。其次,名师的性格决定了他们会选择"逃离"。在农村那样的环境里要成长为名师,比普通情况下艰难得多,这些评上名师的教师一般个性要强,不服输,有强烈的自尊,不屈从于命运,且意志坚定。他们磨砺自己可能就是出于要离开的决心。三是现行的教师调动政策恰好为名师离开农村建立了制度的通道,打开了流走的闸门。除了非正常的教师调动以外,上级选调教师总是挑最好的,名师在调动中优势明显。所以,他们的离开在所难免,只是时间早晚问题。据我所知,我县现在真正身在农村的名师已所剩无几。

我觉得,要把名师硬留在农村现在已经很难,因为人才流动频繁了,具备了走的条件,想走很方便,硬留是留不住的,硬堵是堵不死的。要留也只能是动态的留,或者说,让名师在流动中留。也就是说,一要轮流制,不是哪几个名师终生留守,而是名师们轮流到农村支教;二是补偿制,对名师到农村支教要实行经济上的大力补偿;三是分离制,利用现代交通优势,实行工作地与生活地的分离,留工作不留生活,留工作不留人。只要名师教学和工作上的优势能在农村得以施展和发挥,又何必非要把这个人的身体、生活甚至精神也强留在农村呢?

3. 旁观者的视角

(1) 访谈一:一位普通教师谈名师的作用

背景:H县人口不到60万,现有中小学教师4625名,全县73位名师仅占教师总数的1.5%,而且分散在全县的数十所学校,与普通教师一起工作和生活在学校集体之中,普通教师对他们甚为熟悉和了解。那么,对于受到行政和社会舆论如此追捧的名师,对于被视为普通教师的榜样和典范的名师,作为旁观者的普通教师是如何看待的呢? 研究者选择了一位普通教师作为访谈对象,请他就名师的作用和影响发表自己的看法。

问题一：您认为您身边的名师对您有影响吗?

如果非要谈名师的影响的话,我觉得他们在学校外的社会影响要比在学校内的影响大,对家长的影响要比对同事的影响大,对学生的影响要比对教师的影响大。社会上,家长们很信服名师;对学生来说,名师更多的是形成一种心理暗示作用;而单从我个人的角度来讲,我觉得他们对我几乎没有多少影响。

我多年的感受是,名师在同事圈子里的影响最小。这可能是彼此间太熟悉太了解的缘故。从圈外看,名师的光环光彩夺目,可真要在圈内看,我们并没有什么感觉,这可能是由于心理上的原因吧。就教学来讲,教学是一件个体性极强的事,没有任何人能告诉我课应该怎样上,或者什么样的课是最好的课,即使是名师也不行。有时听一些课,感觉确实好,但我学不来,回头按照他的模式上还是失败,因为上好那样的课所需要的各种条件都是他个人的,我并不具备。我只具备我这样的条件,也只能按我的这种方式上课。所以说,教学上的很多东西是凭各人的悟性在实践中摸索出来的,不是简单地告诉你或给你一个样子你就能学会的。再说,大家教的学科不同,学科之间的差异也很大,在这种情况下,一位教师(哪怕他是名师)不会傻到主动去对别人的课指指点点,即使是公开课的评议,也大多是好的多差的少,实际上等于隔靴搔痒,无甚补益。虽然学校也要求名师发挥"传、帮、带"作用,但也只是针对刚上岗的新教师,据我了解,实际影响微乎其微,这可能是教学上的帮和带本身较难、制度不健全、名师大都工作繁忙的缘故造成的吧。

问题二：您认为名师对 H 县的教育发展有何作用?

我觉得作用有限。其他方面不说,单就"应试"来讲,名师的作用也是很有限的。从宏观来讲,教育是一个极为复杂的大系统,单抓名师,单靠名师这些少数人的力量想改变全局,恐怕是很难的。事实也证明了这一点,远的不说,近邻 J 县比我们还小,它的名师总量不会比我们多吧,但它的中考、高考成绩都比我们好。这说明光靠几个名师是解决不了全县教育的大问题的,还是需要着眼于全局,着眼于发挥全体教师的作用。从微观来讲,任何一个学生的成长和成绩都不是靠某一两位或几位名师就能保证的,而是所有教师共同努力的结果。在"应试"越来越激烈的情况下,"5＋0＝0"这个公式可以说极有道理:只要有一位教师不行,就决定了总成绩不行,就等于零。也就是说,一个学生的成绩怎样、成长如何,不是由名师决定的,而恰恰是由那些普通教师的水平决定的。再说,就那么几十个名师,能带多少学生?能影响多少人?所以,我对教育局这种把时间、精力和金钱花在少数名师身上的做法一直很不以为然。对这些名师来说,他们已经够优秀了,再在他们身上花工夫,顶多也只是"锦上添花",而对数量庞大的普通教师群体来说,这样的政策更是置他们于发展的不利境地。大批普通教师恰恰最需要政府关注和政策的倾斜,需要全社会"雪中送炭"。只有提高许许多多普通教师的水平,我们全县的教育才会有转机,才会有希望。

(2) 访谈二:一位流失名师眼中的名师和"名师工程"

背景:H县名师流失的历史已有四五年,每年都会有几位优秀教师离去,今年暑期最为严重。仅县城内几所学校,今年暑假就走了近20位教师,其中三分之一是本研究意义上的名师,另一半也大都是民间意义上的名师。他们在做完本调查问卷不久便悄然离去。如果说他们个人的离去是悄悄的,那么,他们离去所带来的影响和冲击却引起了H县整个教育系统乃至全县上下的震动。人们都在问:H县的教育怎么了?我们的孩子以后怎么办?就在这一片议论声中,一位于几年前第一批离开H县,现在经济发达地区一所省重点中学任教的名师回来探亲,因为与研究者是故友,所以,研究者带着本研究的相关问题访问了他。

问题三:您作为一位名师,当年为什么选择离开?

我当年之所以离开,可以说是万般无奈,负气而走。从小在这儿长大,又在这儿工作、生活了十几年,整个家庭、人脉关系都在这儿,感情上怎么可能舍得?再说,都四十出头的人了,为教育奉献已是两鬓花白,不是迫于无奈,谁愿意离开故土?当年离开是憋着一股气,现在回过头想想,在这儿干了那么多年,真是既不值得也不舒心。

说不值得,是指付出与收入极不平衡。在县重点中学任教,那种苦那种累就不必说了,可每个月满打满算也不过千把元,我爱人又下岗在家,孩子在读书,日子过得很艰难。而现在我所在的这所省重点中学,教学和工作的压力并不比以前大多少,我的年收入至少也有五六万元,还安排了我爱人的工作,孩子上本校高中,学费享受优惠。跟在这儿时比,不知强多少。我现在才感觉活得像个人,找到了一点做人、做名师的价值感、尊严感。

实际上,当年走的时候并不知道会是这样,可以说是冒着很大风险离开的。亲朋好友、同学同事都劝我,我当时的精神压力很大,因为我家就我一个拿工资的,要是我找不到工作,你想会是怎样的情形? 但当时之所以还是下定决心走,实在是因为一些事情感到气愤、窝囊,工作极不舒心。当年为房子几经周折,后来为职称又搞得焦头烂额,就觉得从上到下处处都在卡你、压你。对这一点,我现在的感触最深,我觉得我们这儿的教育领域官僚味太浓,根本不关心教师的疾苦,总是在很多事情上想方设法为难你,而校长们现在的物质欲太强,拼命搞钱盖房子,学校都变成建筑工地了。可以说,从上到下没人真正关注教学、研究教学、重视教学,一点学校的样子、学术的氛围都没有了,教育不出问题、质量不下滑才怪呢! 现在问题终于暴露出来了,又都把责任全推给教师,说教师工作责任心不够,说教师搞家教分了心,说教师整天吃吃喝喝耗了精力,等等,总是在教师身上找原因,就是不问问,现在有几个领导把教学放在心上? 有几个校长把教学当回事,经常深入课堂? 又有几个领导真正关心教师的疾苦,重视教师的专业成长和事业发展? 当教育被“权”和“钱”霸占,充斥着官僚气和利欲心的时候,还谈什么教育、教学和质量? 在这种环境里工作,教师能舒心吗?

我可以预言,如果政府领导和校长不深入反思,不把问题的真正原因找出来,进行有针对性的改革,再这样下去,教育质量会更差,离开的教师会更多。[1] 据我所知,现在已经不是教师走的问题了,连初中、高中成绩好一点的学生,只要有点本事和门路,都在想办法转到周围其他县、市的学校读书。当一个县的好教师都走了,好学生都走了,还办什么教育? 还谈什么发展? 这已经不是几个名师流失的简单问题了,而是教育上的严重危机。我不知道这是否已经引起县领导的高度重视。这里是我的故乡,我虽然离开了,但还是希望它能够富强起来。

问题四:您对H县的“名师工程”作何评价?

应该说,我个人是从“名师工程”中获益的。如果不是当年评上名师,没

1　据研究者的问卷调查显示,对于“你现在是否有离开本地到经济发达地区找工作的想法”这一问题,回答肯定者占58%,否定者占42%;而对于“如果条件允许,你是否会离开本地到经济发达地区找工作”这一问题,竟然有78%的人做了肯定回答,选择离开本地教育系统。

有"名师"这个荣誉，要想在现在这所省重点中学找到工作是很难的。但与发达地区相比，我觉得我们的"名师工程"还存在很多不实之举。也就是说，"名师工程"更多的是注重形式，虚而不实。

就我的理解，"名师工程"应该是一个包括名师的培养、选拔、留任、使用的全过程和全方位的系统工程。我们县现在基本上只注重选拔，也就是评审、评比、评选，对名师的培养和成长过程关注不够，对名师评比之后如何留住名师、最大程度地发挥名师的作用做得还不够。也就是说，我们只注重"评比"这个环节，只注重名师在数量上的增加，只重视名师形式上的存在和拥有，对"评比"之前和之后的环节关注不够，甚至可以说根本未曾关注。而如果不关注名师的成长过程，就很难保证名师具备真正的水平和实力；如果不关注名师的留任和使用，就可能让现成的名师资源白白耗费和流失。也就是说，在名师和"名师工程"问题上，我们不要整天忙着"生蛋"、"数蛋"，要常常想着怎样"做窝"。要知道，没有一块让名师成长的土壤，没有一个让名师施展才华的舞台，没有一套激励名师的制度，没有一处名师安身立命的精神家园，即便评出再多的名师，他们也会远走高飞的。

透过这些不同角色的视角，我们对 H 县名师和"名师工程"有了一次全方位、多视角的观照。虽然表面上看，这些意见和看法存在很多矛盾、对立和冲突的地方，但也能发现其中隐含着的一些契合点：① 名师和"名师工程"的作用是不可否认的，无论对于名师个人、学校办学、教师队伍建设，还是对全县教育发展来说，它们都在一定程度上发挥了作用。② 名师和"名师工程"的作用是有限的，如果不注重整个教师队伍的建设和全体教师素质的提高，单靠数量有限的名师是难以支撑全局的。③ 名师作用的发挥取决于富有支持性的环境和条件，只有在经济利益、管理制度、精神心理上营造一个有利于名师工作和生活的环境，才能使他们的作用得到最大程度的发挥。④ "名师工程"的作用不仅应体现在名师的评选及数量、形式上，还应体现在名师成长、使用的环境建设上。

六、结语：对"名师工程"的若干建议

通过对 H 县中小学名师产生过程、群体特征、功能和作用发挥三个方面的考察，我们对中国一个县级范围内的中小学名师状况有了一个较为全面、深入的了解，从中也能清楚地看到"名师工程"对名师这个特定人群的影响以及对一个县的教育所产生的冲击。可以说，"名师工程"的实施既为该县教育的发展做出了一定贡献，也在新形势下给该县的教育带来了一些新问题。

从积极的方面来说，"名师工程"的重要意义在于，在师资队伍建设问题上实现了由"数量扩张型"向"质量提升型"的战略转变，名师、优秀教师开始进入行政关注的视野，其选拔、培养已被纳入制度框架。从此，通过"名师工程"的制度路径，中小学名师将成批涌现，层出不穷。也就是说，"名师工程"所带来的名师制度化适应了教育发展的现实需求，是提高教育质量的必然选择，也意味着优质师资队伍建设上的一大进步。

但是，不容回避的是，这种进步中也潜藏着某些隐忧。在保证名师数量逐年增长的同时，能否确保名师质量的相应提升？在关注数量有限的名师选拔、培养的同时，能否在更广泛的意义上关注教师队伍整体素质的提高？在行政荣誉激励的基础上，能否通过资格认定的方式实现名师的专业化发展？在热衷于名师选拔的同时，能否更加关注他们的成长过程和作用发挥？当名师不断在制度内产生的同时，能否抑制他们向制度外流失的趋势？在"名师工程"的响亮口号之下，能否保证它不会演变成行政过程中有目共睹的"形象工程"？既然这些问题是不完善不健全的制度造成的，那也只有通过健全与完善制度才能加以解决。我们需要回到制度理性的平和与冷静中，清醒地认识名师制度化，使之在改革与发展的进程中继续前行，实现超越。

1. 重"名"，更要重"实"

"名师"之"名"，从根本上来说只是一个符号、一种象征，它代表了一位教师在个人素质、能力、水平、修养上的出类拔萃以及由此而带来的社会地位、荣誉和声望的不同凡响。如果说历史上的名师历经时间的淘洗，而今依然名声不减的话，那么，在当今制度化过程中诞生的名师是否能真正做到"名"副其"实"，还是一个问题，还需要时间来检验，有待实践来证明。不过，如果我们从一开始就能把关注的目光聚集在"名师"之"实"而不是"名师"之"名"上，也许能在源头遏止一些偏颇与浮躁。

"名"与"实"是涉及"形式"与"内容"的一对范畴，重"名"更重"实"，让名师之"名"符合其"实"，意味着必须在制度设计的序列上重视成名之前的培养与成长、成名过程中的评审与公正以及成名之后的留任与使用这三个环节。也就是说,一要把名师成名之前的培养工作做实,使他们的成长落在实处;二要做好名师评审工作,使"名师"这一称号名副其实;三要做好名师成名之后的留任和使用工作,使名师的能力得到实际运用,作用得到实际发挥。由此可见,"名师工程"要符合实际、形成实效,必须关注名师成名之前、之时、之后的整个过程,要在制度设计上体现全程关注的理念。

实际上,在 H 县"名师工程"实施过程中,我们不难发现,只有名师评审这一环节真正受到了重视,而这些名师在评审之前的成长过程和评审之后的留任使用,并没有引起足够的重视,也没有什么实质性的制度安排。因此,评审之前的名师成长基本上是处于自然和自发的状态,"名师工程"只不过是按时进行的"自然收获",名师数量虽然不少,但这种"靠天收"方式的结果只能是"矮子里选高个",质量上必然参差不齐。同样,评审之后的名师留任与使用也是处于各校各行其是、听之任之的状态,虽然县教育局也组织过一些名师活动,但时间短、涉及面小、影响不大,也只能是流于形式。因此,忽略评审前和评审后两个重要环节,仅把评审环节作为"名师工程"惟一的着力点,会使"名师工程"徒具形式,难有实效。

"名"与"实"的矛盾还体现在"精神"与"物质"的对立上。在我们一味注重名师的荣誉褒奖、精神满足的同时,还应该重视名师在物质上所应享受的待遇。如何调动名师的工作积极性,最大可能地、全方位地发挥他们的榜样、典型、示范、辐射与带动作用,是一件必须做的实事。在这个问题上遇到的最大难题,恐怕就是如何在工资收益、福利待遇上恰如其分地体现名师的优质教学、优质服务,也就是所谓的"名"至"实"归的问题。我们不得不看到,在物质文明高度发达的当今社会,单纯讲奉献、牺牲,单纯靠荣誉、声望来激发名师的工作积极性,其效甚微,长此以往,甚至有可能会引发像 H 县那样由名师流失带来的"师荒"和危机。因此,只有将名师的物质利益、工资收入、福利待遇等通过制度的渠道落在实处,使他们劳有所得、人有所值,才能收到人尽其才、人尽其用的实效。

2. 重"成名",更要重"成长"

从 H 县"名师工程"的实施情况来看,"名师工程"更多地关注评审结果,而忽略了名师的培养过程和成长过程。这种重结果不重过程的片面之举,不仅对名师的专业发展、作用发挥带来不利影响,而且对师资队伍整体素质的提高也会产生消极作用。所以，要使"名师工程"真正产生实效，必须做到既重过程又重结果，重"成名"，更重"成长"。

"名师工程"为优秀教师确立了一个"成名"的社会机制。只要一位教师素质优秀、教学能力突出，就有可能通过名师评比这样的社会机制，获得"名师"这一荣誉桂冠。可以说，如果没有"名师工程"为广大优秀教师建立的这样一套社会机制，我们的教师虽然也可能在社会上拥有良好的口碑和声誉，但毕竟没有得到权威部门和行政机构的认可，在今天制度化程度越来越高的职业生涯和社会生活中，其合法性和有效性还将是一个疑问。所以，"名师工程"的效果之一就在于为教师的成名建立了一套社会机制和制度流程。

从"名师工程"的目标取向来看，其出发点在于名师的社会效应或者说品牌效应。从中小学教育教学的现实需求来看，确实需要一大批高素质的优质师资来提高教育质量；从竞争越来越激烈的办学压力来看，需要一大批名师来提升学校的声誉和知名度；就学生和家长的求学心态而言，名师成为他们择校的主要原因；而从教育主管部门的动机来看，名师的大量涌现是其政绩的最好证明。所以，在今天的社会情形下，名师成为教育领域中乃至全社会的一种稀缺资源，成为关注的一个焦点。然而，与其说人们关注的是"师"，不如说人们对"名"更感兴趣，这也就决定了"名师工程"重名师成名的结果而不重名师成长过程的目标取向。

然而，一种潜在的危险是，忽略了过程的结果就像失去了源头的河流，极有可能会变成无源之水；忽视了"成长"过程的"成名"就像被刨去了根须的大树，最终会成为无根之木。这样的结果虽可能呈现一时的生机，却难保长久的生命与活力，更谈不上可持续发展。因此，回归过程，关注成长，是"名师工程"必须面对的现实和要解决的难题。

关注名师的成长过程意味着要为他们的专业成长营造一个支持性的制度环境。应当说，目前在职中小学教师的专业成长基本上仍处于"自然、自发"与"强制、被动"这两种极端状态。对于绝大多数在职中小学教师来说，他们的专业成长是在没有制度关心的灰色环境中，靠自我悟性、自我摸索来实现的，其所能达到的水平和高度主要由个人的素质、品质、悟性决定，几近"靠天收"的原始状态。近年来，对在职中小学教师的专业成长实施制度干预的"继续教育工程"虽然如火如荼，但从动力源上看，它是外部强制的；从教师的态度来看，也是消极和被动应付的。这种脱离本土、远离实际的大规模集中培训方式，与教师专业成长的特点和规律之间存在距离和龃龉，所以对教师专业成长的实际影响并不如预想的那样大、那样好。所幸,基于各中小学实际情境的"校本培训"、"校本研修"已呈后来居上之势,它相对于集中培训意义上的"继续教育"来说,不能不说是一种进步,但就教师成长动力这一根本性的问题来看,它依然没有挣脱"被动、强制"的樊篱。这是不是制度干预必然的死穴,恐怕是一个需要进一步探究的问题。

对名师成长过程的关注,仅仅依靠"继续教育"、"校本培训"这种方式,效果必然是有限的,还需要在人事制度、工资分配、人文关怀、精神氛围等方面营造一个适合并促进名师成长的良好环境,要把学校建设成为教师专业成长的舒适家园和精神乐园,让他们的专业能力在制度营造的宜人环境中,在教师个人自主的空间内,一步步提升,最终让名师之"名"因"实"至而"名"归,水到而渠成。

3. 重名师,更要重普通教师

实施"名师工程"的目的是通过名师的榜样和示范作用来带动全体教师水平的提高。但"问题是,把专家教师所拥有的'特质''传递'给一般教师就可使其获得专业发展,进而成为优秀教师的假设难以成立"。[1] "专家—新手"比较研究的结果表明,"专家的知识至少有三方面特征:一是专家知识是专门化的,而且限于特定的领域;二是专家知识是有组织的;三是专家所知道的大部分是缄默的知识。这种缄默的知识是难以形式化和通过他人的直接教学来获得的,而只能由当事者本人在特定领域内完成任务的经验中去构建或创造"。[2] 实际上,这就是说,"名师工程"的理想只能是工程设计者主观上的一厢情愿,仅仅通过名师的榜样、示范和带动作用来实现整个师资队伍的专业提升是不太可能的。这样的话,"名师工程"的着力点就只能落在少数名师身上。事实上,从 H 县"名师工程"实施的情况来看,实际操作中也确实只是把名师的评审工作作为主要内容。

这种以少数名师的培养、评审、使用为目的的行政工程,其思想源头可以追溯到我国教育领域中"精英主义"的滥觞。一直以来,人们对教育领域精英主义的批判大都指向办学中的"重点校"政策和学生发展上层层选拔的精英模式,或从学理的角度,或从现实的层面对这种教育政策和制度所秉持的精英主义信念以及由此而带来的教育畸形发展和教育公正问题进行了深

12　叶澜主编:《教师角色与教师发展新探》,教育科学出版社 2001 年版,第 200 页。

刻的揭露。[1] 但是,教师队伍建设和教师发展政策上这种典型的精英主义倾向,并未引起人们足够的重视,也未能进行深入的批判和反思。从全国范围的"名师工程"来看,大都是通过行政评审方式对教师进行人为的分级分等,按照一定比例或名额的限制,在教师群体中确立少数教师作为重点发展对象加以培养,使他们成为教育发展的骨干力量或者说精英力量,成为普通教师效仿、学习的榜样。这种做法就是精英主义信念在教师发展问题上的典型体现,与教育领域其他方面的精英主义做法如出一辙。

关于精英主义,英国学者哈利斯(K. Harris)在分析教师的成功问题时,从阶级立场和社会结构性分析的角度对精英主义所信奉的"个人主义逻辑"进行了深入剖析,并向我们展示了其核心的两个问题,即"任何人可以,因此人人可以"的谬论和"妨碍—排除原理"。[2] 前者相信,在"名师工程"貌似面向所有教师开放的"公正"制度中,任何人都可以或者说都有机会成为名师,所以每个教师都可以成为名师。这就潜在地意味着,你没有成为名师,并不是政府和制度没有给你机会,而是你自己不努力。哈利斯写道:"这种推理方法的另一个重要的神秘化和歪曲作用是——把脏水泼到个人身上。"[3]他进一步指出,实际上,"妨碍—排除原理"才是精英主义运行的现实机制,因为,"鉴于一整套社会关系,只有极少数人有能力从不利环境中爬上高位",[4]其他大众因种种必要和有效的限制而被排除在外,因此,"一个人或一部分人的成功妨碍了其他人的成功,而且实际上保证了其他人的失败"。[5] 哈利斯的结论是,在精英主义的制度前提下,"确有少数教师有意识地志在成功或因成功而获得最后的满意,但从另一面看,在普遍的意义上,教师的失败是命定的"。[6]

哈利斯的结论也许过于悲观,但他所揭示的精英主义信念在教师发展问题上所潜藏的危害是触目惊心的。它也提醒我们,在"名师工程"问题上,不能仅仅把极少数名师作为教师工作的全部内容,应当把视域推展到区域内的全体中小学教师;不是通过评比、评审、比赛的方式选优汰劣,而是要在发展性评价的理念下,为教师个人的专业成长营造一个自觉、自主、自由的制度空间。

1　金生鈜:《精英主义教育体制与重点学校》,载《教育研究与实验》,2000 年第 4 期。

2　K. 哈利斯:《教师与阶级——马克思主义分析》,唐宗清译,台湾桂冠图书股份有限公司 1994 年版,第 19、24 页。

3 4　同上,第 19、24 页。

5 6　同上,第 23、30 页。

4. 重行政化、工程化、形象化，更要重专业化

说"名师工程"是典型的"行政工程"可能一点也不为过，因为它自始至终都贯穿着行政的力量，充满行政的色彩。"工程"设计的主体是教育主管部门，具体实施也是教育行政机构的责任，"名师"称号被附着了行政的等级区分，最明显的当属名师的荣誉证书，如果没有盖上行政的印迹，就等于一纸废文。从这些或明显或潜隐的迹象中，我们能看到行政那无所不在的身影。可以说，行政化是"名师工程"最显著的特征。

"名师工程"的另一个特征是"工程化"倾向，它试图用工程管理的思想模式来推进教师队伍的专业发展。自 20 世纪 80 年代以来，各地教育行政部门出台了名目繁多的"工程"，与学校硬件改造上大兴土木的景象互为映衬的是，各种软件建设也因这类"工程"的上马而呈现出一派繁忙。但是，将适用于物质建设领域的工程管理理念移植到教育和人的发展领域，无异于南橘北枳，因为，"工程化的驱动组织是机械组织，机械组织是一种非学习型的组织，它是权威取向的。组织成员的学习完全是按照规定的步骤、限定的内容展开的，教师没有主动的参与权。教师专业化只能依靠学习型组织，这是一种头脑组织，这种组织要求通过专业对话、自主判断、行动研究来驱动"。[1]从教师人格、人性的角度来看，工程化的管理理念"与教师充满人性化、人格化、个性化、文化化的专业发展之间是彼此隔阂的。人性不是一部可以按照固定的模式建造并能精确地按照程序工作的机器，人性宛如一棵树，在内部力量的作用之下，充分发展各个方面，成为一个充满生命力的事物"。[2]可见，名师培养的工程化取向不仅有悖于教师专业发展的特定要求，而且容易将它引向机械、僵硬、死板的歧途。

毋庸讳言，作为教育事业宏观管理者的教育行政机关，积极引导高素质教师队伍的形成是其应尽的职能。不能否定他们基于营造教师队伍中"比、学、赶、超"氛围而出台"名师工程"的良好动机，但是，这种按照预先确定的计划、方案，通过定向、定时、定量的方式批量"生产"名师的行政行为难逃"形象工程"、"面子工程"的诟病。重"名"轻"实"，重"成名"轻"成长"，重极少数名师的"锦上添花"，轻绝大多数普通教师的"雪中送炭"，所有这些行为上的偏向，都是工程"形象化"的最好脚注，也是引起非议的最大口实。

---

12 周川：《教师专业化的误点》，载《教育参考》，2002 年第 3 期。

在教育主管部门按照行政自身的逻辑忙着为"名师工程"添砖加瓦而不亦乐乎的同时,作为学术研究结果得以大力倡行的教师"专业化"呼声,在行政领域内却并没有得到恰当的回应。行政管理层依然沿着行政思维的惯性来对待教师"专业化"发展的吁请,用"行政化、工程化、技术化、消闲化的惯用手法驱动专业化的进程"。[1] 甚至于擎着教师"专业化"的大旗,行政的力量和工程的方法在教师专业生活的领域内大行其道。可是,当行政的力量高过一切,工程的方法统领全局时,本应为之服务的教师"专业化"理念却可能潜伏着偃旗息鼓的危险,这恐怕也是今天在"名师工程"和教师"专业化"问题上要时时防范、备加警惕的危险。

附　录

附录一　"名师的制度化及其影响"调查问卷

尊敬的老师:

您好!

非常感谢您在百忙中抽出时间接受本次问卷调查。

本问卷调查涉及中小学名师(主要包括中小学特级教师、学科带头人和各级"教坛新星")的成长、选拔、培养和使用等有关情况,目的是为中小学名师的成长和作用发挥营造一个更具支持性的制度环境。

填写问卷可能要占用您一点时间,请您务必本着客观的态度对问卷中的每道问题根据个人情况做出真实的回答。您的回答只有真假之分,并无对错之别,但真假与否对本研究的结论至关重要!

在填写中,请您注意: (1) 凡须填写数字或文字的,请用小写数字或中文简明扼要地填写;(2) 凡问题中列出多种情况供您选择的,请您根据要求在符合您实际情况的内容上打"√"。本调查采用无记名方式,请您在填写完问卷以后,务必将调查问卷装入信封内并密封好,以确保您个人信息的隐

---

[1]　周川:《教师专业化的误点》,载《教育参考》,2002年第3期。

秘性。研究者也承诺不公开您个人的任何信息。

最后,对您提供的无私帮助和倾力支持表示衷心的感谢!

一、您出生于_____年,您的性别是_____,您于_____年走上教师工作岗位。

二、您的初始学历是_____,您现在的学历是_____,您现在的职称是_____。

三、您现在任教的学校(或所在单位)属于:

    1. 幼儿园_____   2. 小学_____   3. 初中_____

    4. 高中_____   5. 教育行政部门_____

四、您现在所任教的学校(或所在单位)位于:

    1. 农村_____   2. 乡镇_____

    3. 县城_____   4. 城市_____

五、您最初于_____年被评为:

    1. 教坛新星_____   2. 学科带头人_____

    3. 特级教师_____

后来有没有参加更高级别名师的评选:

    1. 有_____   2. 没有_____

六、您现在的名师称号属于:

    1. 县级_____   2. 市级_____

    3. 省级_____   4. 国家级_____

七、您所教授的主要学科是_____。除此以外,您还教不教其他学科?

    1. 教_____   2. 不教_____

带不带课外辅导?

    1. 带_____   2. 不带_____

八、您除了教学工作以外,现在还承担下列哪些工作:

    1. 班主任_____   2. 教研组长_____

    3. 年级组长_____   4. 学校中层领导_____

    5. 校级领导_____   6. 教育行政部门领导_____

九、在教科研方面,您在评上名师之前有_____篇教研论文在县级以上的评比中获奖,有_____篇论文在报刊上公开发表;评上名师之后,至今有_____篇教研论文在县级以上的评比中获奖,有_____篇论文在报刊上公开发表。

十、您在课堂教学等专业技能竞赛中共获过_____次奖励,其中县级_____次,市级_____次,省级_____次,国家级_____次。

十一、您所任教班级的学生成绩在本校同学科比较中总体上属于:

    1. 最好_____   2. 较好_____

    3. 中等_____   4. 较差_____

    5. 最差_____

十二、您自走上教师工作岗位以来,是不是一直都有成为一名优秀教师或名师的愿望和想法?

    1. 有_____   2. 没有_____

十三、您认为您之所以能评上名师,最主要的原因是:

    1. 领导的关照_____   2. 同事的帮助_____

    3. 天赋的素质_____   4. 自身的努力_____

    5. 机会和运气_____

十四、您认为您作为一位名师,在自身各项优秀素质中最过硬的一项是:

    1. 所带学生的考试成绩好_____

    2. 自己的课堂教学水平高_____

    3. 班主任工作成绩突出_____

    4. 教科研成果显著_____

    5. 自身综合素质优秀_____

十五、作为名师,您所在的学校中,是不是有很多家长想把子女送到您的班级里接受教育?

    1. 是_____   2. 不是_____

十六、作为名师,在正常的教学工作之外,是不是有很多家长把子女送到您身边接受辅导?

    1. 是_____   2. 不是_____

十七、您作为名师,在学校内与其他教师相比,经济收入是否存在差距?

    1. 比他们高很多_____   2. 比他们略高_____

    3. 与他们无差距_____   4. 比他们低_____

十八、您作为一位名师,对自己现在的收入是否满意?

1. 很满意_____　　　　2. 基本满意_____

　　3. 不满意_____

对自己的社会地位是否满意?

　　1. 很满意_____　　　　2. 基本满意_____

　　3. 不满意_____

十九、您作为名师,在学校内与其他教师相比,是否更受到领导的重视?

　　1. 更受重视_____　　　2. 更受排挤_____

　　3. 无明显差异_____

二十、您认为在一所学校中,名师的作用最应该体现在下列哪一项活动中?

　　1. 行政上得到提拔_____

　　2. 教学上得到重用_____

　　3. 帮助和带动其他教师的专业发展_____

　　4. 在教科研上发挥带头作用_____

二十一、作为名师,您希望自己以后:

　　1. 在行政上得到提拔_____

　　2. 在教学上得到重用_____

　　3. 能到发达地区找到更好的工作岗位_____

二十二、您认为在您现在所任教的学校,您作为名师的作用是否得到发挥?

　　1. 完全得到发挥_____

　　2. 一定程度上得到发挥_____

　　3. 没有得到发挥_____

二十三、评上名师以后,您有没有调动过?

　　1. 有_____　　　　2. 没有_____

如果有的话,是出于什么原因?

　　1. 组织安排_____　　　2. 个人要求_____

二十四、您现在有没有调往或应聘到更发达地区或更好学校的想法?

　　1. 有_____　　　　2. 没有_____

如果条件允许,您有没有调往或应聘到更发达地区或更好学校的可能?

　　1. 有_____　　　　2. 没有_____

二十五、您认为一个地区名师流失最主要的原因是:

1. 经济收入不相称_____

2. 自身价值没有得到体现_____

3. 自身作用没有得到发挥_____

4. 职业发展无望_____

二十六、您所任教的学校有没有专门制定针对名师培养、评比、考核、使用的管理方案或规章制度？

      1. 有_____   2. 没有_____

二十七、您所在的学校或当地教育主管部门有没有组织和开展一些针对名师的专门活动？

      1. 有很多_____   2. 有,但很少_____

      3. 根本没有_____

二十八、在下面列举的"名师工程"实施和名师评选的几个目的中,您同意哪几条:

      1. 使优秀教师的能力和成绩得到社会的认可和表彰

      2. 激励广大普通教师不断追求上进

      3. 通过少数名师的榜样、示范和辐射作用,带动更多普通教师的专业成长

      4. 提高教师队伍整体的专业水平、社会地位和声誉

二十九、您认为"名师工程"实施以来,通过各种形式的名师评选、表彰,是否能调动起全体教师在专业成长上不断努力的积极性:

      1. 完全能_____   2. 部分能_____

      3. 完全不能_____

三十、您认为作为一位名师,您在学校中是否能对其他教师的专业成长产生积极的影响:

      1. 能_____   2. 不能_____

三十一、您认为作为一位名师,您在学校中对其他教师是否能起到榜样、示范作用:

      1. 能_____   2. 不能_____

三十二、您认为"名师工程"的实施和每年的名师评选对您身边的教师是否有激励作用:

      1. 有_____   2. 没有_____

三十三、您认为在您评选名师的过程中,教育主管部门制定的参评条件

和评选标准是否科学合理:

      1. 完全科学合理_____   2. 基本科学合理_____

      3. 不够科学合理_____

三十四、您认为在您评选名师的过程中,整个评选过程是否客观公正:

      1. 完全客观公正_____   2. 基本客观公正_____

      3. 不够客观公正_____

三十五、您认为当前名师评选的方式是否能真正反映一位参评教师的真实水平:

      1. 完全能反映_____   2. 部分能反映_____

      3. 根本不能反映_____

三十六、评上了名师以后,您有没有感受到自己的社会地位提高了?

      1. 有_____   2. 没有_____

您有没有感受到自己的知名度增加了?

      1. 有_____   2. 没有_____

您有没有感受到自己的经济收入增加了?

      1. 有_____   2. 没有_____

您有没有感受到自己更受重视了?

      1. 有_____   2. 没有_____

三十七、评上名师以后,校领导安排您任教的班级经常是:

      1. 重点班或好班_____   2. 普通班_____

      3. 差班_____

三十八、评上名师以后,您是不是比过去、比其他同事有更多参加各种教学、培训或学术活动的机会:

      1. 机会更多了_____   2. 机会更少了_____

      3. 没什么差别_____

三十九、评上名师以后,您花在教学上的时间和精力:

      1. 更多了_____   2. 更少了_____

      3. 无差别_____

四十、评上名师以后,您在校内举办过_____次公开课或示范课;举办过_____次专题讲座;主持过_____项教科研课题。

四十一、评上名师以后,您参加过_____次教育主管部门组织的"送教下乡"活动。

四十二、评上名师以后,与过去相比,您现在的工作压力感:

    1. 明显增强了_____   2. 略有增强_____

    3. 差不多_____   4. 减轻了_____

四十三、评上名师之前,您与同事的关系:

    1. 相互合作,关系融洽_____

    2. 各行其是,关系平淡_____

    3. 明争暗斗,关系紧张_____

四十四、评上名师以后,您与同事的关系:

    1. 更受尊重,更加融洽_____

    2. 常遭妒嫉,明争暗斗_____

    3. 没有变化_____

四十五、在一定范围内,您现在已经是一位名师了,您未来的职业目标是下列哪一项:

    1. 教学上精益求精,将来成为专家型教师,在更大的范围内发挥作用

    2. 努力成为一名教育行政领导或校长,在教育管理事业上发挥作用

    3. 努力成为一名教育科研方面的专家,在教育研究领域发挥作用

    4. 在继续提高自己教学水平的同时,通过自身教学经验和能力的优势获得更多的经济收益

    5. 未深入考虑过这个问题,尚无明确的职业目标

附录二　H县中小学"名师工程"建设实施意见(H教字[2002]12号)

各乡镇教委、中学,县直各校(园):

根据市政府办公厅"C政办秘[2001]5号"文批准的《C市中小学"名师工程"建设实施方案》,结合我县中小学教师队伍实际,就我县中小学"名师工程"建设制定《H县中小学"名师工程"建设实施意见》,请立即组织实施。

指导思想

为贯彻国家、省、市、县教育工作会议精神,实施教育部《面向二十一世纪教育振兴行动计划》,加强我县中小学教师队伍建设,使之符合素质教育

的需要,为此,必须培养一支高水平的名师队伍。通过发挥他们的榜样和示范作用,带动全县中小学教师整体素质的提高。

具体目标

根据市教育局制定的全市中小学"名师工程"建设实施方案的要求,在"十五"期间,我县中小学(含师范、职高、幼儿园)名师要逐步达到以下目标:

1. "教坛新星":乡镇、中学级1000名,县级200名,市级50名,省级20名。

2. "学科带头人":县级50名,市级20名。

3. "骨干教师":市级50名,省级20名,国家级5~10名。

4. "特级教师":10~15名。

实施办法

(一) 评定等级及对象

整个"名师工程"由乡镇、中学级"教坛新星"以及县级(含县级"教坛新星"和"学科带头人")、市级(含市级"教坛新星"、"骨干教师"和"学科带头人")、省级(含省级"教坛新星"、"骨干教师"和"特级教师")和国家级"骨干教师"五个层次组成,统称中小学"名师"。

"名师工程"的对象应以45岁以下的中青年教师为主,坚持年龄结构合理,各学科、各层次、各等级都要逐步做到有相应的数量。

(二) 制订"名师"的评审方案

根据全面推进素质教育、培养有创新精神和实践能力的人才的需要,中小学名师应具有高尚的职业道德、正确的教育思想、扎实的专业基础知识与较好的认知结构、深厚的教育教学功底、良好的教育教学风格、较强的教研科研能力和组织管理学生的能力。为明确培养的具体目标,参照《C市中小学名师评审方案》拟制《H县中小学县级名师评审方案》,乡镇教委、中学都应制订适应本级需要的"名师"评审方案。

(三) 成立"名师工程"领导小组

县教育主管部门成立由主要负责同志和教研、人事、教育等职能科室负责人组成的"名师评审领导小组",领导小组下设中学(含初中、高中、职中和师范)、小幼(含小学和幼儿园)名师评审委员会。"评审委员会"的成员由各学科具有高级职称或有一定知名度的专业教师组成。各中学、各乡镇也应成立相应的组织,负责考核和评定本级名师,并向上一级教委推荐高一等级名师的评定人选。

中学和各级教委要给评定的名师颁发相应的荣誉证书,对违反名师管理有关规定的名师,要取消其名师资格,并收回名师荣誉证书。

（四）制订名师管理办法

为规范"名师工程"管理,充分发挥名师的作用,应对各类名师的培养、推荐、评定、考核和奖励等工作作统一要求,形成制度。具体实施可以按照《C市中小学名师管理暂行办法》执行。"名师工程"实行动态管理,定期考核,每五年对各层次各等级的名师进行一次全面考核。对考核不合格的,取消其"名师"称号。

建立和健全培养中小学名师的工作体系

建立一支具有一定数量和较高质量的名师队伍,关键在培养。培养是基础,评选是手段,不能以评选代替培养,培养工作不到位,选拔的数量和质量都难以保证。因此,要把建设"名师工程"的工作重点放在培养上。要制定一整套培养措施,并逐步形成和健全培养中小学名师的工作体系。根据中小学名师成长的一般规律,要使培养工作做到实处,应当抓好以下几个基本环节。

1. "选苗子"。各中学和各乡镇根据教师的现有水平、能力和进取精神,按1/3左右的比例选择培养对象,制订培养计划和措施,建立培养档案,落实培养工作负责人。县教委在各中学(含直属学校、园)和乡镇教委推荐的基础上,分学科按一定的比例确定县级名师培养对象,并制订培养计划和措施,建立名师培养档案,确定专人负责。

2. "压担子"。中小学名师的成长主要靠实践。要给培养对象适时下达与其教学工作密切相关的教研科研和改革实验任务,充分发挥其主观能动作用,督促他们在教育教学岗位上,在不断改革创新的实践中提高自己。

3. "引路子"。学校和上级教育教研机构要确定专人,给予培养对象系统的、经常性的指导和帮助,指明努力的方向和途径。

4. "架梯子"。中学和各乡镇要大力扶植名师的成长,努力为他们的逐步提高创造必要的条件,要根据其自身发展的情况,尽可能提供学习观摩、提高和培训进修的机会。

5. "搭台子"。中学和各乡镇、中心小学要经常开展各种形式的教育教学改革和实验的交流、研讨和评比活动,为名师提供展示水平和成果的舞台。

6. "树牌子"。要通过各种评选、总结表彰、交流观摩活动,以及运用新闻媒体如H县教委的《教育动态》、《教育通报》等,积极宣传和推广名师的教育教学教研成果和经验,树立榜样,扩大影响。

职责分工

"名师工程"建设是一项自下而上、层层选拔培养的系统工程,为实现"十五"目标,需要全县教育系统共同努力,各乡镇、各学校要各负其责,实现目标责任制。根据市教委的规定,各级教委和中学的职责如下:

1. 县教委的职责

制订本县"名师工程"建设的规划和实施细则;指导、评估各直属学校、各乡镇、各中学的实施工作;做好县级及以上名师的培养和管理工作;评选县级名师并推荐市级名师人选;建立本县名师信息库。

2. 乡镇教委职责

制订本乡镇小学、幼儿园名师建设方案并组织实施;做好本乡镇名师的培养和管理工作;评选本乡镇名师,并推荐县级名师人选,建立本乡镇小学、幼儿园名师信息库。

3. 中学的职责

制订本校"名师"的培养计划和培养措施,具体实施培养和管理工作;评定校级名师;推荐上一级"名师"的人选;做好本校名师的管理、考核工作,并为他们的研究、实验、进修、成果推广等活动提供必要的时间和经费保证。

H县教育委员会

二〇〇二年三月五日

V 教育局长的领导有效性：
对深圳市 NS 区教育局局长工作的实地研究[1]

一、导　　论

1. 研究缘起与研究目的

（1）研究缘起

选择"教育局长的领导有效性：对深圳市 NS 区教育局局长工作的实地研究"作为研究主题，大抵有以下几个缘由。

第一，受 2003 年国务院机构改革方案及其实施的影响，关于地方教育行政组织的科层设置、行政职能、行政使命等问题渐受关注。

继 1982 年、1988 年、1993 年和 1998 年四次大规模行政机构调整之后，2003 年召开的十届全国人大一次会议再次触及"机构改革"议题。本次机构改革力求适应社会主义市场经济体制建设需要，做到转变政府职能、理顺关系、精兵简政、提高效率，改革重心依旧为转变政府职能。[2] 作为政府必不可少的职能部门，教育行政组织必须积极顺应这场改革，努力思考政教关系的未来走向，反思自身的行政作为，逐步探索现代学校教育制度的可行途径。

就目前我国行政层级设置而言，除港、台、澳之外，全国地方四级行政层

1　根据实地研究的基本原则，研究者用"NS"代称进行实地研究的行政区名称，全文同。

2　具体来说，政府职能的转变有以下五个方面：从管理型政府向服务型政府转变；从利益型政府向中立型政府转变；从全能型政府向有限型政府转变；从神秘政府向透明政府转变；从权力政府向责任政府转变。具体请参见《打造新型政府——代表委员纵论机构改革》，载《南京日报》，2003 年 3 月 7 日第 2 版。

级的具体数量如表 5.1 所示。

表 5.1   中国行政层级统计表[1]

层 级 类 别	具 体 数 量	总 计	备 注
第一级	省(22) 自治区(5) 直辖市(4)	31	
第二级	地区(22) 盟(5) 自治州(30) 地级市(275)	332	
第三级	县(1478) 自治县(117) 旗(49) 自治旗(3) 县级市(381) 市辖区(833)	2861	贵州省特区 2 个, 湖北省林区 1 个
第四级	乡、民族乡、镇		未 获 相 关 统 计 数据

具体而言,我国地方的教育行政组织层级体系是:省教育厅(自治区教育委员会)、直辖市教育局——地级市、省辖市教育局(自治州、盟教育委员会)——县级市、县教育局(市辖区教育局、旗教育委员会)——乡镇文教办(文教组、教育股)。[2] 如表 5.1 所示,县级市、县教育局构成了整个教育行政组织体系最庞大的数量群,而根据中共中央《关于教育体制改革的决定》(1985 年 5 月)和教育部《全国教育事业第十个五年计划》(2001 年 7 月)的相关规定,九年制义务教育实行地方负责、分级管理之后,县一级基层教育行政组织责无旁贷地肩负起发展基础教育的重任。如此看来,约 2860 个基层县级教育行政部门如何定位自身在新世纪教育发展中的使命和角色,近3200 名冠以"教育局长"之衔的领导者又将如何体现该群体的职业形象,而作为职能负责人的他们又将如何推动自己所在组织的改革,这些问题引起了研究者的关注。

第二,2001—2003 年,研究者参与了江苏省哲学社会科学"十五"规划课题"教育管理现代化与江苏县乡教育行政组织改革研究"。[3]

通过对县、乡基层教育行政组织大样本人员的调查,研究者发现现行教育管理实践存在诸多问题,比如:① 教育管理理论研究与实践走向之间存

---

[1]　本表统计数据来源于"中国行政区划网"2003 年发布的信息。

[2]　本研究中,"地方"一词的涵义指省(同级)及省以下的行政层级;"基层"指表 5.1 中"第二、三级"所属层级系列;如无特殊说明,"县"主要指"第三级"行政层级,基层市级指"第二级",基层县级指"第三级"。参见孙绵涛主编:《地方教育行政系列研究》,武汉工业大学出版社 1992 年版,第 2 页。

[3]　此课题负责人为张新平,课题批准号为"L3_009",现已结题。

在错位与背离;② 教育管理政策制定者与实践操作者、理论研究者之间缺乏有效沟通,致使政策实效性下降;③ 由教育管理资源差异带来的行政行为差异;④ 教育行政主管或领导如何定位自身的工作角色和取向? 如何将管理行为根植于当地社会的文化、经济背景? ⑤ 新基础教育课程改革实验背景下,教育行政组织如何突破"文化孤岛"现象,致力于实现学校、社区和家庭三者之间的融合。这些问题都不是三言两语就能廓清辨明的,需要长时期的争鸣以及深入细致的实证研究。

其实,教育管理实践领域本身就是一个问题域,它非但不回避问题,而且不断地"制造"教育问题,并努力尝试寻求解决方案。比如"乡镇教育组的撤销是否合理?"[1]"浙江'强县扩权'是否可行?"[2]"湖北监利教育走产业化改革是否合法?"[3]这些教育管理问题显然亟需得到合理的解释。

第三,教育局长是一个特殊的行政人员群体。

首先,从数量上看,以第二、三级行政层级统计为准,仅冠以"教育局长"头衔的人员数量就达 3200 名左右。面对如此庞大的行政人员群体,如何规范其自身建设,研讨该群体成长的合理规律以及地区性差异,成为十分紧要的问题。其次,从行政身份来看,教育局长作为基层教育事业的行政"一把手",肩负着统管该地区教育事业发展的重任,他们面对、思考的教育问题更实际,领导行为也具有强烈的执行色彩。再次,从教育管理实效看,一方好的教育往往得益于一位好的教育局长,这就如同"有了一位好校长就等于拥有了一所好学校"一样。因此,如何有效地培养、选择、考察以及任用一位好的教育局长,是事关当地老百姓子女教育福祉的大事。最后,从管理行为本身的特点来看,教育局长与校长的最大区别就在于,局长不直接进入教学领域,教育局长更多的是通过政策引导、资源分配和人力配置等来实现领导,因而具有较强的隐蔽性。

第四,关于教育局长研究的滞后现状引起研究者的关注。

1　具体请参阅:中央电视台"新闻频道"2002 年 8 月 2 日的报道;永平县人民政府:《永平县全面推进基础教育深化改革》,载《大理政务信息》普刊 2003 年第 3 期;始兴县人民政府:《我县教育改革力度大》,载《始兴政务简报》,2001 年第 37 期;湖北荆楚在线:《省政府决定撤销全省乡镇教育组》,2002 年 6 月 5 日;漯河市人民政府:《全市完善农村义务教育管理体制工作会议》,载《漯河政务简报》,2002 年第 4 期;湖南湘阴:《"乡镇教育办"没了》,载《中国教育报》,2001 年 2 月 28 日第 2 版,等等。

2　李梁:《浙江"强县扩权"独家披露》,载《南方周末》,2003 年 9 月 18 日;王路遥:《"强县扩权"的冷思考》,载《南方周末》,2003 年 10 月 9 日。

3　易颖:《监利教育变法》,载《南方周末》,2004 年 1 月 29 日;林楚方:《监利改革的财政视角和制度意义》,载《南方周末》,2004 年 1 月 29 日。

教育局长研究属于领导研究范畴的一个重要分支。目前,国内这方面的研究非常薄弱。以"中国期刊网"文献检索为例,1994—2002 年,以"教育局长"为主题和关键词收录的论文仅 30 篇,而且大多偏重事迹介绍,以纪实或报道为主,具有很强的新闻宣传色彩,理论水平不高;文献内容多集中在教育局长的领导角色、领导行为方面,对教育局长的领导哲学、价值观、生活背景(成长经历)以及领导效能等内容的研究较少;另外,在研究方法上,缺乏这方面的实证研究和实地研究,更多的体现为演绎性思辨,或者说是经验总结。

反观国外,虽然也表现出教育局长研究弱于校长研究的现象,但仍不乏精彩之作。比如,哈佛大学教育研究生院的苏珊·莫尔·约翰逊(Susan Moore Johnnson)教授曾受美国联邦教育部委托,以美国 12 个学区为样本,对学区教育局长的角色进行了长达数年的研究。[1] 国外很多高等学府都设置了教育领导(教育领导发展)专业,有的还专门成立了研究所。总体来看,国外教育领导研究者的队伍规模和人员整体素质均胜于国内。

(2) 研究目的

首先,从方法论角度,本研究力图倡导教育管理研究方法中的实地研究。

教育管理实地研究是一种不同于质化研究的研究取向,它最大的特点就在于能够接近管理实境,凸显教育管理或领导主题中的价值影响和政治意义。将实地研究引入教育管理领域,其价值有四:一是挑战人们抱守纯粹思辨研究、实证研究的传统思维和观念,引导人们辩证地处理科学主义范式知识观与人文主义范式知识观之间的关系,形成尊重多样、承认多元的文化包容心态。二是能够发现"真问题",回答一些被忽视却又非常紧迫、重要的实际问题,能够较好地推动教育管理实践活动的实效性和针对性。三是某种程度上能够消弥理论与实践之间的纷争,通过实地研究提升的理论扎根于具体的现象世界,再回到抽象的观念世界,说服力强。四是能够在把握现象的基础上,提供理解和批判的空间,比如说,"生命的意义、价值、尊严,文化的意蕴,人生的境界等,以及它们在教育活动中的内在涵义,对这些问题的探索,就不是一个简单的科学研究问题,乃因它涉及到哲学的沉思、宗教

---

[1] 她认为,21 世纪的新型教育局长应该是集"教育领导、政治领导和管理领导"三种角色于一身的行政者。See Susan Moore Johnnson, *Leading to Change: The Challenge of the New Superintendency* (1ᵗ ed.), Jossey-Bass Company Inc., 1996.

的皈依以及生命的内在觉悟"。[1] 面对此类问题,实地研究的视野更加开阔,能够较真实地体现研究者或被研究者的真情实感与日常生活。

其次,提升"理解"品性在教育研究中的地位,揭示领导隐喻。

哈维尔曾说:"我们需要更多地去理解世界而不只是去做出解释。……尤其重要的是,我们需要人性的理解和沟通,我们需要了解大地、自我和别人,并了解这三者之间的关系。"[2] 对于教育行政组织领导的研究,不同经历、不同身份的人会因视角的差异而寻求不同的认识路径,并得出不同的结论。这就要求研究者学会"理解",即用自我思维对现象进行解注、阐释,进行一种生命体悟式的"周全反思"。这种研究折射出研究者的生活历程,倾注了研究者的个人情感,浸透了研究者的理性思考,它在帮助研究者理解他人的同时,也完成了理解自我的任务。

"理解"视角在研究中的延伸,有助于研究者挑战自我认识,有助于我们更清楚地认识这个世界。英国修辞学家理查兹(A. Richards)认为,我们身处的是一个由隐喻构筑起来的强大的思维体系世界,周遭的理论充满了变性色彩,"我们日常会话中几乎每三句中就可能出现一个隐喻",[3] 这些隐喻直接影响到我们所持的研究假设,进而影响到我们的研究推理过程。领导理论研究也是如此,比如"领导者是一位公正的裁决人"这一隐喻,就很可能让我们得出"领导者对每个下属和科室的影响是相同的"这一假设,而"领导者是医生"这一隐喻则会使我们产生"领导者的确能改变情况"、"领导总是有效的"等类似的想法。

最后,从教育管理领导理论研究范式角度,本研究力图通过个案描述手法,尝试构建综合了现象学范式和批判范式的领导理论。

以张新平所总结的英美教育管理主要理论范式——结构功能主义范式、现象学范式和批判理论范式——作为分析依据,[4] 综观已有的领导理论,我们发现,以往的领导研究基本上处于经验实证水平,对领导现象分析不够、批判不够,鲜见研究领导文化、领导话语之作。因此,我们有理由倡导一种研究范式的转变,抛开过去那种求证"学究式领导"、"企业文化领导"、"政治型领导"、"天才型领导"、"名人式领导"等何种更佳的研究路径,转而

1　张胜勇:《反思与建构:20 世纪的教育科学研究方法论》,山东教育出版社 1995 年版,第 29 页。
2　阿哈、霍利、卡斯滕:《教师行动研究:教师发现之旅》,黄宇等译,中国轻工业出版社 2002 年版,第 4 页。
3　束定芳:《隐喻学研究》,上海外语教育出版社 1999 年版,第 1 页。
4　参见张新平:《教育组织范式论》,江苏教育出版社 2001 年版。

理解领导现象、事实所构筑的领导文化,而这正是领导理论现象学范式和批判范式的研究重点。

哪些是现象学范式所要研究的领导问题?领导现象林林总总,有观念层面的,比如具体形态下的领导价值观和哲学观,领导所秉持的"人性"观点等;有行为层面的,比如领导与员工之间的人际互动,领导的决策行为和事务性行为,领导的时间使用等;也有制度层面的,比如领导的培养、选拔、任用和监督,领导体制的内涵及变革等;还有文化层面的,比如领导命题在儒家文化下所衍生的本土意义,领导行为所传达的政治意义或语义符号等。以上都属于现象学范式下教育管理领导理论所要研究的内容。

哪些是批判理论所要研究的领导问题?教育组织批判理论能促使人们从宏观的角度去关注和回答现实生活中发生的一系列重大问题。[1]领导理论研究也是如此,像公正、公平、效益、阶层、利益交换以及领导伦理等,就是非常重要的问题。在实际生活中,我们常常对一些现象感到困惑,比如:为何很少有女性能够跻身领导高层,使得领导出现一种性别"失语"现象?为何同一个组织的成员被排斥在决策圈之外,使决策成为一种表达领导者个人意志的行为?为何中国的领导者频频出席会议?为何在追求组织业绩面前,许多领导者丢掉了人文关怀的使命?为何领导者不能完全叫出组织内员工的姓名?等等。

2. 国内外研究概述

"教育局长的领导有效性"研究与以下三大领域的研究及其进展关系紧密:一是领导理论的研究发展状况;二是对不同身份教育领导者的研究;三是领导理论对有效性问题的研究。

(1)领导理论的研究发展现状

通过查阅"中国期刊网"、"EBSCO"和"万方数据库"三大文献检索工具,发现国内对领导问题的关注重点集中在"领导理论"、"领导素质(特性)"以及"领导行为(模式)"三个方面。以"中国期刊网"1994—2003年收录的文章为例,以"领导"为主题词,在"农业专辑、医药卫生、文史哲专辑、经济政治与法律专辑、教育与社会科学专辑"检索范围中,共检索出文章36553篇,其中涉及"领导理论"的有70篇,"领导绩效"有9篇,"领导素质"有147

---

1 张新平:《教育组织范式论》,江苏教育出版社2001年版,第346页。

篇，"领导行为"有202篇，"领导权力"有27篇，"领导角色"有35篇，"领导特性"有2篇，"领导特质"有3篇，"领导权变"有2篇，"领导模式"有40篇，"领导情境"有2篇，"领导伦理"有2篇。再从"EBSCO"的检索结果来看，《Educational Administrational Quarterly》杂志以"educational leadership"为关键词的文章共44篇，《Leadership》杂志以"leadership"为关键词的文章有925篇（其中以"educational leadership"为关键词的有55篇），《Education Week》杂志以"leadership"为关键词的文章有45篇（以"educational leadership"为关键词的无），《The Executive Educator》杂志以"leadership"为关键词的有91篇（其中以"educational leadership"为关键词的有2篇），《Administrative Science Quarterly》杂志以"leadership"为关键词的文章有22篇（以"educational leadership"为关键词的无），《Review of Educational Research》杂志以"leadership"为关键词的文章有7篇（以"educational leadership"为关键词的无），《Human Relations》杂志以"leadership"为关键词的文章有32篇（以"educational leadership"为关键词的无），《Harvard Business Review》杂志以"leadership"为关键词的有34篇（以"educational leadership"为关键词的无）。"万方数据库"主要以硕士论文为检索对象，1977—2002年，收录以"领导"为主题词的硕士毕业论文共303篇，这些论文主要从"行政领导者素质修养"、"创新能力培养及提升"、"领导者处理党政关系的行为分析"等角度进行研究。

结合其他领域的拓展研究成果，我们可以将当前国内外领导研究的主要领域归结为以下几个方面：（1）领导定义；（2）领导理论；[1]（3）后现代视野中的领导问题；[2]（4）领导绩效或效能研究；（5）实践领域中的具体领导问题。在研究重点和研究方法上，国内外也存在一定差异，西方的领导研究已经进入后实证主义时代，研究方法和研究对象较之我国显得多样和厚实。

（2）对不同身份教育领导者的研究

"领导者"即组织内承担领导之责的人，由选举、任命或者从群体中涌现而产生，并能够指导和协调全体成员朝着既定目标努力。[3] 教育行政组织因组织性质的差异，存在不同称谓和身份地位的领导者，如学校对应之校长、

1　目前有关领导的理论大致有以下几类：特质理论、风格理论、情境理论、权变理论、路径—目标理论、领导者—成员交换理论、领导变革理论、团队领导理论、心理动力学理论、垂直成对联动理论、相互影响理论、领导行为替代理论等。

2　有关这方面的具体视角有女性视角、伦理视角、生态视角、弱势视角、公平视角等。

3　弗雷德·E·菲德勒、约瑟夫·E·加西亚：《领导效能论》，何威等译，三联书店1989年版，第8页。

教育局对应之教育局长、校董会对应之校董会主席、办公室对应之主任等。对这些群体的研究,历来呈现出"对教育局长素质和角色的研究弱于对校长角色的研究"态势,西方教育管理研究界也是如此。[1] 同样一项研究成果也显示,学校管理研究比教育行政研究略显成熟。[2]

在对校长进行专门论述的研究文献中,沃克特(Harry F. Wolcott)所著《校长办公室里的那个人:一种民族志》堪称经典之作。在该研究中,作者对美国一位小学校长进行了长达两年的实地研究,一方面重现了教育现场的日常现象与例行模式,另一方面画龙点睛地向人们展示了在校长职务中,"变革"与"稳定"这两个不可或缺的角色是如何有效地结合在一起的。[3]

同样,苏珊·莫尔·约翰逊教授对教育局长的研究也相当出色,她以美国 12 个学区为样本,对学区教育局长的角色进行了数年研究,撰写了《引领变革:教育局长职位的挑战》(Leading to change: The challenge of the New Superintendency)一书。她认为,成功的教育局长应该表现为良好的教育领导、政治领导和管理领导角色。作为一个教育领导者,局长应善于让学区内的校董会、校长、教师认清本地的教育需要,并善于将改善学校教学质量的策略推荐给各校和家长;作为一个政治领导者,局长要善于周旋于政府官员、校董会董事及教师工会领袖之间,以保证学校能获得改善教学质量所必需的资金、权力和公众支持;作为一个领导者,局长应当能有效地利用学区组织结构同各校领导保持联系,并对学校工作发挥影响。

关于对班主任、教师这类领导群体的研究,散见于学校管理类研究文献,目前集中表现为新基础教育课程改革背景下上述教育领导者思想及行为方面的研究,这里不作具体展开。

(3) 对领导有效性的研究

据本尼斯(W. Bennis)和诺伦斯(B. Nanus)相关研究统计,涉及有效领导的研究已达 350 项。[4] 在领导研究中引入有效性问题,是从效率的视角对领导工作效果进行效能、绩效等方面的评价和分析。从已有研究来看,对"有效性"的认识主要表现在以下几方面:第一,有效性是内发性的,持这种

1　李军:《21 世纪的教育局长》,载《教学与管理》,2003 年第 1 期。

2　汤春林:《我国十七年来普通教育管理研究之分析》,载《上海教育科研》,1999 年第 4 期。

3　沃克特:《校长办公室里的那个人:一种民族志》,白亦方主译,台湾师大书苑有限公司 2000 年版,刊首语。

4　弗瑞德·C·伦恩伯格等:《教育管理学:理论与实践》,孙志军等译,中国轻工业出版社 2003 年版,第 98 页。

观点者认为，"管理者如果要想管理好他人，首先得管理好自己，因此管理的有效首先在于对自身管理的有效"，[1] 只有当有效的自我管理思维和行为内化之后，我们才会看到有效性带来的巨大变化。第二，有效性是重要的，作为领导效能体现的一个因素，"有效的领导无疑是决定任何人类集体的成功、幸福和维系的最为决定性的因素之一，不论这个集体是一个群体、一个组织或一个国家"。[2] 第三，有效性是可以学会的，持这种观点者认为，"有效性"并不像非凡的才能、特殊的领悟能力那样，令多数人遥不可及，相反，有效性表现在具体地干某些事情，表现在进行一种长年累月的经验累积，直至成为一种习惯。第四，有效性越来越依赖于组织所发挥出的有效性，持这种观点者认为，随着组织的分工和细化，只有当一个组织表现出巨大的有效性时，个人所表现的有效性才具有深刻意义。第五，有效性是语境下的有效，"除了特殊情况外，说什么有效的领导或无效的领导，完全是无意义的，我们只能说一位领导者在某一情景中也许是有效的，而在另外的情景中也许是无效的"。[3]

如何评价领导是否有效？这涉及"有效性"评价因素的构成问题。在已有的研究中，博尔曼（L. G. Bolman）和迪尔（Terrence E. Deal）通过比较美国 140 位学校管理者（包括校长和督学）和新加坡 229 位校长的学校管理和领导实践，提出了有效领导的四项标志，即"组织结构"、"人际关系"、"政治性"和"象征性"，[4] 他们认为，这四种因素的不同组合在不同文化背景下都能表现出有效性。另外，国内部分研究者也指出，"有效的领导不仅取决于领导者个人的领导才能，也取决于其他各种因素，如组织特点、社会环境、被领导者的个性特征等"。[5] 这些研究也很好地引导了对有效性评价因素的探索。同时，一些关于领导有效性的实证研究也将修正人们惯常接受的一些认识，如：

① 人格特性对有效的领导绩效的作用并不很大（Stogdill，1948；Bass，1981，etc.）；

② 关怀型领导行为与群体内聚力和成员的满意度有关，但与工作绩效无关；任务结构型领导行为与领导有效性的关系并不一致，往往依赖于情境

1　彼得·F·德鲁克：《有效的管理者》，屠端华等译，工人出版社 1989 年版，序言。

2　弗雷德·E·菲德勒、约瑟夫·E·加西亚：《领导效能新论》，何威等译，三联书店 1989 年版，第 1 页。

3　黄崴：《教育管理学：概念与原理》，广东高等教育出版社 2002 年版，第 313 页。

4　陈驾：《近年来美国学校领导研究述评》，载《上海教育科研》，1997 年第 8 期。

5　黄崴：《教育管理学：概念与原理》，广东高等教育出版社 2002 年版，第 312 页。

(Korman，1966）；

③ 在组织中或领导岗位上的服务年限与工作绩效之间无明显相关（Fiedler & Chemers，1966，1968）；

④ 已有工作经验的相关性对工作绩效的作用甚微（Benet，1982；Gerald，1982；Fiedler，1974）；

⑤ 领导者智力与管理绩效、领导职位确有联系，但其关系甚微（Bass，1981；Korman，1968；Stogdill，1948）；

⑥ 具备语言天赋与不具备语言天赋的人相比，前者与领导绩效的相关性要大（Bass，1981；Korman，1968；Stogdill，1948）；

⑦ 领导者的领导绩效与群体成员在智能方面的差异的相关表现出较为明显的差异：智能高于群体成员的领导者的工作绩效要好于智能低于群体成员的领导者的工作绩效（McGrath，1966；Cohen，1978；Argyis，1964；Lawrence & Smith，1955）。

综观已有的"领导有效性"研究，它们大多体现出数理实证色彩，缺乏人文关注，缺乏事例呈现。这就要求我们应辩证看待实证式的"最佳"思维，抛弃那种"一就是一"的推理逻辑，深入批判"满意"维度，应该在具体情境下对领导行为进行理解与评判，认识到有效性所具有的动态性、复杂性、多层次性以及互动性特征。"评价领导者的工作绩效必须以'特定的条件……'为前提来进行考察"，[1]这是本研究所秉持的"有效性"认识立场。

3. 领导及领导有效性的内涵

（1）解开"领导"难题

领导是一种古老而又迷人的社会现象，它超越地理、文化或民族（种族）的差异以及时空距离而存在。柏拉图（Platon）在《理想国》中向我们展示了一位哲人政治家的治国计划纲要，如独裁、教育以及男女参政等；尼科洛·玛基雅维利（Machiavelli）在《君主论》中，以一名没落政治官员的身份，提出了新君主如何看待法律、军队、民主以及自律美德等问题。古代中国和古希腊都曾有帝王将相礼贤下士的先例，荷马（Hemēros）也用史诗语言向后人展示了成功的领导者精明而巧妙的领导策略。历史发展到现今，随着社会分工的细化和复杂，实业家式的领导者和管理者成为年轻人的梦想，他们立志

1　弗雷德·E·菲德勒、约瑟夫·E·加西亚：《领导效能新论》，何威等译，三联书店1989年版，第13页。

在政界、军队、工业、学校、文体、医药或其他领域崭露头角。而此时，名目繁多的领导著作出版，各类领导培训也随之展开，政府、企业、社会兴起了大规模的组织调查和广泛的工程实验，这些都昭示了一门新学科的诞生，那就是领导科学。

然而，什么是领导？领导者应该是什么样的人？如何实施领导？这些问题看似简单，但答案却使哲学家、社会学家和其他学者不胜其烦。一些研究人员认为，领导是一种群体活动过程（Krech & Crutchfield，1948）；另一些学者则更倾向于把领导看作一种影响过程（Bass，1960；Cartwright，1965；Katz & Kahn，1966）；还有学者则认为，领导是某种构想的开始（Homans，1950）以及实现某种目标的手段；新近的看法则倾向于认为，领导是为下属提供服务（Greenleaf，1998）。也许，领导现象本身的复杂性就已经宣判了人们探索其本质的徒劳，以致"有多少种'领导'研究就有多少种领导定义"。[1] 但是，"概念是学科研究的基础"，[2] 综观已有的领导研究，我们发现，人们对"领导"现象认识的差异，基本上是由语义表述的模糊、混乱引起的。这启发了研究者运用语义分析的方法来寻找诸多"领导"定义中共有的"语义因子"。

据我国台湾学者柯进雄在《学校行政领导研究》中的归纳，散见的"领导"定义有：[3]

① 《社会科学大辞典》：领导是一种带有集体活动的自愿努力行为，其目的在于获致既定目标。领导是一种集合的无形影响力，它通过社会行为的互动，发生共同的情感，最终完成客观目标。

② 泰德：领导是影响他人，使其合作无间，共同趋向于他们所期望的目标和活动的力量。

③ 谭仁堡和马赛瑞克：领导乃人员交互的影响力，是经由沟通的程序，在既定情势下加以运用并走向特定目标之行为。

④ 高纳德在其所著《领导研究》中确认：领导就是某一团体为了达成某个或多个目的而采取的行为形态的刺激。

⑤ 苏伯显：领导乃是一个人以其实际的能力去解决机关团体中的许多问题，而且能够影响机关中的人员接受他的领导的一种过程。

1　弗瑞德·C·伦恩伯格等：《教育管理学：理论与实践》，孙志军等译，中国轻工业出版社2003年版，第98页。

2　翟学伟：《中国人行动的逻辑》，社会科学文献出版社2001年版，第67页。

3　柯进雄：《学校行政领导研究》，台湾台联出版社1986年版，第3—4页。

⑥ 廖荣利：领导是一种艺术，领导是通过组织以达成团体的共同目标，是做决定和督导决定的执行，是促进成员间的分工合作、沟通与互动。

⑦ 张彝鼎：现代的行政领导，也可以说是启发性的领导。换言之，即主管用技巧或精神感召，贡献给国家、贡献给社会，而发生人尽其才的效果。

⑧ 张润书：领导乃是组织中影响系统的影响力表现。

⑨ 刘兴汉：领导不但是诱导人类行为的技巧，同时也是管理群众的一种才能，它是一种艺术。

⑩ 黄昆辉：所谓领导，简单地说，即为领而导之，使能步入正确的途径，来获得组织的目标。

⑪张金鉴：领导乃是机关首长与主管以适当的方法与行动，督率部属由多人汇为一体，使大家以集体的势力，共赴事功，达成机关任务。亦就是机关中各级主管对部属的影响作用，使之合作努力达成共同目标和任务。

⑫ 柯进雄：领导就是组织人员在交互行为下所产生的影响力。

⑬ 柯进雄：领导就是主管人员促使部属服从或跟从的影响力。

按照"主体（施动、受动）——过程（手段、方式）——客体（目的、趋向）"的分析依据，对上面所列的13个领导定义进行语义解析发现：（1）关于领导"主体"的施动方，出现的词语有"某个人"、"主管"、"机关首长"；（2）关于领导"主体"的受动方，出现的词语有"集体"、"他人"、"人员"、"团体"、"成员"、"影响系统"、"群众"、"部属"；（3）关于领导"过程"，包括领导的手段和方式，出现的词语有"影响力"、"互动行为"、"共同情感"、"影响"、"合作"、"沟通"、"行为形态刺激"、"做决定"、"督导决定"、"技巧"、"精神感召"、"才能"、"艺术"、"方法"、"行动"、"督率"、"促使"；（4）关于领导"客体"，即领导行为的目的和趋向，出现的词语有"目标"、"目的"、"解决问题"、"接受领导"、"人尽其才"、"任务"。

根据以上对有限领导定义的语义分析结果，现有的"领导"定义存在以下几个共性取向。

① 领导行为的施动方较多地被规束为单个人，而且该人在组织中高于一般人，能够号令他人。也就是说，领导的存在是以群体内的等级差异为假设前提的，领导者一般处于组织顶层。

② 领导行为的受动方较多地以集体、团体的形式出现，也可以是个人，而且较之施动方，这些集体、团体和个人属于资源占有弱势群体、下位阶层群体和权力稀少群体。

322

③ 领导行为较多地体现为"影响、合作、引领"，并辅之精神感召等方式。

④ 领导行为的终极目的较多地被认为是"达成目标、完成任务、解决既有问题"等。

为了验证这些假设，研究者又以散见于部分文献中的"领导"定义为问卷，进行了一次小规模（共30人）的德尔菲调查。[1] 经过两轮反馈，以"自己认同的领导定义"为选择标准，选择结果如下（统计结果见表5.2）。

① 领导是一项程序，它使人们在选择目标及达成目标上，接受指挥、导向和影响。

② 领导是对人们施加影响的艺术或过程，使人们心甘情愿地为实现群体的目标而努力。

③ 领导是个人指挥组织实现共同目标的个人行为。

④ 领导是对组织内团体或个人施加影响的活动过程。

⑤ 领导是一种说服他人热心于一定目标的能力。

⑥ 领导是在某种情况下进行的，通过传输过程指导组织实现某种特殊目标的人际影响。

⑦ 领导就是抱有既定目标的人在与他人展开竞争或发生冲突时，动员组织上、政治上和心理上等其他方面的资源，以唤醒并满足被领导者种种动机的行为，这样便产生了对他人行使权力的领导。

⑧ 领导就是行使权力并作出决定。

⑨ 领导是领导者将其意志加诸被领导者而使其服从、尊敬、忠诚及合作的能力。

⑩ 领导是一种通过交互作用并以语言为媒介影响他人行为以实现预期目标的过程。

⑪ 领导就是为实现或改变组织目的和组织目标而创立一种新的结构或程序。

⑫ 领导是一种态度，这种态度会传递到行为，而不是传递到一系列先天具有或后天习得的零星技能或素质。

1　"德尔菲"是古希腊地名。相传太阳神阿波罗（Apollo）对未来有很强的预见能力，他在德尔菲杀死了一条巨蟒，成了德尔菲的主人之后，修建了一座神殿，供预卜未来之用，于是人们就借用"德尔菲"作为这种方法的名字。1964年美国兰德（RAND）公司的赫尔默（Helmer）和戈登（Gordon）发表了《长远预测研究报告》，首次将"德尔菲法"用于技术预测，以后便迅速运用于科技领域和其他领域的预测，如军事预测、人口预测、医疗保健预测、经营和需求预测、教育预测等。此外，它还可以用于评价、决策和规划工作。

⑬ 领导是个人用来影响团体成员,以实现团体目标的一个过程,并且团体成员认为这种影响是合理的。

⑭ 领导是一种统治形式,是依靠权力使别人服从的力量。

⑮ 领导是社会中人与人之间关系的一种特殊形式,即一定的人或集体通过一定的方式,率领并引导另外一些人或集体,在向共同目标前进的过程中所表现出来的一种关系。

⑯ 领导就是服务,就是为最广大的人民群众服务,做人民的公仆。

⑰ 领导是指管理者利用组织赋予的职权和个人具备的能力去指挥、命令和影响、引导组织成员为实现组织目标而努力工作的活动过程。

⑱ 领导是领导者行使自己的权力和承认自己应负的责任,并为下属提供优质服务,从而促使下属实现组织目标的过程。

⑲ 领导是领导者为了实现预定目标,采用一定的组织形式和方法,对群体活动进行率领、影响、引导的一种行为过程。

⑳ 领导是领导者充分行使自己的权力和承担自己应负的责任,并为下属提供优质服务,从而促使下属实现组织目标的过程。

表5.2 关于"领导"定义的德尔菲调查结果

①	②	③	④	⑤	⑥	⑦	⑧	⑨	⑩
A	7A	A				2A	A		2A
⑪	⑫	⑬	⑭	⑮	⑯	⑰	⑱	⑲	⑳
				6A		8A	A	A	

从调查结果看,被调查者对②、⑮、⑰三个领导定义的共识度较高。用语义分析法抽取这三个定义的核心词汇,我们发现,这三者在领导主体、过程、客体方面表现出极高的共性,而且"影响、艺术、人与人、目标、过程"这几个词汇在这三个定义中都不同程度地出现。

基于上述分析结果,本研究中的领导即指"领导者通过影响力引领组织内人员走向未来目标的过程"。该结论与彼得·诺思豪斯(Peter G. Northous)、乔恩·P·豪威尔(Jon P. Howell)、丹·L·科斯特利(Dan L. Costley)以及安弗莎妮·纳哈雯蒂(Afsaneh Nahavandi)等著名学者的研究成果相一致。

(2)"领导"与"管理"之辨

"领导"与"管理"之间的区别是什么?一般认为,管理"更多地涉及行动的、定量的以及物质和技术的方面"；[1] 它的对象是人、财、物、时间和信息等众多组织资源，而不像领导那样仅限于"人"这一个对象；它比较具体，更具操作性；它是"确切地知道你要别人去干什么，并使他们用最好的方法去干"；[2] 或者说，"管理就是决策"；[3] 或者说，"管理就是计划、组织、指挥、协调和控制"；[4] 或者说，"管理就是由一个或更多的人来协调他人的活动，以便收到个人单独活动所收不到的效果而进行的各种活动"。[5] 而领导最主要的活动在于行政，在于挑战现状，实现变革；它是围绕改变和发展使组织更加有效的活动[6]；它是创造一个社会有机体或"活企业"的过程，是积极的、能变化的，并能对环境做出反应[7]。

由此，我们也倾向于相信"领导者"与"管理者"之间的确存在本质差异。如表5.3所示，领导者表现出对未来的长期关注，能够超越下属的短视行为；管理者则更注重短期目标，注重本部门日常问题的解决（Gardner,1986）。扎兰尼克（Zaleznik,1990）进一步指出，领导者具有领导魅力，能为下属确立目标，并激励其为之奋斗，而管理者却做不到这一点。科特（Kotter, 1990, 1996）从一种历史的视角指出，过去的一百年中，管理被赋予过度的张扬和发展，使得人们对制定规划、保持计划、预算和控制的一致性高度重视，而现在应当转而强调领导对于改变未来的重要性了。

表5.3　领导者与管理者[8]

领导者	管理者
关注未来	关注现在
引起变化	保持现状与稳定
创造一种共同价值观的文化	实施政策与程序
与下属建立起情感纽带	对下属冷漠,客观公正
运用个人权力	运用位置权力

事实上,过于强调"领导"与"管理"以及"领导者"与"管理者"之间的区

1　霍基金森：《领导哲学》,刘林平等译,云南人民出版社1987年版,第2页。

2　泰罗：《科学管理原理》,中国社会科学出版社1980年版,第157页。

3　西蒙：《管理决策新科学》,李柱流译,中国社会科学出版社1982年版,第37页。

4　法约尔：《工业管理与一般管理》,周安华等译,中国社会科学出版社1980年版,第10页。

5　芮明杰主编：《管理学：现代的观点》,上海人民出版社1999年版,第3页。

6　乔恩·P·豪威尔、丹·L·科斯特利：《有效领导力》,付彦等译,机械工业出版社2003年版,第8页。

7　See Bennis, W. and Nanus, B., *Leaders：The Strategies for Taking Charge.* New York：Harper and Row,1985, pp. 1 - 8.

8　安弗莎妮·纳哈雯蒂：《领导力：领导艺术和科学》,王新译,机械工业出版社2003年版,第16页。

别,可能会使我们忽视对其他更有意义和价值的问题进行思考,比如"如何使管理或领导有效",构成"好"的管理或"好"的领导的因素有哪些,等等。卡特总统的预算主管伯特·兰斯曾说过一段精彩的话:"如果东西不破,就不要去修补它,这就是管理者所要做的;而领导者恰好在于东西还没有破之前,尽可能地抓住一切修补的机会。"[1]这段话启发我们如何认识"管理"与"领导"之间的差异,并在以下方面形成共识。

第一,对组织而言,管理和领导缺一不可,不能互相代替。领导者在实现有效领导的过程中不可避免地会做一些诸如计划、组织、指挥和控制等管理方面的事情。

第二,领导与管理之间的区别是由活动性质、人员身份以及活动范围等因素形成的。

第三,管理者与领导者之间存在递进关系。只有成功的管理者才可以被视为真正的领导者,而一个领导者不一定是一个称积的管理者。

(3) 如何理解"领导有效性"

历史记载了许多美妙的名字,如乔治·华盛顿、亚伯拉罕·林肯、甘地、马丁·路德、尼尔森·曼德拉……这些领袖人物在历史上留下的痕迹让我们相信:领导在组织和社会中能够创造共同信念、价值观和期望,能够修正追随者对事件的理解和看法。但即便如此,人们对如何界定领导有效性问题仍感到相当困惑。

领导有效性的研究与领导理论流派一样,呈现出多样性、多元化。在已有的领导研究中,风行一时的特质理论将有效性归结为领导者的个人美德(Stogdill,1948,1970),该理论最大的贡献在于描绘了一幅"理想领导者"的肖像;领导风格理论则将人们的注意力引向如何平衡"任务行为"和"关系行为"的问题上;赫西(P. Hersey)和布兰查德(K. Blanchard)提出的领导情境理论则认为,领导者领导行为是否有效,关键在于情境与领导行为是否匹配,有效的领导者能够识别员工的需要,然后调整自己的领导风格以满足员工;菲德勒(F. E. Fiedler)在权变模式中综合了情境因素和风格因素,提出用集体表现来定义领导有效性的观点,他认为当领导者麾下的集体有良好的绩效表现时,该领导就被认为是有效的;还有其他一些领导理论,比如豪斯(R. J. House)的目标—路径理论提出,下属的满意是决定领导有效性的主要因素,而"领导者—成员"交换理论则认为,当领导者与

---

1 亨利·明茨伯格等:《领导》,恩铭译,中国人民大学出版社 2000 年版,第 84—85 页。

下属间呈现出相互信任、尊重和承诺的特征时,就是有效领导产生的最好征兆。

其实,"领导有效性"和"有效的领导"是两个互通的概念。"领导有效性"是对工作结果的性状描述,是从效率、效能角度对领导行为的评判,它表明领导者施展自身影响力的效果、获取资源的可行度、促进人际良性互动的能力。"有效的领导"涵义稍显复杂,如果将此概念中的"领导"理解为动词,那么它就等同于"领导有效性";如果将其理解为身份名词,那么它体现的是对已经取得优异组织绩效的领导者的评价。研究者认为,任何一个组织所追求的都应该是在"有效的领导"下的"领导有效性"。

领导有效性的达成首先必须保证该领导者是能够成功的。其次,还需要考虑实现有效性过程中需要跨越的几个障碍:第一,组织面临的不确定性或风险程度对领导者应变能力的挑战;第二,组织的严肃性对领导者个人决策所形成的压力;第三,突破组织因循守旧的传统心智模式的困难;第四,理论研究成果转化为现实操作的难度。最后,领导者个人和组织在追求有效性过程中,不能一味偏重结果而忽视了过程本身。因此,在本研究中,我们考察个案的领导有效性,既要考虑领导结果,也要评估领导过程,还要逐一分析领导过程中的集体因素与个人因素,特别是个人因素。在研究者看来,如果下属在达成自己目标的同时,还能够协同发挥作用,帮助组织适应外部变化的需要,那么这就是领导有效性的最细微的体现。

那么,什么样的人最终可以被视为一名优秀的组织领导者?综合现有的领导研究和组织效能研究,我们发现,一个优秀的组织领导者具有确立组织愿景的意识,长于战略规划和重大决策,善于进行内外的协调沟通,能够适当授权,专注于应对组织内外的各种威胁,适时发动组织变革,并通过合理利用和分配组织内外的资源,努力寻求生存环境的平衡和组织愿景的实现。这是有效领导的努力方向。

二、实地研究过程

1. 方法

(1) 教育管理研究引入实地研究范式的必要性

"从总体上讲,我国现行教育管理学的反思性向度是比较缺乏的……现有的教育管理学基本上都是一种'接受性'教育管理学。"[1]一项对 1978 年以来我国教育管理研究发展状况的统计分析显示,我国教育管理研究成果以"应用型"偏多,占三分之二强,而"经验型"的不足三分之一;就研究方法而言,思辨研究占绝对数量,实证研究极少,实地研究成果更是寥寥无几;教育管理研究方法比较单一,尚未形成系统,随意性较强,等等。[2] 教育管理理论的发展离不开方法论,西方教育管理学者埃弗斯(C. W. Evers)和拉科姆斯基(G. Lakomski)教授曾撰文指出,"西方教育管理理论的发展经历了一系列过程,与教育研究方法论的发展存在内在一致性"。[3]

联系教育管理理论的发展历史,"事实与价值"之争、"科学与人文"之争占据了该学科发展史的大半,至今无法取得共识。即便如此,以格林菲德为首的现象学范式研究者在 20 世纪 70 年代发起的"反理论运动",以不可动摇的立场针砭了逻辑实证研究范式应用于教育管理的失当和弊端,旗帜鲜明地标明:教育管理学作为一门人文社会学科,其首要任务在于理解事实,而不在于罗列枯燥的数字;教育管理活动面对的是有生命意义的组织及其个体,应该将隐藏在现象背后的价值、伦理揭示出来;教育管理所研究的社会现实是由人类发明的观念体系,是一种不同于自然系统的系统,所以应该采取一种有别于实证研究的范式。

那么,这种"有别于实证研究的范式"是什么呢?如卡伯特森(J. A. Culbertson)所言:"新的压力、新的探究观点,使与教育管理研究有关的各门学科的地位发生了变化……人类学也成了占优势的学科……多元观点的盛行,使得教育管理成为一个设防的概念。"[4]引入人类学中广为采用的实地研究,是切合教育管理学学科发展需要的一种体现,也是符合教育研究方法论发展趋向的一种选择。

在教育管理研究中引入实地研究范式,有利于引导我们正确审视教育贫困、教育腐败、受教育机会平等问题,有利于我们运用后现代视野下的生态、伦理、女性主义等研究视角分析教育公平、公正和权利分配,使我们的教育管理实践真正成为一种寻求众人福祉的行为。

---

1 张新平:《关于我国教育管理学发展中的五个问题》,载《教育理论与实践》,2001 年第 1 期。

2 汤春林:《我国十七年来普通教育管理研究之分析》,载《上海教育科研》,1999 年第 4 期。

3 See Evers, C. W., Lakomski, G., Science in Educational Administration: A Postpositivist Conception, *Educational Administration Quarterly*, Vol. 32, No. 3, 1996, pp. 379 – 402.

4 See Culbertson, J. A., A Century's Quest for a Konwledge Base. In Boyan, N. J. (ed.), *Handbook of Research on Educational Administration*, New York: Longman, 1988.

（2）教育管理实地研究范式的可能与可行

实地研究（field-research）是指研究者以其专业素养，亲赴与拟探讨之现象相关的场合进行体验与观察，就其经历作为分析之资料，据以验证研究理论与假设。[1] 它具有以下几个特点：① 是现场调查，主要采取直接接触调查对象的访谈、观察方法；② 是以定性为主的调查，主要从性质状态及动态表现来进行主观判断；③ 是微型调查，总是比较深入地接触具体的社区或群体；④ 是系统调查，在调查中要对微观社会做全面的系统分析；⑤ 是动态调查，因为现实生活既有稳定的结构，也有变动不居的内外环境，人们不断地以自己的行为适应和改变生活。[2]

将实地研究引入教育管理研究领域，不但可能，而且可行。改革开放二十多年来，宽松的教育政策环境为理论研究者走向管理实境提供了活动空间，学校教育实践者与理论研究者在越来越多的热点问题上逐渐形成共同的话语和兴趣。与此同时，越来越多的实地研究（包括个案研究）成果也为人们开展后续的实地研究提供了参考范本。这些研究成果中，张新平的《教育行政组织的发展与创新——对基层教育行政的个案研究》通过深入一个县教育局的方式，对该组织的计划、组织和人事工作进行了重点解析；耿涓涓的《教育信念：一位初中女教师的叙事探究》一文运用叙述法，通过一位普通女教师叙述自己的教学故事、成长经历和生活故事，挖掘该女教师的教学行为惯例和个人教育信念的形成；刘云杉的《帝国权力实践下的教师生命形态：一个私塾教师的生活史研究》则通过对清末一位私塾教师长达40余年的日记所作的文献研究，彰显了科举废除前后一位私塾教师所受到的来自文化、国家、社会的变化的影响，以此透析士绅与国家之间的关系。[3]

（3）教育管理实地研究范式操作流程

费孝通先生说过："社会科学工作者的任务，首先就是认识中国社会，这是一个矛盾。解决这一矛盾的惟一途径是脚踏实地做研究，一辈子不停顿，世世代代不间断，积有限认识为无限认识。这就要求我们首先从现实出发，实事求是地探讨客观规律。"[4]

---

[1] 王玉民：《社会科学研究方法原理》，台湾洪业文化事业有限公司1994年版，第153页。

[2] 参见张新平：《教育行政组织的发展与创新——对基层教育行政的个案研究》，南京师范大学出版社2003年版，第15页。

[3] 丁钢主编：《中国教育：研究与评论》（第1～3辑），教育科学出版社2002年版。同类研究还有黄向阳的《学校春秋：一位小学校长的笔记》，唐芬芬的《教师言语行为的课堂透视：一项质的研究》，等等。

[4] 费孝通：《学术自述与反思：费孝通学术文集》，生活·读书·新知三联书店1996年版，第6页。

教育管理实地研究有一个大致可供操作的程序范例:联系和确定实地研究对象→通过各种相关渠道了解、掌握被调查对象的面上情况,形成初步印象→明确所要观察、研究的主要问题,拿出一个大致的设想和计划→与被调查对象协商,落实实地研究的时间和其他一些相关事务的安排→围绕重点,有目的地进行观察和调查,做好各种观察记录→研究工作初步结束,整理、分析资料并撰写论文初稿→将论文初稿送交被调查对象审阅,根据审阅意见修改定稿。[1]

(4) 本研究采用的具体研究方式

① 参与观察与非参与观察相结合

实地研究中的观察法可以分为参与观察和非参与观察。前者指"研究者深入到所研究对象的生活情境中,观察者与被观察者一起生活、工作,在密切的相互接触和直接体验中倾听和观看他们的言行"。[2] 此时,被观察者"遗忘"了自身目前所处的研究状态。后者指观察者置身被观察者的世界之外(与被观察者保持一定的时空距离),作为旁观者来了解被观察者的生活世界。在NS区教育局进行实地研究期间,研究者的研究时段大致分为三个部分:前期(2003 年 6 月 25 日至 7 月 18 日)、中期(2003 年 8 月 1 日至 8 月 17 日)、后期(2003 年 8 月 18 日至 9 月 5 日)。前期又可以分为两个时段:前期I(2003 年 6 月 25 日至 7 月 7 日)主要是对 L 局长[3]进行跟踪研究,为期一周半,地点在教育局四楼局长办公室;前期II(2003 年 7 月 8 日至 7 月 18 日),研究者的活动地点转移到教育局一楼办公室,仍以跟踪研究 L 局长为主。在研究中期,研究者主要作为借调人员协助办公室工作,活动地点在教育局一楼办公室。在研究后期,研究者广泛接触教育局各科室人员,了解机构运作状况,并全程参与部分重大活动的组织和筹备,活动地点在教育局一楼团委办公室(秘书处)。就整个研究介入的深度、接触对象的广度以及研究者自身的心理体验来看,前期I实际上属于非参与观察研究,前期II是从非参与观察向参与观察的过渡,研究中期和后期基本上属于完全式参与观察。

② 访谈

在实地研究中,访谈是与观察同样重要的资料收集方法。[4] 考虑到 L 局

1　张新平:《思辨研究·实证研究·实地研究》,载《教育探索》,2000 年第 11 期。
2　陈向明:《质的研究方法与社会科学研究》,教育科学出版社 2000 年版,第 228 页。
3　本研究中,凡涉及个人姓名的,均以字母代替,以尊重被研究者;凡出现真实姓名的,均已得到被研究者的许可,特此言明。
4　风笑天:《社会学研究方法》,中国人民大学出版社 2001 年版,第 253 页。

长工作时间的特殊性,研究者基本上采用了无结构访谈方式,程序大致是:设定一个(或多个)访谈主题→联系L局长,征求访谈时间的安排→访谈→约定下次访谈主题→总结访谈内容。实地研究期间(不包括研究结束后仍进行的间断性访谈),研究者与L局长共进行了8次长达270分钟的专题访谈(见表5.4)。同时,研究者还深入到相关科室进行了专题访谈(见表5.5),并主持了一次由该区部分历史科组教师参加的座谈会。

表5.4　专访L局长一览表

次数	时　　间	长度	地点	主　　题
访谈1	2003年6月25日下午	30分钟	办公室	研究时间安排,介绍NS区概况
访谈2	2003年6月30日下午	15分钟	随车同行	教育行政工作的特点及具体事务的处理
访谈3	2003年6月30日下午	15分钟	随车同行	从校长考评谈对校长的领导
访谈4	2003年7月2日中午	60分钟	酒楼进餐	商谈《NS教育周刊》创办事宜
访谈5	2003年7月4日上午	15分钟	随车同行	谈自身领导风格定位及集团创办事宜
访谈6	2003年7月8日上午	80分钟	办公室	接受《NS日报》记者采访(课程改革)
访谈7	2003年7月16日下午	25分钟	办公室	关于幼儿园招标及相关事宜
访谈8	2003年9月1日下午	30分钟	办公室	研究进展交流

表5.5　专访部分科室人员一览表

次数	时　　间	长度	对　　象	主　　题
访谈1	2003年6月24日下午	25分钟	教科所LDJ(高级教师)	对L局长的认识
访谈2	2003年6月24日下午	20分钟	教科所LHT(副研究员)	对L局长的认识
访谈3	2003年6月24日下午	10分钟	教科所LXS(所长)	对L局长的认识
访谈4	2003年6月26日上午	35分钟	教研室ZBJ(副主任)	对L局长的认识
访谈5	2003年7月10日下午	15分钟	JF(副局长)	对L局长的认识

| 访谈6 | 2003年7月16日上午 | 30分钟 | 社管办ZCZ(办事员) | NS区新建幼儿园招标事宜 |
| 访谈7 | 2003年7月17日下午 | 30分钟 | 基教科ZXS(科长) | SKYC教育集团的组建及进展 |

③ 教育档案、日志、纪要等文献的查阅和收集

教育档案、教育日志和各类纪要等文献有助于理解研究对象所生活的领导环境,能够反映领导行为的连续性。在NS区教育局实地研究期间,研究者重点查阅了已归档的如下几类文献材料:a. NS区历届领导班子施政纲领;b. 历年颁布的各类教育政策、制度和文件;c. 历年总结和汇报;d. 局务会议纪要;e. 有关NS区教育事业发展的年度报表;f. 有关NS区教育报道宣传的音像、书籍和图片;g. 历届教育局长讲话稿;h. 现任教育局长公开发表的学术论文。

表5.6 NS区教育局调研材料统计(一)——上届教育局长(LZJ)

年份	类别	主　　题	具体时间
2001	讲话	1. 精心组织,巩固提高——认真开展"三讲"教育"回头看"活动 2. 在深圳市NS区"中加"学校新闻发布会上的讲话	4月10日 6月11日
	教育报告	1. 1990—2000年教育事业发展回顾 2. 迎接新世纪,决战新目标——NS区教育局2001年工作基本思路 3. 新世纪NS区学校德育改革与发展的基本构想 4. 积极稳妥地推进国家课程改革实验 5. 关于申请接受广东省教育强区督导验收的报告	2月2日 11月15日 12月18日 12月20日
2002	讲话	强而思进,抢抓机遇,加快发展——在NS区政协一届六次会议上的发言	
	教育报告	1. 珍惜大好形势,抢抓难得机遇,加快改革发展——NS区教育局2002年工作基本思路 2. 教育强区复评自评报告 3. NS区教育局2002年工作要点 4. 求实创新,优先发展——努力建设现代化教育强区	1月15日 2月20日

（续表）

年份	类别	主　题	具体时间
2003	讲话	深圳市教育督导专业委员会筹备工作报告	6月26日
	教育报告	1. 深圳市教育督导专业委员会工作计划（2003年）	3月20日
		2. 关于我区教育体制改革有关问题的说明	5月23日
	其他	深圳市教育督导专业委员会章程	5月修订

表5.7　NS区教育局调研材料统计（二）——本届教育局长（L）

年份	类别	主　题	具体时间
2002	讲话	1. 2002年"教师节"献辞	9月10日
		2. 更新观念　与时俱进，再创NS区教育的新辉煌——在庆祝建党81周年暨"七一"表彰大会上的讲话	6月29日
		3. 在NS区26所中小学"红十字会"成立大会上的讲话	
	教育报告	开拓创新　与时俱进　实现NS区教育新的跨越——未来五年NS区教育发展的框架思路（小梅沙会议）	8月21日
	其他	1. 个人述职报告	
		2.《21世纪教育导报》创刊语	12月27日
2003	讲话	1. 在海滨小学素质教育现场观摩会上关于"真善美"教育价值的讲话	1月8日
		2. 在2002年全区教育工作总结议上的讲话	1月20日
		3. 努力开创教育服务的新途径	2月28日
		4. 关于教师要善于改善自己的心智模式的讲话	3月5日
		5. 在北京师范大学NS区附属学校区一级学校评估总结会上的讲话	6月27日
		6. 与时俱进　开拓创新，为高标准建设NS区教育现代化而奋斗——在中国共产党NS区教育局第二次代表大会上的讲话	7月1日
		7. 在全区部分校（园）长人事调整通报会议上的讲话	8月17日
		8. 为实现NS区教育跨越式发展的目标而奋斗——在2003—2004年度全区校（园）长培训班上的讲话	8月23日
	教育报告	在全国课程改革电视工作会议上的讲话	7月7日
	其他	1. SKYC教育集团组建方案	
		2. 个人专著及论文简表	
		3. 个人自传	

表 5.8　NS 区教育局调研材料统计（三）——其他

年份	文 件 内 容
2001	1. 2001 年精神文明建设工作总结 2. 2001 年教育工作总结 3. 向区政府提交的教育工作汇报（2001） 4. 教育系统办公室主任培训班实施方案 5. 落实区委工作会议报告和《政府工作报告》情况汇报一览表 6. NS 区教育简介 7. NS 区贯彻落实《国务院关于基础教育改革与发展的决定》的情况汇报
2002	1. 教育局 2001 年工作总结暨 2002 年工作要点 2. LM 副区长在 2002 年教育系统年度工作会议上的讲话 3. 贯彻落实《公民道德建设实施纲要》工作计划 4. 坚定不移实施"科教兴区"战略　努力建设社会主义现代化教育强区 5. NS 区教育系统中小学幼儿园校（园）长任命程序 6. 新学期开学情况综述（春季/秋季学期） 7. WL 副书记在全区教育系统干部培训班上的讲话 8. NS 区教育局办公室职能与岗位设置 9. NS 区教育局上半年社区建设工作情况汇报 10. LM 副区长在全国基础教育课程改革实验区实验工作研讨会上的讲话
2003	1. 关于 2003 年高考情况的报告 2. 关于深入学习贯彻"十六大"精神　推进 NS 区教育跨越式发展的报告 3. 关于 NS 区积极争取国家级示范性高中的议案 4. 关于 SKYC 教育集团组建方案的报告 5. 建立校本教研制度　促进教师专业发展 6. WY 书记在教师节表彰大会上的讲话 7. NS 区教育局 2003 年工作要点 8. 教育局长、党委书记 LXM 在全区校（园）长工作会议上的讲话 9. 开学工作检查　学校反映问题一览表 10. NS 区教育局 2003 年督办工作一览表

④ 问卷调查

问卷调查是社会科学研究中广泛采用的一种研究方式。英国著名社会学家莫泽(Moozer)认为,"世间的各种社会现象、人们的各种社会行为,几乎没有哪一个方面不曾被调查研究者关注过"。[1] 在本研究中,研究者为了在更大范围内获取关于 L 局长的资料,编制了两份调查问卷,[2] 分别对教育局机关科室和学校这两个系统内成员进行了局部调查,以期了解领导的有效性。

⑤ 列席会议、座谈

在基层教育行政组织生活中,会议是一种常见的组织行为。研究者征得 L 局长同意,有幸列席参加了该局历次局务会议和其他各种类型的会议和座谈,具体见表5.9。

表5.9 研究者参加 NS 区教育局各类会议、座谈统计

时　　间	主持人（负责领导）	主　　题
2003 年 7 月 10 日上午	ZXM 副局长	教育国际化座谈会
2003 年 7 月 10 日下午	JF 副局长	北京师范大学附中联合办学
2003 年 8 月 13 日下午	ZXM 副局长	教育发展战略务虚会
时　　间	参　加　领　导	主　　题
2003 年 6 月 26 日下午	LXM 局长	市教育督导专业委员会成立大会
2003 年 6 月 27 日上午	LXM 局长、TGF 副局长	海滨小学审查教师节文艺节目
2003 年 6 月 30 日上午	全体局领导	党代会筹备预备会
2003 年 6 月 30 日下午	LXM 局长、JF 副局长等	育才中学校长考核,作动员演讲
2003 年 7 月 1 日全天	部分区委领导、全体局领导	NS 区教育局第二次党代会
2003 年 7 月 4 日上午	全体局领导	新建城区幼儿园招标领导小组会议
2003 年 7 月 4 日上午	LXM 局长、JF 副局长	前海小学市　级评估总结会
2003 年 7 月 10 日下午	LXM 局长、JF 副局长等	校(园)长工作总结大会

---

1 风笑天:《社会学研究方法》,中国人民大学出版社 2001 年版,第 155 页。

2 见附录:《教育局长的领导有效性——各科室及研究单位分卷》和《教育局长的领导有效性——校(园)长、管理中层分卷》。

2. 选点

"好的个案能向读者生动地表现某一现象,帮助他们理解它的意义。"[1]进行实地研究,既可以选取某一个体作为研究对象,也可以选取某一群体作为研究对象,还可以截取部分生活场景或片断作为研究对象。本研究选取 L 局长作为实地研究个案,主要缘于以下几方面。

第一,NS 区教育事业的改革与发展成绩斐然。

NS 区是深圳市六个市辖区之一,全区总面积 151 平方公里,总人口 81 万(截至 2001 年底),属于亚热带海洋性气候,年平均气温 22.4℃,四季如春,气候宜人。

除了拥有优越的投资环境和高新技术产业汇集之外,NS 区的整体教育质量和发展水平也位居六个区首位。自 1995 年起,该区先后被教育部、广东省确定为素质教育实验区、禁毒教育先进区、教育现代化和教育信息化实验区、全国首批基础教育课程改革实验区和全国教育改革实验区。2001 年 9 月,该区成为全国首批 38 个基础教育课程改革实验区之一,是广东省第一个获此殊荣的区县,2002 年又率先成为全省第一个教育强区。2003 被教育部评为"全国幼教工作先进区"。目前,全区正在积极推行新一轮教育人事制度改革,并积极探索建立现代学校制度。

经历了"腾飞——稳定——发展"之路,NS 区教育综合实力明显增强,办学体制日趋多元,各级各类教育协调发展,办学效益进一步提高,社会满意度不断提升。在教育领导理念方面,"以人为本"的教育思想深入人心,服务意识落实到日常教育行为的各个方面。在课程改革方面,作为全国首批基础教育课程改革实验区,NS 区积极探索与国家课程、地方课程、校本课程相并行的新型课程结构,建立了以小学综合实践课、中学研究性学习为重点的学习模式,形成了英语、德育、科学、艺术、体育、心理健康等九大教育特色和校本"教育超市",创立了体育节、科技节、艺术节、英语节四大传统教育节日活动。在德育方面,NS 区构筑起以"真、善、美"为内核的德育模式,有效地将"理想主义、浪漫主义、现实主义"教育思想渗透到德育内容中。在学习方式方面,教师非常注重培养学生的创新意识和动手实践能力,学生们在学习与实践中不断获得成功和快乐,教学由课堂延伸到课外、校外,学生成为

---

[1] Meredith Mark Gall & Walter Borg & Joyce Joy Gall:《教育研究方法导论》(第六版),许庆豫等译,江苏教育出版社 2002 年版,第 446 页。

学习活动的主动参与者。在教育体制方面,该区敢于打破原有办学形式,成立了首家公立教育集团,并在新建城区幼儿园中首次引进招标机制,成功转让国有教育资源的经营权。在教育交流方面,该区加快教育国际化步伐,与国外多家教育单位开展多渠道文化交流,拓宽了教育优质资源。

第二,NS 区教育领导班子学历高、素质高,教育领导能力出色。

2003 年 6 月,研究者到 NS 区教育局进行专业实习,借此机会身临其境地感受了一番"NS 教育精神":在这里,教育思想是鲜活的,领导班子是改革创新的,学生的学习生命形态是主动而积极的,教职员工务实肯干,课程教研成果喜人。

在 NS 区教育局目前的领导班子中,有博士 2 人,硕士 2 人,著名学者、作家 1 人,这样的学历搭配结构在全国也是十分少见的。这个领导班子不仅创造了教育管理集团化、学校后勤社会化、校园文明环境社区化、课程素质化、教育服务化、教育信息化等诸多亮点,还秉承务实之风,坚持每周听课两次的教研制度,实属难得。

面对这样良好的局面,研究者不由得对班子的首要负责人——L 局长产生了一种强烈的探究欲望。事后,在与 L 局长的多次接触和交流中,他作为领导的虚怀若谷、作为学者的幽默睿智、作为朋友的平等和善给研究者留下了深刻印象。通过拜读其亲撰的历次教育政策文本、教研成果和学术著作,研究者对他所享有的"学者型局长"的美誉深信不疑。

3. 研究历程

(1) 研究时间表

英国人类学大师马林诺夫斯基(B. Malinowski)曾就实地研究中的"事例穷举"说过,"对每一现象应该就其具体表现作尽可能广泛的研究,每一研究都应对详细例证作穷尽的调查"。[1] 为了帮助读者理解研究者笔下的世界,人类学学者时常借助族谱这一研究工具,将实地研究资料具体化、表格化。本研究也采用这种方式,尽可能呈现研究的序列。

以下是研究者在 NS 区教育局进行研究的时间顺序表。

第一次介入: 2003 年 6 月 25 日—7 月 18 日。

2003 年 6 月 25 日,研究者以研究者身份正式进入 NS 区教育局。在第一周

---

1 马林诺夫斯基:《西太平洋的航海者》,梁永佳、李绍明译,华夏出版社 2002 年版,第 13 页。

里,研究者详细记录了L局长的工作状况:每天有哪些人来访?每天有多少电话?每天具体做些什么事?每天外出的频率是多少?等等。同时,研究者还广泛接触了该局部分工作人员,结合研究主题开展了访谈(见表5.5)。

为深入剖析现象,发现问题,改变"隔膜"于研究世界之外的状态,研究者不失时机地参加、列席了一些座谈和会议(见表5.9)。

第二次介入:2003年8月1—17日。

2003年8月1日,由于教育局假期轮休,研究者暂以工作人员身份参与局办公室工作,时间为两周。在这段时间里,研究者的主要活动和工作内容如下:

① 接待部分来访人员,处理相关公文的接受、发送任务;

② 接受部分学生家长就子女入学等问题的咨询;

③ 起草部分行政公文。

另外,研究者在此期间还以教育局代表的身份参加了部分会议(见表5.10)。

表5.10 2003年8月1—17日研究者参加的部分会议

时　　间	主办单位	主　　题
2003年8月3日下午	NS区教育局	"NS区部分校(园)长人事调整"通报会
2003年8月11日下午	区委宣传部等	"社团建设"座谈会
2003年8月13日上午	市委宣传部	全国抗击"非典"斗争英雄模范事迹报告团深圳报告会
2003年8月13日下午	NS区教育局	"教育发展战略讨论"务虚会

第三次介入:2003年8月18日—9月5日。

2003年8月18日,NS区教育局开始新学期办公,研究者再次进入"研究者+工作人员"的状态。在这个期间,研究者除继续广泛访谈教育局各科室人员外,还结合新学期校(园)长暑期培训安排,制定了一份面向全区校(园)长的问卷,接下来的工作就是整理文稿(发言稿)和回收问卷。其他具有研究意义的事件见表5.11。

表5.11 2003年8月18日—9月5日NS区教育局召开的部分会议

时　　间	参加领导	主　　题
2003年8月20—23日	全体局领导和全区校(园)长	NS区校(园)长暑期培训
2003年8月26日下午	全体局领导	"教师节"筹备会议
2003年8月27日下午	全体局领导及全体局工作人员	教育局新学期职工动员大会
2003年9月2日上午	全体局领导	"教师节"筹备会议(落实五个向区党委反映的问题)
2003年9月3日下午	部分历史科组教师	关于"L局长领导"的座谈会

第四次介入：2003 年 12 月 22—29 日。

2003 年 12 月 22 日，研究者再次来到 NS 区，就论文写作同 L 局长进行了交流，并借此机会，查阅了部分新近资料，具体有：

① 2003 年 12 月 1 日教育部副部长王湛在"全国基础教育课程改革实验工作座谈会"上的报告《巩固成果　开拓进取——深入开展基础教育课程改革的实验与推广工作》；

② 2003 年 12 月，CYQ 校长在"SKYC 教育集团第一次党员大会"上的报告《与时俱进　开拓创新——为把 SKYC 教育集团建设成为第一流有特色的教育集团而奋斗》；

③ 2003 年 12 月第 3 期《深圳市 NS 区课程改革工作简报》；

④《2004 年 NS 区教育局年度工作计划》。

（2）研究者角色感知的发展路径

进行实地研究，研究者对自身角色的感知非常重要：一方面它可以向研究者传达如何改善研究设计的信息；另一方面它又警醒研究者不要忘记自身肩负的研究任务。在 NS 区教育局生活的两个多月中，研究者基本上遵从了"局外人（旁观者）——介入者——局内人（事务者）"这样一个发展路径，非常强烈地感受到了发生在自己身上的角色变化。

在第一个研究阶段，研究者初到 NS 区教育局，凡事谨小慎微，担心由于自己某些不到位、不适当的言行影响了别人对自己的看法，进而影响到被研究者的配合态度。同时，很多科室人员也差不多仅仅把研究者当作一名来自外界的"研究者"。这种状态持续了一周时间，随着研究者活动地点的转移而有所改变。

在第二个研究阶段，随着研究者活动地点的转移，研究者开始感觉到发生在自己身上微妙的角色变化：逐渐被众同事所认同，并自主地融入整个工作环节。具体有以下几点主观体验为证：

① 承担的工作任务多了，接受任务时自认为"职责所在，理所当然"；

② 自己被以"办公室工作人员"身份介绍的场合越来越多；

③ 参加活动不再感到明显的局促和紧张，取而代之的是一种强烈的参与需要；

④ 与同事之间的人际交往渐趋密切。

在第三个研究阶段，研究者在局里的工作步入常态，此时强烈地感受到信息占有不足，于是自觉地促使自己进行了一次研究角色和心态的转换，平时尽可能与L局长交流,深入到各科室作个别访谈(座谈)。通过这种方式,较好地完成了后期资料收集任务。

(3) 实地研究者的角色类型

第一种是"偷听者"角色。这里的"偷听"是指一种无心理设防的行为,即研究者在交谈双方毫无戒备、设防的情况下,关注交谈内容。要取得"偷听"的最好效果,应该具备"局内人"角色。

第二种是"探察者"角色。所谓"探察"就是"看",它要求研究者具备一种敏锐的事件捕捉能力,留心生活中的每一个事件,以"问题"眼光和心态获取并占有尽可能多的素材。

第三种是"反思者"角色。提出这一类型,意旨有三:一是研究者要不断地反思自身的研究角色状态,因为完成从局外人到局内人的过渡往往是以忘却研究任务和自觉性为代价的;二是研究者要不断地思考、呈现事件本身的意义;三是研究者应反思解释事件意义的文本,思考其用于解释事件的合理性和可能性,仔细分析文本背后所蕴含的话语意义。

三、初识我所研究的人:被"淹没"了的教育局长

1. 教育局长的一天

(1) 2003 年 7 月 2 日,教育局长一天工作写实

● 早晨:7:30 ~ 8:00

深圳的早晨来得特别早,晨曦微露,马路上已陆陆续续有了上班族的身影。[1]

7:30,L局长驾车来到教育局。此刻,局里显得比较清静,偶有一两个清洁工人推着小车经过。昨天刚刚圆满结束 NS 区教育局第二次代表大会,清晨的空气中似乎还洋溢着几丝大会胜利闭幕的气息。

进入办公室,L局长整理了一下昨天未处理的公文,看了一下《局领导第二十周主要活动安排表》(2003 年 6 月 30 日—2003 年 7 月 4 日),今天的大

1　在深圳,公务员的上班时间原为上午 8:00 ~ 11:30,下午 2:00 ~ 5:30,现已改为"朝九晚六"即上午 9:00 ~ 12:00,下午 2:00 ~ 6:00。

致活动安排为：上午 8：30，到区委参加区常务委员会议；下午 4：00，校长考核；下午 4：30，"荔枝节"慰问区、局老领导。

想到今天要参加区里一次重要会议，L 局长点了一支烟，伏案提笔，迅速地在工作日志里记下今天要汇报的问题。8：00 左右，局里各科室的人员陆续来上班了，楼上楼下顿时热闹起来。

8：00，局长办公室门刚一打开，早就候在那里的两位同志立即闪了进去，也许他们知道机不可失，要找局长办事情、问事情，就得逮住一切机会。这时，勤工送来今天上午的报纸，有《南方都市报》、《NS 日报》、《晶报》、《深圳特区报》、《深圳商报》。

- 上午：8：00 ～ 9：00

约莫过了四分钟，一位女士试探着敲开了局长办公室的门，她是来询问临聘教师转正考试政策的。在深圳，由于流动人口数量庞大，导致适龄学生学位供应需求量激增。为了缓解因教师人事编制总量不足而出现的师资缺口，整个深圳市引进了不少临聘教师。这些临聘教师因户口不在深圳，入不了编，因而无法享受与当地教师同等的待遇。为了切实引进优质师资，稳定教师队伍，NS 区（其他五个区也一样）每年都会进行一次面向社会的公开招考，通过层层筛选、公平竞争，解决一小部分教师的编制转正问题，但这实在是杯水车薪，大部分有资格参与考试者都无缘于此，只能企盼来年再"战"。因此，每当临近招考，总有一部分"特殊"的人以各种"特殊"的理由要求局领导酌情考虑实际情况，放宽考试政策，比如对参考人员资格、年龄、成绩等方面的限定。为此，L 局长也是费尽了心思，多次召集人事科调研，商讨适宜的解决办法。

也许是多次遇到类似的事情，L 局长了解来意后，告诉她到人事科找具体负责人，看其是否符合政策放宽规定。L 局长再三表示："我们知道你们对 NS 区的教育奉献了许多，我们会尽力解决你们的困难，在政策允许的范围之内，我们都会尽快优先考虑和落实。"

8：10，女教师退出，L 局长还未来得及关门，一位来自向南小学的教师起身向 L 局长问好，并及时表明了来意，原来是申请调动的。

送走向南小学的教师之后，出现了一会儿短暂的"真空"。之后，在不到 10 分钟的时间里，L 局长共接了三个电话。

8：35，来自两个不同单位的人先后找 L 局长就业务事项交流意见。

8：40，又有两位来访客人找 L 局长，要求协助落实应求之事。

8：47,某高职院一位负责人打来电话,希望 L 局长帮忙解决某位领导司机的孩子上学的问题。[1]

在这期间,L 局长趁空批阅了呈送公文。快到 9：00 时,L 局长叫来司机,驱车前往区委参加行政会议。

- 上午：9：00 ~ 11：00

L 局长驱车去区委开会后,聚集在局长办公室外厅的来访者越来越多,其中有区委体育局来谈业务事宜的,有月亮湾小学来谈人事调动问题的,有北师大附中来商讨联合办学问题的,还有南头中学校领导来汇报思想的。

9：00 ~ 9：55,总共来了四批人。原本冷清的外厅一下子热闹起来,看报的看报,聊天的聊天,打手机的也有,坐在那儿一动不动的也有……在这期间,电话也是响个不停：9：13,南园小学校领导来电询问局长下午可否到校参加会议;9：15,局长的一位朋友来电问候;9：30,一位不愿透露姓名的同志来电;9：33,区委办公室来电;9：50,局长的一位私人朋友来电,并预约了下次来访时间;9：55,《NS 日报》一位记者来电,想就“两会”期间一位代表提出的“恢复 SK 中学高中部”的议案采访教育行政部门。

10：00 过后,部分人员久等无果之后开始有些焦躁。有些失望地“打道回府”,剩下的则继续等候,外厅的人员开始减少。期间,机关科室部分同志来找 L 局长,推开门看见这么多人,得知 L 局长开会去了,转身离开了。

10：30,勤工送来第二批报纸,有《新华日报》、《光明日报》、《中国青年报》、《中国教育报》。部分来访者索性读起报来,一副非等到人不可的架势。

10：45,大新幼儿园派人给 L 局长送来一份“教师论坛”邀请函。

- 上午：11：00 ~ 11：45

约莫到 11：00,等候 L 局长的人还有很多,他们不时地张望看表,也许在他们脑海中,不知出现了多少次“L 局长推开门进来”的画面……这时,门“咯吱”一声开了,众人的目光齐聚到 L 局长身上。

部分来访者顺势站起来,向 L 局长打招呼。

“呵呵……人不少嘛!我刚才到区里参加了一个会议,让大家久等了,有什么事,一个一个地来。”L 局长一边和这些人打招呼,一边走进办公室。

最有趣的画面出现了：这个时候,谁也不愿意放弃第一个进去的机会,

---

1 在深圳,由于外来流动人口过多,按照义务教育“就近入学”的政策规定,其学位供给远远满足不了就学需求。针对这一状况,NS 区教育局基教科新近出台了一项政策,符合政策的孩子可以申请就地就近入学公立学校,未满足相应条件者则上私立初中、小学。

但"先来后到"的规则又强烈地约束着他们,于是每个人都默默记好了自己的次序。也有一些"后来者"想插进去拜访 L 局长,此刻总会有人出来说:"唉,我可能先到吧,我只要很短的一点时间,不好意思。"当然,这中间也有讨价还价的,一些抢先者虽明知自己"插了队",也会故作道歉:"就一两分钟,一两分钟,我说完了就出来。"也许正是出于"一两分钟"无需再等多长时间的考虑,被插了队的也就默认了,顺便做个人情。其实,好多"一两分钟者"都是一进去就会呆很长时间。

在 L 局长接待来访者的时间里,电话陆陆续续打进来:11:20,教研室一位主任询问"少儿艺术品巡回展"事宜;11:22,接到一个事由不清的电话;11:25,广东省教育学会来电,希望 L 局长提交一份关于 NS 区课程改革的文章,L 局长马上打电话叫来办公室秘书小 C,向他传达了文稿起草要求。

接近下班时间,访客一个接一个离开,有的面带微笑,显然是"来有所获";有的略显沮丧,推测应该是"无果而返";还有些在离开之际仍一个劲地请 L 局长"帮忙想想办法","酌情给予考虑"……

11:32,最后一位访客离开,L 局长舒了一口气,点烟闷抽了一会儿。看看时间,还不算很晚,又伏案签署了几份公文。在他面前,仿佛有签不完的公文,只要他离开,书桌上肯定会堆积起一定厚度的请示件。

● 中午:11:45～13:20

原本是在局里就餐的,因为中午还要和《NS 日报》商谈《教育周刊》的办刊事宜,于是午餐改为外出就餐。驱车来到预定的酒楼,《NS 日报》几位工作人员早已等候在那里了。

说到《教育周刊》,有必要交代一下该刊的创办背景。《NS 日报》是 NS 区的政府机关报,《教育周刊》是挂靠《NS 日报》并同刊发行的教育类报纸,其读者主要是 NS 区广大中小学教师、学生和家长,辟有"课程改革"、"学科研讨"、"习作选登"、"教苑随感"等版块,反映 NS 区教改、教研的进展和风貌。

创办《教育周刊》是 L 局长由来已久的想法,他力主通过这样一份报纸,及时反映 NS 区教育改革信息,传达教育新理念,并使之成为展示 NS 区教育的一个交流平台。席间,L 局长和同行的另一位副局长一起,与在座的几位《教育周刊》工作人员深入交换意见,话题涉及刊物的内容、刊物发行、发行刊次、运作方式、经费及人员管理等诸多方面。

● 下午:13:20～14:30　午休

● 下午：14：30～17：30

快到上班时间,区审计局两位同志来到教育局,L局长接待了他们,谈话持续了半个多小时。其间,14：40,南头中学校长助理给L局长送来了一份请示件。

和上午一样,来访者随着时间的推移逐渐增多：14：45,育才中学一位教师就工作调动事宜找L局长征询意见;15：00,赤湾小学送来两本杂志(L局长是该校教育董事会成员);15：15,有两人来访,一是原区委办公室主任、现区人大主任Y,另一位是L局长的朋友;15：20,同级职能部门的L局长来访;15：35,基教科送来前期校长考核的总结材料;15：40,区委一位同志因个人事务来访;16：05,团市委青少年活动中心送来一份邀请函;16：10,马荣幼儿园负责人就今年新建城区幼儿园招标事宜向L局长询问相关事宜;16：20,深圳职业技术教育学院一位同志因公来访;16：30,教育局C副局长找L局长。

从14：30到16：30,据不完全统计,有6个电话打进局长专线,其中有为孩子就学询问如何选择学校的,有要求帮忙解决教师调动的,有个人问候的,有询问临聘教师转正考试参考书目的。

16：36,办公室小L来到局长办公室,告诉L局长部分老局长到了。L局长接待完一位来访者之后,对还在等候的人说："我马上要去慰问老领导,实在不好意思,下次再谈。"说完,他叫小L请办公室专事文案的小C上来,询问上午安排的文稿落实情况。

16：50,L局长离开办公室,去招待应邀参加"荔枝节"的老领导。[1] 慰问活动从17：00进行到18：00。结束后,L局长一再表示要宴请诸位老领导,但老领导都以"有事在身"推脱了。于是,L局长亲自安排专车送部分老领导。

回到办公室,L局长的第一句话就是："这次'荔枝节'慰问效果很好,这些老局长们真是NS区教育的'宝'啊!"

在L局长会见老领导期间,又有10个电话打进来,时间先后为：16：31、16：32、16：40、16：50、17：15、17：16、17：22、17：24、17：25、17：33(研究者对来电均作了记录)。

● 傍晚

18：15,L局长处理完公务文件,随手拿起"局领导一周活动安排表"看

---

1 广东盛产荔枝,每年荔枝成熟之际,NS区教育局都要将老同志、老领导请回来叙旧,一则表示对老同志的尊敬,二则听取其对教育局工作的意见。

了看。由于第二天上午要召开局务会议,L局长把自己关在办公室里,对一些重大问题清理了一下思路,享受了一会儿难得的清静。

19：02,局里大部分工作人员都已下班了。L局长步出办公室,坐上车。随着"嘀——"一声鸣响,简朴的教育局又恢复了清晨时刻的宁静。

(2) 教育局长一天工作特点

2003年7月2日,平凡的一天,留下L局长匆忙的工作身影。仔细分析,我们发现教育局长一天的工作具有如下特点。

第一,临时事务多,工作紧张有序。

在6个小时的工作时间里,L局长既要按照"局领导一周主要活动表"参加各项预定活动,还要不断地处理几十件临时事务:接待客人(包括未预约的和已预约的)、签发文件、安排工作、参加会议,等等。这些临时发生的事务都不在L局长一天的工作安排中,由此不可避免地增加了L局长的工作量。据研究者不完全统计,7月2日这一天,共有35人来访,而这一天的电话就有29个(不包括未被转接的和因占线而无法接通的)。

第二,掌握重要信息,处于信息中转的枢纽地位。

L局长每天要处理大量行政公文,他能够非常方便地获取并占有重要信息。同时,大量临时发生的人际交流活动,其本身就是一种信息交付行为。同时,从信息的流向来看,根据本研究"问卷一"对科室人员的调查[1],教育局科室间的信息流通以向下流通为主,"全部向下"和"大都向下"两项占到66.7%。造成这种现象的原因在于各科室的行政信息基本上是直接面向L局长的,由L局长审阅后直接签发办文。因此可以认为,行政职务使L局长成为这些行政信息的第一切入口和占有人,而L局长自然而然就比任何科室人员都要掌握更充分、更完整的信息,这必然使其成为信息枢纽。

表5.12　教育局信息流通方向

	频次	百分比(%)	有效百分比(%)	累积百分比(%)
全部向下	2	7.1	7.4	7.4
大都向下	16	57.1	59.3	66.7
双向	2	7.1	7.4	74.1
双向、横向及交叉	7	25.0	25.9	100.0

第三,按时参加预定活动,工作计划性强。

在NS区教育局,每周一都要召开一次由局领导和办公室主任参加的碰

1　请参阅附录一,第二部分第二十一题。

头会议,专门研究本周局领导出席活动的分工、安排。"局领导一周主要活动安排表"确定之后,由办公室印发到各科室和下属各学校(园),以便各单位做好接待以及活动部署等工作。一周中的活动基本上都是一些重大的往往会耗时一至几个小时的活动(比如会议、礼仪活动、战略制定、谈判、视察等),如无特殊情况,指定局领导必须准时参加,体现出很强的工作计划性。

2. 教育局长的一周

(1) 2003 年 6 月 30 日至 7 月 4 日,教育局长一周活动记录

本研究的篇幅和研究主旨无法以日记形式记录 L 局长一周的活动,这里仅以"局领导一周主要活动安排表"为分析材料,考察 L 局长一周的工作情况。考虑到实地研究期间与 L 局长接触的情况,以下呈现 2003 年 6 月 30 日至 7 月 4 日这一周(学期第 20 周)的活动记录(见表 5.13)。

表 5.13 (2003 年 6 月 30 日至 7 月 4 日)教育局长一周工作

时　间	活　动　内　容	地点(形式)	时段长度
6 月 30 日上午	局领导及部分科室负责人碰头会议	教育局(内部)	2 小时
6 月 30 日下午	"七一"慰问困难党员	部分学校(外出)	约 1 个半小时
6 月 30 日下午	校长考核	育才中学(外出)	约 1 小时
7 月 1 日全天	NS 区教育局第二次党代表大会暨"七一"庆祝表彰大会	北师大附中(外出)	全天
7 月 2 日上午	区常务委员会议	区政府(外出)	2 小时
7 月 2 日下午	"荔枝节"慰问区、局老领导	教育局(内部)	约 1 小时
7 月 3 日全天	局务会议	教育局(内部)	全天
7 月 4 日上午	幼儿园招投标领导小组成员会议	教育局(内部)	约 1 小时
7 月 4 日上午	前海小学市一级评估总结大会	前海小学(外出)	约 1 小时

(2) 教育局长一周工作特点

第一,会议多。

在 6 月 30 日至 7 月 4 日的一周内,L 局长每天都要参加会议。就会议性质而言,以总结性、商讨性为主;从活动的场所来看,外出活动与内部活动交织进行,其中外出活动多倾向于象征性和指导性事务,内部活动则多以决策和事务处理为主。

第二,时间长。

表 5.13 中,L 局长参与重大活动的时间长度总计 22 小时,平均每天 4.4

个小时。抛开均数不能较好地处理极大值这一问题,L局长每天用于重大活动的时间基本维持在1~2小时,一些特殊活动可能持续一天,比如7月1日的NS区教育局第二次党代表大会暨"七一"庆祝表彰大会,以及7月3日的局务会议。[1]

第三,节令色彩浓。

从教育行政工作具体实情出发,每当元旦、妇女节、儿童节、建党节、教师节、国庆节等这些节日,教育局都会举行相应的庆祝活动,一则对前期的工作进行总结,二则表彰一批优秀教育工作者,三则布置后期工作。作为NS区教育局行政领导,L局长自然会亲临活动现场。

3. 教育局长的一月

(1) 2003年6月2日至6月27日,[2]教育局长一月活动记录

2003年6月25日,研究者正式进入NS区教育局进行调研,因暑假开始后教育局公务人员实行轮休,正常研究于7月18日中断。因此,研究者仅根据"局领导一周主要活动安排表",选取L局长2003年6月2日至6月27日的主要活动情况进行统计和分析。

为了更好地对比、分析和归纳L局长一月工作特点,研究者还选取了学校开学前后一个月内(8月25日至9月19日)L局长的活动情况,一并作分析。

表5.14 L局长一月活动情况记载(暑假开始前)

周	时 间	活 动 内 容	地点(形式)
第16周	6月2日上午	局领导及部分科室负责人碰头会议	教育局(内部)
	6月2日上午	到社会基地调研	麻堪基地(外出)
	6月4日上午	局务会议	教育局(内部)
	6月5日上午	教育信息大厦筹备工作协调会	教育局(内部)
	6月5日下午	检查高考考场准备工作	部分学校(外出)
	6月5日下午	学习型组织辅导报告	月亮湾小学(外出)
	6月7日上午	高考巡考	南头中学等(外出)
	6月8日上午	高考巡考	博伦职校等(外出)

---

1 按照该周"局领导一周主要活动安排表",7月3日局务会议只需半天时间,后因内容较多,会议持续到下午5:00才结束。一般而言,局务会议基本上只有约半天的议程,该周属于特殊情况。

2 研究者之所以选择6月2—27日,是因为这段时间处于正常教学时间,更符合研究者对L局长教育领导研究的需要。

周	时　间	活　动　内　容	地点（形式）
第17周	6月9日上午	高考巡考	南头中学（外出）
	6月11日上午	局务会议	教育局（内部）
	6月11日下午	陪同华侨城集团领导视察央校工地	央校（外出）
	6月12日上午	党委会议	教育局（内部）
	6月12日下午	学习型组织辅导报告	月亮湾小学（外出）
	6月14日上午	2003年党员发展对象培训班开班动员	教育局（内部）
	6月14日下午	研究期末考试工作	教育局（内部）
第18周	6月16日上午	区组织部考核党委（纪委）候选人	教育局（内部）
	6月17日下午	教师心智模式讲座	大新小学（外出）
	6月18日上午	局务会议	教育局（内部）
	6月19日下午	人事工作协调会议	区政府（外出）
	6月20日上午	幼儿园招投标工作领导小组会议	教育局（内部）
	6月21日上午	中考考场巡视	部分学校（外出）
第19周	6月23日上午	局领导及部分科室负责人碰头会议	教育局（内部）
	6月23日上午	校（园）长考核工作预备会	教育局（内部）
	6月24日下午	校（园）长考核	相关学校（外出）
	6月25日上午	局务会议	教育局（内部）
	6月25日下午	党支部书记、校（园）长会议	教育局（内部）
	6月26日上午	党委会议	教育局（内部）
	6月27日上午	初审"教师节"文艺节目	海滨小学（外出）

表5.15　L局长一月活动情况记载（开学前后）

周	时　间	活　动　内　容	地点（形式）
第1周	8月25日上午	宣读部分学校人事任免文件	相关学校（外出）
	8月26日上午	视察新建学校	相关学校（外出）
	8月26日下午	"教师节"筹备会	教育局（内部）
	8月27日上午	群众接访日	教育局（内部）
	8月27日下午	教育局全体干部、职工大会	央校（外出）
	8月28日上午	局务会议	教育局（内部）
第2周	9月1日全天	开学工作检查	相关学校（外出）
	9月2日上午	"教师节"协调会	教育局（内部）
	9月4日下午	区委常委会	区政府（外出）

	9月8日上午	局领导及部分科室负责人碰头会议	教育局（内部）
第3周	9月8日上午	"教师节"庆祝大会预备会	教育局（内部）
	9月8日晚上	三十年教龄、退休教师茶话会	南海酒店（外出）
	9月9日下午	深圳市庆祝2003年"教师节"暨表彰会	深圳会堂（外出）
	9月10日下午	2003年NS区"教师节"庆祝大会	华夏艺术中心（外出）
	9月11日下午	局务会议	教育局（内部）
	9月12日下午	局党委领导干部民主生活会征求意见座谈会	教育局（内部）
第4周	9月15日上午	局领导及部分科室负责人碰头会议	教育局（内部）
	9月16日上午	商谈合作办学事宜	教育局（内部）
	9月17日下午	讲座	相关学校（外出）
	9月19日上午	局务会议	教育局（外出）
	9月19日下午	党委领导干部民主生活会	教育局（内部）

（2）教育局长一月工作特点

第一，与学校月度计划联系紧密。

按照校历安排，一所学校在开学前、期中、期末三个时段有着不同的工作重点和内容：开学前做好新学期的检查和准备工作；期中做好前期教学检查和后期工作部署；期末做好学期教学总结、评估和下一学期新任务的部署。结合表5.14、表5.15可以看出，L局长每月的主要活动安排与学校的工作安排联系紧密。比如放假前，学校最重要的教学活动就是考试，L局长即表现出对考试的重点关注，积极检查考试准备，巡视考场纪律。同样，在开学前后，L局长也亲自参与新学期学校检查，即检查开学办公情况，听取学校汇报。

第二，工作内容有侧重。

根据表5.14和表5.15，L局长在开学和学期结束这两个阶段的工作也体现出很明显的差异：开学前，L局长参加了两次有关民主生活及意见征集的会议和座谈，旨在深入基层调研，发现问题，获得工作思路；学期结束阶段，L局长将关注重点转移到人事和工作总结上来，组织学校招收新一届毕业生，评审人事材料，评优评先进以及人事调整，为下学期教育工作做好人力部署。

我们每学年结束时都要对校(园)长进行考察、考核,力图通过这项工作,带动校(园)长龙头建设工程,引导 NS 教育的良性发展。因此,每学年结束后,整个校(园)长队伍都会有一定的人事变动。我们的做法是:通过广泛调研、征求民意、"德、勤、绩"考核以及任期述职,培养、选拔那些有能力、有思想、有魄力、群众基础好的中青年干部,使我们 NS 区的校(园)长队伍达到干部人事管理所要求的革命化、年轻化、知识化的目的。[1]

第三,参与课程改革,共同学习。

在侧重点方面,L 局长在学期开始和结束阶段基本上都会到学校现场举行讲座,传授、交流新的教育观念、教育心得,以实现新课程改革对师生共同成长的教育要求。在研究者的活动记录中,L 局长已作了五场教育讲座,有"'真、善、美'素质教育理念"讲座、"教师心智模式"新理念讲座以及课程改革讲座等。这些教育专题讲座不但达到了知识更新和新课程培训的目的,也很好地传达了 L 局长的教育领导思想,有利于教育对话氛围的形成。对此,一线教师对此纷纷表示欢迎,一位高二历史教研组的教师这样讲道:

初到 NS 区,参加了几次 L 局长的专题讲座,感受到一种无比的激动:一是,这个区的局长不简单,很有思想,对教育很有研究;二是,这个区的学风很好,教师能够较好地得到发展,教师培训的环境和体制开放而灵活;三是开阔了个人眼界,L 局长为我们搭建了一个学习新理论的平台和场所。[2]

第四,领导行为具有一定的连续性。

有效的教育领导不仅在于适时适地做出教育决策,还在于保持领导工作重点的连续性,表现出对重大教育事件的长期关注和参与。在表 5.14 和表 5.15 中,我们发现,"教师节"筹备工作自六月份始,一直持续到九月份,历时三个多月,L 局长自始至终亲自参与,从节目初审到方案商讨,再到向区政府专题提请,"教师节"前后召开的会议多达 6 次。

4. 教育局长的一年

"通常人类学家从事一项民族志研究时,会注意到对象之间构成其整体

1　这段文字摘自研究者 2003 年 6 月 30 日下午对 L 局长的访谈记录。
2　这段文字摘自研究者 2003 年 9 月 3 日下午对部分历史科组教师的访谈记录。

活动的范围的问题。"[1]进行实地研究,研究者有必要对被研究者生活中的一系列连续事件进行挖掘,以发现被繁琐、芜杂的事件所淹没的东西,并进一步形成整体的主题图景和认识。

虽然研究者的调研期限没有达到严格意义上实地研究的时限要求,但所幸的是,研究者掌握了有关 L 局长一年之内的工作记录,通过具体分析可以发现,L 局长一年的工作行为呈现出以下特点。

第一,目标明确,以组织愿景带动一切领导工作。

每学年度初,NS 区教育局都会印发"NS 区教育局年度工作计划表"(以下简称"计划表"),各单位各负其责、分项落实,保证了全年管理目标的顺利实现。经研究者核实,2003 学年度,L 局长分管的人事工作全部得到落实,如一月份的"局机关工作人员年度考核",二月份的"应届毕业生和公务员招考面试工作"以及"特招教师考核、体检和办理调动手续工作",三月份的"毕业生和公务员录取工作",七月份的"各学校评优评先工作",十一月份的"年度教师职称评审工作"等。

沃克特认为,"校长们会被要求在本学年开始的第三个月就计划好第二年的工作,并在 12 月的第二周提出经费预算"。[2] 作为校长们的领导,教育局长不仅在工作内容上要做到与学校工作紧密相关,还应通过相应的计划和愿景设计来引领全体成员的组织行为。在这一点上,最明显的表现莫过于对任期内施政纲领的反复提及和强调。L 局长上任之初,就在小梅沙会议上提出"未来五年 NS 区教育发展的框架思路"(2002 年 8 月 21 日),以后在 NS 区教育局第二次党代表大会以及 2003 年暑期小梅沙会议上又反复强调和扩展深化。这样做的目的就是要以一个关乎全局工作的纲领引领全员的行为,让 L 局长的治教思想为教育工作者所接受,从而带动全员向共同的组织愿景迈进。

第二,季节性活动集中而明显。

图 5.1 是对 L 局长一年中所有活动的归纳和统计。

1　沃克特:《校长办公室里的那个人:一种民族志》,白亦方主译,台湾师大书苑出版社 2002 年版,第 223 页。

2　同上,第 224 页。

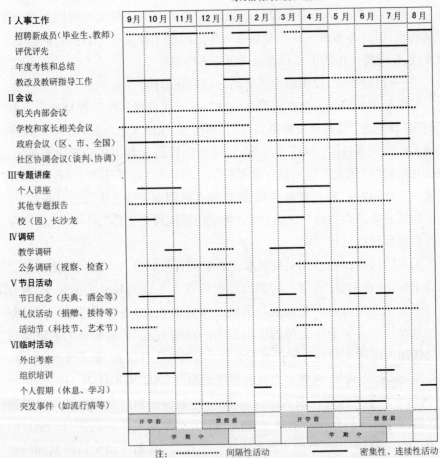

每月活动的长度和密度

	9月	10月	11月	12月	1月	2月	3月	4月	5月	6月	7月	8月

I 人事工作
　招聘新成员(毕业生、教师)
　评优评先
　年度考核和总结
　教改及教研指导工作
II 会议
　机关内部会议
　学校和家长相关会议
　政府会议(区、市、全国)
　社区协调会议(谈判、协调)
III 专题讲座
　个人讲座
　其他专题报告
　校(园)长沙龙
IV 调研
　教学调研
　公务调研(视察、检查)
V 节日活动
　节日纪念(庆典、酒会等)
　礼仪活动(捐赠、接待等)
　活动节(科技节、艺术节)
VI 临时活动
　外出考察
　组织培训
　个人假期(休息、学习)
　突发事件(如流行病等)

开学前　　放假前　　开学前　　放假前
学　期　中　　　　学　期　中

注：……… 间隔性活动　　——— 密集性、连续性活动

图 5.1　L局长的季节性活动统计

　　从图中反映的 L 局长年度活动情况来看,其季节性特征非常明显。比如人事工作,当年的一、二月份会进行应届毕业生的招考工作,四月份着手材料的审核和选考工作,而到七、八月份,又要进行部分特招教师材料的上报和审核工作,十一月份进行教师资格审查和职称评审。再如会议,除了教育机关内部的例会之外,当年的三、四月份和六、七月份要分别围绕全国、区人大会和党代会举行各种会议,学习政府报告,传达文件精神。

　　第三,体现四大工作重心。

352

结合研究者对该局一位分管基础教育工作的副局长的调查，[1]他在个人领导活动中，接触最多的事务由多到少依次为：参加会议、教育教学质量检查与督导、教师与校长的培训、信访投诉、招生入学。同样，L局长的情况是：参加会议、校长和教师的评聘、办学以及教育教学质量的检查与督导、联谊活动（还包括接待领导、媒体宣传和文化交流与合作）。这与L局长实际进行的季节性活动非常吻合。据图5.1，我们可以看出L局长的工作重心主要集中在四个方面：一是出席各种会议，学习、传达上级文件精神，指导、协调学校教育的各方面工作；二是重视人事工作，关注师资队伍建设以及校（园）长和教师的评聘、培训；三是重视教育调研和教研；四是作为组织代表，参加各种节日纪念和学术活动，接见外宾，接受社会团体捐赠等。从这个层面上看，L局长充当的是组织符号。

5. 迷茫与反思

（1）对L局长领导现状的迷茫

初识L局长，研究者看到的是一位被"淹没"了的局长：淹没于一批又一批的来访者，淹没于响个不停的电话，淹没于开不完的会议……这种状况与我们认同的理想领导者相去甚远。

第一，为什么L局长要参加那么多会议？

会议是L局长一年中经常面临的工作内容。如图5.1所示，机关内部会议间断性地持续了整个年度，其中包括每周例行召开的碰头会和局务会；与学校和家长相关的会议也贯穿整个年度，其中春秋学期有所不同，前者连续而集中，后者以间断性会议居多，这种现象与春秋学期的重大教学事件有关；至于政府会议，则更是不胜枚数，特别是在人大会议和全国性的党政会议召开前后，都会出现一段非常集中的持续性与会行为；社区协调会议则相对少一些。

在基层教育行政管理活动中，会议是一种非常重要的信息流通方式。一项相关调查研究发现，教育行政组织信息沟通方式，按使用频次由高至低依次为"开会、制定和学习文件、书面通知、讨论、协商、电信网络、私人间交往、其他"。[2] 本研究也就此对科室人员和校（园）长进行了调查（见表5.16）。[3]

表5.16　教育行政组织信息沟通方式

信息沟通方式	最多	次多	再次多	较少	最少	总计		加权平均数	排名	升降情况
						小计	初排名			
开会	50	15	5	2	0	72	1	21.93	1	→
制定和学习文件	12	45	6	1	0	64	3	17.33	2	↑
协商	1	1	4	4	6	16	7	2.33	7	→
讨论	0	0	2	4	6	12	8	1.33	8	→
书面通知	2	1	14	32	4	53	4	8.27	4	→
私人间交往	0	0	4	8	15	27	6	2.87	5	↑
电信网络	5	8	35	15	4	67	2	13.07	3	↓
其他	0	0	0	4	35	39	5	2.87		→

注：表中加权平均数的计算公式为：$P = (a \times 5/3 + b \times 4/3 + c + d \times 2/3 + e \times 1/3)/5$。

从统计结果看,NS区教育系统的信息沟通方式按使用频次由高到低依次为开会、制定和学习文件、电信网络、书面通知、私人间交往、其他、协商、讨论。本研究中,"电信网络"这一方式的排列位次略微靠前,这与两项研究所处教育环境的差异有关。而"会议"这一信息沟通方式的重要地位在两项研究结论中都是一致的。由此可以认为,会议是一种最广为接受的信息沟通方式。当然,L局长身陷"会海",除与会议本身就是一种行政行为之外,还与中国的行政文化有关。在中国传统文化中,"礼"占有相当重要的分量,行政首脑参加会议会被阐释、理解为尊重。中国人重视"礼",乃因其具备促成人际秩序与和谐的功用,于是"中国人常不自觉地怀有一种'礼的意识',而由于礼的过分繁琐,从而一般人都成为'强烈的合模主义者'"。[1] 另外,职、责、权的相对统一,使得会议呈现出强烈的层级色彩,行政职位越高,要求与会的领导者身份就越高。

第二,为什么找L局长办事的人那么多?

首先,L局长作为信息枢纽,不仅汇集信息,还决定着信息的流向,而在一个信息单向下行的行政组织中,L局长自然而然地成为他人获取信息的对象;其次,从领导行为角度来看,下属需要的是L局长的领导行为所传达的意义,而不在于行为本身,对此,一位老局长曾一语道破,"别人与你交往是冲着你的职位而来,是因为这个位置能够为他们办事情,而并不在于双方交

---

[1]　金耀基：《从传统到现代》,中国人民大学出版社1999年版,第17页。

情有多深"；最后，工作职责范围划分不清导致扯皮、互相推诿，其造成的直接后果就是管理权限上移，致使上位领导者不得不抽身处理一些原本应放权的事宜。

第三，为什么L局长不太像教科书中所描绘的"教育局长"？

初识L局长之前，研究者经常在脑海里绘制L局长的形象：威仪而不可侵犯，专心于组织愿景而深居简出……事实恰恰相反，真实生活中的L局长是位大忙人，频繁地参加各种会议，不停地处理繁琐事务，来访者、电话更是络绎不绝。

教科书上对领导的解释，理性构想多，现实层面少，研究者大都陶醉于应然状态下的自我"对话"，对实际问题兴趣不浓、思考不深，加上国别、文化以及体制等多方面原因，不同地域环境下的领导者也被理所当然地认为千差万别。实际上，作为组织代言人和礼仪"符号"，领导者都是与处理需求和压力这一话题紧密相关的。在美国，"许多教育局长很难安排自己的日程，他们常发现自己总在处理似乎每天都要发生的问题与危机……现时的挑战，使得教育局长必须处理各种各样来自国家、州及地方要求提高学校工作效率的压力"。[1] 同样，置身于教育改革和发展的大环境，L局长也必须对诸如教育创新、新课程改革、课堂教学改革、德育发展、教师发展、学校发展与创新等问题作出思考和回应。[2]

（2）对L局长领导困境的反思

第一，人际关系困境。

L局长2003年7月2日这一天和6月30日至7月4日这一周的工作写实给研究者的印象是，"一直有送不完的客人"，"办公室电话一直响个不停"。这种处境是否就是一位领导者的生活主题？或者说L局长对这种状况是否满意？研究者曾就此同L局长有过一番对话。

研究者：L局长，为什么有这么多人来找您呀？

L局长：没办法，每天找我的人都很多，只要你在办公室，就会有人来。当然，很多人是为公事而来的，但也有以个人身份来交流、联络感情的。在中国，官任一方，你就得和不同身份、阶层的人打交道，这本身就是一个互惠

---

[1] 坎宁安、科尔代罗：《教育管理：基于问题的方法》，赵中建主译，江苏教育出版社2002年版，第131—132页。

[2] 观点摘自《当前中小学教育改革中的六大焦点问题——11位教育专家及名校长的多元思考》一书中的各章节，湖北教育出版社2003年版。

互利的过程：别人帮助了你，你在适当的时候总要回报。从工作角度而言，作为教育局长，我能够在权力所及范围内"说话"，能决定一些事情，这也是为什么这么多人来找我的原因，别人就是冲着你能够为他（她）办事情而来的，而且找你最有效。可事实上，我们领导班子也有分工，不是什么都能说了算的，职权范围内照章办事，而且是具体到某一业务科室，不能越俎代庖。

研究者：您觉得这样的状态是您所期望的吗？

L局长：不能简单地归结为愿不愿意。作为局长，我更希望多一些时间思考教育发展问题，而不是像个服务生似的忙于接待。虽然我们也设立了"接待日"，建立了接待制度，但人都来了，不可能拒之不见或者让人下次再来吧。身为公务员，为百姓解决实际困难，提供优质服务是第一要务。

研究者：您认为是什么原因造成这种状况？

L局长：首要的根源在于管理职责划分不清。另外，这种状况与信息流通不畅也有关。应该说我们的教育信息还没有做到完全意义上的公开，这就导致外部人员无法及时、准确地获取相关信息，因此我们还要加大政务公开力度，广辟形式。当然，万变不离其宗，这与我们中国文化有千丝万缕的联系。

如L局长所言，研究离不开文化背景。要想研究L局长的人际困境，就得从国人的人际关系状况入手。在中国，人际关系表现在许多方面，比如"请客送礼、生死嫁娶、求医问药、逢年过节、毕业分配、拜师学艺、职务升迁、城乡流动、工作调动、搬家住房、购买商品、开会评奖、上幼儿园、求学、找工作、办理一系列手续等等方面，存在于个体和其家庭、邻里、朋友、同学、老乡、战友、同事、路人等的交往方式之中"。[1] 按此思路，研究者对2003年7月2日这一天找L局长的人员（包括电话）进行了整理（见下图）。

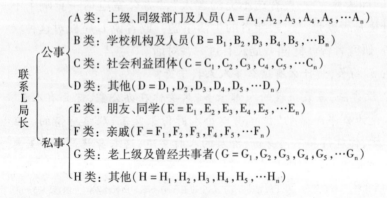

$$
\text{联系L局长}
\begin{cases}
\text{公事}
\begin{cases}
\text{A类：上级、同级部门及人员}(A = A_1, A_2, A_3, A_4, A_5, \cdots A_n) \\
\text{B类：学校机构及人员}(B = B_1, B_2, B_3, B_4, B_5, \cdots B_n) \\
\text{C类：社会利益团体}(C = C_1, C_2, C_3, C_4, C_5, \cdots C_n) \\
\text{D类：其他}(D = D_1, D_2, D_3, D_4, D_5, \cdots D_n)
\end{cases} \\
\text{私事}
\begin{cases}
\text{E类：朋友、同学}(E = E_1, E_2, E_3, E_4, E_5, \cdots E_n) \\
\text{F类：亲戚}(F = F_1, F_2, F_3, F_4, F_5, \cdots F_n) \\
\text{G类：老上级及曾经共事者}(G = G_1, G_2, G_3, G_4, G_5, \cdots G_n) \\
\text{H类：其他}(H = H_1, H_2, H_3, H_4, H_5, \cdots H_n)
\end{cases}
\end{cases}
$$

1　翟学伟：《中国人行动的逻辑》，社会科学文献出版社2001年版，第143—144页。

以"面对面"的形式,因公事与L局长发生互动关系的有25人,其中属于A类"上级、同级部门及人员"的有3人,都是同级行政职能部门人员来访,如审计局、体育局;属于B类"学校机构及人员"的有14人,其中13人来自NS区教育局所属学校,1人来自高职院校;属于C类"社会利益团体"的有1人;属于D类"其他"的有7人。因私事与L局长发生互动关系的有10人,其中属于E类"朋友、同学"的有2人;属于F类"亲戚"的无;属于G类"老上级及曾经共事者"的有2人;属于H类"其他"的有6人。公私之比为2.5∶1。

以"电话"形式,因公事与L局长发生互动关系的电话有17个,其中属于A类"上级、同级部门及人员"的有5个,多为同级行政部门来电,如组织部、妇联等;属于B类"学校机构及人员"的有9个;属于C类"社会利益团体"的有1个;属于D类"其他"的有2个。因私事与L局长发生互动关系的电话有12个,其中属于E类"朋友、同学"的有6个;属于F类"亲戚"的无;属于G类"老上级及曾经共事者"的有2个;属于H类"其他"的有4个。公私之比为1.4∶1。

从上图所显示的人际类型以及数量关系来看:① 无论是因公、因私,还是面谈、电话,"学校机构及人员"都是L局长每天面对最多的群体;② 面谈形式的公私之比高于电话形式的公私之比;③ "上级、同级部门及人员"与L局长发生人际互动的频次仅次于"学校机构及人员"群体。

结合局领导班子分工,研究者又作了一次调查[1],从调查结果(表5.17)来看,L局长对自己人际活动的主观感受与现实行为非常吻合。"学校机构及人员"在表5.17中包括校长和教师两类群体,这两类群体都位于前三位。

表5.17　教育局领导工作中人际类型接触统计

职位	分管工作	人际类型接触频次排序				
		最多	次多	再次多	较少	很少
L局长	人事、办公室等	校长	区及区以上领导	教师	其他上级协调部门	社会利益团体
T副局长	经费、卫生安全等	校长	教育局各科室	区及区以上领导	社会利益团体	教育后勤保障部门

1　请参阅附录一,第二部分第二十九题。

J 副局长	社会力量、督导等	区及区以上领导	校长	其他上级协调部门	社会利益团体	其他平级部门
Z 副局长	教科研、中高考等	校长	区及区以上领导	教师	家长	学生
C 副局长	基础教育、团建等	校长	教师	新闻媒体	家长	学生

第二，时间分配困境。

按照前面对来访人数的统计，如果以每批人占用 5～10 分钟计算，L 局长每天用于接待来访者的时间高达 140～280 分钟，而 L 局长是从上午 8：00 开始工作的，也就是说他最迟也要在 10：30 才能正式进行预先安排的工作，在余下的 1 小时里，L 局长可能要处理批文，或者参加某个会议。同样，如果把平均每天参加会议的时间也算进去的话，L 局长下午从 14：30 开始工作，投入平均 1 个半小时的会议时间，那么 L 局长下午要到 16：00 才能自己支配时间。L 局长一天的工作远远超出其正常负荷量，从而占用了他大量的业余时间——晚上，周休日，节假日。

第三，教育领导的伦理困境。

关于人的话题必然蕴含伦理关怀，教育领导也是如此。如何体现公正、公平？如何保证个体充分发展又兼及全体？如何保守"行政秘密"而又不被视为"伪道德者"？等等。回答这些问题，不仅是一个求解的过程，还充满伦理碰撞和内心责难，充满了不同利益方的斗争和情感倾斜。这里有一个突出的例子就是"如何解决 NS 区临聘教师待遇及户口"问题。曾经在教育一线工作过的 L 局长深知临聘教师工作之繁重、生活之辛苦、待遇之差，虽然 L 局长也曾会同基教科、人事科仔细调研，并出台了 2003 年临聘教师转正办法，但由于临聘教师队伍庞大，此举也只能解决为数极少的优秀临聘人员，于是转正考试变得异常激烈，教师压力非常大。

另外一个让 L 局长深感困惑与无奈的是"流动人口子女就学"问题。

深圳市是一个在移民基础上发展起来的城市，流动人口占据绝对人数优势，NS 区也不例外。现在，NS 区正面临一个人口增长高峰，按照当前 NS 区新建住宅面积及入住速度，未来五年内，将有 16.8 万户人口迁入我区，在这批新迁入人口中，必然会新增一批急需入学的学龄儿童。可是现在 NS 区公办学校的学位已经饱和，如何让更多的孩子能够上学，我们一直在思考这个问题，也想了一些办法，比如加大社会力量办学力度，引入外地教育品牌，通过集团办学扩大教育规模,等等。但这还远远不够,NS区在未来一段时间内急需兴建一批学校。仅凭教育部门良好的愿望不行,还要取得上级政府部门的支持和其他职能部门的配合,这中间就涉及到诸多繁杂的行政活动。[1]

第四,个人发展的困境。

无论从L局长一天、一周的工作时间安排,还是一月、一年的工作时间安排来看,我们发现,L局长的闲暇时间都很少,大部分时间被公务活动所挤占,而且寒暑假休息时间也很短。

分析L局长的季节性活动,每学期开学和放假前后,L局长都会到学校调研和举办教育专题讲座,每年八月中下旬还要制定出新学年工作计划。这些活动都需要大量的时间投入,需要有充足的个人时间来调研、学习、思考和反复论证等。如何保证在有限的个人时间里实现个人发展?L局长的妻子深有感触:

> 他经常在周末邀上好朋友一起锻炼,沟通感情,这是他多年养成的习惯。另外就是喜欢看书,我知道他应酬多,看书时间少,但这是他的职位所需。作为家人,从个人情感上讲,我不愿意看到他在周末还忙着公事,孩子也希望大家聚在一起,但这是没办法的事,他的工作时间和场所是不能全由自己说了算的,这可能就是中西方官僚文化的最大差别吧。[2]

(3) L局长对自身领导困境的解读

"淹没"只是从表面上描述了我的工作状态,但这不等于我就没有进行思考。相反,正是这种"淹没"的工作状态,使我能够更多地获取各方信息,可以了解到许多还不具备在会上进行商讨条件的问题,这些信息对我进行领导决策和战略思考都是很有帮助的,有些信息直接成为某一决策的背景材料。教育工作所面临的实际挑战、压力很多,有些非常尖锐,如果教育局长脱离了一线,仅仅停留于报送的经过加工处理了的信息,他怎么能够做到领导有效?因此,我必须接触各种身份、层次的人,从他们那儿获取我想要的信息。也就是说,不论来访者是因公事还是私事,在我眼中,认真接待他们是工作的一部分。

就我理解,"淹没"应该具有两层意思:一是表明局长的确是在从事事务性工作,这里面当然包括我所分管的工作内容;二是这是对局长进行理性思考的工作状态的描绘,就好比沉思,这是一项纯思维的活动,但不是闭门

1　这段文字摘自研究者2003年6月30日对L局长的访谈记录。
2　这段文字摘自研究者2003年9月3日下午与部分历史科组教师座谈时对L局长妻子的访谈记录。

359

造车。实际生活中,人们常常忽视、误解了后面一层意思。[1]

上述话语促使研究者对"领导"与"管理"的关系进行思考。从L局长这位实践者的感悟来看:领导者身兼管理者角色,领导离不开管理,离不开执行具体事务。领导者与管理者的区别在于领导者能够从细微的管理行为中发现问题,并力求加以改变,领导行为伴随改变行为而发生。相对于处理自己分管范围内的事务,L局长对其他部门体现出更为明显的领导色彩,他需要不断"占有并重新分配教育信息"。从这个意义上讲,L局长的"淹没"状态不仅必要,而且必然。

再来看"会议"问题。会议在L局长实际领导行为中发生的频次很高,相对于调研、接待而言,占据绝对优势。领导者频繁参加会议的现象并非教育管理领域所独有,企业、工商界也是如此。一项调查研究显示,美国"经理级干部和专业人员每周约花1/4的时间在开会上;中上级的经理约一周2天;资深行政人员则多达一周4天"。[2] 对于自己密集的参会行为,L局长的解释是:

首先,在中国的行政文化中,"会议"是个无法回避的行为和现象。作为领导,参加会议一方面起到传递行政信息的重要作用,另一方面也是进行行政责权的传递和分割,也就是我们平常所说的任务下达。同时,领导参会也体现了对活动、事务的重视。其次,我们的确应该反省一下会议的效率问题,要力争做到"对事而议、议而有果、有序简明"。最后,我一直强调我们整个领导班子的分工与合作,属于班子成员分管范围内的会议,原则上本人必须到会,而我是否到会,则视会议具体内容和具体情况而定。一般而言,凡我参加的会议,一定是要引起重视和绝对执行的。这一点毋庸置疑,就好比长幼有序,官僚文化是非常重视身份与职级的。

如何提高会议效率,我们一直在探索。在今年新落成的教育信息大厦,我们安装了电视可视系统,今后视情况需要,一般性会议,各学校组织收看就行了,而且这也有利于扩大信息流通范围,组织教师收看,能够使更多的教师了解上层教育决策动态。[3]

其实,开会最主要的目的是分享信息与达成决定。如果参会频次高且

1　这段文字摘自研究者2004年2月29日与L局长交流论文写作时的谈话记录。

2　罗杰·摩司魏克和罗伯特·尼尔森:《会议管理——如何创造高效率会议》,高维泓译,广西师范大学出版社2001年版,第4页。

3　这段文字摘自研究者2004年2月29日与L局长交流论文写作时的谈话记录。

有实效,那是无可非议的;若参会频次高却是"议而不决",那就是低效甚至是无效的领导行为。从研究者列席的各次重要会议来看,NS 区教育局制定了相关会议制度,对议题呈报、批阅以及处理等流程都有严谨的规定。每周例行召开的局务会议,参会人员、议题决议和纪要撰写更是落实到个人,会议时间一般控制在 1.5 ~ 3 小时,分项议题讨论完毕,呈报人随即离开,会议效率比较高。

四、走近我所研究的人：守望式的教育局长

领导者具体应该做些什么？这在领导科学中属于"领导内容"或"领导职能"的研究范畴。有的认为,领导职能在于科学决策、知人善任与思想政治工作;[1] 有的认为,领导者的工作内容在于引导、指挥、组织、协调、控制与监督、教育;[2] 还有的则认为,领导者的工作主要包括先行、沟通、指导、浇灌和奖惩五个方面。[3] 基于效率的观点,有研究者提出：有效的管理者需要做好分配时间、发挥人的长处、工作优先排序、有效决策四方面工作。[4] 观点间的差异,既与人们对"领导者"和"管理者"概念的认识、区分深度有关,也与研究问题的角度有关。有的研究者从领导活动发展序列角度来命题,有的则根据领导者所凭借的资源的不同来命题,更多地受到组织学派的影响,对领导活动的计划性、组织性、控制性、决策性等情有独钟。在研究者看来,领导者更像一名"守望者"：工作时,犹如一名猎手,沉稳、睿智、富有经验,懂得及时抓住战机,出击抓捕猎物;闲暇时,犹如田埂上的稻草人,静静地挥舞双手,看守着自己的家园。"守"流露出的是领导者护卫组织的虔诚,"望"则是领导者对组织未来走向的关注和思考。

本研究认为：领导即领导者通过影响力引领组织内成员走向未来目标的过程。它表明领导活动要关注三个层面,即领导目标、领导对象和影响力的发挥。前两个层面解决"走向哪里"和"由谁去做"的问题,后一个层面解

1　参见王景耀：《领导科学概论》,上海人民出版社 1985 年版。
2　刘建军编著：《领导学原理——科学与艺术》,复旦大学出版社 2001 年版。
3　芮明杰：《管理学：现代的观点》,上海人民出版社 1999 年版,第 258 页。
4　彼得·F·德鲁克：《有效的管理者》,屠端华等译,工人出版社 1989 年版。

决"如何实现"的问题,这是领导活动的核心。领导是否有效,关键在于影响力的发挥程度。对 L 局长而言,他是怎样有效发挥其领导影响力的呢? 研究者选取了 L 局长紧密参与的五个事件,来体现他是如何具体开展领导工作并发挥领导影响的。

1. 教育局长与战略规划

(1)"组建 SKYC 教育集团"案例

SKYC 教育集团成立于 2003 年 4 月 8 日,是深圳市乃至全国首例以公办学校为主体,探索素质教育改革,具有法人资格,经政府批准成立的教育集团。

集团由深圳市 YC 中学、YC 二中、YC 三中(在建)、YC 一小、YC 二小、YC 三小(拟建)6 所学校组成。现有 4 所学校都是在原 SK 工业区 YC 学校的基础上发展起来的,且已通过广东省一级学校的评估。

用该集团管委会主任、全国知名校长 C 校长的话来讲,"SKYC 教育集团的成立,综合了 SK 地区在经济改革发展中的先锋角色和桥头堡影响,综合了 YC 中学多年来形成的优异办学质量,它的成立具有重大的意义:一、有利于打造"教育联合舰队",提升局部教育优势,以体制创新为突破口,实现NS 区教育跨越式的整体发展;二、有利于实现教育资源的优化配置和高效利用,通过强强联手、优势互补,在共享办学理念、管理思想和教育资源的基础上,发挥名校的辐射作用;三、有利于实现教育科研一体化,使得特长教育、幸福教育、愉快教育、挫折教育等教育方式都能够找到合适的试验场所,为新课程改革提供一体化试验基地;四、有利于促进教育的国际化,通过探索多元办学体制和中外文化交流之路,促成新一代 NS 区学子的世界胸怀和国际视野;五、有利于发展教育产业,为教育后勤服务社会化、教育产品效益转化等探索新路"。

教育集团的成立走过了一段漫长而艰辛的探索历程。据该区基础教育科Z 科长的回忆,大致可以分为以下几个阶段:第一阶段(酝酿阶段),新一届局领导班子就公办教育集团化取得共识,在 2002 年 8 月举办的全区中小学校(园)长暑期培训班上提出这一思想;第二阶段(调研实证阶段),局领导班子深入调研,通过召开座谈和研讨会,分发意见征询函等方式,最终确立了以 YC 现有中小学为核心实体的教育集团试行方案;第三阶段(实施阶段),方案出台后,确定领导班子、起草集团细则、成立管委会等各项工作一步一步到位,并逐渐发挥作用;第四阶段(正常运作阶段),集团正式挂牌运作。

未来五年,SKYC 教育集团的办学目标是,实现优质教育资源重组,建立 10 所左右各种体制并存的学校,在校生超过 2 万人,形成鲜明的集团办学特色,努力打造国家级示范高中,扩大教育改革成果在全国的知名度,使集团初步成为深圳市国际教育交流的窗口。受其影响,目前外国语学校、实验学校都已初现集团雏形。

(2) L 局长在组建 SKYC 教育集团过程中的领导行为

从领导角度来看,SKYC 教育集团的组建具有三方面的意义。

首先,它印证了"教育领导首先是方向上的领导"这一命题。在推行 SKYC 教育集团组建方案的过程中,L 局长倾注最多、关注最多的就是对改革方向的把握,具体说就是:首抓人事,参与组建 SKYC 教育集团管委会的整个过程;二是对集团未来办学宗旨进行定位,确定了"以素质教育为核心,以创新能力和实践能力培养为重点,把学生塑造成复合型、创造型、国际型和具有高度科学素养与人文素养的现代中国人"的办学目标;三是确立集团组建后的资源整合方式。L 局长认为,改革就好比驾驶一艘轮船在惊涛骇浪中前进,方向错了,船就有触礁沉没的危险。

教育局长的领导主要是方向上的,要从大的定位上去把握教育。这次体制改革涉及到诸多方面,如办学形式、管理方式、资源集约的具体形式,等等,也牵涉到许许多多人的切身利益。我必须严格把握好此次改革的方向,不能说施行改革还出现了倒退:学生成绩下降了,教师待遇下降了,发展空间更小了,家长和社会的不满增多了……如果那样,改革就失败了。所以,我既要担负起发动一场改革的责任,还肩负着改革走向何方的重任。好比一名舵手,引导着整艘大船的航行,这条船就是整个 NS 区的教育。[1]

其次,组建 SKYC 教育集团远不是停留在几个学校简单加和的层面上,它不仅是学校教育体制改革的初步尝试,更是 L 局长教育施政纲领的延伸。SKYC 教育集团成立后,能在新课程改革、教育信息化和教育国际化方面起到促进作用。比如在人事制度改革方面,它可以通过校长任期责任目标制、中层干部竞争上岗制、教职工全员聘任制等方式,实行人力资源集约化管理,增强学校内部活力;在分配制度和财务管理方面,它将学校的专项经费和集团内正常经营收入交由集团统一管理,以此杜绝对教育资源的滥用和

---

1 这段文字摘自研究者 2003 年 7 月 4 日上午对 L 局长的访谈记录。

误用,提高经费的使用效益。

最后,SKYC 教育集团是 NS 区教育改革发展的必然产物,是 L 局长及其领导班子对未来学校组织形态的愿景设想。在深圳,NS 区教育是一面旗帜,自率先通过教育强区验收之后,2001 年 7 月又被国家教育部定为首批全国新课程改革 38 个试验区之一。经过近几年的发展,NS 区教育面貌变化很大,办学水平明显提高,教育质量显著提升,教育创新能力和服务能力日益增强。面对成绩,L 局长及其领导班子自然有一番思考。

寻求 NS 区教育新发展的创新思路是多方面的,为什么最后定在教育体制改革环节上呢? 一个非常直接的原因就是优质学位供不应求。随着入住 NS 区人口的增多,就学需求越来越大,人们对子女享受优质教育的需求也越来越高,而 NS 区的学校建设与发展速度明显滞后,由此形成了一个日益庞大的"卖方市场"。应该说,NS 区不缺优质教育的典范,像 YC、外语学校、实验学校,这些学校在全国都小有名气,它们在发展过程中也积累了一些优质资源,形成了一定的品牌和特色,但因为传统的体制上的原因,这些优势还不明显,还没有走出校门,为更多的学校所借鉴、利用,这与我们提出的"整体式跨越发展"思路是不相符的。在解决这个问题的过程中,我们研究、综合了国内外教育市场化的诸多做法,其中私立教育集团化的路子给了我们很大启示。

当然,想到"公立教育集团化"这一发展思路,还与深圳发达的市场机制有关。较之内地,NS 区的整个经济气候显得更灵活、更自由、更开阔,这也是一个不容忽视的原因。[1]

2. 教育局长与人力发展

(1)"2003 年校长沙龙及教师培训"案例

2003 年 12 月 18 日,NS 区教育局举办了第 12 届校长沙龙。此次参与交流的部分海外考察归来的校长,结合域外见闻,畅谈自己对国外教育的感受。

校长沙龙一改以往坐而论道的形式,采取了上午分路深入学校实地考察,下午集体研讨的方式。研讨会上,各位校长结合自己的调研和考察,就教育教学方式、课程资源整合、师生关系、校园文化、网络运用等方面作了个人发言。

---

1 这段文字摘自研究者 2003 年 7 月 4 日上午对 L 局长的访谈记录。

教育管理实践个案研究:实地研究方式

此次校长沙龙得到了区政府的关心，L副区长下午亲临会场，认真听取各位校长的发言，L副区长讲道："这次校长沙龙的效果，充分证实了让校长走出国门学习、考察的方式很好，思路是正确的，以后应该多安排。"结合自己前期到国内其他地方调研的感受，L副区长指出："学习的方式是多种多样的，我们不仅要虚心学习国外先进的文化，也要比较、借鉴国内其他地区好的做法和尝试。"

举办校长沙龙是NS区教育局历来的传统。为了更好地让校长们接受外域文化，感受国外教育现状，2003年，教育局挑选一批优秀校长走出国门，分别到加拿大和英国进行教育考察，校长们普遍表示收获甚大。同时，针对考察人员普遍感到困难的语言问题，L局长富有创意地设立了"英语角"，要求学校管理干部和机关干部必须通过一定水平的英语测试。目前，该英语培训班已经运作，学员反映极好。

为了更好地保证校长们有一个固定、舒适、自由的交流空间，L局长还决定在新建的教育信息大厦内专辟楼层，用于举办校长沙龙。校长们可以就自己感兴趣的教育话题，自由约定人员和时间使用该场地。

这些仅仅是NS区教育局领导关心教师发展的一个缩影。除了举办教育专题讲座之外，NS区各所学校都制定了面向本校的教师发展计划；对新来的教师，L局长会亲自举办"新任教师岗前培训"，向他们介绍NS区教育的思想、成绩和未来设想，使其更快地完成角色转变。

（2）L局长在2003年校长沙龙及教师培训工作过程中的领导行为

"办好学校，教师是基础，校长是关键"，[1]L局长深谙此道。

第一，L局长对校长职业重要性的认识。

校长是一所学校的灵魂，有一位好校长，就等于办好了一所学校；同样，有了一批好校长，就等于办好了一方的教育。"学校的领导，首先是教育思想的领导，尔后才是行政的领导。"[2]校长之于教育（学校）的重要性，首先在于其小学思想、教育观念对一所学校起到的灵魂塑造作用，相关调查研究也表明了校长对一所学校成功的重要性。作为专业内的权威评估机构，美国学校管理者协会在《美国2000：学校领导者的地位》报告中充分肯定了"校

1　王铁军：《学校教育学》，人民教育出版社2003年版，第1页。
2　《湖南教育》编辑部编：《苏霍姆林斯基教育思想概述》，湖南教育出版社1983年版，第213页。

长是学校发展的核心"这一论断。[1] L局长对校长工作的重视,体现在他与校长的紧密接触上。从日常工作安排和年度季节性活动统计来看,他是真正和校长们生活在一起的,与校长们保持着经常性的思想交流和对话。

我们的校长每天都很忙,但不能陷入到具体事务中去,他(她)应该挣脱出来,以超脱的姿态考虑问题,这时候,观念就显得非常重要,它能够带来很多肉眼看不到的惊喜变化。比如说校园文化,如果校长重视这方面的工作,他(她)就会注意将他(她)对教育文化、学生文化、教师文化以及其他形态文化的理解渗透到管理行为当中去,小到一草一木的摆放,大到整个校园的布局设计,都可以折射出一名校长的办学思想。作为教育部门的负责人,我重点是抓校长的思想领导、组织领导和作风领导;作为教育同行,我更多的是在教育领导以及专业发展方面与他们进行交流。[2]

第二,L局长对校长成长以及人事工作的领导。

表5.18 教育局对校(园)长培训工作的重视程度[3]

	频次	百分比(%)	有效百分比(%)	累计百分比(%)
很重视	25	59.5	62.5	62.5
比较重视	13	30.9	32.5	95.0
不太重视	2	4.8	5.0	100.0
极不重视	0	0	0	100.0

从表5.18的调查结果可以看出,广大校(园)长对教育局推动专业培训方面的努力持肯定态度。其中认为"很重视"的占62.5%,"比较重视"的占32.5%,两项总计占到被调查样本总体的95%。为进一步了解校(园)长所喜欢的专业学习方式,研究者设计了一项调查,结果见表5.19。

表5.19 校(园)长希望的专业学习方式[4]

	频次	百分比(%)	有效百分比(%)	累计百分比(%)
外出观摩学习	10	23.8	25.0	25.0
短期培训	18	42.9	45.0	70.0
脱产进修	8	19.0	20.0	90.0
实践中自学	4	9.5	10.0	100.0

---

1 坎宁安、科尔代罗:《教育管理:基于问题的方法》,赵中建主译,江苏教育出版社2002年版,第138—139页。

2 这段文字摘自研究者2003年6月30日下午对L局长的访谈记录。

3 请参阅附录二,第二部分第十二题。

4 请参阅附录二,第二部分第十三题。

从调查结果来看,校(园)长倾向于选择离开组织环境进行学习的方式。其中选择"外出观摩学习"的占 25% ,选择"短期培训"的占 45% ,选择"脱产进修"的占 20% ,而选择"实践中自学"的只占 10% 。在"外出学习"的三种方式中,又以"短期培训"最受校(园)长青睐。这项调查结果很好地印证了 NS 区教育局现有的三种人力发展模式。

第一种模式就是每年一期的暑期校(园)长培训班。按照惯例,每年 8月 20 日左右(即开学前),NS 区教育局都会举办一次面向全区中小学、幼儿园校(园)长的培训活动,一般为期三天,方式以集中学习、分组讨论为主。在培训班上,教育局邀请国内外声誉甚高的专家、学者,就学校管理、新课程改革等内容作专题报告。同时,在这个培训班上,L 局长会就下一年办学思路提出工作部署,促使这些学校领导在办学思想上达成共识。

第二种模式就是举行校长沙龙。L 局长是校长沙龙的积极分子,每期都会参加。他认为:"校长沙龙是一种非常好的学习方式,能够促使自己和校长们保持良好的交流,知道他们现在关注什么,困惑什么,这对我的工作也是一种提示。"截至目前,校长沙龙已经举办 12 届,效果非常好。

第三种模式就是境外培训。NS 区教育素有积极参与国际教育文化交流的传统,短短十几年,不仅引入多家外国机构联合办学,还开展了多项国际教育交流活动,校(园)长境外培训就是其中一种。开展校(园)长境外培训,有利于扩大学校领导的办学视野,增强文化理解,有利于学习和借鉴国外教育同行的优秀经验和做法,为自身提供反思素材。对此,L 局长表示:

今后,我们还要加大对校长(包括教师)的培训力度。对于校长的境外培训,我们做到有计划、有组织。只要英语过关就送,不受名额限制;在选送对象上,我们还要扩大入选范围,争取 NS 区每位校长都能够有走出国门学习的机会。[1]

校(园)长的专业发展是整个校(园)长队伍建设的一部分,除了专业引领之外,适当对队伍进行调整也是必不可少的措施,这有利于优化人才竞争机制,完善校(园)长队伍。2003 年 7 月底,教育局通过"群众公认、民主推荐、组织考察、集体讨论"的人事任用程序,对全区部分中小学、幼儿园校(园)长进行了一次较大规模的调整。通过这次调整,许多观念新、能力强、业务水平高、群众反映好的年轻干部被提拔到学校管理一线,整个校(园)长队伍呈现出更好的组合结构:从年龄结构上看,平均年龄有所下降,正职校长平均年龄46.5 岁,下降了 3 岁;从学历结构来看,整个队伍中,正职达到研

1　这段文字摘自 2003 年 12 月 18 日晚 L 局长在第 12 届校长沙龙总结会上的讲话。

究生和本科学历的占 72.5%;从性别结构来看,正副职女性学校领导比率有所上升,分别达到 10% 和 37.2%。

第三,L 局长对教师专业发展的领导。

L 局长对教师专业发展的领导主要依靠新基础教育课程改革阵地来实现。自 NS 区 2001 年被教育部确定为首批新基础教育课程改革试验区以来,借助区、学校二级培训机制,该区教师在吸收新课改精神、转化教育教学方式、参与教育行动研究等方面,呈现出一种整体性变化,校本研究、综合实践课和活动课成为 NS 区课程改革的一道道"风景线"。

L 局长对教师专业发展的领导行为本身体现出很强的专业性,他定期亲自对教师开展培训,为广大教师作教育专题报告。不仅如此,L 局长还非常关心教师们平时的阅读,要求教师每年必须读完 10 本与教育有关的书籍。为此,他还专门向全区校长、教师推荐了 50 本必读书目,比如《素质教育在美国》、《校本课程开发》、《学校效能与校本管理:一种发展的机制》、《教育的视界》、《卡尔·威特的教育》等。

放眼企业界,我们发现:"在激烈的全球竞争和技术进步的环境下,原有的管理环境已经发生了翻天覆地的变化……要在这场变化中保留不败之地,惟有那些能够把握变革,充分让雇员满意的管理者才能做到……无数企业的兴衰成败向我们表明了 21 世纪人力资源管理对于成功的重要。"[1] L 局长对校长、教师专业发展的重视,深刻地体现了这一点。

3. 教育局长与决策

(1)"新建住宅小区配套幼儿园招标工作"案例

2003 年 6—7 月,NS 区教育局会同区规划局、国土资源局、财政局等职能部门,参照上级有关文件,作出了"新建住宅小区配套幼儿园试行招标"的决定。此项教育决策所采用的新建住宅小区配套幼儿园经营权转让的新形式,在全市乃至全国都引起了较大反响。整个招标工作分为三个阶段。

第一阶段(招标前的调研以及议案的提出)。为摸清 NS 区新建住宅小区现有配套教育设施现状,NS 区教育局社会力量管理办公室分赴各小区进行调研,经汇总,初拟了一份《关于整改 NS 区新建住宅小区配套幼儿园管理的请示》。局领导经过细致研究,提出了具体的"招标"指示,以此确定新建住宅小区配套幼儿园的经营权归属。

---

1 加里·德斯勒:《人力资源管理》(第六版),吴雯芳等译,中国人民大学出版社 1999 年版,第 4 页。

第二阶段(招标工作的具体实施过程)。这个过程从 2003 年 6 月 20 日至 7 月 15 日,历时一个月。首先是发布招标信息。根据前期调研所掌握的数据,社会力量管理办公室借助"NS 教育信息网"、《NS 日报》和《晶报》三大媒体,向全市公布了 NS 区 12 家新建住宅小区配套幼儿园的招标信息。其次是具体实施整个竞标工作,截至 7 月 2 日,共收到 65 份竞标书,在接下来的 7 月 5 日、6 日两天,全体评标委员会成员进行封闭式评标,最后确定 9 家幼儿园中标,3 家幼儿园流标。最后是材料的上报、审核和批准。自 7 月 7 日起,"NS 教育信息网"连续三天公布了中标结果,在未收到任何投诉的情况下,NS 区教育局于 7 月 10 日向区政府呈报了中标情况,并获得上级行政部门的认同和批准。

第三阶段(招标工作后期的交接事宜)。竞标结束后,第二次竞标领导小组工作会议具体研究了协议内容和细则,之后各中标单位陆续与教育局签订承办协议书。至此,整个新建住宅小区配套幼儿园招标工作结束。

(2) L 局长在新建住宅小区配套幼儿园招标工作过程中的领导行为

教育问题多种多样,为此而衍生的政策制定模式也各不相同。根据戴伊(T. R. Dye)、艾兹厄尼(A. Etzioni)与德罗尔(Y. Dror)对公共政策制定模式的分类,[1]系统模式对于解决教育问题表现出较强的优越性。

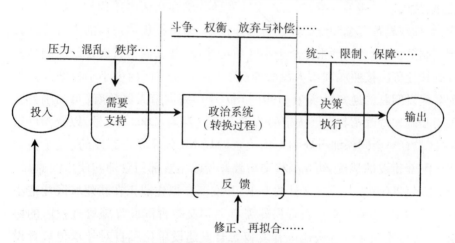

图 5.2 教育决策(政策制定)系统模式图 [2]

---

[1] 林水波、张世贤:《公共政策》,台湾五南图书出版公司 1989 年版,第 18 页。戴伊、艾兹厄尼与德罗尔将公共政策制定模式分为 8 类:理性模式、渐进模式、综合模式、组织模式、团体模式、精英模式、竞争模式和系统模式。

[2] 袁振国:《教育政策学》,江苏教育出版社 1996 年版,第 95 页(略作修改)。

系统模式最主要的特征在于引入政府行为变量和系统内外关系变量，将公共政策看作政治系统经历了"斗争、权衡、放弃与补偿"后的结果。结合"NS区新建住宅小区配套幼儿园招标工作"案例，我们发现，居民对幼儿园建设迟缓的不满所形成的压力，使政治系统感受到需要进行改革的强烈需要，而最后政策实施的结果是维护了广大民众的教育利益，稳定了教育秩序，纠正了房地产开发商在房产管理中的违规行为。政策实施后社会反映很好，平衡了政治系统为决策而在人力、物力、精力上的投入。L局长作为公共教育利益的代言人和执行者，在整个招标过程中体现出以下三方面的领导意义。

第一，L局长对决策出台背景的把握以及对调研的重视。

随着NS区城市化建设的不断推进，各种新式花园型小区如雨后春笋般建成，但是，伴随着小区入住人口的不断增多，那些居民密度渐趋饱和的小区逐渐暴露出适龄儿童就学难的问题。由于小区配套的教育设施没有及时跟上，孩子们上学十分不便，居民对小区开发商忽视、逃避建设配套教育设施的行为十分不满，不断向教育局投诉。

教育局在接到越来越多的同类投诉后，极为重视。通过查阅已颁布的法律、法规以及相关政策文献，发现开发商的确存在诸多违背政策规定的行为，如抽空教育资金和配套建设费挪作他用，以申报集体户口的方式绕过政策限制关，配套建设严重滞后于小区住房建设，开发商自行决定幼儿园经营权的转让等。按照深圳市人民政府《关于加快住宅区内中小学校幼儿园等配套建设问题的通知》（深府［1991］189号）、深圳市人民政府《贯彻国务院关于基础教育改革与发展决定的若干意见》（深府［2002］57号）以及深圳市NS区教育局会同深圳市规划与国土资源局NS分局联合颁发的《关于住宅小区配套建设的学校、幼儿园移交给教育行政主管部门管理和使用的通知》（深南教［2002］27号）等文件的要求，开发商在拟建或正在新建城区住宅小区的过程中，必须事先和教育局签署有关移交教育配套设施管理权限的协议书，之后才能够取得房地产开发权。开发建设单位私自对外承包教育设施经营权的做法显然有违政策规定，必须立即予以纠正。

为了彻底弄清NS区现有新建住宅小区配套幼儿园现状，L局长严令教育局社会力量管理办公室务必深入实际，掌握充分的真实材料。不但如此，他还亲任此次住宅小区配套幼儿园竞标工作领导小组组长，全程参与了招标的整个决策过程。

局领导历来重视 NS 区教育办学行为的规范化、合法化,对那些有违教育宗旨、违法办学的教育行为,我们要坚决加以制止,遏制负面事态的发展。前不久,我们就对 HR 双语学校进行了查处,我们花这么大力气去查处这样一个非法办学单位,就是要维护一个健康的教育环境,稳定教育秩序。[1]

第二,L 局长在政策制定(决策)中的领导行为。

首先,L 局长及其班子是怎么想到采用"招标"这一方式的?

这个问题与开发商的误导行为和欺骗行为有关。开发商向入住居民宣传楼盘计划,最后并没有完整兑现承诺,其行为显然有失公平和公正,自然应该以公正、公平的方式加以矫正,而在深圳这样一个市场经济发达的地区,人们对"公正"、"公平"的理解很大程度上是放在市场这一大环境、大平台上的。作为一种被经常运用的市场方式,"竞标"进入了 L 局长的视野。

其次,L 局长在整个决策活动中作了哪些具体领导?

L 局长的领导行为表现在把握政策基调和确立工作原则上。在几次竞标领导小组工作会议上,L 局长再三强调招标工作应遵循的公正、公平、公开和合法原则,要求竞争置于透明的环境中。如何做到公正、公平? 那就是只要符合参标资格,任何单位都可以投标,不允许有关部门为任何一家竞标单位提供额外待遇;如何做到公开? 那就是积极借助新闻媒体向社会公布信息,做到信息占有的平等性,并要求部分媒体全程参与招标过程;如何做到合法? 即整个招标过程都有一名区纪检委员参与,杜绝"暗箱"操作。

再次,L 局长对整个决策的评价反映了怎样的领导意识?

应该说此次 NS 区新建住宅小区配套幼儿园的招标工作取得了预想的成功,这不仅体现在整个操作的顺利实施上,更体现在决策实施后的零投诉上。教育活动牵涉因素、利益众多,某个环节失误,就可能影响到整个活动的正常运作。教育政策的制定(决策)也是如此,某个环节的决策失误,势必影响到整个决策。事后,在与研究者的一次闲谈中,L 局长曾说了这样一番感悟:"教育,搞不好就要得罪人!"这可能就是 L 局长之所以重视决策过程中每个细节的缘由。

4. 教育局长与协调

(1)"2003 年教师节组织筹备工作"案例

我国历来倡导尊师重教,每年都会举办各种庆祝活动,表达对教师职业

1　摘自 L 局长在 2003 年秋季第一届园长论坛上的讲话(略作修改)。

371

的尊敬。2003年9月10日是全国第19个"教师节",早在6月份,各项准备工作就已经启动,参演人员积极投入到紧张的排练之中。

今年,教育局领导对"教师节"的关注集中在三个时段:第一阶段是预审"教师节"参演节目,第二阶段是围绕"教师节"开展各项协调活动,第三阶段是正式举行演出和庆典。

6月27日,L局长和T副局长一行来到HB小学,对"教师节"的演出节目进行初审。虽然天气酷热,L局长一行还是耐心地看完了整个预演,仔细倾听节目筹备组的工作汇报,并对节目类型、演出次序、演员服装、舞台布置等方面的调整作出了指示。

8月至9月初,围绕"教师节",L局长会同整个班子开了三次会议。8月26日召开第一次"教师节"筹备会,听取并讨论了办公室提交的《NS区庆祝2003年教师节活动方案》,L局长提出以下意见:① 活动要精简;② 近期召集区人大、政协代表,由区委、区政府组织召开一次"教育讨论会",听取各方对NS教育未来发展的意见,此项活动列入活动方案;③ 各校自行组织节日庆祝活动,发动家庭、街道、社区各方力量,营造一个全区参与庆祝"教师节"的热闹气氛;④《NS日报》开辟"教师心声"栏目,听取教师心声;⑤ 联合各大房地产开发商,发动他们参与到庆祝活动中来,比如通过抽奖、奖房、送车等方式,营造尊师重教的良好氛围。9月2日,第二次"教师节"筹备会(此次会议主要协调有关教育事宜,又称"教师节协调会")在教育局召开。会上,L局长重点就"示范性高中建设"、"社区教育"、"民办教育"以及"择校生"收费问题作了个人发言。按照L局长及整个班子的想法,这些问题亟待解决,希望借区委、区政府召开教育专题会议之机加以落实。会后,办公室形成了一份《关于提请区委常委会议研究解决的几个问题》的请示件,其中涉及五项内容:① 关于NS区校长、优秀教师出国培训经费的申请;② 关于设立专项资金,资助优秀教师出版专著的申请;③ 关于提高NS区新办学校开办费标准的申请;④ 关于解决中央教科所NS区附属学校公交车的请示;⑤ 关于解决新办学校教师编制问题的请示。9月8日,L局长第三次主持召开"教师节"庆祝大会预备会,就庆祝活动进行了最后一次审查。在本次会议上,《2003年NS区"教师节"庆祝方案》定稿,并形成《教育局系统内部庆祝方案》。

第二次筹备会之后,2003年"教师节"部分庆祝工作拉开了序幕,比如9月3日举行了"教育宣传月座谈会",9月8日下午举行了"市、区人大代表及政协委员、教育特约督导员座谈会"，9月9日下午举行了"三十年教龄教师座谈会"等等。各大媒体对"教师节"庆祝活动及时进行了跟踪报道，社会反映极好。

（2）L局长在2003年"教师节"组织筹备工作过程中的领导行为

从协调角度来审视L局长在2003年"教师节"前后的组织筹备工作中的领导行为，是基于"教师节"这个法定节日本身所具有的特性。综观此次筹办"教师节"的整个过程，L局长重点强调了"全员参与"和"社会发动"。实现这一工作目标，势必要求体现出良好的协调意识和能力。

第一，对重大教育问题进行协调。

人事、学校基建和教育经费是局务会上讨论最多的三大议题。2003年呈报区委、区政府专题研究的教育问题也与这几个议题有关，这表明，借助"教师节"寻求上级部门的关注和支持既是一种传统行为，也是一种领导艺术。考虑到"教师节"期间所形成的"尊师重教"氛围对上级决策的影响，L局长自然想抓住这一良机，力争为教育办实事、办好事。

办好教育就是要积极寻求上级部门的支持，特别是一些"老大难"问题，更需要教育部门多次提请、反复强调。作为教育部门，除了做好工作外，也应及时反映工作难处……当然，叫苦也需要艺术，不能整天往区里跑，说这样不行、那样不行，这样做是没有效果的。恰当的做法是在合适的场合提出合适的请求。请求正当，时机合宜，领导自然会引起重视。要不，为什么在今年暑期校（园）长培训班上，Y区长现场允诺区政府每年从财政预算中划拨出200万用于支持优秀校（园）长、教师出国考察和学习呢？[1]

第二，对参与庆祝"教师节"的相关部门进行协调。

在第一次"教师节"筹备会议上，L局长就明确指出："今年'教师节'活动是否应打开一点思路，不要搞成单是教育内部的事情，我们应该鼓励其他部门、企事业单位都行动起来，要让全区都动起来，为教育部门做点事。"在这一思想指导下，活动方案三易其稿，增列了多项区政府其他职能部门参与的活动，教育局在庆祝活动中的角色也由"主办"变为"协办"。在本次庆祝活动中，区文化局、城管办、交通大队等积极配合教育局工作，使庆祝活动呈现出一种立体的积极效果，社会反响很好。

第三，对参与庆祝"教师节"的教育内外部力量进行协调。

1　这段文字摘自研究者2003年9月1日下午对L局长的访谈记录。

受封闭式管理思维束缚,我们往往将教育看成是自身内部的事情,不愿意积极引入外部资源提供的服务。在 2003 年"教师节"庆祝活动中,L 局长创造性地突破思维陈式,如他所言,"'教师节'不仅仅是教育内部的事情,不仅仅是一项只有教师才参与的活动",可以发动教育外部的各种力量,比如街道、企业、房地产开发商等,凭借这些单位特有的资源优势,实实在在地为教育办实事,也让辛苦了一年的教师们能够切实获得一些实惠。

5. 教育局长与科研指导

（1）"NS 区新基础课程改革实验"案例

2001 年 9 月,NS 区被确定为全国首批 38 个新基础教育课程改革实验国家级示范区。2003 年 7 月,教育部召开全国课程改革电视电话会议。会上,NS 区作为国家级课改实验区代表作了专题发言。

自此,在区政府的关怀下,区教育局领导为了切实有效地推动新课改的实施,在行政推动、制度保障、人才供给、经费投入、教师培训以及评价改革等方面开展了大量工作,成效显著。为真正落实课改精神,区委和教育局加大了行政指导:一是高度重视新课改,启动初期即拨款 150 万元作为课改专项经费;二是课程改革被确定为 NS 未来五年三大发展战略之一;三是区教研室、教科研中心在区教育局领导指导下,下发了《NS 区校本课程开发指导意见》和《综合课程实验指导意见》等八个文件;四是发挥督导评估的杠杆作用,加大督导在推动、检查学校课程改革方面的作用;五是重视教师专业培训,建立了区、学校两级教师培训体系。

NS 区新课改的重点定位在综合课程的研究与实验上。目前,NS 区是全部开齐综合课程的四个国家级实验区之一。全区推出的比较成熟的校本课程有 35 种,像 YC 中学的青春读书课、实验学校的网络课、HB 小学的艺术课等,在全国影响很大。NS 区教育局编写了 24 本新课程辅导教材,自编了 12 种地方教材,结集出版了 15 本新课程改革案例集,向全国推荐使用。

NS 区新课程改革实验是逐步推进的,按照 L 局长的想法是,"两个阶段,渐次推进"。所谓"两个阶段",是指义务教育阶段和高中教育阶段;所谓"渐次推进",是在义务教育取得阶段性实验成果以后,将高中阶段也纳入进来,最终形成十二年一贯制的课程实施体系。目前,义务教育阶段开始切入考评体系,围绕"等级 + 综合表现评定"的中考改革模式进行了一系列探索。

（2）L 局长在 NS 区新基础课程改革实验过程中的领导行为

新基础教育课程改革实验是当前我国教育改革的主旋律,是实施素质教育的核心环节。自 2001 年 6 月教育部印发《基础教育课程改革纲要(试行)》以来,全国各实验区、县纷纷在课程标准、实验教材以及评价体系等方面展开了探索实验。NS 区作为首批国家级新基础教育课程改革实验区,群策群力,合力攻关,用自己的智慧和行动迎接挑战,取得了优异成绩。

NS 区新基础教育课程改革实验能够取得今天的成绩,也是经历了一番痛苦而漫长的奋斗的。刚刚成为试验区的时候,我们没有拿来可用、可以参考的现成经验,摆在眼前的是一条充满荆棘的从未走过的路。令人欣慰的是,我们坚持走了下来。

从哪里入手实施改革? 这的确让人犯难。为此,我亲自挂帅,带领区教科研中心和教研室的同志多次深入到学校、课堂,一次次观摩教学和现场研讨,和校长、老师们交流意见,倾听他们的声音。经过多次反复,参照各校提出的实施意见,局里最后拿出了一个切实可行的试行方案,为校长、老师们送上了"定心丸",也让他们在今后的教育教学中有了一个可以援用的"尺寸"。[1]

实施新基础教育课程改革实验,"主战场"在学校一线。作为 NS 区教育系统的第一行政负责人,L 局长扮演了行政领导者、专业研究者和后勤服务者等多种角色。

首先,从作为新基础教育课程改革实验的行政领导来看,L 局长不遗余力地推动了 NS 区这场改革实验。2002 年 8 月,L 局长上任伊始,就在大量调研、论证的基础上提出了"抢占课程改革制高点"的教育发展战略,并作为任期内的首要任务来抓。用他的话来讲,就是:

我们追求的目标,就是要把最先进的教学理念与教学实践相结合,真正实现教学、课堂的科学化、人本化。这需要我们不断地探索和研究以学生发展为本位的教育理念,而这也正是国家课程改革的核心精神。[2]

为了推动这场改革,L 局长亲任区课程改革实验领导小组组长,全程参与对课程改革实验标准、模式选择、改革重点的研讨。继 NS 区实施新基础教育课程改革实验取得阶段性成果之后,他在"2003 年校(园)长暑期培训班"上又明确提出了"今后 NS 区课程改革的总要求是'抓好两个阶段,突出三个校本'"的指导意见。

其次,在对新基础教育课程改革实验的专业指导方面,L 局长更多地扮

1　这段文字摘自研究者 2003 年 7 月 8 日与《NS 日报》记者一起采访 L 局长的访谈记录。

2　张引:《中国教育改革的一扇窗口——深圳市 NS 区教育改革创新纪实》,载《光明日报》,2004 年 3 月 12 日 B3 版。

演了研究者角色,是一名在实践中不断反思的科研工作者。他多次深入课堂教学一线,与校长、教师们交谈教学心得,掌握课程改革最新动态;推动设立"校长沙龙"和"教师沙龙",是历次沙龙的积极参与者;重视教师新课程改革实验的专业培训,定期到学校为教师们组织专题教育讲座。不仅如此,他还笔耕不辍,发表了一定数量的学术论文,主持了国家级、省级研究课题,其中很大一部分与新基础教育课程改革实验有关(见表5.20)。

表5.20　L局长课程改革研究成果不完全统计

标　　题	出　　处	版次及日期
《人生的阿拉丁神灯》(专著)	黑龙江人民出版社	1995 年 12 月版
《改善教师心智模式》	http://www.nsdaily.com.cn	2003 年 6 月 18 日
《"真善美"是素质教育的最高境界》	《当代教育》	2003 年 7 月刊
《建立校本教研制度,促进教师专业发展》	http://www.szskzx.com	2003 年 9 月
《走向国际化是我国教育发展的理想选择》	《当代教育》	2004 年 1 月刊
《校本教研:八仙过海,各显其能》	《中国教育报》	2004 年 3 月 9 日

再次,在为新基础教育课程改革实验提供后勤保障方面,L局长扮演了一名忠实的教育服务者角色。L局长多次在不同场合表示:"我愿意当好大家的勤务兵,我们在为学生提供优质教育的同时,也要为广大校长、教师提供优质的服务。"可以这么说,"以人为本"的教育理念不仅落实到NS区教育发展和课程改革实验中,也成为统领NS区全体教育领导者的行动理念。

新基础教育课程改革实验的顺利展开,要靠广大校长、教师们齐心协力,我最愿意做的就是为他们提供力所能及的服务:通过举办"校长沙龙"和"教师论坛",交流教育理念;通过开展校长境外培训,拓宽其办学视野;通过外语培训,让我们的教师和教育行政工作者能够更加适应NS区教育发展的需要,获得教育入世的"通行证";通过不同渠道的教育投入,改善教育教学设施,创建优美校园;设立教师专项出版资金,鼓励教师多出成果,出好成果。而这一切最终都是为了学生的健康发展,为了促进学生愉快地学习知识,快乐地成长。[1]

1　这段文字摘自研究者 2004 年 2 月 29 日与 L 局长交流论文进展时的访谈记录。

五、远距离审视我所研究的人：
有效性视角下的教育局长

1. 领导有效性模式的构建

（1）领导有效性模式图

领导是领导者通过影响力引领组织内成员达到未来目标的一个过程。组织人员和未来目标构成了领导活动的两极：一极是始发点，变量是"人"；另一极是终点，变量是一种虚构"符号"，它既可以体现为实态物质，也可以是某种精神状态，还可以表现为一种对承诺的兑现等。在"人"与"符号"这两个变量之间，就是"影响力"这一中间变量。评价一名领导者的领导是否有效，关键就看其影响力的发挥水平和效果如何，是否很好地在初始变量"人"与终极变量"符号"（目标）之间架起桥梁。

构成领导活动中间变量"影响力"的具体因素有哪些？研究者结合实地研究，分析和剖析了三个因素：观念层因素、手段层因素和资源层因素。观念层因素由两个部分组成，一是教育理念和领导哲学，二是领导角色；手段层因素由两部分组成，一是领导方式，二是领导策略；资源层因素也由两部分组成，一是教育内部资源，二是教育外部资源。具体而言，领导有效性模型如图5.3所示。

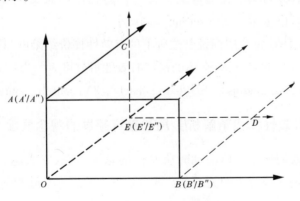

图5.3　领导有效性模式图

(2) 对领导有效性模式图的说明

（Ⅰ）领导有效性的三个因素层面合起来构成一个三维立体空间。其中，每两维所构成的平面相当于有效层面的一个因素层面。在本研究中，OA/OB 所构成的平面代表观念层面；OA/OE 所构成的平面代表手段层面；OB/OE 所构成的平面代表资源层面。

（Ⅱ）由于 OA/OB 和 OA/OE 平面共用 OA 线，为了表述的方便，暂将 OA 界定为由两条虚拟的 OA' 和 OA'' 线重合而成。其中，OA' 线属于观念层平面，OA'' 属于手段层平面。

（Ⅲ）同样，由于 OA/OE 和 OB/OE 平面共用 OE 线，为了表述的方便，暂将 OE 界定为由两条虚拟的 OE' 和 OE'' 线重合而成。其中 OE' 线属于资源层平面，OE'' 线属于手段层平面。

（Ⅳ）同样，由于 OA/OB 和 OB/OE 平面共用 OB 线，为了表述的方便，暂将 OB 界定为由两条虚拟的 OB' 和 OB'' 线重合而成。其中 OB' 线属于观念层平面，OB'' 线属于资源层平面。

（Ⅴ）在 OA'/OB' 平面，即观念层面，OA' 代表教育理念和领导哲学，OB' 代表领导角色；OA' 和 OB' 在矢量上具有"由低到高"的意义；个体在 OA'/OB' 平面的得分可以表示为 GN(edulnzx, edujs)。

（Ⅵ）在 OA''/OE'' 平面，即手段层面，OA'' 代表领导方式，OE'' 代表领导策略；OA'' 和 OE'' 在矢量上具有"由低到高"的意义；个体在 OA''/OE'' 平面的得分可以表示为 SD(ledfs, ledcl)。

（Ⅶ）在 OB''/OE' 平面，即资源层面，OB'' 代表教育内部资源，OE' 代表教育外部资源；OB'' 和 OE' 在矢量上具有"由低到高"的意义；个体在 OB''/OE' 平面的得分可以表示为 ZY(sournb, sourwb)。

（Ⅷ）个体在每个层面及其成分上的有效性评价结果以"优、良、中、差"四级主观评分标准来表示；个体的最终有效性得分可表示为：

{GN(edulnzx, edujs), SD(ledfs, ledcl), ZY(sournb, sourwb)}

2. 在有效性模式下解析 L 局长教育领导的观念层面[1]

观念是人们从事具体活动时所坚信的思维形态，它表达了人对事物性状的评价。观念与行为的关系是：观念是行为的思想基础和前提条件；行为

---

[1] 该标题中"教育领导"是一个组合词，理解时应避免将"领导"和"观念"组合在一起，下同。

是观念的具体体现,并受观念指导。任何教育行为都离不开教育观念,不管我们是否意识到。

之所以将教育领导观念作为首层因素来解析,主要是缘于教育领导观念对于教育行为的重要性。按照叶澜教授所言,"新教育观念是新基础教育之魂",[1]确立新型的教育领导观念,指导教育行为朝正确、有序、和谐的方向发展,是当前基础教育改革与发展首先需要考虑的问题。

教育观念的产出需要参照一定的教育背景,就目前来说,NS 区面临几件大事:一是新课程改革实验;二是教育管理体制的创新;三是学位的供给与优质教育的提升;四是教育的国际接轨。对这些问题、现状的思考,促使我们本届班子将未来 NS 区教育的发展定位在"三个制高点"上。抢占"三个制高点"是我们当前教育改革与发展的指导思想,是每个 NS 区教育工作者必须树立的教育观念。

当然,我们提倡教育观念的先行也要有比较,要不断反思:新教育观念新在何处?为什么要这么做?观念是通过什么样的方式传递的?这样做有效吗?教育领导行为也正是在对教育领导观念的反思中不断得到修正、推动和引领,最终体现出良好的领导绩效。[2]

(1)L 局长的教育理念

● "真、善、美"是素质教育的最高境界

"真、善、美"反映了事物的不同属性,把"真、善、美"具体化为知识、道德和艺术,是通过三种不同形式来反映客观事物。知识是科学,科学知识运用概念和逻辑的形式来反映事物的规律;道德是用社会舆论和行为规范来反映社会要求;而艺术则以具体、生动、感人的艺术形象来反映社会生活。三者以不同的形式,在认识世界、改造世界中共同发挥作用。

在素质教育的探索中,当教学实践活动体现或符合客观规律的时候,即是真;能够满足学生需求、家庭需求和社会利益时,即是善;在教学改革过程中具体表现出的师生能动的创造力量,即为美。因此,"真、善、美"丰富了素质教育的深刻内涵,它们在教学实践中各有侧重,又相互联系,相互依存,相互渗透,有机统一,共同构成了一个完整而理想的最佳教育环境。[3]

"真、善、美"是价值的三种基本形态,也是人类在进行包括管理在内的

---

1 叶澜:《更新教育观念,创建面向 21 世纪的新基础教育》,http://www.jledu.com.cn/xjcjy/ll/002.htm。

2 这段文字摘自研究者 2004 年 2 月 29 日与 L 局长交流论文进展时的谈话记录。

3 刘晓明:《"真、善、美"是素质教育的最高境界》,载《当代教育》,2003 年第 7 期。

一切社会活动时必须遵循的原则。从"真、善、美"角度来理解素质教育，将素质教育界定为一种思维层面的追求，而不是什么可以拿来即用的具体教学行为模式。

L局长对素质教育的理解启发了广大教师和校长从多学科视角多视域地理解素质教育，而不是仅仅停留在"何谓素质"、"素质分哪些类型"这样的研究水平。同样，对校长而言，"真、善、美"也理应成为校长在学校管理实践中所追求的理想境界，因为"真是有效管理的前提，善是有效管理的保证，美是管理目标的最终实现"。[1]

- 改善教师心智模式

校（园）长和广大教师要改善心智模式，用平等、接纳、协作、互利的心态主动参与到学校的各项建设当中去，排除被忽视、被兼并的防范心理，破除故步自封、夜郎自大的陈旧意识，树立NS区教育协调同步发展的大局观、整体观，要善于借助外部力量，学习别人的经验，欣赏别人的优点，实现优势互补，共同发展。[2]

什么是"心智模式"？按照麻省理工学院彼得·圣吉（Peter Senge）博士的观点，就是指"那些深刻地影响着我们如何来理解世界以及怎样行动的根深蒂固的假设、通则甚或记忆图景和想像力"。[3] 这一概念与阿基里斯（Argyris）的"内隐理论"概念比较接近。在阿基里斯看来，支配人们行为的不外乎两种理论形态，一种是内隐理论，另一种就是外显理论。内隐理论决定着个体对世界的看法，是促使个体产生某种行为的真实原因，但它很隐蔽，不易为人察觉，改变起来也相当困难。现实中，我们经常看到一些教师高喊"尊重学生，还学生主体地位"，但是面对学生的时候，依然"一副威严而冰冷的面孔"，给学生布置成堆的作业，不准学生在课堂上乱动、乱说话。改善教师心智模式意义重大，它有助于促使教师反省自身行为，有助于转变原有的看法和认识。在新基础教育课程改革的背景下，改善教师的心智模式对新课程改革的实施具有很好的推动作用，它将启发教育工作者从师生关系、教学方式、校园文化等方面进行创新思考。

同样，对校长而言，优秀的校长必须经常自觉地思考自身行为背后的意义，寻求各种途径来了解教职员工正在思考和感受的内容，要寻找机会频繁地向教

1 王铁军：《校长学》，江苏教育出版社1993年版，第157页。

2 这段文字摘自L局长在2003年8月21日小梅沙会议上的讲话。

3 约翰·R·雷等：《学校经营管理：一种规划趋向》，张新平主译，重庆大学出版社2003年版，第57页。

职员工表明自己的信念体系,以此完成从"表达性行为"到"应对性行为"的过渡。[1] 在这里,L局长对心智模式含义的理解似乎更加广泛,除了具有转变教育观念的涵义之外,还包括对健康心理的分析,涉及如何调适人际交往的内容。

- 创建学习型组织和学习型社区

建设学习型组织是实现 NS 区教育跨越式发展的智力保证。NS 教育是全体教师的教育,需要大家来思考、探索、创新和推进。每一个人都要为实现 NS 区教育的理想而辛勤耕耘,每一个人都能在这种默默奉献中享受乐趣,每一个人都为不辱使命而产生一种发自内心深处的学习渴望,每一个人都追求自我超越而不断扩充自己创造未来的能量,这就是学习型组织的内涵和特征。这种学习与强迫学习和被迫学习有着本质的区别。

学习型组织必须形成学校的共同愿景,要通过自上而下的深入讨论、自主自愿的探究,描绘出一个广大教师接受和认可的共同愿景。……学习型组织有利于形成团体学习的风尚。

从整个 NS 区教育的协调发展来说,我们还应该倡导学习型社区的建设,通过"区—街道—家庭"这一链接机制,营造一种不断追求学习的氛围。[2]

"学习型组织"是彼得·圣吉在《第五项修炼》一书中提出的概念,它包括"自我超越"、"改善心智模式"、"建立共同愿景"、"团队学习"和"系统思考"五大系统要素,其涵义就是充分发挥每个员工的创造力,努力形成一种弥漫于群体与组织的学习气氛,凭借学习,促使个体价值得以体现,组织绩效实现大幅度提高。[3]

将学习型组织理论应用于教育管理过程的最大体现就是校本管理的实施。在国外,校本管理从最初要求决策权下放发展到今天,各种教育管理实践都弥散着具体可见的"校本"思想。相比较之下,我们对"校本管理"的研究还较多地停留于对"校本"思想核心、内涵的分析上,对具体的校本管理行为探讨得不够。[4]

---

1 马斯洛认为,生活中,绝大多数人的行为都处于"表达性行为"水平,即基本上是不经思索就做出来的;而真正健康的个体人格,应体现出更多的"应对性行为",即那些指导我们经营生活、处理所面临问题以及适应环境的行为。具体参见[美]阿瑟·W·库姆斯等:《学校领导新概念——以人为本的挑战》,罗德荣等译,中国宇航出版社 2002 年版,第 211 页。

2 这段文字摘自 L 局长在 2003 年 8 月 21 日在小梅沙会议上的讲话。

3 See Peter M. Senge, *The Fifth Discipline: The Art and Practice of the Learning Organization*. New York, Doubledday/currency, 1999, p. 3.

4 蒋和勇:《理论的"隐退"与实践的"回归"》,载《中国教育管理评论》(第 1 卷),教育科学出版社 2003 年版,第 373 页。

在推动学习型社区建设的过程中,学校的作用是无可替代的,它的职责在于"向纳税人和家长提供完整、准确的信息,介绍学校的需求和活动,并制定反映公众利益和要求的教育政策、教学计划"。作为学校上级教育行政主管,L局长切实推动着学校为创建学习型社区而服务。

(2) L局长的领导哲学

什么是领导哲学?简单地讲,"它是人类关于领导问题的哲学思考之理论表述"。[1]

关于领导哲学的探讨,现有的研究文献较少,其中最有影响、最具代表性的要数加拿大学者霍基金森(Christopher Hodgkinson)的论著《领导哲学》。该书描述了人们疯狂追求组织效率、崇拜领导管理中的技术理性这一现实,提出在领导活动中还应该倾注更多的人文因素和价值关怀,人应该取代效率、技术而成为组织的元价值。霍基金森认为,"再也没有比价值更显得重要的了,因为它是所有意义的源泉"。[2] 这里,研究者仅以L局长的部分领导话语为材料,以命题形式对其进行哲学层面的分析。

● 领导就是服务

服务是现代教育的基本属性,也是教育的宗旨。在教育活动中,服务的表现具有层次性,具体来说主要包括三个方面的服务:一是面向学生(个体或群体)的服务;二是面向学校的服务;三是面向社会和国家的服务。L局长对教育服务的理解和实践首先体现在对学生的服务层面上。

"教育就是服务"不仅值得认真研究,还应成为当代教育的一个"主体概念"。服务的内涵就是要打破传统模式,尤其是要改变"师道尊严"观念下的师生关系,把过去管理与被管理、控制与被控制、监督与被监督的关系转变为平等、友好、合作的关系。这种地位的转变将会引起教育管理观念、态度、情感、方法和形式等一系列变化,而我们大多数教育工作者并未认识到这种变化对教育所能产生的影响。我们校长应该带好头,清醒地认识到自己肩负的神圣职责,我们的教师也应该认真履行义务,尽可能地为学生的发展提供机会,让学生更多地体验到被人关注、被人爱护的温暖和幸福,体验到学习的乐趣,感受到自由探索与成功的乐趣,感受到人生成长的乐趣。[3]

在面向学校的服务中,L局长十分重视机关作风的管理,在教育局机关

1　林辉基、吴长山:《领导哲学论纲》,广西人民出版社1994年版,第2页。

2　克里斯托弗·霍基金森:《领导哲学》,刘林平等译,云南人民出版社1987年版,第2页。

3　这段文字摘自研究者2003年6月30日下午对L局长的访谈记录,略作修改。

内开展了"做人民满意公务员"活动：热情接待来访群众,为群众解决实际困难;向媒体公布教育服务咨询电话和投诉电话,认真回答社会咨询,及时处理群众投诉;深入学校为新生入学现场办公;建立教育公示制度,接受社会监督。2002 年,NS 区教育局被市委、市政府评为"人民满意的公务员集体",这是对其领导服务工作的直接肯定。

- 教育局长是校长第一负责人

"教育局长是校长第一负责人"主要体现在 L 局长对校长的领导行为上：邀请国内外专家学者为校长们讲课,传授教育管理新知识;面向校长举办各种专题讲座、沙龙,促使校长队伍新教育观念、新思维的形成;通过校长选拔、考核等人事机制,实现校长队伍的合理流动,优化整个队伍结构;亲定校长阅读书目,指导其学会分配时间,提高管理效能。总之,用在校长中间流行的一句话讲就是："这个局长不好'糊'。"[1]

"教育局长是校长第一负责人"探讨的是教育局长领导实践的特殊性问题。按照领导实践论的观点,领导活动虽然也是社会实践,但它不是一般的社会实践,而是一种特殊形式的社会实践,具有自身活动本质的特殊性,具体来说就是：首先体现了对领导对象(校长)的指导性和示范性;其次体现了领导效能的间接性,主要通过对校长的领导来实现对整个 NS 区教育的领导;最后体现了领导对象的层次性,校长是 L 局长首要关注的对象,教师排其次,然后才是其他内外部因素。

- 任何决策都不可能做到百分之百满意,只有追求最佳的满意

"任何决策都不可能做到百分之百满意,只有追求最佳的满意",这一命题来自一次研究者随同 L 局长去商谈创办《教育周刊》事宜途中的交谈。那次,我们谈到临聘教师的待遇问题,L 局长表示：

临聘教师的待遇问题的确是一个大问题,因为它牵涉到几千名临聘教师(NS 区现有临聘教师与在编教师的比例为 2：1)的利益。局里新近出台了一项"临聘教师待遇随职级职务浮动"的政策,应该说这个政策照顾到了绝大多数临聘教师,特别是那些教学能力好、成绩显著的临聘教师,但还是有人不满,还是有人会指责这个政策的种种不足。这很正常,任何决策都不可能做到百分之百满意,只有追求最佳的满意。这个最佳满意的评判标准,就是绝大多数临聘教师成为受惠者。[2]

1　这段文字摘自研究者 2003 年 6 月 26 日上午对教研室 Z 主任的访谈记录。
2　这段文字摘自研究者 2003 年 7 月 2 日中午与 L 局长的随谈记录。

对决策满意度的追求体现了 L 局长对领导矛盾的理解。领导活动本身就是一个充满力量较量、是非评判和利益权衡的过程。对决策"合理"性的评价标准就来自对"不合理"的界定,领导活动中的矛盾、对立交错存在,导致领导活动永远无法逃脱对与错的纠缠。

● 任何决策都是在寻求已有问题解决办法的基础上逐步形成的

"任何决策都是在寻求已有问题解决办法的基础上逐步形成的",这是研究者就幼儿园招标一事访谈 L 局长后得出的命题。

新建住宅小区配套幼儿园的问题由来已久,教育局为此收到许多家长的投诉,局里也对此进行过多次调研,参照现行政策、文件规定,我们认为幼儿园经营权的归属问题是造成幼儿园管理混乱最直接的原因。改变这一现状的办法很多,最直接的就是收回对幼儿园经营的转让权,而转让权收回以后应该以一种什么样的方式转让出去呢?想来想去,我们逐渐确立了"公开化"、"公正化"、"合法化"等工作思路。因此,决策不是哪个人关在屋子里凭空想像出来的,它是在寻求已有问题解决办法的基础上逐步形成的,没有现成的办法拿来就可以用,即便拿现成的来用,也用不好。[1]

对决策活动渐进性的认识体现了 L 局长领导活动的过程性。领导过程是一个连续性和中断性相统一的过程,是一个前进性和反复性相统一的过程,也是一个时间和空间相统一的过程。在这个过程中,我们也许看不到中断、反复,但是依然能够看到整个领导活动的连续性。

● 人的问题是领导活动中最敏感的问题

从领导要素论的观点来看,构成领导活动的要素有领导主体、领导客体(包括人)和领导环境。对人的重视也是对领导活动中主客体的尊重。在教育活动中,如何把不同的人和事适当地结合起来,做到人尽其才、人尽其用、人事相宜,这是每一个领导者都非常关注的问题。L 局长在"2003 年 NS 区部分校(园)长人事调整"的领导过程中,对这个问题持谨慎态度。

此次人事调整,动作比较大,涉及到多所学校校(园)长的变动。作为教育局,我们一直是秉承"公正、公平、公开"的原则办事,没有丝毫的隐瞒。人的工作一直是最为敏感的,只要有一点没有处理好,就可能造成很大的影响。[2]

---

[1]　这段文字摘自研究者 2003 年 7 月 16 日下午对 L 局长的访谈记录。
[2]　这段文字摘自 2003 年 8 月 23 日上午 L 局长在校(园)长暑期培训班上的讲话记录。

（3）L局长的领导角色

研究教育局长的领导角色，不仅可以揭示教育局长角色的本质属性，而且能够促进教育局长的角色学习和角色适应。根据角色理论对"角色"的定义，角色是指舞台上的演员按剧中人的行为方式所呈现出的人物形象。[1] 作为社会生活中的个体，他（她）所体现的角色是一个"群"状态。教育局长也不例外，他（她）可能扮演的角色有：丈夫（妻子）、父亲（母亲）、儿子（女儿）、朋友、亲属、上司、教师、公民、体育爱好者、司机、科研工作者……作为本研究个案，L局长的角色首先是从正式的社会职位角度被理解的，除了"教育局长"这个主导角色之外，其他因职位而衍生的角色都是附属角色，另外还有与职位无任何关系的角色（这不在本研究的范围之内）。研究者调研期间曾就此问题进行了一次调查，[2] 对于L局长所扮演的具体角色，局机关人员和校（园）长评价最为集中的前五种角色见表5.21。

表5.21　L局长角色调查结果

	等级	角色类型	累计频次	累计百分比（%）
局机关科室	最多	科研工作者	19	67.9
	次多	协调者	18	64.3
	再次多	专家	15	53.6
	一般多	终身学习者	14	50.0
	较少	理论与实践结合的倡导者	13	46.4
校（园）长	最多	专家	38	90.5
	次多	教师	30	71.4
	再次多	服务者	27	64.3
	一般多	法人	22	52.3
	较少	社会活动家	17	40.5

从调查统计结果来看，局机关科室人员与校（园）长对L局长的角色认识呈现一定的差异，原因可能有：① "群"集合性质使得局机关科室人员与校（园）长很难仔细区分某单一角色；② 局机关科室人员和校（园）长与L局长接触的频率、场合不同，进而导致角色认识差异。比如在"专家"角色问题上，局机关科室人员与校（园）长两类群体的评价相差36.9%，这可能与两类群体接触L局长的事务内容差异较大有关。

领导角色与领导形象是紧密关联的。为了更清晰地说明问题，研究者

1　章志光主编：《社会心理学》，人民教育出版社1996年版，第64页。

2　请参阅附录一，第二部分第二十八题；附录二，第二部分第二十一题。

只选取了"学者型"、"改革型"、"经验型"、"专家型"和"权变型"五种领导形象来进行调查，[1]结果见表5.22。

表5.22 局机关科室人员对L局长领导形象的评价

	类型	频次	百分比(%)	有效百分比(%)	累计百分比(%)
喜欢的领导形象	学者型	14	50.0	50.0	50.0
	改革型	7	25.0	25.0	75.0
	经验型	3	10.7	10.7	85.7
	专家型	4	14.3	14.3	100.0
	权变型	0	0.0	0.0	100.0
现任领导形象	学者型	13	46.4	46.4	46.4
	改革型	8	28.6	28.6	75.0
	经验型	1	3.6	3.6	78.6
	专家型	6	21.4	21.4	100.0
	权变型	0	0.0	0.0	100.0
相关	Pearson Correlation = 0.795 * *				

注：* * P<.01,下同

从统计结果来看,局机关科室人员认为L局长是一名"学者型 + 改革型"的教育局长,二者所占的累计百分比达到75.0%。L局长所表现出的领导形象与被调查者喜欢的领导形象符合程度较高,相关系数达到0.795。

表5.23 校(园)长对L局长领导形象的评价

	类型	频次	百分比(%)	有效百分比(%)	累计百分比(%)
喜欢的领导形象	学者型	20	47.6	47.6	47.6
	改革型	12	28.6	28.6	76.2
	经验型	3	7.1	7.1	83.3
	专家型	5	11.9	11.9	95.2
	权变型	2	4.8	4.8	100.0
现任领导形象	学者型	23	54.8	54.8	54.8
	改革型	14	33.3	33.3	88.1
	经验型	2	4.8	4.8	92.9
	专家型	3	7.1	7.1	100.0
	权变型	0	0.0	0.0	100.0
相关	Pearson Correlation = 0.703 * *				

从表5.23的统计结果来看,校(园)长也倾向于认为L局长是一名"学

1　请参阅附录一,第二部分第十二、十三题;附录二,第二部分第十、十一题。

者型＋改革型"的教育局长,二者所占的累计百分比达到88.1% 。L局长所表现出的领导形象与被调查者喜欢的领导形象也很符合,相关系数达到0.703。

表5.24   局机关科室人员与校(园)长对L局长领导形象评价的相关分析

	校(园)长(喜欢的领导形象)	校(园)长(现任领导形象)
局机关科室人员 (喜欢的领导形象)	0.883＊＊	
局机关科室人员 (现任领导形象)		0.652＊＊

从统计结果来看,不管是心目中喜欢的领导形象,还是对现任L局长领导形象的评价,局机关科室人员与校(园)长在评价领导形象方面都表现出较高的相关。由此可以说明,L局长所树立的"学者型＋改革型"教育局长形象取得了组织内成员的共识。

为何局机关科室人员与校(园)长对L局长角色评价的差异最终在领导形象方面消融了呢? 对于这个问题,联系研究者和教研室Z主任的一次谈话就可以发现,人们对于何谓"专家型"领导、"学者型"领导,在认识上还有一定的差距。从职位、工作内容和领导方式等角度,人们可能倾向于"专家型"领导;从专业引领、个人气质、成果体现等角度,人们则可能会转向"学者型"领导。

研究者:从角色角度探讨领导的分类,领导可以划分为专家型领导、官僚型领导、人际关系型领导、研究型领导、学者型领导,等等,您更倾向于把L局长看作哪一种领导?

Z主任:我把他看作专家型领导。我们常这样讲:"这个局长不好'糊'。"他能够和你就许多专业性问题展开探讨。你讲知识与能力的关系,并认为"以能力为主",那么他就会问你:"知识和能力是一种什么关系?""不同年龄儿童的心智发展和能力又有什么不同?"如果是其他类型的领导就好"糊",这个局长你就"糊"不了。还有就是,他写文章总能够突破常规思路,经常会产生一些新的想法,这就让全区的教师不断地感受到挑战和压力。这些都反映了他是一名教育管理方面的行家。[1]

---

1   这段文字摘自研究者2003年6月26日对教研室Z主任的访谈记录。

3. 在有效性模式下解析 L 局长教育领导的手段层面

领导手段是领导活动得以顺利进行并确保领导目标最终实现的原则、设备、途径和方法的总和,是将领导主体、领导客体和领导过程有效地连接成一体的有机力量,是领导影响力发挥的中介。

教育领导手段多种多样,不同的领导者会采取不同的领导手段,具体表现在方式和策略上都会有所不同,它涉及教育行政如何推进的问题。具体来说,可以表现在行政组织、行政决策、制度规范、激励机制、督导检查等环节。以 NS 区的课程改革为例,L 局长在推动课改实验渐次发展的过程中,也采取了不同的领导手段,比如开会研讨、制度约束、专题调研、资金保障等,这其中的每一项还可以细分为更多的方式和策略。[1]

(1) L 局长的领导方式

① 会议

会议是领导者实施领导的重要形式,它为领导者展示自身形象、阐释目标、使下属和员工接受决策方案提供了独特的空间。虽然,随着科技的飞速发展,会议的形式有了新的变化,比如电视电话会议使与会人员不直接到达会议地点成为可能,但惯有的那种"面对面"的会议形式仍占据主导地位。一项研究结果显示(参见表 5.17),在教育行政组织信息沟通方式中,会议被排在第一位。由此可见"会议"在 L 局长领导方式中的重要性,它是体现 L 局长领导影响力的重要载体。

根据对 L 局长季节性活动的统计,研究者发现他经常参加的会议主要有以下四类:

a. 机关内部会议:包括例行的每周一的碰头会和周四(或周三)的局务会议、机关人员工作部署会议、科室专题会议等。

b. 学校和家长相关会议:包括学校验收评估会议、学校发展大会、学校主题日(月)大会、家长会、教育专题讲座等。

c. 政府会议:包括政府会议精神传达会、职能部门协调大会、区委区府常委会等。

d. 社区协调会议:包括调研会、咨询会、谈判、协商会、座谈等。

会议的具体形式及流程因会议主题和地点不同而各有要求。一般而

1　这段文字摘自研究者 2004 年 2 月 29 日与 L 局长交流论文进展的访谈记录。

言,教育局外召开的会议只需将会议地点、时间及内容及时传达给与会者即可;教育局内的会议以常规性的碰头会和局务会为多。以局务会为例,其流程如下:教育局办公室分类请示→负责人批示→教育局办公室汇总批示,制定上会讨论事项表→通知专题事项参会人→上会讨论→各专题事项负责人根据决议结果形成规范文件→正式批示→教育局办公室形成会议纪要→上报、转呈、下发文件。

② 文件

文件也称"公文",是"公务文书"的简称,它是教育局用于处理各种事务、沟通信息所采用的格式完整、内容系统的书面材料。按其流通方向,可以分为上级机关对教育局的、教育局对下属各学校事业单位的以及与教育局平行机关之间的往来文件。在教育行政组织的信息沟通方式中,"制定和学习文件"排在第二位。L局长签署、颁发其行政管辖范围和分管工作内的全部文件,这些文件可以分为两类:一类是行政方面的公文,另一类是事务方面的公文。

L局长常经手的行政方面的公文主要有:决定、通告、通知、通报、议案、报告、请示、批复、意见、会议纪要以及有关的函件。

L局长常经手的事务方面的公文主要有:计划、总结、调查报告、会议讲话稿、条例、规定、制度、规则、细则、章程和办法。

经常可以见到的是,大部分事务方面的公文通过一定的行政程序,最后将转为行政公文颁发,比如"决定"、"通知"、"批复"等。这样做最明显的效果就是提高了事务解决效率,强调了拟解决事务的重要性。

③ 电信网络

在NS区教育局已有的信息沟通方式中,"电信网络"排在第三位。"NS教育信息网"在其中的作用有:一方面成为教育局下达各类行政公文的重要平台,各科室和下属学校通过这一媒介及时了解相关信息,避免了以往电话、信件、文本等方式造成的贻误;另一方面,该信息网也是展示NS区教育成绩的窗口,通过它可以查询到NS区课改新资讯、新动态,查询各职能部门颁布的文件和联系方式。"NS教育信息网"还建有一个课程资源库,库中存放各类科目的教学课件、学习资源,学生、教师甚至家长都可以通过这一媒介完成自主学习和交流。

按照L局长的设想,未来NS区在信息化建设方面的目标可以概括为"五个一工程":"建好一个总库,推进一个课题,培训一支队伍,办好一个双语网站,打造一批数字化学校。"值得一提的是,已落成并投入使用的"教育信息大厦"就是按照"信息航母"的设计建造的,它集课件资源、互联网宽带、会议视频系统、电子办公系统、多媒体电教系统等于一体,拥有更强大的容量、更快捷的硬件设备和城域网支持,将在 NS 区未来教育改革中扮演重要角色。

④ 计划、检查与总结

L局长对计划的重视体现在两个方面:一是在下一学年度开始之前,要求各科室和下属学校、事业单位呈报规范的年度计划;二是在参照这些计划的基础上,形成一份全局工作计划,指导全年教育工作有序进行。

L局长对检查的重视最明显地体现为:深入学校开展调研,结合课堂教育教学实际案例,发现教育和管理活动中的具体问题,这项工作一般在新学期开学后的第二个月进行;在新学期开学和放假前后,不定期地到各学校临时检查工作部署情况。

L局长对总结的重视体现在阶段性活动结束后,要求呈报公文,比如总结、报告等。一方面,这可以帮助领导者整体性地了解本系统一年来的业务运作情况;另一方面也为教育局形成季度性、年度性总结报告提供重要参考依据。

L局长对教育督导也甚为重视,主要表现在:通过学校等级评估,严抓学校质量管理;以教育督导为杠杆,抓好课程改革实验的落实工作;设立督导室,将专职督导人员与学校临聘督导人员结合起来,使督导工作保持良好的动态性和连续性。

⑤ 参与与倾听

参与与倾听是未来教育领导者必须掌握的领导方式,因为在未来的教育领导工作中,任何一项教育战略计划,如果要想得到真正的实施,必须让校长和教师参与其中。教育领导者也在参与与倾听的过程中,使观点更加清晰,教育行动计划更加切实可行。参与与倾听也会激发教师、校长的职业认同感和自我实现感,从而提高一项教育战略计划被接受的可能性和程度。

L局长在具体运用参与与倾听方式时,基本上就是结合自身工作安排,适时实地参与部分活动,如校长沙龙、节日庆祝大会、检查调研等,在这些亲身参与的活动中,仔细倾听各方意见,以此了解正式公文、正式信息渠道未能反映的实情。

⑥ 制度建设

"制度是管理走向规范化的根本，"L局长认为，"如果没有科学、有序、成体系的教育管理制度，那么教育活动就很容易出现紊乱。"[1]自上任起，L局长就一直非常重视制度建设工作，不仅要求各项管理工作都有章可依，而且敢于破旧立新，出台了一系列新的教育管理制度，比如2003年先后出台了《NS区教育局行政过错追究暂行办法》、《NS区教育局机关工作作风制度》以及《NS区教育系统应急管理暂行办法》等。在推行制度的过程中，L局长也是带头履践，率先垂范，严格遵守各项制度。

（2）L局长的领导策略

L局长的领导策略具体来说就是重视教育战略规划、教育人力发展、教育决策、教育协调和教育科研指导。研究者此前已结合案例进行了分析，这里不再展开论述，只罗列相应观点。

- 通过战略规划，在确立组织发展愿景过程中凸显思想之引领；
- 通过教育人力发展，在提高师资队伍质量过程中方显用人之道；
- 通过教育决策，在实现教育创新过程中达到行政推进之目的；
- 通过教育协调，在求得和谐的教育发展环境过程中折射领导艺术之精妙；
- 通过教育科研指导，在推动新课程改革实验过程中树立专业之威望。

4. 在有效性模式下解析L局长教育领导的资源层面

（1）教育内部资源

① 历届班子领导的连续性

领导的有效离不开对原有基础的继承和发展。时至今日，NS区教育局已经见证了四届领导班子，NS区教育也在这四届领导班子的协同努力下，实现了一个又一个跨越式的发展：1988年开始实行分级办学、分级管理，初步调动了各方力量办教育的积极性；1999年被确定为广东省教育现代化、教育信息化实验区；2000年被确定为广东省课程、教材综合改革实验区；2001年被教育部确定为首批全国课程教材改革实验区，被中国教育学会确定为全国教育改革实验区、教育部"教育执法与监督"实验区；2002年率先成为广东省"教育强区"，教育综合实力位居全省前列。

1　这段文字摘自研究者2003年7月16日下午对L局长的访谈记录。

历届 NS 区教育领导班子在领导 NS 区教育发展的过程中,目标一致,那就是全面提高学校教育办学水平,全面提高学生素质,实现文化立区战略。但具体来说又各有侧重:第一、二届领导班子主要面临的是教育规范化问题,那时 NS 区教育刚刚起步,存在的问题很多,比如教育基建、教育投入、师资队伍建设等,普及九年义务教育成为压倒一切的教育中心工作,如何提高教育质量、规范教育行为成为当时领导班子关心的内容;到第三届,或者说是二、三届交接之际,NS 区教育已经积蓄了一定的发展后劲,在"区域教育现代化"教育战略思想的指导下,凭借优良的经济环境,以教育改革为突破口,大力推进教育科学研究,形成了德育、英语、艺术教育、体育、现代教育技术和教育科研六大教育特色,教育教学质量明显提高,各项指标名列全市前茅;到了第四届领导班子,也就是以 L 局长为核心的局领导班子, NS 区教育面临如何再发展的挑战,在深度调研的基础上,班子提出了积极抢占"三个制高点"的战略规划,为 NS 区教育的未来构筑了一个高水平的发展平台。目前,该教育战略思想正渗透到学校教育教学及管理的各个方面,并已初见成效。

② 教育局、学校、家庭、社区之间的互动

L 局长历来十分重视教育局、学校、家庭、社区之间的协调发展问题,他在上任不到半年的时间内就明确提出了"用'经营教育'的理念推进教育社区化"的工作目标,并要求"尽快组建 NS 社区教育学院和社区教育网络,为建设学习型城市、学习型组织、学习型家庭奠定基础"。[1]

教育局、学校、家庭、社区四者之间是互相影响、互相促进、互为一体的。

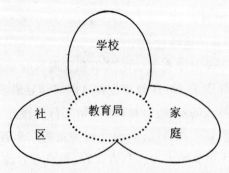

图 5.4 "教育局—学校—家庭—社区"四位一体图

如图 5.4 所示,教育局处于整个系统的核心,它与其他三个因素之间的关系,因职责、角色不同而略有差异:在"教育局—学校"之间,教育局起着

---

1 这段文字摘自 L 局长在 2002 年全区教育工作总结会议上的讲话(2003 年 1 月 20 日)。

直接指导、管理作用;在"教育局—社区"之间,教育局起着协调、促进作用;在"教育局—家庭"之间,教育局起着服务、咨询作用。

目前,"教育局—学校"之间借助新基础教育课程改革实验、教育信息化和国际化人才培养战略,形成了富有成效的互动关系;"教育局—社区"之间也因学习型组织和学习型社区的建设而表现出良好的发展态势;"教育局—家庭"之间由于在服务对象上具有一致性,家庭参与教育活动的积极性也非常高。

③ 个人人格魅力

美国学校管理者协会的教育局长标准委员会曾对教育局长的作用作了这样的界定:"在很大程度上,美国学校的质量有赖于学区教育局长的工作效率。"[1]"…… 教育局长的职位要求由颇有胆识、富有创造力、精力充沛并具有远见的学校领导者担任,他们能够迅速地对各种来自社会变化的问题做出回应,能够应对各种各样的学生群体,能够适应平等的需求,也能够为了每个孩子来提高学校质量,并有效地利用新的技术。"[2] 由此可见,教育局长领导是否有效,与其所表现出的个人魅力关系极大,比如品德、学识、能力等,它们对于领导效能的积极作用是以一种弥散方式来实现的,是一种非权力影响力。

个人魅力的形成不仅受到环境机制的影响,也与个人体现出的影响力有关。有一项调查研究显示了人们对教育管理人员升迁、晋级标准的评价结果。[3]

表5.25　教育系统人员对教育管理人员升迁、晋级标准的评价结果

项　目 回答者	品行	学识与能力	学历	关系	实际工作中取得的成绩	机遇	分类合计	
							人数	%
局机关科室人员	5	10	2	7	3	1	28	40.0
校(园)长	3	12	1	8	18	0	42	60.0
分项合计(%)	11.4	31.4	4.3	21.4	30.0	1.5	100	

从调查结果看,排在前四位的分别是"学识与能力"、"实际工作中取得的成绩"、"关系"和"品行"。"学识与能力"和"实际工作中取得的成绩"是人们评价教育管理人员及其人事变动的主要依据(共占61.4%),但是"关

1　2　坎宁安、科罗代尔:《教育管理:基于问题的方法》,赵中建主译,江苏教育出版社2002年版,第130页。
3　请参阅附录一,第二部分第八题;附录二,第二部分第六题。

系"因素超过"品行"因素,这个现象颇能折射出中国文化对领导的影响力。相关调查结果也得出相似结论(见表5.26)。

表5.26 决定教育行政人员能否升迁、晋级的主要标准[1]

项　目 回答者	品行	学识与能力	学历	关系	实际工作所 取得的成绩	分类合计 人数	分类合计 %
教委机关人员	0	7	3	13	10	33	55.0
教育组干部	2	3	0	4	14	23	38.3
中学校长	0	1	0	0	3	4	6.7
分项合计(%)	3.3	18.3	5.0	28.3	45.0	100	

　　为了更好地反映L局长个人人格魅力的形成,研究者采取了个案研究中的生活史研究法,拟从L局长的个人成长过程来说明问题。

　　L(1959—　　),生于湖南华容,祖孙三代都是书香门第,自幼受到良好的教育熏陶。后因家庭成员历史原因,一家迁至乡下外婆家附近落户——华容县护城公社蔡兴大队。L出生时,恰逢三年困难时期、"大跃进"、"人民公社运动"及反"右"运动,在那个困难时期,洞庭湖水、沱姜浪花陪伴他度过了童年。

　　求学过程是辛酸的,充满了泪水和挣扎。小学四年级,迫于生活压力,L辍学回家,过起了一天挣七个工分的生活,母亲的疼爱和理智使他在还没有完全被生活征服之前,再一次幸运地回到温暖的课堂。深知机会不易的他刻苦学习、品学兼优,很受同学、老师喜欢。1972年,在L即将初中毕业之际,他再次因为家庭政治原因未能升入高中,第二次辍学。

　　1977年恢复高考制度,L再一次燃起求学之梦,虽然通过了高考初试,但最终又因为"政审"等原因未能过关。第二年,他被任命为大队综合厂会计,1979年调任蔡兴学校任校长。在职期间,L一心扑在事业上,教学、管理工作成绩显著,蔡兴学校也迎来了解放后发展的第一个春天。1980年,L顺利考上湖南大学历史系,实现了自己的人生理想,开始了新的人生旅程。

　　在大学求学期间,L不仅品学兼优,还积极参加各种学生社团活动,创办了湖南大学第一个马列主义学习小组,1983年光荣加入中国共产党,发表第一篇论文《大学时代的社会活动对青年马克思的影响》,此后在各类刊物上

<hr/>

　　1　张新平:《教育行政组织的发展与创新——对基层教育行政的个案研究》,南京师范大学出版社2003年版,第168页。

发表多篇论文。毕业后,L留校任教,并于1987年考上母校中国近代史专业研究生,毕业后分配在湖南师范大学出版社,从事了一年编辑工作。1991年南下深圳,到NS区教育局任历史教研员,此后在5年时间里,先后任教研室副主任、办公室主任、教科所所长,参与了NS区教育改革与发展创新的重要事件,见证了NS区教育腾飞的历程。在这期间,他不仅出色地完成了本职工作,还主持、参与了多部文献的编写,发表了多篇教育随感、学术论文,并于1995年出版了个人专著《人生的阿拉丁神灯》,该书荣获"深圳市特区中小学历史与国情教育丛书优秀奖"。

1996年,L调任NS区委(区政府)办公室工作,先后任主任助理、副主任。2002年,在NS区机构改革中,调任NS区教育局任教育局长。

学术方面的专业引领以及多次工作角色转换过程中所积累的经验和能力,使L局长积累了丰富的学识,炼就了出色的能力;艰辛而勤奋的人生奋斗历程养成了其谦逊、和善的人品和坚韧的性格。而长期的家庭教育熏陶和长达8年的农村生活,又给L局长注入了一种平民情怀,勤劳、质朴、善良、友爱的美德在他身上体现得淋漓尽致,难怪与他接触过的人都对其平易近人的性格留下了颇深的印象。

L局长非常平和,没有大架子,和他交流不会感到畏惧。特别是他的眼神、语言,都会给你一种非常亲近的感觉。我们见L局长的机会很少,更不要说亲自找他,心里或多或少会感到一些害怕,但是那次我因事拜访他,L局长非常热情地接待了我,丝毫没有流露出不满。虽然我的事情因多种原因没有落实,但我打心眼里感激他,一点也不怪他。真的,这样的局长让我们教师喜欢。[1]

"教师→校长→研究员→政府行政人员"的任职经历,使L局长对教育活动的运作了如指掌,这是其担任现在领导角色的重要原因。加上自身对学术研究持久的投入,他理解教育往往不是停留在一般意义上,而能够形成自己的独到见解。L局长"转战"的历程恰好印证了人们对教育管理人员升迁、晋级标准的选择。事实上,一名合格的教育管理人员,其素质的体现是多方面的,这些素质都可能成为个人魅力发挥作用的原因。除了上述人品、性格、学识和能力以及工作经验等方面的阐述之外,一项相关调查结果还指出了另外一些因素。[2]

---

[1] 这段文字摘自研究者2003年9月4日对部分历史科组教师的座谈记录。
[2] 请参阅附录一,第二部分第二十三题;附录二,第二部分第十七题。

表5.27　教育管理人员所需素质的排序

	等级	素　质　要　求	累计频次	累计百分比(%)
局机关科室	最重要	正直、坦率、办事公道	25	89.3
	次重要	较强的分析问题和解决问题的能力	22	78.6
	重要	强烈的创新精神	17	60.7
	一般重要	较高的教育政策和教育理论水平	16	57.1
	一般	良好的口头表达能力和书面文字应用能力	13	46.4
校(园)长	最重要	正直、坦率、办事公道	37	88.1
	次重要	献身教育事业的理想和追求	32	76.2
	重要	较高的教育政策和教育理论水平	29	69.0
	一般重要	较强的统筹领导、综观全局的能力	21	50.0
	一般	良好的口头表达能力和书面文字应用能力	17	40.5

（2）教育外部资源

① 政府的政策支持

根据苏珊·莫尔·约翰逊对美国学区的研究结果,她认为:"在今日复杂的公共教育环境中,一个新型的教育局长应当具备政治家的才能,因为他们在学区内会面临政治性的挑战,那些能批准或干涉局长主张的教育董事会成员,有着他们自己的联盟和个人议题。"[1]

在中国,政府对教育的领导最直接的方式就是制定教育政策,通过制定、颁发一定的教育政策来引导地区内教育的发展方向。特别是对地方基层的教育行政管理,政府所发挥的行政领导作用更是体现得非常直接。这里不仅有行政体制上的原因,还有人事机制上的原因。按照当前教育行政系统人事管理政策的规定:"凡教委机关干部的人事档案,都应归口到县委组织部,由县委统一管理。凡副局级以上的县教育行政领导者的遴选和任用,都必须经过县委或县委组织部的讨论和同意。"[2]研究者也就此人事问题进行了调查,[3]结果发现,区委书记作为区一级党委"一把手",对教育局长的

1　李军:《21世纪的教育局长》,载《教学与管理(中学版)》,2003年第1期。

2　张新平:《教育行政组织的发展与创新——对基层教育行政的个案研究》,南京师范大学出版社2003年版,第46页。

3　请参阅附录一,第二部分第七题;附录二,第二部分第五题。

人选提名具有决定作用。另外,在 SKYC 教育集团负责人的人选问题上,区委、区政府也参与了管委会主任人选的确定。

在 NS 区,教育的重要性历来受到区历届政府领导班子的重视,自"文化立区"战略提出以后,"人"的现代化成为领导班子思考、关心的问题,各项教育先行的保障措施也随之展开：理顺体制、加大教育投入、专人分管。不仅如此,区委、区政府班子成员还坚持教育现场办公的务实作风,多次深入学校一线进行教育调研。记得区委书记 W 到任第一天,就专门到 X 学院和 Y 中学视察,这件事一直为广大教师所称赞。

对于本研究中的一些案例,L 局长在寻求政府政策支持方面做了很大的努力,表现在以下几个方面：一是从 L 局长季度性活动安排来看,参加政府会议是其行政工作的主要内容之一,占用了相当多的工作时间;二是区委主抓教育工作的 L 副区长对 NS 区教育的发展倾注了极人的关注,积极指导并参加局里各项重大教育决策活动,为 NS 区教育的发展出谋划策;三是政府在力所能及的情况下,优先考虑教育发展的先行性,明显的例证就是在 2003年校(园)长暑期培训班上,与会的 Y 区长明确承诺,为了提高 NS 区教育管理队伍的素质,区政府将每年从财政预算中划拨 200 万元用于校(园)长的境外培训。

在 2003 年 9 月 10 日 NS 区庆祝"教师节"的表彰大会上,W 书记畅谈了对未来 NS 区教育的设想,对于"NS 区成为第一个教育强区之后,如何继续做好教育品牌,如何继续做强 NS 区教育"的问题,他讲道：

NS 区是我市第一个教育强区,教育已成为 NS 区的品牌和名片,成为 NS 区引以为傲的投资环境、创业环境和生活环境,如何继续做强 NS 区教育？我们的思考是：要进一步增强发展 NS 区教育事业的责任感和紧迫感;区委、区政府在制定经济与社会发展规划时,要确保教育优先发展,适度超前发展,财政预算要保证教育发展经费需要;要千方百计改善办学条件,提高教师待遇;要营造尊师重教的良好社会氛围;区委、区政府将一如既往地将教育工作列入重要议事日程,定期研究教育工作,让全社会形成尊师重教风尚。[1]

② 经济基础

NS 区教育的飞速发展离不开经济建设所提供的雄厚物质基础。据相关统计资料：2002 年,全区各项经济指标完成良好,实现国内生产总值 426 亿

---

1 《确保教育优先发展——NS 区委书记 W 畅谈 NS 教育》,载《深圳特区报》,2003 年 9 月 17 日。

元,比上年增长 12.3% ;社会商品零售总额达到 72 亿元,增长 8.1% ;预算内财政收入 21.56 亿元,按可比口径增长 14%。经济的腾飞直接反映在教育投入上,1998 年至 2003 年这 6 年内,NS 区教育局每年教育经费投入总额平均增长率为 23.3%,教育附加费的年平均增长率达到 19.8%,其中 2001—2003 年教育经费总投入年平均增长率达 32.3%,同期教育附加费的年平均增长率也达 28.9%(见表 5.28)。目前,NS 区已经完成"校校通网络"工程,各所学校教学硬件配套以及教育设施建设在全市位居前列。

表 5.28　NS 区教育局教育经费收入基本情况　　（单位：千元）

项目 数据 年份	教育经费总收入				其他渠道经费总额		
	总额	国拨经费 所占份额	国拨经费所 占比率(%)	年增长 率(%)	总额	城镇教育 费附加	城镇教育费附加 所占比率(%)
1998	324544	292050	90.0		32494	15550	47.9
1999	345677	311634	90.2	6.5	34043	18250	53.6
2000	390975	329655	84.3	13.1	61320	16065	26.2
2001	525621	426730	81.2	34.4	98891	21345	21.6
2002	726453	505046	69.5	38.2	221407	35381	16.0
2003	903046	700815	77.6	24.3	202231	32182	15.9

资料来源：根据《NS 区教育统计年鉴》(1998—2003)、区教育局财务管理中心编制的《教育经费决算年度分析报告》等材料整理形成

③ 多元民众文化

教育领导者应该关注多元文化。在 NS 区,与教育相关的最有特色的两种文化现象是：流动子女教育问题和临聘教师的生存质量问题。这两者交互共存,影响着整个社会对教育的看法和认识。就临聘教师的生存质量而言,NS 区共有约 4000 名临聘教师,他们中不少人已经成为学校教育教学的骨干,每天辛勤培育学生,却无暇顾及自己的家庭和孩子。对他们而言,工作再忙再累都不算什么,因为他们觉得自己从事的是太阳底下最光辉的事业,他们有着对崇高职业的强烈责任心。但是,最让他们痛苦的就是得不到政府的重视,享受不到与正式编制的教师一样的待遇。诚如一位在深圳工作了 6 年的临聘教师所言：

为什么我们和在编教师干着同样的工作,承担着同样的责任,甚至有时

因为要获得比较稳定的生存环境，还要付出更多的劳动，承受更大的压力，可我们却拿着与繁重的脑力劳动远不相符的报酬呢？临聘教师为学生无私地奉献爱心，可又有谁给予临聘教师关爱呢？我们一年年地努力工作，却得不到应有的生活位置，我们的尊严受到伤害，谁为我们呼吁？谁能为我们争取应有的权益呢？[1]

令人欣喜的是，L局长对流动人口子女教育问题和临聘教师待遇问题一直予以密切的关注。新近出台的"NS区临聘教师招考办法"不能不说是L局长上任后献给广大临聘教师的一份厚礼。同样，对流动人口子女受教育问题，L局长上任不久就明确表示："深圳外来工的子女也要读书，对每个父母来说，这是一件大事，他们的子女有权享受义务教育。任何时候都不能漠不关心，麻木不仁，不能把孩子们拒之门外。"[2]这是L局长关注社会弱势群体利益的心声，令人欣慰。在其领导下，目前该区已开始投资建设一所完全高中。另外，新建城区学校建设也步入了科学规划、规范管理的轨道。

5. 对L局长领导有效性因素的拓展

教育领导者领导有效性的发挥本身就充满了艺术和个人智慧。"事之功毕，纯乎运用之妙"，由此观之，教育领导者为了实现领导有效性，不仅需要具备一些"理想"素质，还应讲究一定的方式方法，充分利用各种领导资源。

首先，教育局长应该具备哪些"理想"素质？

前面已对"教育管理者所需素质"略有论述，从调查结果来看，"正直、坦率、办事公道"、"较高的教育政策和教育理论水平"、"良好的口头表达能力和书面文字应用能力"是局机关科室人员和校（园）长对"理想"领导者素质的共识。"正直、坦率、办事公道"反映了对教育领导者人品和行政风格方面的要求，"较高的教育政策和教育理论水平"反映了对教育领导者专业素养方面的要求，"良好的口头表达能力和书面文字应用能力"反映了对教育领导者交际和文案表达能力等方面的要求。这里就"口头语言"略作论述。

语言的表达是一门艺术，俗话说，"一言之辩重于九鼎之宝，三寸之舌强于百万之师"，可见语言在人际交流中的魅力，更何况领导者每天都与各

---

1 摘自对一位在深圳市NS区工作了6年的临聘女教师的访谈，为保护个人隐私，隐去当事人相关信息。
2 这段文字摘自L局长在2002年6月29日庆祝建党81周年大会上的讲话。

种身份的人打交道,需要出席不同类型的会议,口头表达的重要性不言自明。良好的口才是领导者的必备素质之一,它能够帮助领导者更恰当、合理地宣扬自己的主张,从而达到说服人的目的。领导者要淋漓尽致地展示自己的语言表达能力,必须做到这样几点:① 口齿清楚;② 抑扬顿挫,富有感染力;③ 内容表达逻辑清晰,不紊乱。研究者曾多次列席 L 局长出席的会议,并与他有过多次面对面的交流,总的感觉是:思维清晰,声音极富磁性和感染力;语调平缓,表达简明。

我第一次见 L 局长是在一次课题论证会上。当时他们邀请我去做课题论证。会上,我对 L 局长的第一印象是:他讲话很有逻辑,很有感染力和说服力,观点表达简洁有力,讲话内容很有新意,不像我以前接触的一些教育领导者,听了半天还不知道他想表达什么,有些还是捧着稿子照本宣科。事后又有几次在其他场合遇见他,感觉都很好,觉得他是一位很有魅力的局长,事实上,摆在眼前的成绩也证明了这一点。[1]

其次,教育局长在领导过程中应该注意哪些细节?

正所谓"见微知著",教育领导者在实施具体领导行为时,还应该注意一些细节。这里,研究者罗列 L 局长身上体现的一些细节,记住它们,相信是有好处的。

* 微笑示人。微笑会增添一个人的亲和力,能够给交流对方形成一种安静宜人的感觉,减少谈话者心中的疑虑和惧怕心理,最终促使顺畅而快捷地进入话题;同时,微笑也传达了"对对方所谈内容感兴趣"的信息,这是交流能够真正进行的起码要求。

* 衣着整洁,精神饱满。形象是一种精神,也是一种语言。俗语云,"人靠衣装,佛靠金装",良好的形象能够很好地传达自己的身份和品位,能够让人感受到自己被尊重。良好的形象不在于衣着的品质,而在于整洁和整体搭配,衬托出饱满的精神状态。

* 叫出对方的名字,记住对方。在教育局长所接触的人员中,校长是接触频率最高的群体,而且,校长也是教育局长领导思想的主要推动者和实践者。记住每位校长的名字不仅是对校长的尊重,也是开展领导工作的具体需要。

* 诚信待人,言出必行。诚信不仅是个人人格的表达,也是一种负责精

1　这段文字摘自研究者与深圳大学一位教育理论研究者的谈话记录,为保护个人隐私,隐去其姓名。

神的体现。坦诚相待,能够减少人际交往中许多人为的障碍。诚信还要求领导者言出必行,特别是允诺对方的事情,应该尽力完成,即便办不成,也应有一个正式的交代,以免耽误别人。

最后,教育局长在领导过程中应该利用哪些领导资源?

领导资源分为内部资源和外部资源,具体又可以分为多个方面,这里仅从人格魅力角度,以 L 局长为对象加以分析。

前面调查发现,"正直、坦率、办事公道"是局机关科室人员和校(园)长一致首肯的领导素质,其实,这更多地反映了人们对一名教育领导者人品的期望,它所产生的作用不是一种权力领导力,而是一种非权力领导力。L 局长的非权力领导力体现在以下多个方面。

• 以德正己,公正廉明。荀子曰:"君子至德,默默而喻;未施而亲,不怒而威。"良好的品格有助于有效领导的实现。教育领导者要用自身的言行为广大教师和校长做榜样,让他们看到教育事业的希望。同时还应淡薄名利追求和个人得失,不计较个人恩怨,不以亲疏定交往,对所有成员一视同仁。

• 以能力树立专业权威。按照韦伯(Max Weber)对权威的理解,权威的来源无外乎有三:一是靠沿袭惯例、习惯而获得的传统权威;二是因个人的人格力量而获取服从的权威;三是基于正式法律与合同而产生的理性法定权威。除了这三种来源外,教育领导者还可以凭借能力的培养来树立专业权威。哪些能力可以较好地达到树立专业权威的目的? 研究者认为有教育科研能力、教育多元思考能力、教育资源统筹调配能力等。

• 拓宽个人领导意识和眼光。具体包括人本意识、全局意识、创新意识和经营意识等。

六、对话中的互动与启示: 领导及领导有效性

孙俊三曾针对当前教育理论研究与教育实践之间鸿沟拉大、互不信任的现状,提出"对话是实现教育理论和实践沟通的最佳方式"的论断。在他看来,"无论是理论工作者还是实践工作者,都必须以一种健康的、负有责任

心的态度,通过对话来真正实现高层次的融合与沟通"。[1]

何谓"对话"? 孙俊三提倡的"对话"意蕴何在? 本研究中的"对话"又是取何种意义? 如何才能实现"对话"?

"对话"可以分为两类:一类是生活交流意义上的对话,旨在完成平常意义上的意图、思想等的表达,它以听者"知道"、"明白"为完成标准;第二类是语言学层次上达成意义建构的对话,它以对话双方开始新的追问为完成标志。本研究中的"对话"取第二类意义。

孙俊三认为,"对话"能够很好地弥合"理论与实践"的纷争,它提倡对话双方通过交谈,互相暴露自己的种种偏见和疑惑,使自己处于被否定、被质疑的状态,通过这种方式生成新的意义。基于这一观点,研究者认为,进行"对话",首先必须保证对话双方所谈问题的一致性。有时,对话双方会围绕不同的话题进行所谓的"对话",这样的"对话"仅仅是一种只"说"不"论"的行为。其次,"对话"的话题不仅在表面语义上应一致,在内涵上也必须取得一致。最后,进行"对话"还必须具有"对话意识",诚如滕守尧所认为的:"如果没有'对话意识',即使使用了纯熟而优美的语言,在谈话中有问答形式,问答中花样百出,那也只是机械的问答,绝非真正的对话。"[2] "对话意识"的达成,依赖于对话双方的彼此信任、相互尊重、互动参与,教育"对话"也不例外。

1. 与教育行政组织领导的对话

这里的"教育行政组织领导"主要指市(地级市、县级市)及其以下的教育行政职能部门负责人,包括教育局党委书记、正副局长。

研究者在研究过程中,有幸和其他地区一些教育行政组织领导就此问题进行交流。他们中既有正职教育局长,也有副职教育局长;既有身兼教育局长和党委书记的,也有只担任党委书记的;既有曾任 NS 区教育局长的,也有曾经在其他地方担任过教育局长,现已离休的;既有发达地区的教育局长,也有中部欠发达地区的教育局长,还有西部经济比较落后地区的教育局长。他们分别是:深圳市 NS 区教育局老局长(甲)、湖北武汉 J 县原教委主

---

[1]　孙俊三:《对话是教育理论和实践沟通的最佳方式》,载《教育发展研究》(电子版),http://202.121.15.143:81。

[2]　转引自王月芬:《走向对话的课堂教学——小学语文课堂教学的一种范式研究》(南京师范大学硕士学位论文)(2003 年 4 月)。

任(乙)、江苏 L 市副局长(丙)、新疆 X 县教育局书记(丁)、新疆 C 县教育局局长(戊)、新疆 K 市教育局副局长(戊)。虽然这些对话发生在不同的时间和地点，但对话的主题基本一致，所以将其表述糅合在一起。研究者参与其中，以"庚"代称。

庚：偶然读一本外文文献，发现了一个非常具有新意的观点：美国哈佛大学教授苏珊·莫尔在其专著《引领变革：21 世纪未来教育局长的挑战》中提出了这样一个观点："21 世纪的教育局长应该体现出'政治领导、教育领导和管理领导'三种角色。"对此，您作何理解？

甲：这个观点的确很新颖，我首先想知道你是怎么理解这三种角色的？

庚：在美国，学区是最核心、最基本的基层教育行政单位。他们的学区教育管理体制与中国不一样，局长只是学校董事会的首席执行官，他们向董事会提供专业性建议、领导改革、管理资源、与公众进行交流，他们的主要责任是协调相互冲突的教育期望，在不产生敌对情绪和不信任感的情况下，将多种政治压力协调成为一致的观念和行为。在中国，教育局长是教育行政系统的第一负责人，在集权官僚体制下，他能够就自己行政权力范围内的教育事务进行决策；中国的教育局长与国家、政府的教育方针、政策是挂钩的，他是国家、政府在教育领域的代言人。从这点看，美国的教育局长所体现的"政治领导"角色色彩不如中国浓厚。

丁：其实，中国的教育局长在行政权力上是具有差异的。可能在沿海发达地区，教育局长能够说了算，是行政一把手，但在我们新疆，考虑到民族管理的特殊性，教育局长和党委书记是不能兼任的，党委书记把握着人事管理大权。因此，我们西部地区的教育局长所体现的政治角色不如党委书记强。

丙：对教育局长角色的理解，在当今社会背景下，应该赋予其一些新内涵。传统观点认为，评价一位局长的关键是看其业务，业务搞得好，管理井井有条，他就是一位好局长。也就是说，传统观点对教育局长的理解基本上仅停留在"教育领导"、"管理领导"方面，对"政治领导"关涉不多。而现在不同了，教育面临的空间环境变了，教育管理实践领域也在不断地出现新事物，涉及越来越多的复杂因素，比如说招商引资，这在以前是不敢想象的。

庚：我感兴趣的是，中西方理解教育局长角色问题所体现的差异与文化有何重要关联。

甲：从文化角度理解无疑是很有价值的。中国的许多问题如果离开了几千年来所积淀的文化影响,对"为官之道"、"中庸之道"以及处世哲学等避而不谈,可能就抓不住问题的实质。

庚:在您看来,影响中国行政的文化有哪些?

甲:首先是"崇古尊老",中国人强烈地关注"过去",那么选拔教育局长,则可能会更多地考虑年龄问题;其次就是"君子与通才",中国人注重德行、品格,而且还要求具备一技之长,因此在选任人才时更倾向于对人品的考察;再一个就是"和谐与礼",中国人十分强调人与人的和谐,这一点反映在工作上可能就是追求面面俱到,万事不得罪人。

乙:甲对中国文化概括得很到位,这里我还想提示一点,要研究教育局长的角色,可能还不能仅仅停留在一般观察的层面上,人都是戴着"面具"生活的,我们做研究的需要去掉那张"面具",才能揭示真实的东西。

庚:按照乙的说法,我认为这涉及到"人是否可知"的话题。这可能与我们讨论的话题偏离太远。我所关心的是领导有效性具体指什么,也许一般人都希望提出个两三条,以此来评价某个局长工作的成效。你们可否也提供一两点?

丙:我认为评价一名局长的标准有以下几点:(1)是否有开拓精神、创新精神,是否能够以较好的心态接受新事物;(2)对本行工作领导的熟悉、掌握程度;(3)驾驭能力如何,领导活动中所体现出的组织、协调能力怎样。

丁:首先是个人素质方面,要民主,不要独裁,不能一个人说了算;二是要有团结意识,教育局的领导班子要团结,要齐心协力;三是应该具备良好的人际协调能力,重点应该放在各科室之间和教育局与政府部门之间的协调上;四是要有经营意识,特别是对我们新疆而言,教育经费短缺已是不争的事实,"僧多粥少",怎么办?优秀的教育局长应该具有经营意识。

戊:作为一名教育局长,应该考虑整体问题,比如普及九年义务教育和职业教育等;二是教育局长应该是一名理性领导者,能够进行专业指挥、科学决策;三是最好成长于教育工作一线,这样能够熟悉教育业务,也能够体味教师疾苦;四是教育局长与党委书记之间,教育局长与班子成员之间应该有合理的分工,局长除了抓大政方针外,重点应处理分工范围内的事务。

戊:一是要有创新意识,敢于革新;二是敢于将政绩交给群众评说,不搞任期终身制;三是局长应该来自校长;四是应该具有无私奉献精神,务实肯干;五是应该懂经济,具备经营意识和能力。

乙：作为一名从教育局长位置上退下来的同志，在我看来，首要的还是看德，其人品怎样，受群众拥戴的程度怎样；其次，看其对教育的理解，对教育工作的重点是否有清晰的认识，是否会抓住重点来带动其他方面的工作；再次，是看其会不会处理关系，包括上下级关系、教育内外部关系以及私人间的关系；最后就是看成绩，看其领导效果到底怎样，评判这一点的角度很多，我建议要考虑整个组织背景，不能以一套硬性指标来衡量，比如说东西部之间，如果忽视历史原因造成的差距，那么怎么评都是不公平的。

庚：综合各位观点，我觉得大家在以下几点上存在共识：（1）"德行"标准；（2）教育内行标准；（3）协调好手标准；（4）创新意识标准。我在研究中也得出了类似的结论：首先，从观念层面来讲，好局长应该具备超前的教育理念和个人领导哲学，能够将这些理念运用到组织管理当中，并清晰地展示自己的领导角色；其次，从手段层面来讲，会灵活运用各种领导手段和策略来推行自己的领导理念；最后，从资源层面来讲，能够很好地运用各方资源，包括教育内部和教育外部的资源。

另外，我在研究中对个案的生活时间进行了一番统计，发现即使是再优秀的教育局长，也可能面临深陷事务而不能自拔的困境。从问卷统计结果来看，还存在人际关系困境、信息困境等。对此，你们如何理解？

甲：你发现的这个现象很有趣，也很值得探讨。联系自己的工作经历，会议的确占据了局长大部分的工作时间，这不是一个简单的用"困境"就能表达的现象。有些会议，比如协调会、政策传达会、调研会、决策会议等，是非得局长本人参加的；还有一些会议，比如节日庆典、接待会议等，是局长应该参加的；还有一些会议，局长感兴趣，自己要求参与。如此算下来，会议自然不少，感觉就像在过"会"节。

丁：我感到工作上最大的困惑就是协调问题。教育局要做好学校教育工作，需要与各方面打交道，比如寻求政府班子的支持，寻求职能部门的支持，还要寻求辖区内老百姓的理解和支持，这是一个涉及千千万万人利益的工作，哪一方面处理不好，都很可能影响到今后工作的开展。

戊：教育局掌握的实权不大，比如在人事上，教师编制掌握在政府组织部门，各个学校要引进或者辞退教师，必须上报教育局，再由教育局人事科协调政府组织部门来处理；另外，选任校长也要充分考虑政府组织部门意见，否则今后学校涉及迁调、安置等问题，就会遇到麻烦。还有就是取得政府配合，这对于我们新疆办教育来说尤其重要，教育局可以支配的教育经费不多,如果政府不重视,那么学校发展、教育发展就很难,所以我大部分时间都花在跑政府部门方面了。

戊:我想,教育局长的困境有三:一是资金问题,即教育经费。目前基础教育管理的权限都下放到了地方,地区经济状况在很大程度上决定了教育事业的发展状况,地方教育财政不到位,"科教战略"就无从谈起。二是协调问题。我们教育局长基本上是三天两头往市政府跑(两者地理位置相邻),就是向政府寻求教育经费、人事调动、编制等问题的处理政策,教育局在这方面权力有限。三是分工。教育局要管好全县教育,就要搭配好领导班子,进行合理的工作分工,这样,教育局长才能从具体事务中挣脱出来,而不是事必躬亲,属于科室处理的事宜,局长要放权。

庚:谢谢! 非常感谢各位提供的有益观点。

2. 与教育行政理论研究者的对话

实现理论与实践的平等对话和沟通,需要教育理论研究者将眼光"下移"。教育问题不仅需要求得理论支撑,还要接受实践的不断检验,如此多次反复,最终走向实践与理论的融合。

领导有效性,或者说教育局长的领导有效性,是通过现实中的哪些问题来表现的? 进行该研究在理论上具有怎样的深度和创新? 带着这些问题,研究者在研究期间与一些教育行政理论研究者进行了沟通(以下对话中,"庚"为研究者,其余为理论研究者)。

庚:我在研究过程中发现,对校长的研究要大大多于对局长的研究,而在国外,局长研究已经形成一个系列。中国的教育局长是遮遮掩掩地躲在校长背后,而国外的教育局长则是与校长研究并行存在的被研究群体。为什么教育局长受到中国研究者的冷落? 我想请教大家。

甲:的确,我们在讨论如何发展教育事业、提高教育质量时,更多的是关注校长、教师,这一研究趋向是没有问题的。至于你问到为什么冷落了对局长的研究,我想这跟研究者的活动范围有关,校长和教师与研究者接触最多,彼此之间容易形成互相感兴趣的研究话题,而局长是政府官员,身份的差异使得其与研究者难以在较短时间内建立心理接纳关系。这必然使局长研究成为一个大家都不愿涉足的"死角"。

庚:其实甲只反映了某个层面。我的研究生导师曾说过这样的话,"任何真正的研究都折射出研究者的生活经历"。理论研究者不愿研究教育局长，这与我们理论研究者队伍的素质和成长经历有关。这是一种很顽固的"气候"，改变起来很难，需要从点滴做起。

丙：这也可能与研究方法有关。局长研究很多都可以借鉴对校长、教师的研究。比如成长机制方面，已有研究认为，中小学校长的成长是一个渐进过程，一般都会经历职前预备期、适应本职、称职、成熟四个相互衔接又有区别的不同发展水平时期。从这一点出发，教育局长的成长一般会经历哪些过程呢？一般而言，能够成为教育局长的人，之前基本上都在教育一线、领导一线干过一段时间。因此，这些人对领导工作是有一定了解的，能够适应多种领导岗位，而这正是研究者们所不能接受的。

戊：对丙的观点，我不敢苟同。就我看来，局长的成长更多的不是表现在对工作本身的熟悉程度上，而是进入这个角色前后的变化以及由此带来的领导行为差异。在这个过程中，原有观念也许会受到颠覆。比如，可能一位局长上任初始给自己的定位是做一名专家型领导，可是在诸多工作因素影响下，他(她)会转而认为当一名学者型局长更符合自己的需要。

庚：那在你们看来，目前对教育局长的研究还存在哪些不足？

乙：从教育管理学元叙述的发展、演变过程来看，早期行为科学对我们影响较大，将人们的视线过多地牵引到效率、分配、激励等问题上去，后来随着管理学科的分化和知识经济大背景的出现，人们开始关注领导工作的情境、领导文化、领导伦理。现在，随着后现代哲学对传统哲学的颠覆，领导活动中的公平、民主、权力以及女性主义都有所体现。根据这一思路，我觉得目前教育局长研究存在以下不足：(1) 忽视对教育局长决策行为的研究；(2) 忽视对教育局长领导有效性发挥机制的研究；(3) 对女性领导者的研究不够；(4) 缺乏对教育局长成长环境及文化背景的研究；(5) 缺乏中西教育局长的对比研究；(6) 在研究方法上还没有呈现多元发展态势。

庚：乙老师概括得很到位。记得《中小学管理》2001年第9期曾刊发了一篇名为《157名教育局长眼中的教育问题》一文，文中阐述了五个广受教育局长关心的重大问题：(1) 教育优先发展地位的落实与各级党政领导班子的贯彻力度；(2) 落实教育投入政策与治理中小学乱收费；(3) 扩大地方政府教育自主权与加强县教育行政部门对县域教育的调控；(4) 加强教师队伍建设与教育系统人事制度改革；(5) 教育外部环境和内部环境。文章在谈到第五个问题"教育外部环境和内部环境"时认为，"当前县域基础教育的内外环境在一些地区有不同程度的恶化趋势"，这让我想起前段时间《南京晨报》(2004年1月13日)的一则报道：重庆市B区Y中学为了完成镇政府下达的"每年创收47万元"的任务，不顾上级收费规定，强行向学生征收补课费、择校费以及基建捐资助学费，即便如此，该校还是因没完成指标任务而被上级政府停发了该年度12月份的公用经费，导致学校领导连电话也用不起。这则报道让人心情沉重，也让人感到悲哀。

乙：发生这样的事情是很令人悲哀的。我们教育行政理论研究者从理性角度出发，为领导如何做好经费管理、做好人事工作，如何成为专家型领导等献计献策，但是经常受到一线"实践家"们的嘲弄和不屑，让人感觉非常难受。一方面，长期的专业锻炼所形成的教育情结使我们深感有责任和义务去研究教育问题；另一方面，我们时常感到孤军作战的悲怆。当然，这中间不排除在行动中自觉反思、开展研究的校长和局长，这样的人很值得尊敬、佩服。

丁：乙从方法上谈了"领导有效性研究"的推广使用问题，我想从机制方面谈谈有效性问题。我认为我们的局长选任机制应该尽快成熟、完善起来。在国外，比如美国也有教育局长，只不过叫"学监"，美国的学监权力没有我们教育局长那样大，他的职责更多的在提供专业指导和协调各方利益上。而在中国，教育局长不仅掌管人事大权，还参与大大小小的事务。还有一个问题就是，国外对教育局长的选任资格有明确的工作经历、学历水平等要求，而我们这一块还是空白，局长选任机制远未达到完善的地步。

戊：丁所谈的问题与现行基层人事制度有关。教育局长的任命权掌握在同级政府组织部门手里，他们提出选任名单，再由组织部、人事部会同其他有关人员进行考核、调查，符合的上，不符合的则留作他用。

甲：在我看来，教育局长应该实行聘任制，与教师聘任制同行。三年或者五年一选，竞选成功则当年受聘，每年进行年度考核、述职，连续两年考核"挂红灯"的就终止聘任。

庚：这又让我想起校长的专业发展要求，我们是否同样可以要求教育局长每年必须参加一定时限的教育理论学习，形式以集中专题讲座为主，时间无需很长，主要是让局长们紧跟教育发展动态，把握国内外相关研究前沿。

乙：这个建议很好！应该把这样的学习纳入年度考核中。这样做的一个最大好处就是能够促进理论研究者与教育领导者之间的互动，彼此了解、信任的机会多了，相互之间的隔阂和不理解就会减少，到那时我想我们的教育行政领导研究肯定会有很大改观。

庚：其实，这仅仅是一个想法，真正实施起来将是一个漫长的过程，兴许还没有付诸实施就"夭折"了，这样的事情不少。不管怎样，参与总是好的。谢谢大家！

3. 与教育实践工作者的对话

教育实践工作者群体是一个角色群集，这里仅指中小学校长和教师。

在 NS 区调研期间，研究者有幸参加了 NS 区教育局举办的 2003 年暑期校（园）长培训班。在这次培训班上，研究者同部分与会校（园）长展开交流，有关内容构成了以下对话的部分素材来源。在随后的调研期间，研究者结识了部分一线教师，与他们之间的对话使得参与对话的实践工作者的外延更广。这些对话随意性强，因而主题不是很严密，参与对话的对象在出现频率上也有多有少，特此说明（以下对话中，"庚"为研究者，其余为校长、园长）。

庚：作为一线教育工作者，相信各位对教育有另外一番体味。今天我们就从"谈谈你眼中的教育局长"谈起吧。

甲：我是一名工作在基层的小学副校长，我觉得教育局长首先要有平民情怀，目光要向下；其次要懂教育，不能外行领导内行；再次就是要体现公平，做到制定政策和决策时兼顾到弱势地区和学校的发展；还有就是要具有深入基层调研的作风，亲自了解教育实情，做到心中有数；最后，教育局长要有开拓创新精神，敢于破旧立新。

乙：我补充一下，我觉得教育局长不能是个"忙人"，不停地参加会议，总是找不着人。最好是建立一项常规的"接待日"制度。为什么这么讲，因为有几次我因公事找局长，可是因为来访的人很多，找不到机会与局长交谈。

丙：我对局长不是很了解，接触得也不多，对他的了解基本上是通过开会、听讲座、阅读文件等途径。尽管如此，我还是能够感受到局长的领导，因为上面新的教育决策都会通过校长传递到教师这里。

戊：听了丙的观点，我突发奇想，觉得局长应该定期深入到各个学校，走到教师们中间，走近学生，和他们换心交谈，也许会有新的收获。另外，也可以形成这样一个制度，就是局长不定期集中一批教师，大家一起畅谈工作建议。

庚:其实,乙所说的"接待日"制度和戊所说的调研作风,在我实习的那个教育局早就有了,调研效果很好,就是"接待日"不如预想的那么好。来访问局长的人几乎都是随机的、临时性的,他们不会按照你所预定的"接待日"来找局长,所以局长的每天都是接待日。当然,从另外一方面讲,制度失灵也是一个信号,说明我们组织的某一功能出现了障碍。就拿"接待日"来说吧,如此多的人都直奔局长办公室,这本身就说明科室职责不清这一事实,另外就是教育信息公示和政务公开没有执行好。

戊:前不久和一位朋友交谈,朋友拿出这样一个观点,"教育局长应该是校长出身",不知大家对此持何种态度?

庚:我觉得教育局长不一定非得校长出身,在现实中我们可以看到许多不是校长出身的局长,工作依然很出色。有没有校长经历并不重要,但是否有教育经历就显得非常重要。没有教育经历,即使再出色,最多也只能算个管理行家,算不上一位优秀的教育局长。做教育管理工作,需要领导者具有一种教育关怀情结,需要领导者养成一种平民意识。

如果把这个问题放得更宽泛一些,我想表达的一个观点就是:从个人行为角度讲,我认为教育局长应该是一位教育行家;从集体行为角度讲,我认为在领导班子中主管基础教育的副局长(或者就是局长本人)必须是教育行家,最好是校长出身。

丁:说起教育行家,让我想起了角色问题,在你们看来,21 世纪的教育局长应该是什么样的领导?

庚:我认为是"学者型+改革型"领导,这是我在硕士论文中得出的结论。

乙:我更倾向于儒雅型的教育局长。这种领导会在言行举止间透出一股"长"者之风、"智"者之风,会让你感受到一种汇聚心田的人文关怀。这样的局长容易接近,我们老师喜欢。

戊:改革型教育局长也是我们这个时代所需要的。我们的教育需要改革的方面有很多:传统的教育教学方式、传统的教育质量评价制度、传统的学习观念、传统的领导方式,等等。这些都需要我们以一种新的眼光来审视。

丙:未来的教育局长在领导角色上是具有综合性的,正如庚所言。乙、戊的看法只强调了局长角色的某一个方面。研究领导角色,能够为我们理解领导提供一个清晰的可操作的框架。早在 20 世纪 80 年代,库班(Larry Cuban,1988)就曾将教育局长的核心作用界定为教学、管理和政治作用,该结论与美国哈佛大学苏珊·莫尔·约翰逊教授的结论如出一辙,在后者看来,21 世纪的教育局长应该是统合"教育领导、政治领导和管理领导"于一身的领导者。这两项时隔将近十年的研究结论,很值得我们深思。

4. 与"我"的对话

扎根于领导研究常使我无端地陷入自我追问之中:领导研究所提出的有效性何以体现? 是否能够用框图、模型、公式等简单明了的方式来表达? 我是否做到了研究伦理上的公正? 等等。

面具的"我":与你相伴,时常感受到你内心深处的迷茫与不安,为何?

内心的"我":这与自己的成长经历有关。18 年来,我都是在教室、书阁中度过的,未曾真正走向社会,体验生活。眼光所及之外的世界是我急切期待的,此次论文调研为我提供了一次非常好的机会,我当然很激动。

面具的"我":那你这次调研有何感受?

内心的"我":进入 NS 区教育局之初,整个人是彷徨的、迷惑的,也是激动的、兴奋的。由于对实习单位不熟悉,顿生彷徨,心中有种急于想揭开其面纱的想法;由于长期生活在"象牙塔"中的缘故,因而有了莫名的迷惑,发觉自己原来那么"无能",仿佛一切都要从头开始;由于飞离了遮蔽我视野的樊笼,因而有了畅快的激动,目睹眼前的一切,自己就像个新生儿,拼命地呼吸……在那段不长也不短的日子里,我经历了从"局外人"到"边缘人"再到"局内人"的身份转变,体会了实践生活,与自己敬仰的研究对象平等地交流,这些都带给我欣喜!

面具的"我":按你所说,你将情感也带入研究中,你不认为这样会影响研究本身的有效性吗?

内心的"我":我不这么认为。首先,实地研究本身就是一种需要情感投入的研究范式,它是一种真正走进生活的研究。我们的生活原本就是多姿多彩的,你用事先预设的观念来审视一切,那不是实地研究所追求的;再者,我们倡导实地研究的情感投入也是有前提的,那就是研究者不能丧失自我反思的警觉。

面具的"我":可我还是感到这种研究没有多大的推广价值,是低效的研究。

内心的"我"：有效性不是一种"放之四海而皆准"的检验标准，它仅仅是当下情境中的一种有效。从这个本意上讲，我在研究中建立"领导有效性模式"也或多或少违背了自己的意愿，但是为了更好地让读者理解，于是就构建了一个。

面具的"我"：你觉得你的模式很充实、全面吗？

内心的"我"：远没有！需要说明的是，这个模式仅仅是一种主观模式，在评价各个层面的标准上还没有得到实证研究的支持，这是本研究的后续任务。它所起到的最大作用就在于提供一个思维框架。

面具的"我"：既然你说不是完全有效，那你觉得还有哪些未能反映进去？

内心的"我"：领导者伦理。

面具的"我"：愿听其详。

内心的"我"："伦理"是一个亘古话题。研究领导者伦理实际上是在探讨领导者如何看待"人与人"、"人与物"以及如何看待自我的问题。在领导行为中，每时每刻都充满了伦理意蕴，只是我们没有察觉而已。比方说一个简单的"加班现象"，为了某项公务，加班任务下达了，工作也完成了，但员工也许是满腹牢骚。

面具的"我"：很有意思！

内心的"我"：再比如，对于领导者忙于事务而无暇休息的现象，你作何认识？

面具的"我"：身不由己嘛。据我所知，多数领导者往往都要把公务带回家里才能处理完毕。

内心的"我"：问题产生了。个人休息时间是用来处理公事的吗？作为家庭一员，家庭里任何成员都有享受天伦之乐的权利；再者，从个人养生学角度讲，长时间的工作负荷状态对身体健康也是不利的，领导者不仅应该注意适当的身体锻炼和休息，注意食物营养，而且应当科学地安排自己的业余时间。高度紧张的人和劳累过度的人往往会产生很多身心问题。说到养生学，我想到生态学。领导也有生态学问题，这是西方领导研究的新近发展方向。运用生态学理论与方法对领导活动进行研究，就是要引起对领导环境的重视。

面具的"我"：你的有效性研究中注意到了这个问题吗？

内心的"我"：应该有所涉及。领导环境在"领导有效性模式"中与领导资源层比较接近,至少说有相通的地方,可惜论述不深。

七、结语:对 21 世纪基层教育行政组织领导未来走向的思考

　　研究基层教育行政组织领导的未来走向离不开两方面的思考:一是"基层性",即不是从宏观、战略角度去谈领导发展,而是更多地关注细微方面的问题;二是"教育性",各个组织的领导具有不同的发展取向,教育行政组织需要遵从教育管理规律,不能盲目照搬其他组织的改革。

1. 从领导学研究的新近发展来看,未来的基层教育行政组织领导应该注意"生态性"问题

　　领导生态学研究的是领导活动与其环境之间的关系。在传统观点看来,组织是一个封闭系统,这一观点受到现代组织理论研究者的极力批判,在他们看来,"组织不是个人的全部世界;它不是个社会。人们必须尽其他的社会职责;再说,社会已经用各种方式塑造了人,而这些方式影响着他们完成组织任务的能力"。[1] 重视环境变量直接催生了一门新的领导学分支学科——领导生态学。按照领导生态学的观点,任何领导活动都是在一定环境中进行的,领导有效的程度不仅取决于领导者自身的行为取向,还取决于其所处的社会环境。

　　从领导生态学角度看待领导问题,要求我们仔细把握和分析领导环境的各构成变量。

　　首先是自然变量。自然环境对于领导活动有效性的发挥所起的作用并不受重视,显得比较隐秘,这也是为什么这方面的领导研究不多的原因。倒是一些政治学及其分支学科对这一问题稍有涉及。比如亚里士多德(Aristoteles)在《政治学》一书中,就曾从海洋以及海上交通方面论及城邦的治理;孟德斯鸠(Charles L. Montesquieu)在其《论法的精神》一书中非常精致

---

　　[1]　弗莱蒙特·E·卡斯特等:《组织与管理——系统方法与权变方法》,李柱流译,中国社会科学出版社1985 年版,第 151 页。

地分析了气候和土壤与政治制度的关系。由此我们可以看出,基层教育行政组织领导者在考虑基层教育问题时,必须将自身的决策行为置于对组织所生存的自然背景当中去思考。

其次是政治—法律变量,它是构成领导环境的一个重要方面。任何组织所选用的领导体制及其倡导的领导文化观念,无不受到宏观政治权力的影响。也就是说,未来教育行政组织的领导变革程度都应存在于政治权力所允许的限度之内。在中国的政治文化土壤中,对于离开了政治权力变量的领导,我们不能奢求它能够走多远。

同样,法律在教育领域更是具有广阔的市场:受教育权中性别歧视的消除、教育环境治理、学生权益保护、教育行政组织与教师的法律关系等,都是需要加以研究的问题。

最后就是社会文化变量。社会文化变量主要体现在文化传统、社会心理、意识形态、个人价值取向等方面。对教育领导者而言,在文化问题上需要注意的几大关系是:主流文化与亚文化之间的关系、强势文化与弱势文化之间的关系、本土文化与外来文化之间的关系。特别是外来文化,在当今国际文化交流日趋密切的背景下,如何积极应对外来文化对教育的影响,将是未来教育领导者需要深入思考的问题。

2. 从组织效能优化的角度来看,未来的基层教育行政组织领导应该注意组织中"人"的问题

"人"是解决一切问题的核心。著名现象学管理大师格林菲德(T. Greenfield)告诉我们:"改变组织的外部装饰(如果愿意的话,我们可以称它为组织结构)是很容易的,而要改变人们通过组织表达出来的深刻认识和目的却是很难的。我们必须看到,组织结构的'固有'问题不是'结构'本身,而是用以支持结构的人的认识和目的。这表明,我们不能单纯地通过废除或改变结构来解决组织问题,我们必须考虑问题中所反映的人的因素。"[1]

人的因素反映到基层教育行政组织中,最明显地表现在两个方面:一是人员配置的规模,二是人员素质。关于人员配置的规模,最容易让人接受的命题就是"因事设岗、因岗配人"。如何配人?配多少人?这些问题在实践中没有固定的模式供操作。

1　托尼·布什:《当代西方教育管理模式》,强海燕译,南京师范大学出版社 1998 年版,第 155 页。

研究者曾就人们对基层教育行政组织现有规模的看法进行过调查,反馈意见基本上趋向于认为"偏大",而且学校系统人员比行政机关人员更强烈地认为教育行政组织规模过大。这一点在本研究中也有所体现。[1]

表5.29　教育系统人员对教育局现行规模的评价结果

项　目 被调查者	偏大	偏小	适中	不清楚	分类合计	
					人数	%
局机关科室人员	14	3	11	0	28	40.0
校(园)长	29	4	7	2	42	60.0
分项合计(%)	61.4	10.0	25.7	2.9	100	

关于人员素质,最大的挑战在于改变人们固守的传统观念。办法就是向组织宣传现代化管理理念。研究者曾撰文提出了四种新观念,[2]即"理性批判观念、合作精神和团队观念、着眼细微的实证观念、快速有效的资讯观念"。该研究结论为未来教育行政组织人员的发展提供了有益借鉴。

3. 从完善组织机构职能角度来看,未来的基层教育行政组织领导应该注意机构改革问题

在未来一段时间内,基层教育行政将迎来改革和发展的大好时机。随着2003年国务院机构改革方案的实施,新一轮政府机构改革在全国进行,教育行政组织身处其中,亦无法回避。

实施基层教育行政组织机构改革,首要的问题是理顺关系、明确职能、简化程序。其次就是在广泛调研的基础上,调整、合并、撤销部分科室,精简部门,以简化行政流转程序,提高行政办事效率。最后就是要以制度建设为核心,努力实现领导活动的规范化。

提出以上三个改革方向并不是空穴来风。研究者在调研期间,通过访谈和问卷调查发现,不少科室成员抱怨"L局长与我们沟通太少";"L局长在给科室布置工作任务时,未能很好地注意到科室工作的具体特点,比如工作计划";"L局长对学校关注过多,对机关人员关注太少"。如此抱怨,自然与L局长本人的领导风格有关,但更重要的可能应该归咎于科室职能的规范

1　请参见附录一,第二部分第二十四题;附录二,第二部分第十八题。
2　蒋和勇、张新平:《对教育管理现代化概念及其研究范式的反思》,载《教育理论与实践》,2003年第7期。

建设。

至于具体科室的建制问题,因各个地方基层教育行政组织的不同而表现出较大的差异,具体应该设立哪些科室,应视当地具体实情而定。无论怎样,科室设置都应以工作内容为主要依照标准。曾有一位教委主任谈到基层教育行政组织的改革时说道:"县教委的基本职能不外有四,它们是:管理人的职能、筹钱管钱的职能、管理日常行政事务的职能以及管理教育业务的职能。从这四项基本职能出发,县教委大致可以配置以下科室:人事科、计划财务科、办公室、普教科和综合科。"[1]该教委主任所持的机构改革观点或许能给正在从事基层教育行政组织领导的领导者们一些启发。

4. 从加强领导活动效能角度考虑,未来的基层教育行政组织领导应该关注自身发展问题

我们这个时代不缺管理者,但是优秀的领导者匮乏。"伟大的领导者之所以匮乏的原因之一,在于对领导者的教育和训练过程中,过于强调技术熟练而轻视个性的培养。"[2]该结论并非危言耸听,它切中了当前领导培训的要害。

领导培训是行政人员在职培训的一种类型,主要是指对担任行政职务的人进行的专业培训。就培训的形式来讲,不同国家现行的做法是有差异的,比如"在美国和加拿大,在职培训计划是对传统研究生教育的一种补充,因为行政人员的培养主要是在大学里进行。而在其他国家,在职培训取代了研究生教育,它们向行政人员介绍在行政工作中需要掌握的专业知识和技能"[3]。就我国现行的教育管理人员培训体制而言,我们采用的是美国的研究生教育方式,[4]只是仅取其表,未得其真髓。

多年来,我们的高等院校为未来的(或在职的)教育领导者设置的培训课程存在很大的缺失:在教授内容上,注重讲授具体的领导素质和管理组织

---

1 张新平:《教育行政组织的发展与创新——对基层教育行政的个案研究》,南京师范大学出版社2003 年版,第 212 页。

2 托马斯·蒂尔:《管理的人格层面》,载《哈佛商业评论》,1996 年 11/12 号刊。

3 N. J. 皮纳特:《行政管理的在职培训》,《简明国际教育百科全书(教育管理)》,教育科学出版社 1992 年版,第 125 页。

4 在我国现行教育培训体系中,校长和教育行政管理人员要提高学历,除了进行普通高等学校学历课程学习之外,攻读教育硕士也是一种受欢迎的培训方式。

的"正确"方法；在教授形式上，偏重课堂讲授，较少联系实际、深入实地进行考察；在课程文化的重心上，偏重处理"事务"，忽视如何发展领导者处理人际关系的技巧。一项研究结论表明：我国当前教育管理培训基本上是一种强制性培训，参加培训的人员缺乏普通管理知识的储备，培训方式还停留在学理的记忆上，实践环节薄弱，而且"速成"的培训体制远远不能达到改变人内在态度和价值观的目的，提升能力的效果甚微。[1] 传统的高等学府文化中充满了精英理论、竞争和孤立，我们必须改变这一现状，要让未来的教育领导者学会从"对话"中领悟领导的本质，学会从经历中体验领导的意义，学会团体思维和各种协调能力。

研究者曾对承担中小学校长和教育行政干部培训的北京师范大学、华东师范大学、华中师范大学、南京师范大学这四所大学开设的"教育硕士课程"进行了一番统计，发现：（1）在学位公共课的设置上，几所学校比较一致；（2）在专业必修课的设置上，北京师范大学侧重交叉学科的学习，华东师范大学侧重基础教育与教学方面的学习，华中师范大学侧重研究方法和青少年心理的学习，南京师范大学则侧重基础教育与研究方法的学习；（3）在专业选修课的设置上，差异更明显，北京师范大学侧重计算机技术与学校部门管理理论的学习，华东师范大学侧重中西方教育理论的比较，华中师范大学侧重教育管理方法与手段的学习，南京师范大学侧重交叉学科的学习。

由此可见，这些培养未来领导者的培训方案都注重教会学员如何规划预算、时间表，如何控制并监督，如何有效地利用时间，如何将法律条例应用于学校组织的日常生活。问题在于，这种培养体系所依赖的内容，往往会误导这些未来领导者遇到问题时形成"从企业操作模式中寻找解决办法"的思维定势。而教育领导者更多地是和人打交道，其工作应该体现出更多的人文意蕴，它是为谋求多数人的幸福感而存在的。

因此，未来的基层教育行政组织领导在追求自身发展时，应将兴趣多放在那些与"人"有关的问题上，转变"以物为本"和"重视技术理性"的观念，多参加同领域人员之间的活动，如交谈、专题讨论、实地考察等。高校也应该定期为这些未来教育领导者提供在相互信任的气氛中进行口头交流的机会，这有助于他们获得改进工作的信息和思想。

1　樊陈林：《学校管理人员专业化研究》，南京师范大学硕士学位论文（2003 年 4 月）。

5. 从领导体现形式角度考虑，未来的基层教育行政组织领导应该关注领导"隐退"问题

领导"隐退"不是指领导者消失、退居幕后，而是指通过一定的"领导替身"实现一种"无领导"的管理有序状态。"领导替身"有很多种形式，比如"对共同体的响应，对专业理想的承诺，对工作本身的回应，以及团队精神"，这是领导替身的四种实例。[1] 有效地形成上述任何一种"领导替身"，都可以为组织赢得巨大的发展空间和潜力。按照"领导的抵消器、替代品与放大器"理论，惯常的领导模型赋予领导者的角色有时会形成下属对领导者的不健康依赖，从而阻碍下属的成长和自立。在这种情况下，我们需要寻求可以替代领导的"抵消器"，即"在下属、任务和组织中，干扰或减弱领导者影响员工的努力的特性"。[2] 如何寻求？研究者认为可以从以下几个方面探索。

首先，从显性管理向隐性管理转化，建立积极的组织隐性文化。隐性管理是以观念、情感、信念、价值观等观念体系作为管理对象的一种管理方式，特别适合教育组织。

其次，形成专业共同体，实现一种团体式领导。基于研究者研究个案所呈现的事实，积极组建一个融合而有效的领导班子，将会对组织起到很好的引领作用，并促使整个组织内的成员朝专业化方向发展，培养组织成员的独立性，而这时，组织内的每一个人都是领导者，因为他们都有效地促进了组织发展。

最后，在领导成员组合上，避免领导活动中出现女性"失语"现象。女性领导"失语"主要是指在领导活动过程中，因性别失调，致使领导行为指向男性群体的利益，未能很好地照顾、体现女性群体的利益。造成女性领导"失语"的一个重要原因就是领导班子成员中女性成员的缺失。根据已有的对校长的相关研究，"女校长的成功给人以深刻印象。虽然，在占据校长职务方面，女校长没有充分的代表性，但是在成功的校长中，女性具有显著的代表性"。[3] 诸多事实也表明，抛开男女性别上的差异，"女性运用语言的能力强于男性……女性在形象思维能力以及思考问题的细致、周全上具有优势……女性容易与人相处，在社交场合或工作协调中表现出较强的人际交

1　萨乔万尼：《道德领导：抵及学校改善的核心》，冯大鸣译，上海教育出版社2002年版，第54页。

2　刘建军：《领导学原理——科学与艺术》，复旦大学出版社2001年版，第53页。

3　萨乔万尼：《道德领导：抵及学校改善的核心》，冯大鸣译，上海教育出版社2002年版，第158页。

往能力……而且,大多数女性工作耐心持久,态度认真,有较强的工作责任心……在人本管理方面,女性更具有优势。女性能广泛听取各方面的意见,善于与他人合作共事……女性的性格及其善良宽容的胸怀,能在竞争中取得谅解、宽容的效果"。[1] 如此多的优势使我们没有理由拒绝成为一位优秀女性领导者的属下,同样,领导班子中有女性领导者,无疑会是整个组织成员的幸事。

附　　录

附录一　教育局长的领导有效性：对深圳市 NS 区教育局局长工作的实地研究[2]（各科室及研究单位问卷）

说明：

1. 对教育局长的领导工作进行调查,目的是让人们对基层区县教育局长的工作特点及其重要性获得一个全面而准确的认识,为进一步理解教育局长的工作性质提供实然资料。显然,问卷中的答案只有真假之分,并无对错之别。请您依个人的实际情况和真实想法填写。

2. 凡问题中列出多种情况供选择的,请您在符合您实际情况的"＿＿"中打"✓";凡问题要求用数字回答的,请在有关项的"＿＿＿＿"中填写准确数字;凡须填写题号的(通常用小号阿拉伯数字"1,2,3……n"表示),请将题号填入序号(通常用小写英文字母表示)后面的"＿＿＿＿"中;凡须填写文字的,请用中文简明扼要地填写;凡问题中列出数种情况的,要求您选择其中一项。

3. 此问卷采取无记名方式,请您一定耐心地做完。我深知,您的回答对我做好这次专项调研至关重要。请允许我对您提供的无私支持和帮助表示衷心的感谢!

1　朱易安、柏桦：《女性与社会性别》,上海教育出版社 2003 年版,第 226 页。
2　本问卷设计参考了张新平所著《教育行政组织的发展与创新——对基层教育行政的个案研究》一书中的调查问卷(附录1),特此说明。

第一部分　被调查者基本情况

一、您的年龄：

1. 20 岁以下（含 20 岁）_____　　2. 21～25 岁_____

3. 26～30 岁_____　4. 31～35 岁_____　5. 36～40 岁_____

6. 41～45 岁_____　7. 46～50 岁_____　8. 51～55 岁_____

9. 56 岁以上（含 56 岁）_____

二、您的性别：1. 男_____　　2. 女_____

三、您的任职部门：

1. 教育局办公室_____　　2. 督导室_____　　3. 人事科_____

4. 基础教育科_____　　5. 成教职教科_____

6. 计财审计基建科_____　　7. 社会力量办学管理办公室_____

8. 教科研中心办公室_____　　9. 教研室_____

10. 教科所_____　　11. 电教站_____　　12. 体卫室_____

13. 财务管理中心_____　　14. 勤工俭学办公室_____

四、您的文化程度：

1. 初中_____　2. 高中或中专_____　3. 大学或大专_____

4. 硕士_____　5. 博士_____

五、您目前的月收入（含工资、奖金等）：

1. 1000 元以下_____　2. 1000～1500 元_____

3. 1500～2000 元_____　4. 2000～2500 元_____

5. 2500～3000 元_____　6. 3000～3500 元_____

7. 3500～4000 元_____　8. 4000～5000 元_____

9. 5000～6000 元_____　10. 6000 元以上_____

六、您的籍贯：

1. 本市（深圳）_____　　2. 本省（除深圳）_____

3. 其他省市_____（名称_____）

第二部分　组织生活、情境问项

一、对于下列认识，您的观点是（同意选"A"，不同意选"B"，不知道选"C"）：

1. 一个称职的和优秀的教育局长，不仅要很好地完成本部门分管的各

项工作,还必须善于引导本组织,处理好与党政部门、街道、企业等各个方面的关系。_____

2. 有人认为,一年中,区教育局召开的各种类型的会议太多,效率不高。您同意这种意见吗?_____

3. 有人认为,尽管文件对于及时指导基层教育局的工作有不可替代的作用,但不少文件流于形式,实际针对性不强的问题亦较突出。您同意这种看法吗?_____

4. 当教育局与区委、区政府主要领导在某一问题上态度不一致时,教育局局长应站在教育局的立场据理力争,维护教育局的利益。_____

5. 计划是组织正常运转所必需的环节,为此,教育局各个科室在每个工作年度都应该有清晰而明确的计划,以指导工作有序进行。_____

6. 总结是组织在一个运转周期完结后的必需环节,为此,教育局各个科室在每个工作年度都应该作全面的总结,为后期的工作评价提供准确依据。_____

二、对下述现象或事情,您是否满意?

	1 很满意	2 比较满意	3 不很满意	4 很不满意	5 不清楚
1. 贵单位中的同事和领导对您的表现	——	——	——	——	——
2. 您对自己目前的这份职业和工作	——	——	——	——	——
3. 您对自己目前的收入	——	——	——	——	——
4. 您对区教育局长的工作及表现	——	——	——	——	——
5. 您的领导对您的表现	——	——	——	——	——
6. 您对自己在单位的人际关系	——	——	——	——	——
7. 您对现任局领导班子的分工情况	——	——	——	——	——
8. 您对现任局领导关心科室员工的情况	——	——	——	——	——

	1 很满意	2 比较满意	3 不很满意	4 很不满意	5 不清楚
9. 您对现任局领导班 子的工作绩效情况	——	——	——	——	——
10. 您对本单位各科室 之间的协调情况	——	——	——	——	——
11. 您对各科室人员服 务意识体现的情况	——	——	——	——	——
12. 您对局领导提出的 "挂牌教师"政策	——	——	——	——	——
13. 您对局例会和碰头 会的效率状况	——	——	——	——	——
14. 您对教育局的督导 实效	——	——	——	——	——
15. 您对局领导执行的 招生、办学措施	——	——	——	——	——
16. 您对现任局领导领 导下的 NS 区教育	——	——	——	——	——
17. 您对目前本区课 改成绩实效	——	——	——	——	——
18. 您对目前本区教育 科研水平	——	——	——	——	——
19. 您对目前教育局事 务的公开情况	——	——	——	——	——
20. 您对目前本区教育 财政运作情况	——	——	——	——	——

三、对下述现象或事情,您是否清楚?

	1 很清楚	2 比较清楚	3 不很清楚	4 不清楚
1. 关于未来五年 NS 区教育发 展的框架思路	——	——	——	——

	1 很清楚	2 比较清楚	3 不很清楚	4 不清楚
2. 关于 L 局长素质教育"真善美"的教育价值论	——	——	——	——
3. 关于 SKYC 教育集团组建方案	——	——	——	——
4. 关于 L 局长在全国课改电视工作会议上的讲话	——	——	——	——
5. 关于 L 局长要求校长"精读100 本名著"的思想	——	——	——	——
6. 关于 L 局长要求教研室随时下到一线听课的决策	——	——	——	——
7. 关于全区小区新建幼儿园招标工作的进展	——	——	——	——
8. 关于目前本区新课程改革及其实施的进展	——	——	——	——
9. 关于本教育局在过去五年内取得的重大成绩	——	——	——	——
10. 关于现任局领导的个性及喜好	——	——	——	——
11. 关于 L 局长"浪漫主义与现实主义教育"的观点	——	——	——	——
12. 关于 L 局长"改善心智模式"的观点	——	——	——	——
13. 关于局领导思想建设"三过硬"的观点	——	——	——	——
14. 关于局领导"NS 教育一体化"的思想	——	——	——	——
15. 关于局领导的时间分配和事务处理情况	——	——	——	——

四、著名社会学家、思想家韦伯(Max Weber)指出，一个理想的以法理为基础的具有效率和合理性的行政组织，一般具备如下七个特征，即职位阶

层(组织的任何一种行政职能,皆由一个赋有明确权责的职位来承担)、法规条例(经常性工作有常规可循,每位成员都订有行为标准,教育行政工作有教育法律法规可遵循)、专职分工(每个职位专司一事,所有工作以职位进行分工)、不讲人情(所有事务都用统一的方式办理,不因人而异,不掺杂个人的偏见或情绪)、书面案卷(所有的活动和工作均录案存档,为日后参与、资料提取提供方便)、支薪用人、资源控制(从外界获取的资源进入组织系统后,主要受该组织官员的支配与控制,外界并不过多地过问)。请您比照这七项标准,判断贵教育局组织的有关情形。

	1 极好	2 较好	3 勉强可以	4 较差	5 极差
1. 职位阶层	____	____	____	____	____
2. 法规条例	____	____	____	____	____
3. 专职分工	____	____	____	____	____
4. 不讲人情	____	____	____	____	____
5. 书面案卷	____	____	____	____	____
6. 支薪用人	____	____	____	____	____
7. 资源控制	____	____	____	____	____

五、美国学者哈尔平(Halpin)将学校的气氛分为六种类型,它们是:开放型气氛(高度的工作精神,同心同德,没有无谓的争端与怨言,重视合作,不过分强调成果)、自主型气氛(教师有极大自由,士气高,校长和教师保持适当距离)、控制型气氛(用牺牲个人社会性需要的满足来争取工作绩效,教师均称职,但负担重,人际交往少)、亲密型气氛(个人社会性需求高度满足,不在乎组织目标是否实现,教师对工作有很多意见,但同事间人际关系甚好,校长也关心教师)、管教型气氛(校长既不能使教师达到工作上的要求,也不能满足教师的社会性需求,教师的工作负担少,教师间缺乏合作)、封闭型气氛(教师在工作成就及社会性需求两方面均无法获得满足,教师工作负担重,士气低落,校长与教师间的距离甚大,强调一切依规章办理)。参照这种划分,贵教育局的组织气氛属于:

1. 开放型_____　　2. 自主型_____　　3. 控制型_____

4. 亲密型_____　　5. 管教型_____　　6. 封闭型_____

六、就您所知,区委、区政府在考虑教育局局长人选时,是否征询教育局一般行政人员以及学校校长、教师、家长们的意见?

1. 完全征询_____   2. 经常征询_____   3. 偶尔征询_____

4. 从未征询,完全由上面单方决定和任命_____

七、据您所知,决定本区教育局科室以上的干部人选时,最有影响力的人物是:

    1. 教育局局长_____   2. 教育局党委书记_____

    3. 分管教育工作的副区长_____   4. 区长_____

    5. 区委书记_____   6. 其他_____

八、决定教育管理人员升迁、晋级的主要标准是:

    1. 品行_____   2. 学识和能力_____   3. 学历_____

    4. 关系_____   5. 实际工作所取得的成绩_____

    6. 机遇_____   7. 其他_____

九、关于教育局长的任期,您觉得下面哪种更为合适?

    1. 三年_____   2. 五年_____   3. 十年_____

    4. 终身_____   5. 随时调换_____

十、关于教育局长的选任,您觉得哪种选用制度好?

    1. 内升制_____   2. 外调制_____

十一、关于教育局长的任命,您觉得哪种方式更好?

    1. 完全竞争上岗制_____   2. 完全组织任命制_____

    3. 组织考核、竞争上岗_____

十二、您个人最喜欢哪种类型的教育局长?（两系列,各选一项）

    A. 领导风格：1. 民主型____   2. 专制型____   3. 放任型____

                4. 服从型____   5. 任务型____

    B. 领导形象：1. 学者型____   2. 改革型____   3. 经验型____

                4. 专家型____   5. 权变型____

十三、您个人觉得现任教育局长属于哪种类型?（两系列,各选一项）

    A. 领导风格：1. 民主型____   2. 专制型____   3. 放任型____

                4. 服从型____   5. 任务型____

    B. 领导形象：1. 学者型____   2. 改革型____   3. 经验型____

                4. 专家型____   5. 权变型____

十四、贵单位每年是否都组织一些像春游、茶话会、舞会、比赛一类的活动,来加强员工之间的信息沟通和情感交流呢?

    1. 经常_____   2. 偶尔_____

3. 几年中有一两次_____

4. 从未有过_____（可否告知大概频次_____）

十五、您认为在教育局工作中,教育局领导们是更关心组织目标的实现,还是教育行政人员的情感变化和心理需求的满足?

1. 更关心组织目标_____　　2. 更关心人_____

3. 既关心组织目标,也关心人,不厚此薄彼_____

4. 既不关心组织目标,也不关心人_____

十六、区教育局重视教育管理人员的学习、提高和培训工作吗?

1. 很重视_____　　2. 比较重视_____

3. 不太重视_____　　4. 极不重视_____

十七、您目前最希望通过哪种方式来进一步提高自己的工作水平和能力?

1. 外出观摩学习_____　　2. 短期培训_____

3. 脱产进修_____　　4. 实践中自学_____

十八、上级对下属所表现的信任程度如何?

1. 很高_____　　2. 较高_____

3. 较少_____　　4. 很低_____

十九、上级是否征求和采纳下属的意见?

1. 非常频繁_____　　2. 经常_____

3. 有时_____　　4. 很少_____

二十、下属能否参与他们职务范围内有关事务的决策?

1. 完全参与_____　　2. 通常参与_____

3. 偶尔参与_____　　4. 极少参与_____

二十一、从信息论的角度看,教育局工作是一个不断接受信息、处理加工信息和输出信息的过程。信息总有一个流向的问题,不是由高层流向低层,就是由低层流向高层,或者是平行部门之间横向流动,也可能是上下或平行部门之间交叉流动。依您的观察,教育局工作中的信息流向大部分时候是:

1. 全部向下_____　　2. 大多向下_____　　3. 双向_____

4. 大多向上_____　　5. 双向、横向及交叉_____

二十二、一个组织常采取的信息沟通方式有:

1. 开会

2. 制定和学习文件

3. 协商

4. 讨论

5. 书面通知

6. 私人间的交往

7. 电信网络

8. 其他

请您根据个人所在组织的情况任选五项,并按使用频率由高到低分别用"a,b,c,d,e"依次排列序号。"a"表示使用最多的沟通方式,"b"表示居于第二位的沟通方式,依此类推。

请选五项并依次排列序号: a. _____ b. _____ c. _____

d. _____ e. _____

二十三、下面是作为一名合格的教育管理人员所应具备的素质条件,请您根据个人的体会任选五项,并按重要程度用"a,b,c,d,e"依次排列序号。"a"表示最重要的素质,"b"表示次重要的素质,依此类推。

1. 正直、坦率、办事公道

2. 过去作为管理者的成功业绩

3. 善于与人交往的才能

4. 强烈的从事教育行政工作的愿望

5. 高度的政治觉悟和责任感

6. 较高的教育政策和教育理论水平

7. 广博的知识,在管理学、政治学、社会学、人类学、教育学等方面有一定的修养

8. 较强的统筹领导、综观全局的能力

9. 调解纠纷,求同存异的本领

10. 献身教育事业的理想和追求

11. 较强的分析问题和解决问题的能力

12. 良好的口头表达能力和书面文字应用能力

13. 强烈的创新精神

14. 掌握一定的现代技术技能

15. 国际化视野

16. 良好的决策能力

17. 强烈的时间、效率观念

18. 先进的经营意识

请选五项并依次排列序号：a. _____ b. _____ c. _____

d. _____ e. _____

二十四、从教育局所承担的任务来看,您认为目前教育局的规模(如机构数、管理人员数等)是偏大还是偏小?

1. 偏大_____ 2. 偏小_____

3. 适中_____ 4. 不清楚_____

二十五、因工作关系,您与教育局中交流、沟通最为频繁的科室是(请选择三个接触最多的科室,并按接触的次数由多到少排序,"a"表示接触、交流最多的科室,其次为"b",再次记作"c"):

1. 教育局办公室

2. 督导室

3. 人事科

4. 基础教育科

5. 成教职教科

6. 计财审计基建科

7. 社会力量办学管理办公室

8. 教科研中心办公室

9. 教研室

10. 教科所

11. 电教站

12. 体卫室

13. 财务管理中心

14. 勤工俭学办公室

15. 其他(请注明科室的名称)_____

请选三项并依次排列序号：a. _____ b. _____ c. _____

二十六、目前教育局中最有影响力的科室是哪些? 请您根据自己的观察和体会,依重要性列举五个科室。数字"1"表示最有影响力的科室;"2"表示仅次于前者的科室;"3"、"4"、"5"分别表示另外三个较重要的有影响力的科室(请填写具体科室名称)。

1. _____ 2. _____ 3. _____

4. _____   5. _____

二十七、目前教育局科室中经济条件相对较好的五个科室是(数字"1、2、3、4、5"依次表示从最好到次之的五个科室):

1. _____   2. _____   3. _____   4. _____   5. _____

二十八、根据前期进行的一项"德尔菲调查"反馈结果,一名教育局长应该担任的角色有:教师、记者、科研工作者、终身学习者、理论与实践结合的倡导者、活动家、伯乐、专家、熟练的业务操作者、服务者、朋友、社会活动者、协调者、经营者、管理员、法人、引导者等。对此,根据您的理解,您认为本局的教育局长实际体现出哪些角色(可补充)?

1. _____   2. _____   3. _____   4. _____   5. _____

6. _____   7. (补充)_____

二十九、教育局的工作千头万绪,涉及千家万户的利益,就关涉教育局工作的人际关系,大致有以下类型:

1. 区及区以上领导

2. 人大

3. 政协

4. 校长

5. 教师

6. 家长

7. 学生(群体、团体)

8. 教育局各科室

9. 朋友

10. 亲戚

11. 社会利益团体

12. 其他平级部门

13. 其他下一级协调部门

14. 其他上级协调部门

15. 下属部门

16. 外国利益团体(代表)

17. 街道办、小区委员会

18. 教育后勤保障部门

19. 新闻媒体

请您根据个人的体会任选五项,并按接触频率的多少用"a,b,c,d,e"依次排列序号。"a"表示最多,"b"为其次,依此类推。

请选五项并依次排列序号:a. _____　　b. _____　　c. _____

d. _____　　e. _____

三十、教育局作为统管本地区的最高教育行政机关,需要处理、解决的事务繁多,大致有以下类型:

1. 校长、教师的评聘

2. 筹措、分配教育经费

3. 转发、呈递文件、法规

4. 招生入学

5. 教育教学质量检查、督导

6. 考试

7. 办学(合作、独资、集团化)

8. 信访投诉

9. 教职员工的待遇(工资、福利、住房等)

10. 安全、卫生管理和检查或事故、纠纷处理

11. 扶贫互助

12. 参与会议

13. 接待领导

14. 国际化交流、合作

15. 媒体宣传

16. 教师、校长培训

17. 联谊活动

18. 其他

请您根据个人的体会任选五项,并按出现频率的多少用"a,b,c,d,e"依次排列序号。"a"表示最多,"b"为其次,依此类推。

请选五项并依次排列序号:a. _____　　b. _____　　c. _____

d. _____　　e. _____

第三部分　开放问项(简答)

一、根据您的认识和对本市其他各区教育局科室设置情况的了解,假若请您对现行教育局的机构设置进行一次大的精简、调整、合并和改革,您认

为哪些机构可以(请填写具体科室名称)作以下调整：

    1. 保留原状：_____

    2. 合并：   _____

    3. 撤销：   _____

    4. 需加强：_____

二、根据本教育局领导班子的人员构成情况,请从年龄、性别、学历、经历等角度谈谈未来教育局领导班子该如何有效组合。

三、请谈谈您眼中的教育局长以及您是如何感受到他的领导的。

四、请您对现任局领导的工作情况提出一些具体的合理化建议。

附录二　教育局长的领导有效性：对深圳市 NS 区教育局局长工作的实地研究[校(园)长、学校中层管理干部问卷][1]

第一部分　被调查者基本情况

一、您的年龄：

    1. 20 岁以下(含 20 岁) _____   2. 21～25 岁 _____

    3. 26～30 岁 _____   4. 31～35 岁 _____   5. 36～40 岁 _____

    6. 41～45 岁 _____   7. 46～50 岁 _____   8. 51～55 岁 _____

    9. 56 岁以上(含 56 岁) _____

二、您的性别：1. 男 _____   2. 女 _____

三、您的任职部门：

    1. 公办幼儿园 _____   2. 公办小学 _____

    3. 公办初中 _____   4. 公办高中 _____

    5. 民办幼儿园 _____   6. 民办小学 _____

    7. 民办初中 _____   8. 民办高中 _____

四、您目前所任职务：

    1. 校长(园长) _____   2. 副校长(副园长) _____

    3. 正、副党委书记 _____   4. 主任 _____

1　说明语同附录一,略。

五、您的文化程度：

    1. 初中_____   2. 高中或中专_____   3. 大学或大专_____

    4. 硕士_____   5. 博士_____

六、您目前的月收入(含工资、奖金等)为：

    1. 1000 元以下_____   2. 1000 ~ 1500 元_____

    3. 1500 ~ 2000 元_____   4. 2000 ~ 2500 元_____

    5. 2500 ~ 3000 元_____   6. 3000 ~ 3500 元_____

    7. 3500 ~ 4000 元_____   8. 4000 ~ 5000 元_____

    9. 5000 ~ 6000 元_____   10. 6000 元以上_____

七、您的籍贯：

    1. 本市(深圳)_____   2. 本省(除深圳)_____

    3. 其他省市_____(名称_____)

八、您在现任职位上的年限：

    1. 1 年以下_____   2. 1 ~ 3 年_____   3. 3 ~ 5 年_____

    4. 5 ~ 7 年_____   5. 7 年及其以上_____(具体年数_____)

第二部分　组织生活、情境问项

一、对于下列认识，您的观点是(同意选"A"，不同意选"B"，不知道选"C")：

    1. 一个称职的和优秀的教育局长，不仅要很好地完成本部门分管的各项工作，还必须善于引导本组织，处理好与党政部门、街道、企业等各个方面的关系。_____

    2. 一个称职的和优秀的教育局长，工作重点应该在学校发展方面，而对学校发展的关注，重点在学校领导的发展方面。_____

    3. 一个称职的和优秀的教育局长，工作的有效性应体现在宏观的远景规划、战略设想方面，而不在事必亲躬，解决一个个具体问题。_____

    4. 一个称职的和优秀的教育局长，工作有效的最根本来源在于整个班子的有效，而不在于一个人的具体领导。_____

    5. 有校(园)长认为，一年当中区教育局召开的各类会议太多了，效率不高。您同意这种意见吗？_____

    6. 有校(园)长认为，尽管文件对于及时指导学校的工作有不可替代的作用，但不少文件流于形式，实际针对性不强的问题亦较突

出。您同意这种看法吗？ _____

二、对于下述现象或事情,您是否满意?

	1 很满意	2 比较满意	3 不很满意	4 很不满意	5 不清楚
1. 您对自己目前的这份职业和工作	——	——	——	——	——
2. 您对区教育局长的工作及表现	——	——	——	——	——
3. 您对现任局领导班子的分工情况	——	——	——	——	——
4. 您对现任局领导关心校(园)长的情况	——	——	——	——	——
5. 您对现任局领导班子的工作绩效情况	——	——	——	——	——
6. 您对局各科室的工作效率情况	——	——	——	——	——
7. 您对各科室人员服务意识的体现情况	——	——	——	——	——
8. 您对局领导提出的"挂牌教师"政策	——	——	——	——	——
9. 您对局例会和碰头会的效率状况	——	——	——	——	——
10. 您对教育局的督导实效	——	——	——	——	——
11. 您对局领导执行的招生、办学措施	——	——	——	——	——
12. 您对现任局领导领导下的NS区教育	——	——	——	——	——
13. 您对目前本区课改成绩实效	——	——	——	——	——
14. 您对目前本区教育科研水平	——	——	——	——	——

433

	1 很满意	2 比较满意	3 不很满意	4 很不满意	5 不清楚
15. 您对目前教育局 事务的公开情况	——	——	——	——	——
16. 您对目前本区教 育财政公示情况	——	——	——	——	——
17. 您对教育局办公 自动化水平	——	——	——	——	——
18. 您对教育局关于 NS 区整体教育 规划	——	——	——	——	——
19. 您对本年度局领 导的教育定位	——	——	——	——	——
20. 您对局领导的决 策力度和效益	——	——	——	——	——

三、对下述现象或事情,您是否清楚?

	1 很清楚	2 比较清楚	3 不很清楚	4 不清楚
1. 关于未来五年 NS 区教育发 展的框架思路	——	——	——	——
2. 关于 L 局长素质教育"真善 美"的教育价值论	——	——	——	——
3. 关于 SKYC 教育集团组建 方案	——	——	——	——
4. 关于 L 局长在全国课改电视 工作会议上的讲话	——	——	——	——
5. 关于 L 局长要求校长精读 100 本名著的思想	——	——	——	——
6. 关于 L 局长要求教研室随时 下到一线听课的决策	——	——	——	——
7. 关于全区小区新建幼儿园招 标工作的进展	——	——	——	——

	1 很清楚	2 比较清楚	3 不很清楚	4 不清楚
8. 关于目前本区新课程改革及其实施的进展	——	——	——	——
9. 关于本教育局在过去五年内取得的重大成绩	——	——	——	——
10. 关于现任局领导的个性及喜好	——	——	——	——
11. 关于L局长"浪漫主义与现实主义教育"的观点	——	——	——	——
12. 关于L局长"改善心智模式"的观点	——	——	——	——
13. 关于局领导思想建设"三过硬"的观点	——	——	——	——
14. 关于局领导"NS教育一体化"的思想	——	——	——	——
15. 关于局领导的时间分配和事务处理情况	——	——	——	——
16. L局长关于推进课改的校本对策	——	——	——	——
17. 关于L局长提出的教育信息化"五个一工程"	——	——	——	——
18. 关于L局长提出的"打造数字化"学校方略	——	——	——	——
19. 关于局领导就《NS教育周刊》的决策	——	——	——	——
20. 关于本年度全区部分校（园）长调整情况	——	——	——	——

四、就您所知,区委、区政府、教育局在考虑校(园)长人选时,是否征询学校一般行政人员以及教师、家长的意见?

　　1. 完全征询＿＿＿　　2. 经常征询＿＿＿　　3. 偶尔征询＿＿＿

　　4. 从未征询,完全由上级单方决定和任命＿＿＿＿

五、据您所知,决定本区校(园)长人选时,最有影响力的人物是:

1. 教育局局长_____ 2. 教育局党委书记_____

3. 分管教育工作的副区长_____ 4. 区长_____

5. 区委书记_____ 6. 其他_____

六、决定教育管理人员升迁、晋级的主要标准是:

1. 品行_____ 2. 学识和能力_____ 3. 学历_____

4. 关系_____ 5. 实际工作所取得的成绩_____

6. 机遇_____ 7. 其他_____

七、关于教育局长的任期,您觉得下面哪种更为合适?

1. 3年_____ 2. 5年_____ 3. 10年_____

4. 终身_____ 5. 随时调换_____

八、关于教育局长的选任,您觉得哪种选用制度好?

1. 内升制_____ 2. 外调制_____

九、关于教育局长的任命,您觉得哪种方式更好?

1. 完全竞争上岗制_____ 2. 完全组织任命制_____

3. 组织考核、竞争上岗_____

十、您个人最喜欢哪种类型的教育局长?(两系列,各选一项)

A. 领导风格:1. 民主型_____ 2. 专制型_____

3. 放任型_____ 4. 服从型_____

5. 任务型_____

B. 领导形象:1. 学者型_____ 2. 改革型_____

3. 经验型_____ 4. 专家型_____

5. 权变型_____

十一、您个人觉得现任教育局长属于哪种类型的教育局长?(两系列,
各选一项)

A. 领导风格:1. 民主型_____ 2. 专制型_____

3. 放任型_____ 4. 服从型_____

5. 任务型_____

B. 领导形象:1. 学者型_____ 2. 改革型_____

3. 经验型_____ 4. 专家型_____

5. 权变型_____

十二、区教育局重视校(园)长的学习、提高和培训工作吗?

1. 很重视_____   2. 比较重视_____

3. 不太重视_____   4. 极不重视_____

十三、您目前最希望通过哪种方式进一步提高自己的工作水平和能力？

1. 外出观摩学习_____   2. 短期培训_____

3. 脱产进修_____   4. 实践中自学_____

十四、局领导对您所表现出的信任度如何？

1. 很高_____   2. 较高_____

3. 较少_____   4. 很低_____

十五、在事关全区教育发展大局的问题上，局领导是否征求和采纳校（园）长的意见？

1. 完全征求和采纳_____   2. 通常征求和采纳_____

3. 偶尔征求和采纳_____   4. 极少征求和采纳_____

十六、教育局常采取的信息沟通方式有：

1. 开会

2. 制定和学习文件

3. 协商

4. 讨论

5. 书面通知

6. 私人间的交往

7. 电信网络

8. 其他

请您根据个人所在组织的情况任选五项，并按使用频率由高到低分别用"a,b,c,d,e"依次排列序号。"a"表示使用最多的沟通方式，"b"表示居于第二位的沟通方式，依此类推。

请选五项并依次排列序号：a. _____   b. _____   c. _____

d. _____   e. _____

十七、下面是作为一名合格的教育管理人员所应具备的素质条件，请您根据个人的体会任选五项，并按重要程度用"a,b,c,d,e"依次排列序号。"a"表示最重要的素质，"b"表示次重要的素质，依此类推。

1. 正直、坦率、办事公道

2. 过去作为管理者的成功业绩

3. 善于与人交往的才能

4. 强烈的从事教育行政工作的愿望

5. 高度的政治觉悟和责任感

6. 较高的教育政策和教育理论水平

7. 广博的知识,在管理学、政治学、社会学、人类学、教育学等方面有一定的修养

8. 较强的统筹领导、综观全局的能力

9. 调解纠纷,求同存异的本领

10. 献身教育事业的理想和追求

11. 较强的分析问题和解决问题的能力

12. 良好的口头表达能力和书面文字应用能力

13. 强烈的创新精神

14. 掌握一定的现代技术技能

15. 国际化视野

16. 良好的决策能力

17. 强烈的时间、效率观念

18. 先进的经营意识

请选五项并依次排列序号: a. _____ b. _____ c. _____
                                    d. _____ e. _____

十八、从教育局所承担的任务来看,您认为目前教育局的规模(如机构数、管理人员数等)是偏大还是偏小。

1. 偏大_____ 2. 偏小_____

3. 适中_____ 4. 不清楚_____

十九、因工作关系,您与教育局中交流、沟通最为频繁的科室是(请选择三个接触最多的科室,并按接触的次数由多到少排序,"a"表示接触、交流最多的科室,其次为"b",再次记作"c"):

1. 教育局办公室

2. 督导室

3. 人事科

4. 基础教育科

5. 成教职教科

6. 计财审计基建科

7. 社会力量办学管理办公室

8. 教科研中心办公室

9. 教研室

10. 教科所

11. 电教站

12. 体卫室

13. 财务管理中心

14. 勤工俭学办公室

15. 其他(请注明科室名称)_____

请选三项并依次排列序号：a. _____ b. _____ c. _____

二十、目前教育局中最有影响力的科室是哪些？请您根据自己的观察和体会，依重要性列举五个科室。数字"1"表示最有影响力的科室；"2"表示仅次于前者的科室；"3"、"4"、"5"分别表示另外三个较重要的有影响力的科室(请填写具体科室名称)。

　　　　1. _____ 2. _____ 3. _____ 4. _____ 5. _____

二十一、根据前期进行的一项"德尔菲调查"反馈结果，一名教育局长应该具有的角色有：教师、记者、科研工作者、终身学习者、理论与实践结合的倡导者、活动家、专家、熟练的业务操作者、服务者、朋友、社会活动者、协调者、经营者、管理员、法人、引导者。对此，根据您的理解，您认为本局的教育局长实际体现出哪些角色(可补充)：

　　　　1. _____ 2. _____ 3. _____ 4. _____
　　　　5. _____ 6. _____ 7. (补充)_____

二十二、教育局作为统管本地区的最高教育行政机关，需要处理、解决的事务繁多，大致有以下类型：

1. 校长、教师的评聘

2. 筹措、分配教育经费

3. 转发、呈递文件和法规

4. 招生入学

5. 教育教学质量检查、督导

6. 考试

7. 办学(合作、独资、集团化)

8. 信访投诉

9. 教职员工的待遇(工资、福利、住房等)

10. 安全、卫生管理和检查或事故、纠纷处理

11. 扶贫互助

12. 参与会议

13. 接待领导

14. 国际化交流、合作

15. 媒体宣传

16. 教师、校长培训

17. 联谊活动

18. 其他

请您根据个人的体会任选五项,并按出现频率的多少用"a,b,c,d,e"依次排列序号。"a"表示最多,"b"表示次多,其余依此类推。

请选五项并依次排列序号:a. _____ b. _____ c. _____

d. _____ e. _____

二十三、一名优秀的教育局长会体现出具有个性的领导意识,从领导者角色意识角度,您认为本届教育局长体现出以下哪些意识,请分别选出三项,没有列出的,请根据您自己的理解加以补充:

A. 1. 决策者意识 2. 服务者意识 3. 经营者意识

4. 协调者意识 5. 教育家意识 6. _____

B. 1. 计划 2. 组织 3. 指挥 4. 协调 5. 控制

6. 反馈 7. 监督 8. 检查 9. 总结 10. _____

选择项:A. _____,_____,_____

B. _____,_____,_____

二十四、对于教育局长身处的困境,除了下面所列之外,您认为还有哪些?

1. 时间分配困境 **2.** 人际关系困境 3. 事务困境 4. 信息困境

请列出您的观点:_____

_____

第三部分 开放问项(简答)

一、根据您的认识和对本市其他各区教育局科室设置情况的了解,假如请您对现行教育局的机构设置进行一次大的精减、调整、合并和改革,您认为哪些机构可以作以下调整(请填写具体科室名称):

1. 保留原状：_____

2. 合并：_____

3. 撤销：_____

4. 需加强：_____

二、根据本教育局领导班子的人员构成情况,请从年龄、性别、学历、经历等角度谈谈未来教育局领导班子该如何有效组合。

三、请谈谈您眼中的教育局长以及您是如何感受到他的领导的。

四、请您就NS区教育未来发展需要以及自身学校发展战略,向局领导提几条合理化决策意见。

附录三　教育局长的领导有效性：对深圳市 NS 区教育局局长工作的实地研究(教育局长或党委书记、教育局副局长问卷)

1. 请您简要介绍一下本地基础教育的现状(成绩、困境、对策)。

2. 从教育局长这一职位出发,有人认为 21 世纪的教育局长应该体现出"政治领导、教育领导和管理领导"三种角色,有人认为 21 世纪的教育局长应该体现出"学术型＋研究型"的领导角色……您是如何理解目前您的角色定位的？您对未来教育局长的角色持何种观点？

3. 您认为一位成功的教育局长应表现在哪些方面？

4. 请您简要介绍一下目前贵单位领导班子的搭配情况。从效能、整合的角度,您认为有效的领导班子应该是一种什么样的状况？

5. 请您简要介绍一下贵单位常规性决策活动(比如局务会议、碰头会等)的大致流程。从领导效能角度,您是如何看待这些会议的？

6. 作为一名肩负一方教育重任的局长,您目前感受到的领导困境表现在哪些方面？

7. 您对本地教育作了哪些远景规划？

8. 从教育局长领导工作本位出发,您认为教育局长应该来自教育一线、校(园)长,还是其他政府职能部门？为什么？

附录四　联合的 AASA—NSBA 教育局长准则[1]

- 以学校董事会首席执行官和杰出教育顾问的身份服务于董事会,实现学校系统管理者角色的工作。

- 以学校系统的主要领导者和整个学区专业人员的主要管理者身份提供服务,并支持教职员工,包括被任命为董事会提供支持服务的教职员工。

- 以学校体制下的管理领导组的推动者身份提出并实施政策变革政策。

- 建议和制定长远的战略规划,这一规划要求董事会和社区在未来几年内引领学区走向成功。

- 让所有的董事会成员明了学校的运作和规划。

- 向董事会解释学校系统的需求。

- 在环境要求董事会采取新政策或检查现有政策的情况下,为其提供政策选择和具体的建议。

- 制定并让董事会明了需要实施政策的管理程序。

- 与董事会合作制定合理的学校/社区关系计划。

- 监督学区日常工作管理。

- 对董事会进行解释:如果有效领导和管理是有效控制和有效管理共同合作的结果,那么董事会便是公立学校有效领导和管理的组成部分。

- 制定和实施一项计划,以便所有专业人员和辅助人员都明了有关的任务、目标、学校系统战略的事项,以及他们在实现上述任务、目标和学校体制战略时所扮演的重要角色。

- 确保学校所有员工都能获得专业发展的机会。

- 通过国家和州专业协会与其他管理者合作,向州立法人员、国会成员和所有其他相关的州及联邦部门汇报地方的忧虑和问题。

- 确保学校系统为每个学生提供平等的机会。

- 评估人事处协调区政策的工作成绩,并向董事会公布评估结果。

- 在每次董事会会议之前,向所有董事会成员提供每项议程单上有关学校董事会行动的完整的背景信息和建议。

- 制定并实施与新闻媒体共同工作的持久计划。

1　坎宁安、科尔代罗:《教育管理:基于问题的方法》,赵中建主译,江苏教育出版社 2002 年版,第 149 页。

参 考 文 献

1. E·马克·汉森：《教育管理与组织行为》，冯大鸣等译，上海教育出版社 1993 年版。

2. H·法约尔：《工业管理与一般管理》，周安华等译，中国社会科学出版社 1998 年版。

3. K·哈利斯：《教师与阶级——马克思主义分析》，唐宗清译，台湾桂冠图书股份有限公司 1994 年版。

4. 阿瑟·W·库姆斯等：《学校领导新概念——以人为本的挑战》，罗德荣等译，中国宇航出版社 2002 年版。

5. 埃莉诺·奥斯特罗姆：《制度分析与发展的反思：问题与抉择》，商务印书馆 1992 年版。

6. 埃莉诺·奥斯特罗姆等：《制度激励与可持续发展：基础设施政策透视》，陈幽泓译，三联出版社 2000 年版。

7. 艾尔·巴比：《社会研究方法基础》，邱泽奇译，华夏出版社 2002 年版。

8. 安德列娅·加博尔：《观念第一》，齐若兰译，海南出版社 2004 年版。

9. 保罗·弗莱雷：《被压迫者教育学》，顾建新等译，华东师范大学出版社 2001 年版。

10. 鲍传友：《3 个标准：衡量校长权力大小》，载《中国教育报》，2004 年 6 月 22 日第 9 版。

11. 彼得·诺思豪斯：《领导学：理论与实践》(第 2 版)，吴荣先等译，江苏教育出版社 2002 年版。

12. 布鲁克菲尔德：《批判反思型教师 ABC》，张伟译，中国轻工业出版社 2002 年版。

13. 陈蓓、张天亮：《高校校务公开机制初探》，载《学校党建与思想教育》，2001 年第 10 期。

14. 陈桂生主编：《到中小学去研究教育》，华东师范大学出版社 2000 年版。

15. 陈良瑾、何一兵：《现代领导新观念》，云南人民出版社 1985 年版。

16. 陈向明：《质的研究方法与社会科学研究》，教育科学出版社 2000 年版。

17. 陈向明主编：《在行动中学作质的研究》，教育科学出版社 2003 年版。

18. 陈永明等：《教师教育研究》，华东师范大学出版社 2003 年版。

19. 戴文礼：《公平论》，中国社会科学出版社 1997 年版。

20. 丹尼尔·A·雷恩：《管理思想的演变》，赵睿等译，中国社会科学出版社 1997 年版。

21. 丁钢：《教育经验的理论方式》，载《教育研究》，2003 年第 2 期。

22. 丁钢主编：《中国教育：研究与评论》第 2 辑，教育科学出版社 2002 年版。

23. 方志远：《"情境领导"理论述评》，载《领导科学》，1994 年第 4 期。

24. 费孝通：《费孝通学术文化随笔》，中国青年出版社 1996 年版。

25. 费孝通：《费孝通学术文集：学术自述与反思》，生活·读书·新知三联书店 1996 年版。

26. 费孝通：《江村经济——中国人民的生活》，江苏人民出版社 1986 年版。

27. 风笑天：《结果呈现与方法运用——141 项调查研究的解析》，载《社会学研究》，2003 年第 2 期。

28. 风笑天：《社会学研究方法》，中国人民大学出版社 2001 年版。

29. 冯建华：《小比大好，还是大比小好》，载《教育研究与实验》，1995 年第 4 期。

30. 傅道春主编：《教师的成长与发展》，教育科学出版社 2001 年版。

31. 关鸿羽主编：《现代中小学教育管理理论与实践》，教育科学出版社 2003 年版。

32. 哈罗德·孔茨等：《管理学》（第十版），张晓君等译，经济科学出版社 1998 年版。

33. 何兹全：《中国历代名师》，河南人民出版社 1991 年版。

34. 黑尔里格尔等：《组织行为学》，岳进等译，中国社会科学出版社 2001 年版。

35. 亨利·明茨伯格：《经理工作的性质》，孙耀君等译，中国社会科学出版社 1986 年版；孙耀君译，团结出版社 1999 年版。

36. 胡新宇：《论领导角色行为的社会效应》，载《领导科学》，1996 年第 11 期。

37. 胡宗仁：《素质与角色：关于领导者行为要素的框架分析》，载《唯实》，2001 年第 7 期。

38. 黄崴：《教育管理学：概念与原理》，广东高等教育出版社 2003 年版。

39. 霍林斯沃恩主编：《国际视野中的行动研究——不同的教育变革实例》，黄宇等译，中国轻工业出版社 2002 年版。

40. 姜旭之：《论领导者的角色意识和角色行为》，载《理论探讨》，1994 年第 4 期。

41. 教育部师范司编：《教师专业化的理论与实践》，人民教育出版社 2002 年版。

42. 金一鸣：《教育社会学》，江苏教育出版社 2000 年版。

43. 康永久：《教育制度的生成与变革——新制度教育学论纲》，教育科学出版社 2003 年版。

44. 科斯·诺恩：《制度契约与组织：从新制度经济学角度的透视》，经济科学出版社 2003 年版。

45. 克里斯托弗·霍基森：《领导哲学》，刘林平译，云南人民出版社 1987 年版。

46. 克利福德·格尔茨：《文化的解释》，韩莉译，译林出版社 1999 年版。

47. 肯·谢尔顿编：《领导是什么》，王伯言译，上海人民出版社 2000 年版。

48. 肯尼思·克洛克、琼·戈德史密斯：《管理的终结》，王宏伟译，中信出版社 2004 年版。

49. 拉丰·马赫蒂摩：《激励理论》，陈志俊译，中国人民大学出版社 2002 年版。

50. 李凤圣、吴云亭：《公平与效率：制度分析》，经济科学出版社 1994 年版。

51. 李伟涛：《推行校内管理制度的两种不同效果》，载《中国教育报》，2004 年 7 月 12 日第 6 版。

52. 林辉基、吴长山：《领导哲学论纲》，广西人民出版社 1994 年版。

53. 刘海峰：《公平与效率》，福建教育出版社 2003 年版。

54. 刘良华：《校本行动研究》，四川教育出版社 2002 年版。

55. 刘圣恩：《东西方领导思想的比较研究——当代西方领导观念与领导方式的变革》，载《理论探讨》，1997 年第 6 期。

56. 刘云杉：《学校生活社会学》，南京师范大学出版社 2000 年版。

57. 鲁鹏：《制度与发展关系研究》，人民出版社 2002 年版。

58. 伦恩伯格、奥恩斯坦：《教育管理学：理论与实践》，孙志军等译，中国轻工业出版社 2003 年版。

59. 罗伯特·G·欧文斯：《教育组织行为学》，窦卫霖等译，华东师范大学出版社 2001 年版。

60. 罗杰·A·斯特劳斯：《应用社会学》，李凡、刘云德译，黑龙江人民出版社 1992 年版。

61. 马林诺夫斯基：《西太平洋的航海者》，梁永佳、李绍明译，华夏出版社 2002 年版。

62. 玛丽·杜里·柏拉、阿涅斯·冯·让丹：《学校社会学》，汪凌译，华东师范大学出版社 2001 年版。

63. 孟德斯鸠：《论法的精神》，孙立坚译，陕西人民出版社 2002 年版。

64. 米尔斯：《社会学的想像力》，陈强等译，生活·读书·新知三联书店 2001 年版。

65. 裴娣娜：《教育研究方法导论》，安徽教育出版社 1994 年版。

66. 乔恩·P·豪威尔、丹·L·科斯特利：《有效领导力》，付彦等译，机械工业出版社 2003 年版。

67. 切斯特·I·巴纳德：《经理人员的职能》，孙耀君译，中国社会科学出版社 1997 年版。

68. 芮明杰主编：《管理学：现代的观点》，上海人民出版社 1999 年版。

69. 斯蒂芬·罗宾斯：《管理学》，黄卫伟译，中国人民大学出版社 1997 年版。

70. 苏力：《制度是如何形成的》，中山大学出版社 1999 年版。

71. 孙绵涛：《教育行政学》，华中师范大学出版社 1998 年版。

72. 孙绵涛主编：《地方教育行政系列研究》，武汉工业大学出版社 1992 年版。

73. 汤林春：《我国十七年来普通教育管理研究之分析》，载《上海教育科研》，1999 年第

4 期。

74. 托马斯·库恩：《科学革命的结构》，金吾伦、胡新和译，北京大学出版社 2003 年版。

75. 托马斯·J·萨乔万尼：《道德领导：抵及学校改善的核心》，冯大鸣译，上海教育出版社 2002 年版。

76. 托尼·布什：《当代西方教育管理模式》，强海燕译，南京师范大学出版社 1998 年版。

77. 汪丁丁：《经济发展与制度创新》，上海人民出版社 1995 年版。

78. 王建明：《新老校长工作怎样衔接?》，载《中国教育报》，2004 年 7 月 6 日第 6 版。

79. 威廉·维尔斯曼：《教育研究方法导论》，袁振国译，教育科学出版社 2001 年版。

80. 沃卡特：《校长办公室里的那个人：一种民族志》，白亦方主译，台湾师大书苑有限公司 2001 年版。

81. 吴康宁：《教育社会学》，人民教育出版社 1998 年版。

82. 吴志宏：《教育行政学》，人民教育出版社 2000 年版。

83. 西蒙：《管理行为：管理组织决策过程的研究》，北京经济学院出版社 1988 年版。

84. 萧宗六：《学校管理学》，人民教育出版社 1999 年版。

85. 徐仲林、熊明安主编：《中国教育家传略》，云南人民出版社 1983 年版。

86. 阎世ル：《制度视野中的企业文化》，中国时代经济出版社 2003 年版。

87. 杨平：《农村学校布局调整的有益探索》，载《中小学管理》，1998 年第 12 期。

88. 杨钋、林小英编：《聆听与倾诉：质的研究方法应用论文集》，教育科学出版社 2001 年版。

89. 姚洋：《制度与效率：与诺斯对话》，四川人民出版社 2002 年版。

90. 叶澜主编：《教师角色与教师发展新探》，教育科学出版社 2001 年版。

91. 于里洋：《组织社会学》，中国人民大学出版社 2001 年版。

92. 袁俊昌编著：《人的管理科学》，中国经济出版社 2003 年版。

93. 袁里荣：《贫困山区学校布局调整的难点与对策》，载《贵州教育》，2001 年第 1 期。

94. 曾永泉、黎民：《刍论实地研究中的理论建构》，载《华中科技大学学报》，2001 年第 2 期。

95. 张德主：《组织行为学》，高等教育出版社 1999 年版。

96. 张福安、桐森：《管理中的情、理、法》，经济管理出版社 2001 年版。

97. 张济正：《学校管理学导论》，华东师范大学出版社 1999 年版。

98. 张新平：《反思与建构：教育管理现象及相关问题研究》，载《华东师范大学学报》（教科版），2000 年第 2 期。

99. 张新平：《教育行政组织的发展与创新——对基层教育行政的个案研究》，南京师范大学出版社 2003 年版。

100. 张新平：《教育组织范式论》，江苏教育出版社 2001 年版。

101. 张新平：《批判反思：教育管理学的当务之急》，载《高等教育研究》，2001 年第 4 期。

102. 张新平：《校规的反功能》，载《上海教育科研》，2002 年第 3 期。

103. 张新平：《学校管理要突出一个"理"字》，载《中小学管理》，2001 年第 1 期。

104. 张新平：《思辨研究・实证研究・实地研究》，载《教育探索》，2000 年第 11 期。

105. 张忠福：《稳步实施农村中小学布局调整的思考》，载《教学与管理》，2004 年第 1 期。

106. 周家骥：《教育科研方法》，上海教育出版社 1999 年版。

107. 周三多主编：《管理学》，高等教育出版社 2001 年版。

108. John Smyth, *Critical Perspectives on Educational Leadership*. The Falmer Press,1989.

109. Joseph Murphy, Karen Seashore Louis（Ed.）, *Handbook of Research on Educational Administration*（Second Edition）. Josscy-Bass Publishers, 1999.

110. Marilyn M. Cohn and Robert B. Kottkamp, *Teachers: The Missing Voice in Education* State University of New York Press,1992.

111. Norman J. Boyan（Ed.）, *Handbook of Research on Educational Administration*. Longman Inc. , 1988.

112. Peter Woods, *Inside Schools Ethnography in Education Research*. Routledge, 1991.

113. Rupert Maclean, *Teacher's Career and Promotion: A Sociological Analysis*. Falmer,1992.

114. Spencer J. Maxcy, *Educational Leadership: A Critical Pragmatic Perspective*. New York Westport, Connecticut London, 1991.

115. 《国家级重点中等职业学校条件》，教育部职业教育与成人教育司 2003 年印发，http://www. scedu. net1。

116. 《国务院关于大力推进职业教育改革与发展的决定》，国发〔2002〕16 号。

117. 《教育部、中华全国总工会关于全面推进校务公开工作的意见》，教监〔2002〕1 号。

118. 《教育部关于做好 2001 年中等职业学校招生工作的通知》，教职成〔2001〕6 号。

119. 《省政府关于加快推进职业教育改革与发展的意见》，苏政发〔2002〕126 号。

120. 《学生伤害事故处理办法》，中华人民共和国教育部令 2 号。

121. 徐吉志、李霄：《制度管理与人本管理》，载《中小学校长》，2003 年第 4 期，http://www. xhedu. sh. cn。

122. 张新平：《论学校管理的科层取向与专业取向》，载《教育评论》，http://www. edu. cn。

123. 赵焕焱：《"蝴蝶效应理论"说明你也可以参与改变历史》，http://www. blogchina. com。

124. 朱国云：《科层制与中国社会管理的组织模式》，http://www. chinampaonline. com。

后　记

　　本书是我与我所指导的四位硕士研究生在共同学习、长期研讨和对话过程中形成的一项集体性成果。他们是胡卫芳(撰写第二部分)、刘娟(撰写第三部分)、王文峰(撰写第四部分)和蒋和勇(撰写第五部分)。如今,他们都已毕业,获得硕士学位,走上了各自的工作岗位。他们在南京师范大学学习期间,对我一贯倡导的实地研究表现出浓厚的兴趣,热切要求走出书斋进入实际,用实地研究方式来探讨现实的教育管理现象和问题。尽管他们对实地研究的理解并不完全一致,语言风格、行文方式和对研究结果的表达也存在这样那样的差异,譬如有的长于描述,有的善于夹叙夹议,有的敏于概括等,但从他们的研究成果中,我们还是不难发现许多相同或相通之处。

　　在我看来,这些相同点至少体现在以下方面:第一,他们研究的都是人们再熟悉不过的教育管理现实中的人与事,这些人和事因过于普通和常见,以致人们习以为常,不重视甚至完全忽视了对它们的研究;第二,他们都采用了实地研究这一相对松散的研究方式,都在研究现场生活和观察了较长时间;第三,在研究结论的形成上,都严格遵守"有限提升"的原则。所谓有限提升,是指研究者在结束研究之前,只需从所研究的对象中简要地直接地提炼出若干认识和建议,无需无限类推,从中获得令人向往的所谓"普适性"的结论。

　　实地研究在我国教育管理研究领域尚处于起步阶段。很多问题,包括实地研究涉及的一些理论上和技术操作等方面的问题,都有待进一步的深入思考和研究。本书是实地研究方式应用于微观的教育管理实践领域的一个初步探索,我真诚地期待来自理论界和实践界的广泛批评。与此同时,如果教育管理实际工作者以及从事教育管理研究的理论工作者和研究生们能从本书中发现自己所需要的东西,则无疑是对研究者所付出的努力的最大激励。

张新平
2006 年 12 月

图书在版编目（CIP）数据

教育管理实践个案研究：实地研究方式／张新平等著.
上海：上海教育出版社，2007.7
ISBN 978-7-5444-0824-0

Ⅰ. 教…　Ⅱ. 张…　Ⅲ. 教育管理学—研究—中国　Ⅳ.
G526

中国版本图书馆 CIP 数据核字（2007）第 095450 号

教育管理实践个案研究：实地研究方式

张新平等　著

上海世纪出版股份有限公司
上 海 教 育 出 版 社 出版发行

易文网：www.ewen.cc

（上海永福路 123 号　　邮政编码：200031）

各地新华书店经销　　江苏启东人民印刷有限公司印刷

开本 787×1092　1/16　印张 28.25　插页 2

2007 年 7 月第 1 版　　2007 年 7 月第 1 次印刷

印数 1-4,000 本

ISBN 978-7-5444-0824-0/G · 0664　定价：53.00 元

（如发生质量问题，读者可向工厂调换）